プリント形式のリアル過去問で本番の臨場感！

大分県公立高等学校

2025年春受験用　解答集

本書は，実物をなるべくそのままに，プリント形式で年度ごとに収録しています。
問題用紙を教科別に分けて使うことができるので，本番さながらの演習ができます。

■　収録内容

・解答集(この冊子です)

書籍ＩＤ番号，この問題集の使い方，最新年度実物データ，教科別入試データ解析，
解答例と解説，ご使用にあたってのお願い・ご注意，お問い合わせ

・2024(令和６)年度　～　2022(令和４)年度　学力検査問題

・リスニング問題音声《オンラインで聴く》　詳しくは次のページをご覧ください。

○は収録あり	年度	'24	'23	'22		
■ 問題(一次入試)		○	○	○		
■ 解答用紙		○	○	○		
■ 配点		○	○	○		
■ 英語リスニング音声・原稿		○	○	○		

全教科に解説
があります

注)問題文等非掲載:2023年度国語の【五】,2022年度社会の【5】

資料の非掲載につきまして

著作権上の都合により，本書に収録している過去入試問題の資料の一部を掲載しておりません。ご不便をおかけし，誠に申し訳ございません。

教英出版

■ 書籍ＩＤ番号

リスニング問題の音声は，教英出版ウェブサイトの「ご購入者様のページ」画面で，書籍ＩＤ番号を入力してご利用ください。

入試に役立つダウンロード付録や学校情報なども随時更新して掲載しています。

書籍ＩＤ番号　184343

（有効期限：2025年9月30日まで）

【入試に役立つダウンロード付録】

「ラストチェックテスト(標準／ハイレベル)」

「高校合格への道」

【リスニング問題音声】

オンラインで問題の音声を聴くことができます。

有効期限までは無料で何度でも聴くことができます。

■ この問題集の使い方

年度ごとにプリント形式で収録しています。針を外して教科ごとに分けて使用します。①片側，②中央のどちらかでとじてありますので，下図を参考に，問題用紙と解答用紙に分けて準備をしましょう（解答用紙がない場合もあります）。

針を外すときは，けがをしないように十分注意してください。また，針を外すと紛失しやすくなりますので気をつけましょう。

① 片側でとじてあるもの

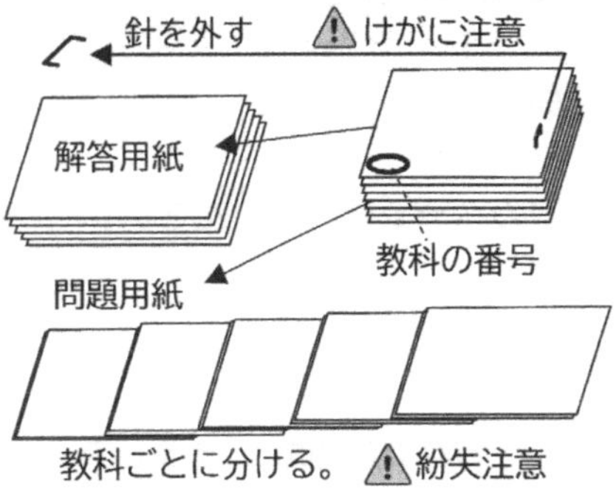

② 中央でとじてあるもの

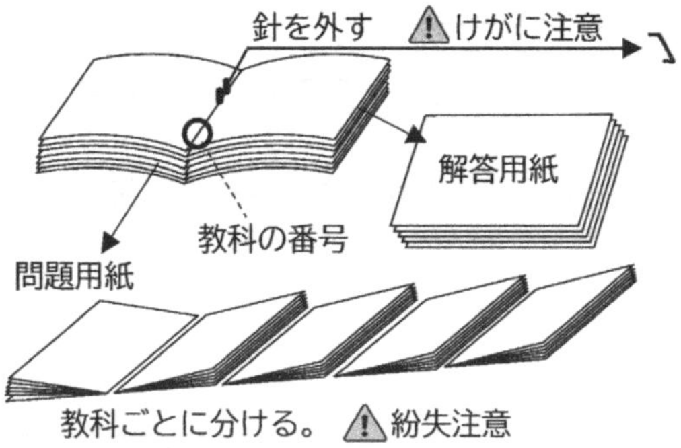

※教科数が上図と異なる場合があります。
解答用紙がない場合や，問題と一体になっている場合があります。
教科の番号は，教科ごとに分けるときの参考にしてください。

■ 最新年度 実物データ

実物をなるべくそのままに編集していますが，収録の都合上，実際の試験問題とは異なる場合があります。実物のサイズ，様式は右表で確認してください。

問題用紙	Ａ４冊子(二つ折り)
解答用紙	Ａ３片面プリント

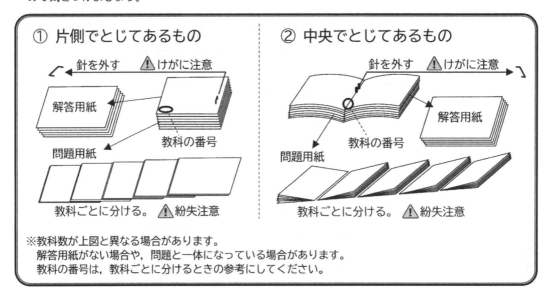

大分県 公立高校入試データ解析 理科

分野別データ		2024	2023	2022
物理	光・音・力による現象		○	○
	電流の性質とその利用	○	○	○
	運動とエネルギー	○	○	○
化学	物質のすがた		○	○
	化学変化と原子・分子	○	○	
	化学変化とイオン	○	○	○
生物	植物の生活と種類	○	○	○
	動物の生活と種類	○	○	
	生命の連続性と食物連鎖	○	○	○
地学	大地の変化	○	○	
	気象のしくみとその変化	○		○
	地球と宇宙		○	○

形式データ	2024	2023	2022
記号選択	19	21	21
語句記述	9	2	10
文章記述	3	2	4
作図	3	2	1
数値	4	13	4
化学式・化学反応式	2	2	3

2025 年度入試に向けて

2023 年度から大問の構成が変わった。大問 1 では 4 つの分野(物理，化学，生物，地学)からそれぞれ小問 3 問ずつ，大問 2 ～ 5 では 4 つの分野(物理，化学，生物，地学)からそれぞれ大問 1 問ずつの問題構成となった。解答となる内容については，教科書に載っている実験や観察などをしっかり理解していれば十分に対応ができる。重要語句を暗記することはもちろんのこと，文章で答える問題も多く出題されるので，重要語句は確実に暗記し，その周辺の内容について文章で説明できる力をつけておこう。

大分県　公立高校入試データ解析　国語

分野別データ			2024	2023	2022
大問の種類	長文	論説文・説明文・評論	○	○	○
		小説・物語	○	○	○
		随筆・紀行文			
	古文・漢文		○	○	○
	詩・短歌・俳句				
	その他の文章		○	○	○
	条件・課題作文		○	○	○
	聞き取り				
漢字・語句	漢字の読み書き		○	○	○
	熟語・熟語の構成				
	部首・筆順・画数・書体		○	○	○
	四字熟語・慣用句・ことわざ		○	○	○
	類義語・対義語				
文法	品詞・用法・活用		○	○	
	文節相互の関係・文の組み立て				
	敬語・言葉づかい			○	
文章の読解	長文	語句の意味・補充	○	○	
		接続語の用法・補充			
		表現技法・表現の特徴	○	○	○
		段落・文の相互関係	○	○	
		文章内容の理解	○	○	○
		人物の心情の理解	○	○	○
	古文・漢文	歴史的仮名遣い		○	○
		文法・語句の意味・知識	○		
		動作主		○	○
		文章内容の理解	○	○	○
	詩・短歌・俳句			○	
	その他の文章		○	○	○

形式データ	2024	2023	2022
漢字の読み書き	5	5	5
記号選択	13	14	12
抜き出し	4	3	5
記述	5	7	5
作文・短文	1	1	1
その他	1		

2025年度入試に向けて

例年，大問５題構成。2023年度より，出題が一層多岐に渡っている。【一】は，漢字の読み書きと新聞・手紙・ポスター・会話文などをもとにした表現や言葉に関する問題。品詞の意味・用法，書体や画数など，国語の基礎知識を復習し，確実に得点しよう。【二】は文学的文章。心情の読み取りが中心。【三】は説明的文章。本文をふまえて短い時間で要点を記述する練習をしておこう。【四】は古典。古文・漢文の基礎知識や内容を読み取る力が必要。2024年度は漢文に返り点をつける問題が出た。【五】は，記事や資料を読み取る問題の後に，その内容をふまえた課題作文が出題されている。限られた時間の中で，条件を満たした作文を書く練習をしておこう。

大分県 公立高校入試データ解析 英語

分野別データ		2024	2023	2022
音声	発音・読み方			
音声	リスニング	○	○	○
文法	適語補充・選択	○	○	○
文法	語形変化			
文法	その他			
英作文	語句の並べかえ			
英作文	補充作文	○	○	○
英作文	自由作文	○	○	○
英作文	条件作文	○	○	○
読解	語句や文の補充	○	○	○
読解	代名詞などの指示内容	○	○	○
読解	英文の並べかえ		○	
読解	日本語での記述			
読解	英問英答	○	○	
読解	絵・表・図を選択			
読解	内容真偽	○	○	○
読解	内容の要約	○	○	○
読解	その他	○	○	○

形式データ			2024	2023	2022
リスニング		記号選択	8	8	8
リスニング		英語記述			
リスニング		日本語記述			
文法・英作文・読解	読解	会話文	3	3	3
文法・英作文・読解	読解	長文	1	1	1
文法・英作文・読解	読解	絵・図・表	2	2	2
文法・英作文・読解		記号選択	15	17	14
文法・英作文・読解		語句記述	4	3	5
文法・英作文・読解		日本語記述			
文法・英作文・読解		英文記述	4	3	3

2025 年度入試に向けて

リスニングは聞き取った内容をしっかり理解しないと解けない問題が多い。リスニングの配点は高いので，苦手な人はリスニングに特化した問題集で集中力をつけよう。
リスニング以外では全体的に英語を書く問題が多く，読解力・表現力・文法の知識すべてが試される。また，資料からの読み取り問題も多く出題される。過去問や問題集でいろいろな問題に挑戦し，問題を解くのに必要な情報をすばやく見つける練習をしておこう。

大分県　公立高校入試データ解析　社会

	分野別データ	2024	2023	2022	形式データ	2024	2023	2022
地理	世界のすがた	○	○	○	記号選択	10	11	8
	世界の諸地域（アジア・ヨーロッパ・アフリカ）	○	○	○	語句記述	1	2	2
	世界の諸地域（南北アメリカ・オセアニア）	○	○	○	文章記述	2	1	2
	日本のすがた	○	○	○	作図			
	日本の諸地域（九州・中国・四国・近畿）				計算			1
	日本の諸地域（中部・関東・東北・北海道）							
	身近な地域の調査		○					
歴史	原始・古代の日本	○	○	○	記号選択	6	6	9
	中世の日本	○	○	○	語句記述	5	3	3
	近世の日本	○	○	○	文章記述	2	4	2
	近代の日本	○	○	○	並べ替え	2	1	1
	現代の日本	○	○					
	世界史	○	○	○				
公民	わたしたちと現代社会		○	○	記号選択	8	6	5
	基本的人権	○	○	○	語句記述	3	4	4
	日本国憲法	○			文章記述	1	2	3
	民主政治	○	○	○				
	経済	○	○	○				
	国際社会・国際問題	○	○	○				

2025年度入試に向けて

とにかく表・写真・地図などの図版が多い。それぞれの資料のもつ意味をしっかり把握できないと正答にたどり着かない良問ばかりである。出題範囲が広く，一部分を掘り下げた問題よりも，各項目の重要事項とその周辺の関連項目について問われる問題が多いので，教科書や資料集をもとにした学習が効果的であろう。また，難易度や出題形式が類似しているので，実践的な問題で練習したい場合には，隣接する宮崎県公立高校入試の過去問を演習することも効果的と思われる。

大分県　公立高校入試データ解析　数学

分類		2024	2023	2022	問題構成	2024	2023	2022
式と計算	数と計算	○	○	○	小問	[1](1)(2)計算問題	[1](1)(2)計算問題 (3)平方根の 文章問題	[1](1)(2)(3)計算問題 [4](2)連立方程式の 文章問題
	文字式	○	○	○				
	平方根	○	○	○				
	因数分解							
	1次方程式	○			大問	[4]1次方程式・ 連立方程式の 文章問題	[4]連立方程式の 文章問題	
	連立方程式	○	○	○				
	2次方程式	○	○	○				
統計	データの活用	○	○	○	小問	[3](2)箱ひげ図	[3](2)箱ひげ図	[4](1)平均値
					大問			
	確率	○	○	○	小問	[3](1)12 個の玉	[3](1)5枚のカード	[3](1)6枚のカード
					大問			
関数	比例・反比例	○		○	小問	[1](3)変域	[1](4)変域	[1](4)変域 [3](2)動点と三角形 の面積
	1次関数	○	○	○				
	2乗に比例する関数	○	○	○				
	いろいろな関数							
	グラフの作成			○	大問	[2]座標平面 放物線，双曲線， 直線，三角形	[2]座標平面 放物線，直線， 格子点の個数	[2]座標平面 双曲線，直線， 三角形，四角形
	座標平面上の図形	○	○	○				
	動点，重なる図形			○				
図形	平面図形の性質	○	○	○	小問	[1](4)三角形と角度 (5)立方体の展開図 (6)作図	[1](5)おうぎ形の面積 (6)作図	[1](5)平行四辺形と 角度 (6)作図
	空間図形の性質	○	○	○				
	回転体							
	立体の切断	○						
	円周角			○				
	相似と比	○	○	○	大問	[5]空間図形 正四角すい [6]平面図形 三角形の回転移動	[5]空間図形 円柱，球 [6]平面図形 正三角形	[5]空間図形 三角柱， 三角すい [6]平面図形 円，三角形， 四角形
	三平方の定理	○	○	○				
	作図	○	○	○				
	証明	○	○	○				

2025 年度入試に向けて

例年，問題構成に大きな変化はない。関数や図形の大問の中の最後の問題以外は基本的な問題が多いので，似たような問題が出ても解けるように練習しておこう。過去問を解くことで，自分が苦手な分野がはっきりするはずである。

大分県公立高等学校

《2024　理科　解答例》

【1】(1)①示準化石　②火山の噴火　③ウ

(2)①ウ　②イ　③バイオマス

(3)①$2Cu+O_2 \rightarrow 2CuO$　②右グラフ　③8.13

(4)①食物連鎖　②タカ　③右図

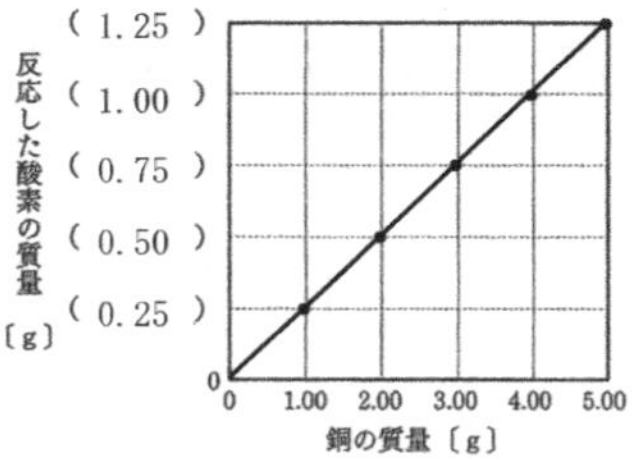

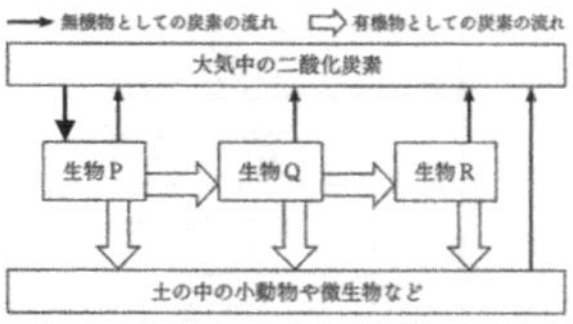

【1】(4)③の図

【2】(1)電解質　(2)ウ　(3)ア　(4)ア

(5)$HCl+NaOH \rightarrow NaCl+H_2O$　(6)イ　(7)イ

【3】(1)ウ　(2)ア　(3)ア　(4)ミミズ，ダンゴムシ　(5)えら　(6)Y　(7)イ，エ

【4】(1)15　(2)0.6　(3)12　(4)エ　(5)エ　(6)コイルを流れる電流の向きを切りかえる

(7)コイルを流れる電流を大きく

【5】(1)右図　(2)ウ　(3)イ　(4)イ　(5)偏西風

(6)①エ　②海面の水温が下がり，蒸発する水蒸気量が少なくなる

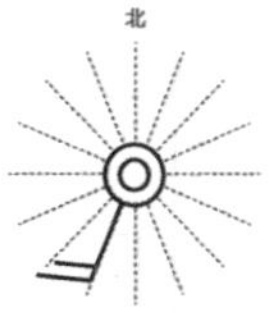

【5】(1)の図

《2024　国語　解答例》

【一】問一．(1)収支　(2)貯蔵　(3)退　(4)とぼ　(5)ひめん　問二．(1)エ　(2)イ　(3)ウ

【二】問一．ア　問二．物語は簡単に作れる　問三．(1)一筋に打ちこめるもの

(2)取り上げた本の舞台に自分が知る風景を重ね、自分の文章を練ることが己にとっての表現　(3)エ

問四．ウ

【三】問一．人生哲学や守りたい価値観　問二．エ　問三．(1)知的謙虚さをもって学びつづける人　(2)イ

(3)自分の中に蓄積された知識や視点が組み合わさって、世界を見る目を養うことができる　(4)ウ

【四】問一．ア　問二．右漢文　問三．(1)長竿　(2)使えない状態にして　(3)疑わずに信じてしまう　(4)ア

計ノ無シレ所レ出ヅル。

【五】問一．イ　問二．ウ　問三．私は②の「土足禁止」という言葉が外国人にとってわかりにくい日本語表現だと思います。「体育館に入る時には、くつをぬいでください。」と書きかえることで、外国人の方にも体育館の中では靴を脱がなければいけないことがきちんと伝わると思います。

《2024　英語　解答例》

【1】A．1番…イ　2番…ウ　B．1番…ウ　2番…ア　3番…イ　C．1番…ウ　2番…エ　3番…イ

【2】A．(1)lunch　(2)ウ　(3)ア　(4)learn about other school lives　B．(1)カ　(2)イ

【3】A．①I'm reading a book　②Will you lend me the book　B．It is my club activity.　I often practice tennis.　It is good for my health.

【4】(1)①イ　②エ　③オ　(2)ア　(3)⑤オ　⑥カ　⑦イ　(4)we want to grow trees in the forests／we should pick up trash in the rivers／we shouldn't catch many fish in the seas　などから1つ

【5】(1)イ　(2)ウ　(3)wanted him to live in nature　(4)ウ　(5)big city doesn't have　(6)ウ

《2024　社会　解答例》

【１】⑴①ア　②イ　③エ　④同じ土地で，年２回，同じ作物を栽培する方法。　⑵①フォッサマグナ　②ウ
③オ　④エ

【２】⑴貝塚　⑵①白村江の戦い　②エ　⑶ウ　⑷中継貿易を行っていたから。　⑸解体新書　⑹ウ
⑺ア　⑻イ→ウ→ア

【３】⑴①公共の福祉　②任期が短く，解散もあるため。　③エ　④A．ア　B．エ　⑵ア　⑶イ
⑷①所得の格差　②逆進性　⑸エ

【４】⑴イ　⑵ア　⑶イ　⑷D．綿織物　E．アヘン　⑸ウ　⑹ウ→ア→イ

【５】⑴キリスト教を広めること。　⑵①イ　②ウ　⑶イ　⑷①ア　②労働力の不足

《2024　数学　解答例》

【１】⑴①-4　②-2　③$3x-11$　④$\frac{xy^2}{4}$　⑤$4\sqrt{3}$　⑵$\frac{5\pm\sqrt{13}}{6}$
⑶$-18\leqq y\leqq 0$　⑷35　⑸ア，ウ　⑹右図

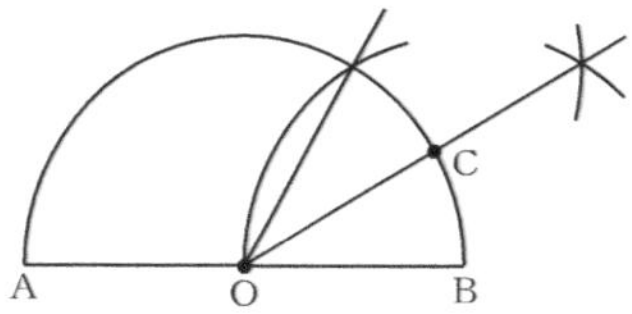

【２】⑴$\frac{1}{8}$　⑵$y=-x+6$　⑶①$\frac{10}{3}$　②２：５

【３】⑴①$\frac{11}{36}$　②記号…(Q)　確率…$\frac{1}{3}$
⑵①24　②[１(組)の例文]中央値が36回で，２組の中央値33回，３組の中央値30回より大きいから。
[２(組)の例文]最小値が27回で，１組の最小値21回，３組の最小値18回より大きいから。
[３(組)の例文]最大値が51回で，１組の最大値45回，２組の最大値39回より大きいから。

【４】⑴①ア．11　イ．$2x+3y=25$　②４　⑵定員が４名の客室の数…18　定員が６名の客室の数…６

【５】⑴144　⑵①$\frac{128}{3}$　②$\frac{16}{5}$

【６】⑴△ＡＢＣと△ＦＤＣにおいて
対頂角は等しいので，∠ＡＣＢ＝∠ＦＣＤ…①
また，△ＡＢＣ≡△ＡＤＥより，対応する角の大きさは等しいので，∠ＡＢＣ＝∠ＦＤＣ…②
①，②より，２組の角がそれぞれ等しいので，△ＡＢＣ∽△ＦＤＣ
⑵$\frac{9}{7}$　⑶$\frac{144\sqrt{3}}{49}$

2024 解説 ▶ 大分県公立高等学校

令和６年度

《2024　理科　解説》

【１】

⑴① 示準化石に対し，その地層が堆積した当時の環境を推測できる化石を示相化石という。　② 凝灰岩は火山灰が堆積してできたものである。　③ Ａの標高が 96m，Ａでの凝灰岩の層の上面の地表からの深さは 12m だから，凝灰岩の層の上面の標高は 96－12＝84(m)である。この地域の地層の各層はそれぞれ同じ厚さで水平に積み重なっているから，Ｃでの凝灰岩の層の上面の標高は 84mである。よって，Ｃでの凝灰岩の層の上面は地表からの深さは 92－84＝８(m)にあり，凝灰岩の層の厚さは 14－12＝２(m)だから，ウが正答となる。

⑵② ア，ウ×…火力発電は石油，天然ガス，石炭などの燃料を燃やすため，二酸化炭素などの大気汚染物質を多く排出する。なお，水力発電や地熱発電は，燃料を必要とせず，二酸化炭素を排出しない。　エ×…少量の燃料で大きなエネルギーを取り出せるのは，原子力発電である。

⑶① 銅〔Cu〕を加熱すると，空気中の酸素〔O_2〕と結びついて，酸化銅〔CuO〕ができる。化学反応式の矢印の前後で，原子の組み合わせは変わるが，原子の種類と数は変わらないことに注意しよう。　② 反応した酸素の質量は，〔生成した酸化銅の質量(ｇ)－銅の質量(ｇ)〕で求められるから，右表のようになる。これより，反応した酸素の質量は，銅の質量に比例するとわかる。　③ 表２より，生成した酸化銅の質量は，銅の質量に比例しているとわかるから，6.50ｇの銅の粉末を加熱すると，生成する酸化銅の質量は $1.25\times\frac{6.50}{1.00}=8.125\rightarrow8.13$ｇである。

銅の質量(ｇ)	1.00	2.00	3.00	4.00	5.00
反応した酸素の質量(ｇ)	0.25	0.50	0.75	1.00	1.25

⑷① 食物連鎖に対し，複数の生物を食べたり複数の生物に食べられたりする関係を線でつなぎ，網目のようになったものを食物網という。

② 図４より，ＰはＱに食べられ，ＱはＲに食べられていることがわかる。したがって，Ｐはイネ，Ｑはイネを食べるネズミ，Ｒはネズミを食べるタカである。　③ 図４中の無機物としての炭素の流れの矢印は，すべて生物の呼吸によって排出された二酸化炭素にふくまれる炭素の流れを表している。生産者(植物)のＰ(イネ)は，二酸化炭素と水を材料にデンプン(有機物)と酸素をつくり出す光合成を行うから，図４には，大気中の二酸化炭素からＰに向かう無機物としての炭素の流れの矢印が欠けている。

【２】

⑵ 原子の中心には＋の電気をもつ陽子と電気をもたない中性子でできた原子核があり，そのまわりに－の電気をもつ電子がある。１個の原子がもつ陽子の数と電子の数は等しいため，原子全体では電気を帯びないが，電子を放出したり受けとったりすることで＋や－の電気を帯びたイオンになる。ナトリウムイオン〔Na^+〕は＋の電気を帯びたイオン(陽イオン)なので，電子を１個放出してできる。なお，塩化物イオン〔Cl^-〕は，電子を１個受けとってできる。

⑶ ａ．酸性の水溶液は青色リトマス紙を赤色に変化させ，アルカリ性の水溶液は赤色リトマス紙を青色に変化させる。中性の水溶液はどちらのリトマス紙の色も変化させない。　ｂ．陰極側(－極側)に引きつけられたから，＋の電気を帯びているとわかる。なお，酸性を示す原因の物質は水素イオン〔H^+〕である。

⑷ 水酸化ナトリウム水溶液はアルカリ性である。アルカリ性を示す原因の物質は水酸化物イオン〔OH^-〕であり，－の電気を帯びているので陽極側(＋極側)に引きつけられた。

⑸ 酸性の塩酸〔HCl〕にアルカリ性の水酸化ナトリウム水溶液〔NaOH〕を加えると，互いの性質を打ち消し合

う中和が起き，塩化ナトリウム〔NaCl〕と水〔H_2O〕ができる。

(6)　ＢＴＢ液は，酸性で黄色，中性で緑色，アルカリ性で青色を示す。加えた水酸化ナトリウム水溶液が８mLのとき，水溶液が緑色(中性)になったから，(3)(4)解説より，水溶液中のすべての水素イオン(○)と水酸化物イオン(●)が結びついて水(○●)になっていると考えられる。したがって，イが正答となる。なお，アでは水素イオン(○)が余っているので水溶液の色は黄色，ウとエは水酸化物イオン(●)が余っているので水溶液の色は青色となる。また，ナトリウムイオン(■)と塩化物イオン(□)は水溶液中では結びつかず，電離している。

(7)　(6)解説より，加えた水酸化ナトリウム水溶液が16mLのときのようすを模式的に表すと，(6)のエ(またはウ)のように水酸化物イオン(●)が余っている状態であり，ナトリウムイオン(■)の数は塩化物イオン(□)の数より多い。よって，水溶液中に最も多くふくまれるイオンはナトリウムイオンとわかる。

【３】

(2)　草たけの低い植物は，人がよく立ち入り，日当たりがよい校庭や芝生や花壇に多く生えている。草たけの高い植物は，人があまり立ち入らない場所に多く生えている(モウソウチクは日当たりがよくない場所，ハルジオンは日当たりが悪くはない場所に生えている)。

(3)　Ｐ．会話文をしっかり読んで，ヘビがＢグループに分類し直されていることに注意しよう。

(4)　無脊椎動物のうち，ミミズは環形動物，ダンゴムシは節足動物の甲殻類に分類される。他の動物は，脊椎動物のうち，スズメとカラスは鳥類，カエルは両生類，メダカは魚類，ヘビはは虫類，ネコは哺乳類である。

(6)　哺乳類は子の生まれ方が胎生のＹである。なお，羽毛で覆われているＷは鳥類，一生えらで呼吸するＸは魚類，肺で呼吸し，かたいうろこで覆われているＺはは虫類である。

(7)　ア×…体の大きさだけでなく，生息している環境のちがいを合わせて考えることで，より細かく分類することができる。　ウ×…名前が似ているからといって，生物の特徴が似ているとは限らない。例えば，スズメノカタビラとスズメは，同じ「スズメ」という名前がついているが，スズメノカタビラは植物，スズメは動物である。

【４】

(1)　〔抵抗(Ω)$=\dfrac{電圧(V)}{電流(A)}$〕，200mA→0.2Ａより，$\dfrac{3.0}{0.2}=15$(Ω)である。

(2)　〔電力(W)＝電圧(V)×電流(A)〕より，3.0×0.2＝0.6(W)である。

(3)　〔電力量(J)＝電力(W)×時間(s)〕より，0.6×20＝12(J)である。

(4)　磁界の向きと電流の流れる向きのどちらか一方が反対になると，電流が磁界から受ける力の向きが反対になる。磁石のＮ極とＳ極を入れかえると，磁界の向きが反対になるから，電流が磁界から受ける力の向き(コイルが動く方向)は図１のときの反対のエになる。

(5)　図３より，電流が整流子側のＤから奥側のＣに向かって流れると，コイルが受ける力の向きは整流子側から見て左向きになり，電流が奥側のＢから整流子側のＡに向かって流れると，コイルが受ける力の向きは整流子側から見て右向きになるとわかる。図５でＰには，電流が奥側のＣから整流子側のＤに向かって流れるから，Ｐでの力の向きはエになる。

(6)　電流が，図３ではＤ→Ｃ→Ｂ→Ａと流れ，図４ではＡ→Ｂ→Ｃ→Ｄと流れる。

【５】

(1)　降水がないとき，空全体を10として，雲量が０と１の場合は快晴，２～８の場合は晴れ，９と10の場合はくもりである。したがって，このときの天気はくもり(◎)である。風向は矢羽根の向き，風力は矢羽根の数で表す。

(2)　低気圧の中心から東側へのびている前線は温暖前線でウのような特徴をもつ。また，温暖前線の通過後は風向きが南寄りになり，気温が上がる。なお，低気圧の中心から南西にのびている前線は寒冷前線でエのような特徴をもつ。また，寒冷前線の通過後は風向きが北寄りになり，気温が下がる。

⑶　⑵解説より，気温が下がり，風向きが北寄りに変化した17～18時頃と考えられる。

⑷　露点は，空気中にふくまれる水蒸気が水滴になる温度であり，このとき空気１㎥あたりの水蒸気量と飽和水蒸気量は等しくなる。表３より，23℃の飽和水蒸気量は 20.6（ｇ/㎥）だから，湿度が 74％のときの，空気１㎥あたりの水蒸気量は 20.6×0.74＝15.244（ｇ/㎥）である。飽和水蒸気量が 15.244ｇ/㎥になるのは，表３より，17℃以上18℃未満とわかる。

⑹①　台風は（熱帯）低気圧が発達したものである。北半球において，低気圧のまわりの風は，地上付近で中心に向かって反時計回りに風が吹きこみ，中心では上昇気流が発生している。よって，エが正答となる。　②　台風は海面から供給される水蒸気をエネルギー源として発達する。そのため，海面の水温が下がると，エネルギー源である水蒸気が減少して，台風の勢力は衰える。

《2024　国語　解説》

【一】

問二⑴ 「大きく」は、形容詞「大きい」の連用形。　ア．「しばらく」は副詞。　イ．「印象的な」は、形容動詞「印象的だ」の連体形。　ウ．「はじく」は、動詞「はじく」の終止形。　エ．「寒けれ」は、形容詞「寒い」の仮定形。　よって、エが適する。　⑵　初めに進行役のＡさんが「今日は、全体的なレイアウトについて、意見をもらいます」と発言している。しかし、□の直前のＣさんの発言は、「レイアウト」から「スローガン」そのものの話題に移っている。そこで、Ａさんが□と発言して軌道修正し、Ｂさんが同意して、Ｃさんも「レイアウト」の話題に戻った。よって、イが適する。　⑶　ア．Ａさんは、「なぜそう思いましたか」と「理由を確認しながら意見を聞くように心がけている」。　イ．Ｂさんは、Ｃさんの「意見の内容を踏まえ」、「プログラムには～簡単な説明も記載しましょう～スペースの確保のために、スローガンの大きさはそのままで、代わりに字体を目立つものに変更しましょう」と「建設的な提案をしている」。Ｃさんも、Ｂさんの「意見の内容を踏まえ」、「吹き出しを使って～キャラクターが話をしているように見せるのはどうですか」と、「建設的な提案をしている」。ウ．Ａさんは、「Ｂさんがレイアウト作業の中心として～工夫してもらえますか」「Ｃさんと私も手伝います」と、作業の方向性を示しているが、「二人の意見を総括」してはいない。　エ．Ｃさんが「昨年度のポスターについて、保護者の方へのアンケート結果の中に～との意見があったと聞きました。競技内容についても、あわせて示しませんか」と「新たな改善策を示している」。　よって、ウが正解。

【二】

問一　２段落後に「菜月《なつき》からは、心の中に熱い塊があると感じる。部活への意気ごみでは、わたしなどとは雲泥の差だ」とあるように、希和子《きわこ》は「コート上で躍動する『菜月』の姿」を見て、「自分と比べてしまい心が落ち着かないでいる」のだ。よって、アが適する。

問二　絵茉《えま》は「湯浅《ゆあさ》先輩は、なんで小説書かないんですか？」「物語のタネなんて、どこにだって転がってるじゃないですか」と発言し、梨津《りつ》は「物語の一つや二つ、だれでも作れますよ」と言っている。絵茉と梨津はそれぞれの言い方で、物語は簡単に作れるということを主張している。

問三⑴ 「かつての『希和子』」の心情は、〈場面Ｘ〉の「一筋に打ちこめるものなんて、わたしには無縁だった～一度だって、そんな思いを味わったことがない」「情熱もない。欲もない。狂おしいほどの思いなどなくてもいいけれど、せめてこれがわたしのやることなのだと、実感できるものがあったなら……」から読み取ることができる。

(2)「現在の『希和子』」の心情は、〈場面Y〉の「根津《ねづ》や上野界隈《かいわい》を舞台とする本について何冊か取り上げて、そこに自分が知る風景を重ねた～言葉を選んで捨ててまた選んで、文章を練る。去年のエッセイでは感じることがなかった充実感が、たしかにあった。無から作りだす物語とはちがっていても、これが、己にとっての表現なのだと、今なら、堂々と口にできそうな気がした」から読み取ることができる。　(3) Sさんの【構成メモ】は、初めと終わりに「○私(S)の思い」がある。話し手の言いたいことや主張が最初と最後に述べられる型を「双括型」と言い、Sさんの思いが聞き手に伝わりやすいような構成となっている。よって、エが適する。

問四　前書きに「〈場面Y〉は、『希和子』が『いけはた文芸』に載せるために書いたエッセイの一部分と、エッセイに対する『希和子』の思いを説明した部分である」とあるように、「本文の語り手(＝希和子)とは異なる人物が書いているエッセイを挿入」は適当でない。よって、ウが正解。

【三】

問一　15～16 行目に「教養とは、本質的には『自分の中心』を構成する何か――人生哲学や守りたい価値観を形成する栄養となるもの」と、19～20 行目に「教養とはまた、そんな『自分の中心』を構成する何か――人生哲学や守りたい価値観を守るための知的バックボーンとなるもの」と述べられている。

問二　筆者は1～13 行目で、「『教養』とは何か？　それは～でしょうか」「～のでしょうか」と繰り返し読者に問いかけた上で、「私が考える教養とは、これらのいずれでもありません」と自分の考えを示し、段階的にその内容を深めていく構成で説明している。よって、エが適する。

問三(1)　【文章一】の最後から5番目の段落に「知的謙虚さをもって学びつづける人を『教養のある人』と呼ぶのです」とあることから明らかである。　(2) アの「教養が思いがけないところで助けとなる具体例を挙げた」、ウの「読者の質問に対して筆者が対話的に答える形式でまとめられた」、エの「科学的な学力を高めるために教養が必要であると主張した」は、【文章二】の内容と一致しない。よって、イが適する。　(3)【文章二】の最後の段落に、「教養を身につけることは、世界を見る目を養うこと～自分の中に蓄積された知識や視点が組み合わさって～役に立つこともある」と述べられている。この部分から「教養のある人」の特徴をまとめることができる。

(4)　アの「自分が興味を持ったものを選び取り～努力を積み重ねていく」、イの「専門的な知識をより多く学んでいく」、エの「今後必要になりそうな知識を幅広く身につけていく」は、具体的な目的のために必要な知識を得ようとする行動である。【文章一】の「『教養のある人』になり、そうありつづけるには～知識～をアップデートしつづける必要があります」と、【文章二】の「『教養』のための本というのは～すぐには役に立たないかもしれませんが～思いがけないところで何かの助けにもなるものです」に当てはまる行動は、ウである。

【四】

問一　「城」は9画。　ア．9画　イ．10画　ウ．10画　エ．11画　よって、アが適する。

問二　【書き下し文】の「計の出《い》づる所無し」より、「出」から「所」に、「所」から「無」に、それぞれ一字下から上に返って読むので、「所」と「無」にレ点をつける。

問三(1)～(3)　この話の中で「物事をよくわかっていそうな人」は、「老父」である。「魯《ろ》に長竿《ちょうかん》を執《と》りて城門に入らんとする者」の失敗の原因は、「老父」の言うことを何も疑わずに信じて行動してしまったことである。竿《さお》をまん中で切ったら、城門に入ることはできても、竿としての目的では使えない。

(4)　「他山の石」とは、自分の反省に役立つ、他人の言葉や行動という意味。よって、アが適する。

【漢文の内容】

魯の国に長い竿を持って城門に入ろうとする者がいた。最初は縦にして竿を持つと、入ることができない。横にして竿を持っても、また入ることができず、よい考えがない。（そこへ）急に老人が来て言うことには、私は聖人ではないが、ただたくさんのことを見てきた。どうしてのこぎりで真ん中を切って入らないのかと。とうとうそれに従って竿を切ってしまった。

【五】

問一　【リーフレット】の「■『やさしい日本語』とは？」の最後の一文の「子どもや高齢者、障がいのある人にも『やさしい日本語』はわかりやすい」と、「■『やさしい日本語』のポイント」の「わかりにくい日本語表現を使わないようにします」と「あいまいな表現を使わないようにします」から、イが適する。

問二　文化祭テーマの「翔《と》ぼう、みんなで！」に擬人法は用いられていない。擬人法とは、人間でないものを人間いたとえて言い表す方法。よって、ウが適する。

問三　解答例の他に、①の「見せてもらう」を「見る」に、「持ってくるのを忘れないで」を「持ってきて」に、③の「ひかえて」を「やめて」に、などでも良い。

《2024　英語　解説》

【１】

Ａ１番　質問「彼らはどのポスターを見ていますか？」…マキ「トム，このポスターを見て。あなたはこのイベントに参加する？」→トム「うん，マキ。僕は公園を掃除したいな」→マキ「いい考えだね」より，イの掃除をしているイラストがあるポスターが適当。　　**２番**　質問「マキはどの絵を描きましたか？」…マキ「パパ，今日学校で，私の３匹のペットの絵を描いたよ」→父「マキ，何の絵を描いたんだい？」→マキ「片方の猫が椅子の上に座っていて，もう片方はテーブルの上で寝ているの。そして犬がテーブルの下で寝ているの」→父「いいね」より，ウが適当。

Ｂ　【放送文の要約】参照。**１番**　質問「ジュリアは高校で何をしましたか？」…ウ「日本のマンガを読みました」が適当。　　**２番**　質問「ジュリアの兄は何が好きですか？」…ア「日本の楽器を演奏するのが好きです」が適当。

３番　質問「どの情報が学校新聞に最も適していますか？」…イが適当。

【放送文の要約】

私はジュリアです。3番イアメリカから来ました。日本に来るのは今回が初めてです。3番イ日本のマンガに興味があります。1番ウ高校では日本のマンガを読んでいました。それ以来，日本語を勉強しています。3番イ例えば，私はよく，手紙を書いたり，本を読んだり，日本人の友達と日本語で話したりします。2番ア兄は日本の楽器を演奏するのが好きです。姉は時々日本食を作ってくれます。日本での生活を楽しみたいです。

Ｃ　【放送文の要約】参照。

１番　質問「トムはバスケットボールの試合を見て何を学びましたか？」…ウ「最善を尽くすことが大事だ」が適当。

２番　質問「ミキにとって特別なことは何ですか？」…エ「ある女性が男性のチームでプレーした」が適当。

３番　質問「ミキはトムに何を伝えたいですか？」…イ「自分たちのやりたいことにチャレンジするべきだ」が適切。

【放送文の要約】

トム：やあ，ミキ。僕は昨日テレビでバスケットボールの試合を見たよ。選手の姿を見るのは楽しかったな。彼らはすごく一生懸命プレーしてたよ。1番ウ僕は１つ学んだことがあるよ。僕らは最善を尽くすべきだね。

ミキ：その通りだね，トム。私にはあるサッカーの試合が特別だったよ。

トム：何が特別だったの？

ミキ：2番エある女性が男性のプロチームのサッカーの試合に参加したの。彼女は「自分が男性のサッカーチームでプレーできることを人々に伝えたいです」と言っていたよ。

トム：それはすごいね。彼女のような女性の話は聞いたことがないよ。

ミキ：彼女はこういう状況でプレーしたい女の子たちの希望になるね。3番イやりたいことがあるなら，私たちにはそれができるはずよ。

トム：僕も同感だよ。

【2】A【本文の要約】参照。

(1) 給食が意味するものだから，school lunch が適当。

(2) 直前の「僕たちには給食がない」より，「僕たちの学校に給食があればいいのに」と，現実とは異なる状況を願う仮定法過去の文にする。　・I wish＋過去形の文.「～だったらいのに」

(3) some different things「いくつかの違い」ではないものを答える。制服はどちらの学校にもあるから，アを選ぶ。

(4) do this は「これをする」という意味で，前出の動詞表現を言いかえたもの。ここではチェンの4回目の発言の Learning about other school lives を指す。It is … to＋動詞の原形「～するのは…だ」より，動詞を原形にすること。

【本文の要約】

ミカ　　：このスライドを見てください。私たちの学校は午前8時20分に始まります。毎日授業が6時間あります。

チェン　：僕たちの学校も午前8時20分に始まります。そして毎日授業が7時間あるので，終わるのは午後4時30分です。

マサル　：僕たちは放課後，部活動があります。例えば，僕はサッカー部に入っていて，放課後週5日練習しています。

チェン　：面白いですね。僕たちは部活動がありません。

ミカ　　：(3)ア私たちの学校には制服があります。

マイケル：(3)アああ，僕たちの学校にも制服があります。ひとつ質問があります。給食とは何ですか？

ミカ　　：学校で出る①お昼ご飯(＝lunch)のことです。毎日4時間目と5時間目の間に食べます。いろいろな食べ物を楽しむことができます。

マイケル：僕たちには給食がありません。僕たちの学校にも給食があればいいなと思います。

チェン　：本当です。毎日①お昼ご飯(＝lunch)に何を持っていくか決めるのは大変です。

マサル　：僕たちは毎日午後3時20分に清掃をします。

マイケル：僕たちはそれをしたことがありません。

マサル　：みなさんの学校と僕たちの学校では違うところがありますね。

チェン　：他の学校の生活を知るのは，おもしろいです。

ミカ　　：同感です。オンライン上で話せば④これをする(＝learn about other school lives)のは簡単ですね。でも，いつか，みなさんの学校に行ってみたいです。

B　【本文の要約】参照。(1) 星を観察するイベントは Telescope と Planetarium の2つ。ジェシーが午後5時に天文台を出発したいから，午後5時から6時の Telescope には参加できない。また，ものづくりができるイベントとは，宇宙ロケットの模型が作れる Space Rocket である。よって，カが適当。　(2) How to Apply for the events「イベントの申し込み方法」の2つ目の・に「あなたの氏名，年齢，電話番号を記入してください」，3つ目の・に「16 歳未満は保護者の氏名と電話番号を記入すること」とあるから，イ「ハナは自分と保護者の両方の情報を記入しなければならない」が適当。

【本文の要約】

ハナ　　：ハーイ，ジェシー。今度の日曜日，一緒にそこに行かない？

ジェシー：いいね。どのイベントに参加したいの？

ハナ　　：うーん，⑴D私は星を観察したいな。イベントは２つあるよ。こっちはどうかな？

ジェシー：⑴D僕も星は好きだけど，午後５時にはそこを出発しないといけないんだよ。

ハナ　　：ＯＫ。じゃあ，もう１つの方を楽しもう。さらに１つイベントに参加するのはどう？何かアイデアはある？

ジェシー：そうだなあ，⑴C僕はものづくりが好きだから，このイベントが気になるよ。

ハナ　　：いいね。日曜日にはこれらのイベントを楽しもうね。

【３】

Ａ　無理に難しい表現は使わなくてもいいので，文法・単語のミスがない文を書こう。語数の条件を守ること。

①　直前の質問文に合わせ，現在進行形〈is/am/are＋～ing〉で I'm reading a book.「本を読んでいるよ」と答える。

②　会話の流れから，トムが今読んでいる本を貸してほしいことを伝える文にする。

「～してくれますか？」＝Will you ～?　「(人)に(もの)を貸す」＝lend＋人＋もの

Ｂ　「やあ，みなさん。これは今日の課題です。ここ３年間でもっとも有意義だった経験について私に教えてください。自分の経験を書いてください。また，なぜそれがみなさんにとって有意義なのかを説明してください」…条件に従って，15 語以上の英語を書く。(例文)「それは部活動です。私はよくテニスの練習をします。健康にいいです」

【４】　【発表の要約】，【発表原稿の要約】参照。

⑷　動物の生息地をよりよいものにするために出来ることを考えて書く。無理に難しい内容にする必要はないので，条件を守りミスのない文にする。(forests の例文)「私たちは森で木を育てたいです」(rivers の例文)「私たちは川のごみを拾うべきです」(seas の例文)「私たちは海でたくさんの魚を捕まえるべきではありません」

【発表の要約】

先生　：私たちは今，環境問題について勉強しています。今日は，グループＡが自分たちの意見を発表します。では，アヤさん，始めてください。

アヤ　：みなさんは「アップサイクル」という言葉を知っていますか？ものをアップサイクルするというのは，もう使わないものから新しいものを作ることです。例えば，ある企業は，古いタイヤをスリッパに作り替えています。別の企業は古くなった学校の椅子をハンガーに作り替えています。④ア将来，もっと多くの企業がアップサイクルをすることによって，ものを廃棄しなくなるといいなと思います。

先生　：ありがとう。君は①イ使えなくなったものから新しいものを作る方法を発表してくれました。次はユウトさん，お願いします。

ユウト：みなさんは「ＳＡＦ(持続可能な航空燃料)」という言葉を知っていますか？これは燃料の一種です。ＳＡＦを使うことは環境にいいです。例えば，その燃料のひとつは植物から作られています。植物は二酸化炭素を吸収することができます。ですからこの燃料を使用する飛行機は二酸化炭素を増やさないのです。日本ではいくつかの企業がこのような飛行機用の燃料をより多く製造するための工場を作ろうとしています。

先生　：いい発表でした，ユウトさん。君は②エ環境にやさしい燃料を作る方法を発表してくれました。ではエミさん，君の番です。

エミ　：みなさんは，自分たちがどのくらいの食べ物を捨てているか知っていますか？実際に，私たちは日常生活でたくさんの食べ物を捨てています。④アこの問題を解決するために，私たちが食べられなかった食べ物を家に持って帰れるよう，バッグを配布しているレストランがあります。私は，私たちも何かいいことができると思います。私は，必要な食べものしか買わないようにしたいと思います。私たち自身に何ができるかを考えましょう。

先生　：エミさん，ありがとう。君は③オレストランで食べ物を残さないようにする方法を発表してくれました。今日，アヤさんとエミさんは２人とも④ア廃棄物を減らす方法について話してくれました。ユウトさんは新しい燃料を紹介してくれました。次回の授業では，グループＢの発表があります。自分のタブレット端末を見てください。発表ではこれらの４つの項目を書いてください。君たちの発表を楽しみにしています。

【発表原稿の要約】

動物に何が起きているでしょうか？⑤オレッドデータブックによると，いくつかの種類の動物を見つけるのがより難しくなっているそうです。将来，これらの動物はもう見つけることができなくなるでしょう（＝動物の数が減っている）。

なぜこのような状況になっているのでしょうか？まず，人が通常その場所には生息していない動物を連れてきてしまうことがあります。それらの他から来た動物がそこで暮らし始めるのです。次に，⑥カ人が道路や家を作ることによって，動物の生息地を変えてしまっています（＝動物のための場所が人間によって変わってしまっている）。

なぜこの状況が問題なのでしょう？⑦イこれらのことが起こると，動物たちは自分の生息地を離れなければなりません。もしそれらの動物がいなくなってしまうと，それらを食べる動物はえさを見つけることができません。（＝多くの動物が生息地やえさを失った）そうすれば生態系は変わってしまいます。

私たちはこの問題をどのように解決すればいいでしょうか？何より，このような動物の生活をよりよくすることが大切です。私たちは森，川，海など，動物にとってより適した生息地を作らなければいけません。

【５】　【本文の要約】参照。

⑴　前後の「見つけようとしたがまったく考えが浮かばなかった」や「答えを見つけるのをあきらめた」より，イ「アキラは，この質問に答えるのは難しいと思った」が適当。ア「自分の町のよいところを見つけて驚いた」，ウ「自分の町で暮らすのは楽しいと思った」，エ「答えを見つけたのでうれしかった」は不適当。

⑵　ア「大きな都市にはもっとわくわくするようなものが必要だ」，イ「僕の町は大都市と同じくらい面白い」，エ「僕の町はこの辺りで最も美しい」は不適当。

⑶　「なぜタツルはこの町に来たのですか？」…第３段落の２行目の内容を［　　］に会う形に変えて答える。「彼の両親は彼に自然の中で暮らしてほしかった（＝wanted him to live in nature）からです」が適当。

・want＋人＋to～「（人）に～してほしい」

⑷　タツルは次の発言で③の具体的な内容をあげている。その中にないウ「大きな家での生活」が答えとなる。ア「地元の野菜を育てること」，イ「お互いに助け合うこと」，エ「自然を楽しむこと」は発言にある内容。

⑸　［　④　］の前にある that は関係代名詞である。〈関係代名詞（＝that）＋語句（＝the big city doesn't have）〉が後ろから名詞を修飾する形にする。

⑹　【ユウコとアキラの対話の要約】参照。ア「たくさんの人を魅了するためにインターネットを使う」，「自分たちが失ったものを探すべきではない」，イ「新しいアイデアを考えるために農業を勉強する」，「ほしいものすべてを手に入れるべき」，エ「先生に地域社会に参加してくれるようお願いする」，「新聞を読み，疑問を抱くべき」は不適当。

【本文の要約】

ある日，英語の先生がこう言いました。「次の授業では君たちの町のいいところについて話してください」⑴イ僕はそれを見つけようとしましたが，まったく考えが浮かびませんでした。僕は何度も「僕の町にいいところがあるのか？」と自問しました。⑴イそして答えを見つけるのをあきらめてしまいました。

僕はこの地域に住んで 15 年になります。でも，ここには映画館やショッピングモールのようなわくわくするものは何もありません。だから僕は町の近くの大都市に行くのをいつも楽しみにしています。その大都市には，②ウ僕がほしいわくわくするようなものがあると思います。

放課後僕はタツルに会いました。彼は去年大都市からこの町にやってきました。タツルは以前，「⑶僕の両親は僕に自然の中で暮らしてほしいと思っていて，それで僕たちはこの地域に引っ越すことに決めたんだよ。僕の家族はここで時間を上手に使い，生活を楽しんでいるよ」と言っていました。そこで僕は彼に尋ねました。「ねえ，タツル，この町にはいいところがあると思う？」タツルは驚いて言いました。「アキラ，この町には君の目には見えないいいところがあるよ」「どういう意味？」僕は尋ねました。タツルは「自然の中で遊ぶ場所がたくさんあるよ。⑷エ僕はよく魚釣りに行ったり，山登りをしたりして楽しんでいるよ。⑷ア両親は家の近くで地元の野菜を育てているよ。新鮮でとてもおいしいから僕たち家族は幸せを感じてるよ。それに，この町の人はよく話しかけてくれるし，⑷イ困っている時はお互いに助け合うよね。大都市ではそんな経験なかったな」と言いました。

僕は，この話を聞いて驚きました。タツルはこの町を違う見方で見ていたのです。そして今，僕はタツルと話したことによって，この町にはないものがたくさんあるけれど，⑸大都市にはない（＝big city doesn't have）価値のあるものがあるということを知りました。

【ユウコとアキラの対話の要約】

ユウコ：ありがとう，アキラ。私も，この町は魅力的だとわかったよ。

アキラ：うん。生徒たちはこの町をもっと魅力的にするために何か特別なことができると思うよ。ユウコ，どう思う？

ユウコ：この町に高校がひとつあるよね。そこの生徒たちは牛を育てて果物を栽培しているよ。とても特別でしょ。この町は農業で有名だよ。だからその学校の生徒たちが，⑤ウ地元の人と一緒に新しい食べ物と飲み物を作ることができると思うな。

アキラ：すごいね！インターネットで日本中に販売することもできるしね。

ユウコ：それはいいね！私は将来その高校に行きたいの。地域社会に参加して，学校で学んだことを使うことは大事なことだね。

アキラ：同感だよ。この町のいいところを見つけるのは面白いな。僕は最初，この町の悪いところばかり考えていたけど，今では⑥ウ片面からしか物事を見るべきではないということがわかったよ。

《2024　社会　解説》

【１】

⑴①　ア　　本初子午線は，ロンドン（イギリス）の旧グリニッジ天文台を通る経度０度の経線である。

②　イ　　Ａ地点はサウジアラビアにあるから，砂漠気候のイを選ぶ。　③　エ　　北アメリカ州には，面積が広いカナダ，面積が広く人口が多いアメリカがある。アはアジア州，イは南アメリカ州，ウはオセアニア州。

④　二期作と二毛作の違いをしっかりと理解する。同じ耕地で１年に２回，異なる農作物を収穫すると二毛作，同じ農作物を収穫すると二期作となる。

⑵① フォッサマグナ　日本アルプス(飛驒山脈・木曽山脈・赤石山脈)の東(地図上で右)にフォッサマグナがある。フォッサマグナと命名したのは，明治時代のお雇い外国人ナウマンである。　② ウ　米の割合が高いアは東北地方，畜産の割合が高いイは九州地方，野菜の割合が高いエは関東地方だから，近畿地方はウになる。

③ オ　九州地方や東北地方の県が多いBは集積回路である。九州はシリコンアイランド，東北自動車道沿いはシリコンロードと呼ばれ，集積回路の工場が多い。愛知県や福井県があるCは繊維である。愛知県や福井県では，以前から繊維産業が盛んである。太平洋ベルトに集中し，愛知県や静岡県があるDは自動車である。愛知県にはTOYOTA，静岡県にはHONDAやSUZUKIの組み立て工場がある。　④ エ　産業別人口の割合は，第３次産業の割合が最も高い。

【２】

⑴ 貝塚　貝塚を調べると，当時の人々の食べ物や使った道具などがわかる。

⑵① 白村江の戦い　白村江の戦いに敗れた中大兄皇子は，唐と新羅の攻撃に備えて，北九州に水城や山城を築き，防人を置いた。その後，近江大津宮で天智天皇として即位した。　② エ　天智天皇より前の聖徳太子の政策を選ぶ。アは奈良時代の聖武天皇，イは天智天皇，ウは平安時代の桓武天皇。

⑶ ウ　フビライからの服属要求を北条時宗が退けると，元軍は北九州に２度にわたって攻撃してきた。２度目の襲来では，御家人たちの活躍や１度目の襲来後に築いた防塁によって上陸を許さなかった。暴風雨によって元軍は撤退したが，元寇が防衛戦であったため，幕府は命をかけて戦った御家人たちに十分な恩賞を与えることができなかった。分割相続も関係し，生活に苦しむ御家人に対して，永仁の徳政令を出して，借金の帳消しを試みたが，効果は一時的なもので，鎌倉幕府に対する不満は大きくなっていった。

⑸ 解体新書　徳川吉宗が洋書の輸入の規制を緩和した頃から，西洋の学問をオランダ語で研究する蘭学が発達し始め，『解体新書』の出版は，医学や天文学などへの関心が高まるきっかけとなった。

⑹ ウ　A．誤り。異国船打払令は，薩英戦争(1863年)より前の1825年に出された。B．正しい。

⑺ ア　民撰議院設立建白書を提出したのは板垣退助らである。

⑻ イ→ウ→ア　イ(ワシントン会議　1921～1922年)→ウ(日本軍に撤兵を求める勧告・日本の国際連盟脱退の通告　1933年)→ア(フランス領インドシナ南部進駐・ＡＢＣＤ包囲網　1941年)

【３】

⑴① 公共の福祉　社会全体の共通の利益を公共の福祉という。公共の福祉によって，個人の自由権が制限されることがある。　② 解散があること，任期が短いことを必ず盛り込む。参議院議員の任期は６年，衆議院議員の任期は４年である。　③ エ　上告が誤り。第一審の判決が不服な場合は，第二審の裁判所に控訴する。

④ A＝ア　B＝エ　憲法改正の要件については暗記したい。

⑶ イ　曲線Fは供給曲線である。ア．曲線Eが右に移動する。ウ．曲線Eが左に移動する。エ．曲線Fが左に移動する。

⑷① 所得の格差　累進課税制度には，所得の格差を是正する富の再分配の機能がある。

⑸ エ　領空は，領土と領海の上空をいい，宇宙空間は含まない。

【４】

⑴ イ　マイクロクレジットは，バングラデシュのグラミン銀行が始めた。

⑵ ア　第四次中東戦争をきっかけに，西アジアの産油国が原油の輸入規制や値上げをしたことで起こった，世界的な経済の混乱を第一次石油危機という。経済成長率が年平均10％をこえていた，1950年代後半から1973年ま

でを高度経済成長期という。バブル経済…1980 年代後半から 1990 年代初めの実体のない不健全な好景気。世界金融危機…2008年に起きたリーマンショックを発端とした世界規模の金融危機。

⑶ イ　安全保障理事会の常任理事国は，イギリス・フランス・アメリカ・中国・ロシアである。

⑷ D＝綿織物　E＝アヘン　イギリスは，以前はインド産の綿織物を輸入していたが，産業革命が起こったことで綿織物を安く大量に生産できるようになり，インド産の綿花を輸入し綿織物を輸出するようになった。

⑸ ウ　北西ヨーロッパは偏西風の影響を強く受けるため，風力発電に適している。アはドイツ，イはノルウェー，エはフランス。

⑹ ウ→ア→イ　ウ(日米和親条約　1854 年)→ア(日米修好通商条約　1858 年)→イ(新安全保障条約　1960 年)

【5】

⑴ ポルトガルとスペインは，プロテスタントの宗教改革に対抗してカトリック教会を支援したことから，勢力の立て直しを目ざすカトリック系のイエズス会などが，アジアや中南アメリカで活発に布教活動を行った。

⑵① イ　さとうきびは，ブラジル＞インド＞中国，とうもろこしは，アメリカ＞中国＞ブラジル，大豆は，ブラジル＞アメリカ＞アルゼンチンの順に生産量が多い。　② ウ　アは 1870 年代，イは 1940 年代，エは 1930 年代。

⑶ イ　B．正しい。C．誤り。輸出相手国にアジア州の国々が多かった理由は，オーストラリアが白豪主義の政策をやめ，多文化主義に転換したことと関係がある。

⑷① ア　1967 年に発足した東南アジア諸国連合(ＡＳＥＡＮ)についての記述である。「モノカルチャー経済から脱却」とあることから，アジアまたはアフリカのいずれかであり，アフリカの地域統合であるアフリカ連合(ＡＵ)の設立は 21 世紀になってからであることからも判断できる。　② より賃金の高い西ヨーロッパの国々へ働きに出る人が増えると，どのようなことが起きるか考えよう。

《2024　数学　解説》

【1】

⑴② 与式$=-16\div 8=\mathbf{-2}$

③ 与式$=4x-7-4-x=\mathbf{3x-11}$

④ 与式$=\dfrac{3x^2y^3}{8}\times\dfrac{2}{3xy}=\mathbf{\dfrac{xy^2}{4}}$

⑤ 与式$=2\sqrt{3}+\dfrac{6}{\sqrt{3}}=2\sqrt{3}+\dfrac{6\sqrt{3}}{3}=2\sqrt{3}+2\sqrt{3}=\mathbf{4\sqrt{3}}$

⑵ 2次方程式の解の公式より，$x=\dfrac{-(-5)\pm\sqrt{(-5)^2-4\times3\times1}}{2\times3}=\mathbf{\dfrac{5\pm\sqrt{13}}{6}}$

⑶ **【解き方】$y=-2x^2$のグラフは下に開いた放物線だから，xの絶対値が大きいほどyの値は小さくなる。**

$-2\leqq x\leqq3$でのyの最小値は，$x=3$のときの$y=-2\times3^2=-18$，yの最大値は，$x=0$のときの$y=0$である。

よって，yの変域は，$\mathbf{-18\leqq y\leqq 0}$

⑷ **【解き方】三角形の１つの外角は，これととなり合わない２つの内角の和に等しいことを利用する。**

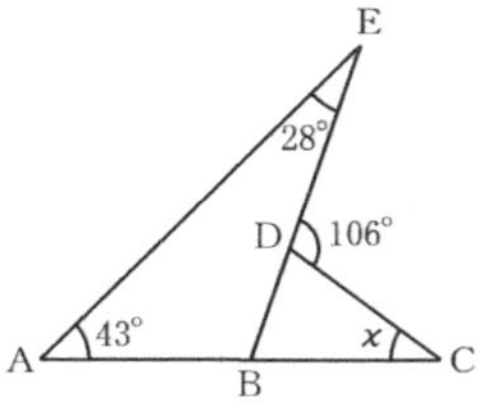

右のように作図する。△ＡＢＥにおいて，∠ＥＢＣ＝43°＋28°＝71°

△ＤＢＣにおいて，71°＋∠x＝106°より，∠x＝**35°**

⑸　展開図を組み立てると右図のようになるから，辺ＡＢと垂直な面は，**ア**，**ウ**である。

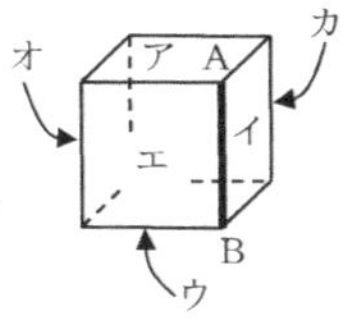

⑹　中心角の大きさは弧の長さに比例するから，

$\angle$ＡＯＣ：$\angle$ＣＯＢ＝$\overset{\frown}{\text{AC}}$：$\overset{\frown}{\text{CB}}$＝５：１なので，

$\angle \text{COB} = 180^\circ \times \dfrac{1}{5+1} = 30^\circ$

したがって，△ＯＢＤが正三角形となるように$\overset{\frown}{\text{AB}}$上に点Ｄをとり，$\angle$ＢＯＤの二等分線と$\overset{\frown}{\text{AB}}$の交点をＣとすればよい。

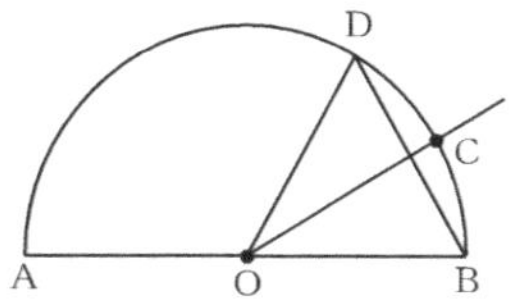

【２】

⑴　**【解き方】Ａの座標を求めてから，それを$y=ax^2$に代入する。**

$y=\dfrac{8}{x}$にＡのx座標の$x=4$を代入すると，$y=\dfrac{8}{4}=2$となるから，Ａ(４，２)である。

$y=ax^2$のグラフはＡを通るから，$y=ax^2$に$x=4$，$y=2$を代入すると，$2=a\times4^2$より，$a=\boldsymbol{\dfrac{1}{8}}$

⑵　**【解き方】直線ＡＢの式を$y=mx+n$として，ＡとＢの座標をそれぞれ代入することで，連立方程式をたてる。**

$y=\dfrac{8}{x}$にＢのx座標の$x=2$を代入すると，$y=\dfrac{8}{2}=4$となるから，Ｂ(２，４)である。

直線$y=mx+n$はＡ(４，２)を通るので，$2=4m+n$，Ｂ(２，４)を通るので，$4=2m+n$が成り立つ。

これらを連立方程式として解くと，$m=-1$，$n=6$となるから，直線ＡＢの式は，$\boldsymbol{y=-x+6}$

⑶①　**【解き方】Ｂとy軸について対称な点Ｂ′をとると，ＢＰ＝Ｂ′Ｐとなるから，ＡＰ＋Ｂ′Ｐが最小になればよい。したがって，Ｐは直線ＡＢ′とy軸の交点である。**

Ｂ(２，４)より，Ｂ′(－２，４)

Ａ，Ｂ′の座標から⑵と同様に直線ＡＢ′の式を求めると，$y=-\dfrac{1}{3}x+\dfrac{10}{3}$となる。よって，Ｐの$y$座標は$\boldsymbol{\dfrac{10}{3}}$である。

②　**【解き方１】△ＡＢＰの面積を，△ＡＢＢ′の面積から求める。**

△ＡＢＢ′$=\dfrac{1}{2}\times$ＢＢ′×(ＡとＢのy座標の差)$=\dfrac{1}{2}\times\{2-(-2)\}\times(4-2)=4$

△ＡＢＢ′と△ＡＢＰは，底辺をそれぞれＢ′Ａ，ＰＡとしたときの高さが等しいから，面積比はＢ′Ａ：ＰＡに等しい。Ｂ′，Ｐ，Ａは同一直線上の点だから，Ｂ′Ａ：ＰＡ＝(Ｂ′とＡのx座標の差)：(ＰとＡのx座標の差)＝

$\{4-(-2)\}:(4-0)=3:2$

したがって，△ＡＢＢ′：△ＡＢＰ＝Ｂ′Ａ：ＰＡ＝３：２だから，△ＡＢＰ＝△ＡＢＢ′$\times\dfrac{2}{3}=4\times\dfrac{2}{3}=\dfrac{8}{3}$

△ＡＰＯ$=\dfrac{1}{2}\times$ＯＰ×(ＡとＰのx座標の差)$=\dfrac{1}{2}\times\dfrac{10}{3}\times4=\dfrac{20}{3}$

よって，Ｓ：Ｔ$=\dfrac{8}{3}:\dfrac{20}{3}=$**２：５**

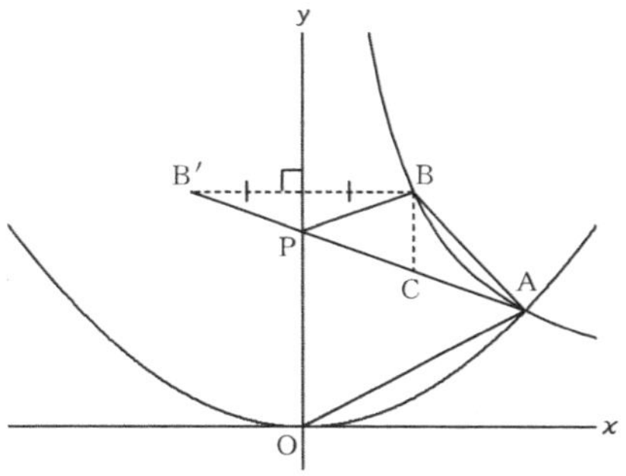

【解き方２】Ｂを通りy軸に平行な直線と直線Ｂ′Ａの交点をＣとする。△ＡＢＰの面積を△ＰＢＣ＋△ＡＢＣで求める。

Ｃのx座標はＢのx座標と等しく２であり，直線ＡＢ′の式に$x=2$を代入すると，$y=-\dfrac{1}{3}\times2+\dfrac{10}{3}=\dfrac{8}{3}$となるから，Ｃ$\left(2,\ \dfrac{8}{3}\right)$である。したがって，ＢＣ＝(ＢとＣの$y$座標の差)$=4-\dfrac{8}{3}=\dfrac{4}{3}$

△ＡＢＰ＝△ＰＢＣ＋△ＡＢＣ＝

$\dfrac{1}{2}\times$ＢＣ×(ＰとＣのx座標の差)$+\dfrac{1}{2}\times$ＢＣ×(ＣとＡのx座標の差)＝

$\dfrac{1}{2}\times$ＢＣ×{(ＰとＣのx座標の差)＋(ＣとＡのx座標の差)}$=\dfrac{1}{2}\times$ＢＣ×(ＰとＡのx座標の差)$=\dfrac{1}{2}\times\dfrac{4}{3}\times4=\dfrac{8}{3}$

△ＡＰＯ$=\dfrac{20}{3}$だから，Ｓ：Ｔ$=\dfrac{8}{3}:\dfrac{20}{3}=$**２：５**

【3】

(1)①　**【解き方】右のような表にまとめて考える。**

表Ⅰ		2回目					
		2	2	2	3	3	5
1回目	2				☆	☆	☆
	2				☆	☆	☆
	2				☆	☆	☆
	3	○	○	○			☆
	3	○	○	○			☆
	5	○	○	○	○	○	

表Ⅱ		2回目					
		1	1	1	1	6	6
1回目	2					◎	◎
	2					◎	◎
	2					◎	◎
	3					◎	◎
	3					◎	◎
	5					◎	◎

すべての取り出し方は全部で $6\times6=36$(通り)ある。そのうち条件に合う取り出し方は表Ⅰの○印の11通りだから，求める確率は，$\mathbf{\frac{11}{36}}$である。

②　[太郎さんの取り出し方]において，1回目に取り出す玉の数字が2回目に取り出す玉の数字より小さくなるのは，表Ⅰの☆印の11通りだから，$(\mathrm{P})=\frac{11}{36}$

[花子さんの取り出し方]において，1回目に取り出す玉の数字が2回目に取り出す玉の数字より小さくなるのは，表Ⅱの◎印の12通りだから，$(\mathrm{Q})=\frac{12}{6\times6}=\frac{12}{36}=\frac{1}{3}$

よって，確率が大きいのは **(Q)** であり，その確率は$\mathbf{\frac{1}{3}}$である。

(2)①　(範囲)＝(最大値)－(最小値)だから，1組の範囲は，$45-21=$ **24**(回)

②　最大値，最小値，中央値から1つ選んで，選んだ値が最も大きい組が優勝すると予想すればよい。

【4】

(1)①　グループの人数が25人の場合，3人席を1列利用すると，2人席は，$(25-3)\div2=$ **11**(列)必要である。

2人組の数をx，3人組の数をyとすると，2人席に$2x$人，3人席に$3y$人座るから，$\mathbf{2x+3y=25}$ が成り立つ。

②　**【解き方】2と3の最小公倍数は6だから，$x=11$，$y=1$の状態から6人を移動させると考える。**

2人組の数を $6\div2=3$(つ)減らし，3人組の数を $6\div3=2$(つ)増やしても，合計人数は25人のままだから，

$x=11$，$y=1$の状態からxを3減らしyを2増やしても，$2x+3y=25$が成り立つ。

したがって，条件に合う(x, y)の組は，(11，1)(8，3)(5，5)(2，7)の **4** 組ある。

(2)　**【解き方】1つの階にある定員が4名の客室の数をa部屋，定員が6名の客室の数をb部屋とし，連立方程式をたてる。**

Ⅲより，$a=3b$…㋐　　1つの階の定員の合計は$(4a+6b)$人だから，Ⅳより，

$(4a+6b)\times4=432$　　$4a+6b=108$　　$2a+3b=54$…㋑

㋑に㋐を代入すると，$2\times3b+3b=54$　　$9b=54$　　$b=6$　　㋐に$b=6$を代入すると，$a=3\times6=18$

よって，1つの階にある定員が4名の客室の数は **18** 部屋，定員が6名の客室の数は **6** 部屋である。

【5】

(1)　正四角すいOABCDは，底面積が $6\times6=36$(㎠)，高さが12㎝だから，体積は，$\frac{1}{3}\times36\times12=$ **144**(㎤)

(2)①　**【解き方】立体Xと正四角すいOABCDは相似であり，相似な立体の体積比は相似比の3乗に等しい。**

立体Xは正四角すいOABCDを$\frac{\mathrm{OE}}{\mathrm{OH}}=\frac{8}{12}=\frac{2}{3}$(倍)に縮小した立体だから，立体Xと正四角すいOABCDの相似比は2：3である。したがって，体積比は，$2^3:3^3=8:27$だから，立体Xの体積は，$144\times\frac{8}{27}=\mathbf{\frac{128}{3}}$(㎤)

②　**【解き方】FH＝h㎝とするとFE＝12－8－h＝4－h(㎝)である。**

正四角すいFABCDと正四角すいFPQRSの体積の和をhの式で表して，hの方程式をたてる。

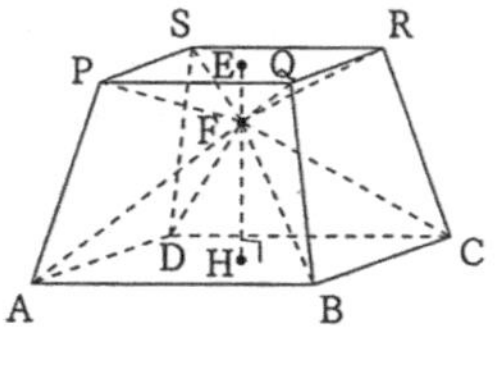

正四角すいFABCDの体積は，$\frac{1}{3}\times36\times h=12h$(㎤)

正方形PQRSは立体Xの底面と合同だから，①より，1辺の長さが

$6\times\frac{2}{3}=4$(㎝)である。したがって，正四角すいFPQRSの体積は，$\frac{1}{3}\times4^2\times(4-h)=\frac{16}{3}(4-h)$(㎤)

よって，正四角すいFABCDと正四角すいFPQRSの体積の和について，$12h+\frac{16}{3}(4-h)=\frac{128}{3}$

これを解くとｈ＝$\frac{16}{5}$となるから，ＦＨ＝$\frac{16}{5}$㎝

【６】

⑴　まず，問題文の仮定を図にかきこんで，証明のために必要な条件を探そう。条件が足りない場合は，問題の内容に応じて，図形の性質，平行線の同位角・錯角，円周角の定理などからわかることもかきこんでみよう。

⑵　**【解き方】△ＡＢＣ∽△ＦＤＣを利用して，ＦＤの長さを求める。**

△ＡＢＣ≡△ＡＤＥより，ＡＤ＝ＡＢ＝８㎝，ＤＥ＝ＢＣ＝７㎝

△ＡＢＣ∽△ＦＤＣより，ＡＢ：ＦＤ＝ＢＣ：ＤＣ　　８：ＦＤ＝７：（８－３）　　ＦＤ＝$\frac{8\times5}{7}$＝$\frac{40}{7}$(㎝)

ＥＦ＝ＤＥ－ＦＤ＝７－$\frac{40}{7}$＝$\frac{9}{7}$(㎝)

⑶　**【解き方】△ＡＤＥ：△ＦＤＣから，△ＡＤＥと四角形ＡＣＦＥの面積比を求める。△ＡＢＣを反時計まわりに60°回転移動することで△ＡＤＥと重なるので，∠ＢＡＣ＝60°である。したがって，右図の△ＡＣＧは３辺の比が１：２：$\sqrt{3}$の直角三角形である。**

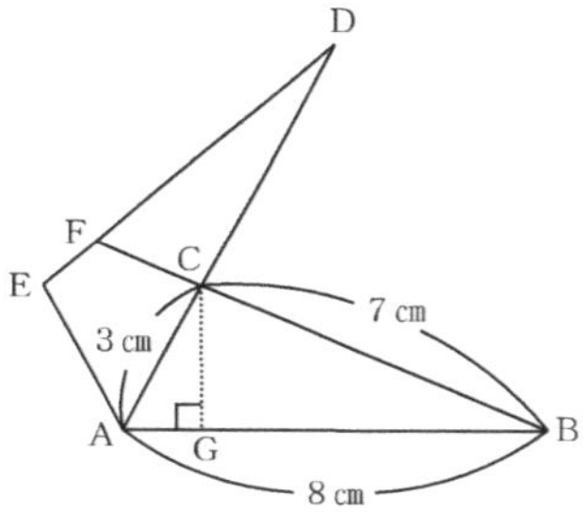

ＣＧ＝$\frac{\sqrt{3}}{2}$ＡＣ＝$\frac{3\sqrt{3}}{2}$(㎝)，△ＡＢＣ＝$\frac{1}{2}\times8\times\frac{3\sqrt{3}}{2}$＝$6\sqrt{3}$(㎠)

△ＡＤＥ＝△ＡＢＣ＝$6\sqrt{3}$㎠

△ＡＢＣと△ＦＤＣの相似比はＢＣ：ＤＣ＝７：５であり，

相似な図形の面積比は相似比の２乗に等しいから，△ＡＢＣ：△ＦＤＣ＝7^2：5^2＝49：25

したがって，△ＡＤＥ：△ＦＤＣ＝49：25だから，△ＡＤＥ：(四角形ＡＣＦＥの面積)＝49：(49－25)＝49：24

(四角形ＡＣＦＥの面積)＝△ＡＤＥ×$\frac{24}{49}$＝$6\sqrt{3}\times\frac{24}{49}$＝$\frac{144\sqrt{3}}{49}$(㎠)

2023 解答例 令和５年度 大分県公立高等学校

《2023　理科　解答例》

【１】⑴①ウ　②イ　③イ，オ　⑵①ウ　②キ　③21，9　⑶①$NaCl \rightarrow Na^{+} + Cl^{-}$　②12.3　③ウ　⑷①7.5　②記号…イ　消費電力…0.675　③162

【２】⑴隆起したため　⑵右グラフ　⑶①イ　②b．2　c．CO_2　⑷0.91　⑸ア

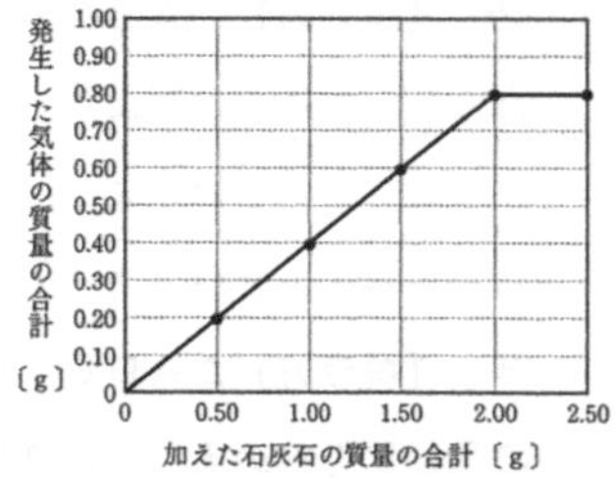

【３】⑴ア，オ　⑵エ　⑶A→C→D→F→E→B　⑷32　⑸ア　⑹イ　⑺c．発生　d．6　⑻ＤＮＡ

【４】⑴右図　⑵1.5　⑶エ　⑷0.2　⑸ア　⑹ウ

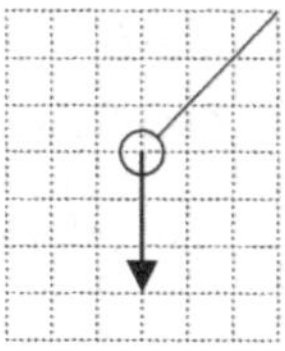

【５】⑴①ウ　②ア　③プレートの境界が海底にあるため　⑵①ア　②エ　③52，46　④15

《2023　英語　解答例》

【１】Ａ．１番…イ　２番…ウ　Ｂ．１番…エ　２番…ウ　３番…ア　Ｃ．１番…イ　２番…ア　３番…エ

【２】Ａ．⑴ア　⑵ウ　⑶エ　⑷travel to space from Oita Airport　Ｂ．①エ　②イ　③キ　④カ

【３】Ａ．We can learn some different ideas that we don’t know.　Ｂ．I will pick up trash in the park because many people use it every day.

【４】⑴イ→ウ→エ→ア　⑵have been making　⑶イ　⑷ア　⑸ウ　⑹(アの例文)I would like to enjoy my job in my life.　(イの例文)there are many sick people.　I want to help them.　(ウの例文)my dream is to buy a lot of expensive cars.　(エの例文)it is important to spend more time with my family.

【５】⑴イ　⑵エ　⑶performed the traditional dance　⑷②ア，エ　③オ，カ　④イ，ク　⑤ウ，キ

《2023　国語　解答例》

【一】問一．⑴創刊　⑵著　⑶仏閣　⑷さ　⑸とうしゅう　問二．⑴ウ　⑵いただいた　⑶ア　⑷イ

【二】問一．ウ　問二．イ　問三．⑴圧倒的な情熱をうらやましく　⑵星のことをもっと知りたい　⑶星に関する豊富な知識がない　問四．ア

【三】問一．⑴草の多様性が高いと、環境に合った草が生えてくるので生産性が高まり、少々の環境変化があっても　⑵冗長性を高める　⑶突発的な出来事　問二．エ　問三．⑴ウ　⑵エ

【四】問一．いいける　問二．イ　問三．⑴ア　⑵人々がよめない隠題を自分はよめる　⑶四　⑷エ

【五】問一．イ　問二．エ　問三．(例文)私は読み手がビブリオバトルをわかっていないという点に着目した。ポスターＡには「ビブリオバトルとは？」という説明があり、内容を知らない人にもどのようなイベントであるかが明確に伝わるため、気軽に参加してみようと思わせる効果が期待できる。

《2023　社会　解答例》

【１】⑴①エ　②イ　③医療の発達　④ウ　⑵①プランテーション　②ア　③エ　④カカオ生産の手間がかかるわりに，利益の割合が低いこと。

【２】⑴イ→ア→ウ　⑵唐が衰えたから　⑶エ　⑷北条時宗　⑸イ　⑹ウ　⑺ペリーが来航したこと。　⑻イ　⑼第一次世界大戦で女性が貢献したから。　⑽ア　⑾日中共同声明

【３】⑴①憲法によって国家権力を抑え，国民の権利を守る考え方。　②沖縄の返還　③比例代表　⑵合理的配慮　⑶オ　⑷ウ　⑸ア，エ　⑹エ　⑺L．イ　M．エ

【４】⑴ウ　⑵対馬　⑶エ　⑷イ　⑸西方の文化を東方に伝える役割を果たした。　⑹ウ

【５】⑴ア　⑵ウ　⑶パリ協定　⑷①ウ　②輸入相手国を増やす。

《2023　数学　解答例》

【１】⑴①３　②−12　③$\frac{5x+y}{8}$　④$4x+y^2$　⑤$3\sqrt{3}$　⑵−２，８　⑶５，６，７，８　⑷a＝４　b＝０　⑸10π　⑹右図

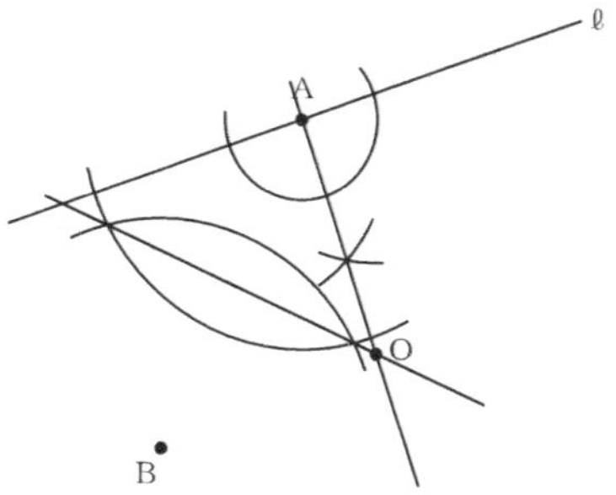

【２】⑴$\frac{1}{4}$　⑵$y=-\frac{1}{2}x+2$　⑶①３　②６

【３】⑴①B　②$\frac{2}{9}$　⑵①６　②ア．14　イ．３月の中央値は15本であるため，15本以上成功した部員の割合は50％以上である。

【４】⑴ア．150　イ．765　ウ．615　エ．14，26　⑵13，36

【５】⑴160π　⑵①$\frac{160}{3}\pi$　②高さ…９　体積…44π

【６】⑴△ＧＦＨと△ＥＣＨにおいて

対頂角は等しいので，∠ＧＨＦ＝∠ＥＨＣ…①

正三角形の１つの内角は60°であるので，∠ＧＦＨ＝∠ＥＣＨ＝60°…②

①，②より，２組の角がそれぞれ等しいので，△ＧＦＨ∽△ＥＣＨ

⑵①$\frac{5}{2}$　②９：11

《2023　理科　解説》

【1】

(1)①　手の皮膚が受け取った刺激の信号は脊髄を通って脳に伝わるが，目や耳などの脳に近い感覚器官が受け取った刺激の信号は，脊髄を経由せずに直接脳に伝わる。また，手でものさしをつかむという命令の信号は脳→脊髄→筋肉の順に伝わって反応が起こる。　②　表1の調べた距離の平均は$\frac{14.7+15.5+17.8+16.5+15.5}{5}=16$(cm)だから，図3より，落ちるものさしをつかむまでの反応時間はおよそ 0.18 秒である。　③　刺激に対して無意識に起こる反応を反射といい，生まれつき備わっているものである。無意識に反応が起こっているイ，オが正答となる。

(2)①　流紋岩，安山岩，玄武岩は火山岩，花こう岩，せん緑岩，斑れい岩は深成岩である。火山岩は，マグマが地表や地表付近で急に冷えて固まってでき，小さな結晶やガラス質からなる部分(石基)のところどころに大きな結晶(斑晶)が見られる斑状組織をもつ。一方，深成岩はマグマが地下深くでゆっくり冷え固まってでき，大きな結晶だけからなる等粒状組織をもつ。　②　北極側から見て，地球は反時計回りに自転し，公転しているので，自転の向きはｂ，公転の向きはｄである。また，月も北極側から見て反時計回りに公転しており，地球が太陽の周りを1年で1周(1か月で約 360÷12＝30 度)公転するのに対し，月は地球の周りを1か月で約 360 度公転するので，地球よりも月の方が公転による動きが大きい。皆既月食では，太陽，地球，月の順に一直線にならび，月が地球の影に入って暗くなるので，月の公転の向きより，月に映る地球の影は月面を左(東)から右(西)へ(ｅの向き)動いていく。

③　1時間→60 分より，20 時 21 分の $60\times\frac{12}{15}=48$(分)後の 21 時 9 分である。

(3)①　電離のようすを表す化学反応式では，陽イオンが失った電子の数と陰イオンが得た電子の数が等しくなる。

②　〔質量パーセント濃度(%)＝$\frac{\text{溶質の質量(g)}}{\text{水溶液の質量(g)}}\times100$〕より，$\frac{28}{200+28}\times100=12.28\cdots\to12.3$%となる。

③　固体の密度が液体よりも大きいとき，固体は液体に沈み，固体の密度が液体よりも小さいとき，固体は液体に浮く。沈んでいた生卵が浮かんだのは，食塩水の密度が，食塩水中の生卵の密度よりも大きくなったからである。

(4)①　電源電圧とＸを流れる電流から，オームの法則を使って回路全体の抵抗の大きさを求める。電源電圧は6Ｖ，Ｘの電流は 800mA→0.8Ａだから，〔抵抗(Ω)＝$\frac{\text{電圧(V)}}{\text{電流(A)}}$〕より，$\frac{6}{0.8}=7.5$(Ω)となる。　②　〔電力(W)＝電圧(V)×電流(A)〕で求める。図8では，並列つなぎのＰとＱの電圧は電源電圧と等しい6Ｖ，Ｐの電流は 600mA→0.6Ａだから，Ｑの電流は 0.8－0.6＝0.2(A)であり，Ｐの電力はＱよりも大きい。また，Ｐの抵抗は$\frac{6}{0.6}=10$(Ω)，Ｑの抵抗は$\frac{6}{0.2}=30$(Ω)である。図9では直列つなぎのＰとＱによる回路全体の抵抗が 10＋30＝40(Ω)だから，〔電流(A)＝$\frac{\text{電圧(V)}}{\text{抵抗(Ω)}}$〕より，回路を流れる電流(Ｐ，Ｑをそれぞれ流れる電流)は$\frac{6}{40}=0.15$(A)，〔電圧(V)＝抵抗(Ω)×電流(A)〕より，Ｐの電圧は 10×0.15＝1.5(V)，Ｑの電圧は6－1.5＝4.5(V)である。よって，Ｑの電力はＰよりも大きく，Ｑの消費電力は 4.5×0.15＝0.675(W)となる。　③　図2の回路全体で消費された電力は6×0.15＝0.9(W)だから，〔電力量(J)＝電力(W)×時間(s)〕，3分→180 秒より，0.9×180＝162(J)となる。

【2】

(1)　土地が隆起する以外に，海水面が下がって海底に堆積した地層が地上に出てくることもある。

(2)　発生した気体(二酸化炭素)の質量は〔(103.98＋石灰石の質量)－反応後のビーカー全体の質量〕で求める。

(3)①　(2)のグラフより，加えた石灰石の質量が 2.00ｇのときと 2.50ｇのときで，発生した気体の質量は変わらないので，炭酸カルシウムが残っている。　②　炭酸カルシウムと塩酸の反応では二酸化炭素が発生するので，ｃに入るのは CO_2 である。化学反応式をかくときは，矢印の左右で原子の種類と数が等しくなるように係数をつけるので，矢印の右側にClが２個，Ｈが２個あることから，ｂに当てはまる数字は２である。

(4)　ⅠとⅡで発生した気体の量を比べて，石灰石に含まれている炭酸カルシウムの質量を求める。Ⅰでは，石灰石1.00ｇが反応して 103.98＋1.00－104.58＝0.4(ｇ)の気体が発生し，Ⅱでは，炭酸カルシウム 1.00ｇが反応して 103.98＋1.00－104.54＝0.44(ｇ)の気体が発生したので，$1.00\times\frac{0.4}{0.44}=0.909\cdots\rightarrow 0.91$ ｇとなる。

(5)　化学変化の前後で，原子が新しくできたりなくなったりしない。

【３】

(1)　ユリ，ツユクサは被子植物の単子葉類，エンドウ，アブラナは被子植物の双子葉類，ソテツは裸子植物である。

(2)　イ×…細胞と細胞をはなれやすくするためにうすい塩酸を用いる。

(3)　核に染色体が現れ(Ｃ)，中央に集まり(Ｄ)，２つに分かれて(Ｆ)，中央にしきりができる(Ｅ)。

(4)　体細胞分裂では，分裂後の１つの細胞にある染色体の数は分裂前と変らないので，Ｆの状態にある１つの細胞にふくまれる染色体の本数は16×２＝32(本)で，Ｂの状態にある２つの細胞に16本ずつ分かれる。

(5)　体細胞分裂は根の先端付近の細胞で盛んに行われ，分裂した直後の小さい細胞が大きくなることで，タマネギの根が成長する。

(6)　ア×…無性生殖でできた新しい個体は，もとの個体と同じ形質をもつ。　ウ×…有性生殖についての説明である。　エ×…無性生殖では生殖細胞はつくられない。

(7)　先生の１回目の発言より，受精卵は１回分裂すると２倍に増えると考えられるので，受精卵が４回分裂すると細胞は８×２＝16(個)，５回分裂すると 16×２＝32(個)，６回分裂すると 32×２＝64(個)になる。よって，受精卵が６回分裂すると細胞の数が50個をこえる。

【４】

(1)　重力の矢印は，物体の中心から下向きにかく。300ｇ→３Ｎより，３目盛りである。

(2)　摩擦や空気の抵抗を考えなければ，物体がもつ力学的エネルギー(位置エネルギーと運動エネルギーの和)は一定になる。Ａで小球がもつ位置エネルギーを３ｔとすると，Ｃで小球がもつ位置エネルギーはｔとなる。また，最下点のＢではＡでもっていた位置エネルギーがすべて運動エネルギーに移り変わるので，Ｂで小球がもつ運動エネルギーは３ｔ，Ｃで小球がもつ運動エネルギーは３ｔ－ｔ＝２ｔとなる。よって，$\frac{3\,t}{2\,t}=1.5$(倍)となる。

(3)　Ｄに達した瞬間に小球は静止する。このとき小球の糸を切ると，小球にはたらく力は重力だけになるので，エの方向に落下する。

(4)　〔仕事(Ｊ)＝力の大きさ(Ｎ)×力の向きに動かした距離(ｍ)〕，10㎝→0.1ｍより，２×0.1＝0.2(Ｊ)となる。

(5)　Ⅱの実験では，運動エネルギーが大きいほど木片が動いた距離が大きくなる。表より，ふりこが１往復する時間は糸の長さによって決まり，小球の質量を変えても振り子の１往復する時間は変わらないが，小球の質量が大きい方が最下点での運動エネルギー(木片が動いた距離)は大きくなるとわかる。

(6)　位置エネルギーと運動エネルギーの和は一定だから，小球がどの位置にあっても位置エネルギーと運動エネルギーの和が３になるウが正答である。

【５】

(1)②　振幅が大きいほど音は大きくなり，振動数が大きいほど音は高くなる。　③　海底を震源とする地震が起こると，津波が発生することがある。

(2)①　ア○…マグニチュードが１大きくなると地震のエネルギーは約 32 倍になり，２大きくなると地震のエネルギーは 1000 倍になる。　イ×…マグニチュードと初期微動継続時間は関係がない。　ウ，エ×…地震によるゆれの程度を表す数値は震度である。　② 震源からの距離が近い順にC，B，Aとなる地点はエである。
③ 資料1のB，Cより，P波は 77－35＝42(km)を 57－51＝6(秒)で進むので，P波の速さは$\frac{42}{6}$＝7(km/s)となる。よって，P波は震源からCまでの 35 kmを$\frac{35}{7}$＝5(秒)で伝わるので，地震発生時刻は2時 52 分 51 秒－5秒＝2時 52 分 46 秒となる。　④ ③で求めたP波の速さと同様にS波の速さを求める。S波は 42 kmを 68－56＝12(秒)で伝わるので，S波の速さは$\frac{42}{12}$＝3.5(km/s)となる。震源からの距離が 84 kmの地点にS波による揺れが到達するのは，地震発生の$\frac{84}{3.5}$＝24(秒後)の2時 52 分 46 秒＋24 秒＝2時 53 分 10 秒だから，S波による揺れが到達するのは緊急地震速報発表の2時53分10秒－2時52分55秒＝15(秒後)である。

《2023　英語　解説》

【1】

A 1番　質問「メグは父のために何を買いましたか？」…父「誕生日プレゼントをくれてありがとう，メグ」→メグ「どういたしまして，お父さん」→父「なぜこれを選んだんだい？」→メグ「お父さんは音楽に関心があるから，音楽を聴くときにこれを使ってほしいの」より，イの「ヘッドホン」が適当。　2番　質問「少女はいくら支払うでしょうか？」…男性「いらっしゃいませ」→少女「ハンバーガーを1つ買いたいです」→男性「はい。ハンバーガーを買っていただければ，飲み物の代金は支払わなくて大丈夫です」→少女「本当ですか？オレンジジュースをお願いします」→男性「はい。他はいかがですか？」→少女「フライドポテトをお願いします。以上です」より，少女はハンバーガー1つ(＝400円)とフライドポテト1つ(＝200円)の計600円支払う。ウが適当。

B 【放送文の要約】参照。1番　質問「ジョンはなぜ待ち合わせの時間を変更したいのですか？」…エ「部活で長く練習しなければならないから」が適当。　2番　質問「メッセージでは，ジョンは何時に待ち合わせしたいと思っていますか？」…ウ「13 時」が適当。　3番　質問「メッセージでは，どれがジョンの新しい計画ですか？」…ア「学校で待ち合わせ→映画鑑賞→公園で遊ぶ」が適当。

【放送文の要約】

もしもし。ジョンです。悪いけど明日の予定を変更したいんだ。1番エ部活が長引くから，2番ウ，3番ア 12 時に駅で会うことができないよ。その1時間後に学校で待ち合わせして，3番ア午後2時に映画を見るってことでもいいかな？映画の前に図書館に行くことはできないよ。でも，3番ア映画のあと，公園でサッカーをしよう。

C 【放送文の要約】参照。　1番　質問「太郎は自分のペットについてどう思っていますか？」…イ「太郎は，自分のペットは健康にいいと思っている」が適当。　2番　質問「花子はどんなニュースを聞きましたか？」…ア「何らかの理由でペットの飼育を放棄してしまう人がいる」が適当。　3番　質問「太郎と花子は何を望んでいますか？」…エ「誰もが自分たちのペットに優しくすること」が適当。

【放送文の要約】

花子：私は猫を2匹飼っていて，すごく可愛いの。彼らとの生活は楽しいよ。いつも私を幸せな気持ちにしてくれるの。ペットと暮らすことは精神的にいいね。

太郎：僕は毎日愛犬を散歩に連れて行き，公園で遊ぶよ。1番イペットと暮らすことは健康にいいよ。

花子：2番アペットの飼育に関して悲しいニュースをいくつか聞いたことがあるよ。飼育放棄してしまう人がいるね。

太郎：それを聞いて残念だよ。ペットは家族の一員だと思う。僕たちは彼らに食事を与え，病気の時は病院に連れて行くべきだよ。

花子：そうだね。3番エ一緒に暮らすのなら，彼らが必要とすることをやろうとするべきだよね。

太郎：3番エ僕もそう思う。

【2】A【本文の要約】参照。

(1) look like＋○○《名詞》「○○《名詞》のように見える」より，アが適当。このlikeは「～のような」という意味の前置詞。

(2) ホーバークラフトの方が所要時間が短いから，ウが適当。ア「食べ物」，イ「光」，エ「水」は不適当。

(3) ミカとジロウの6回目の発言より，エ「大分空港は宇宙行きの空港として使われる予定だ」が適当。

(4) do it「それをする」という意味で，前出の動詞表現を言いかえたもの。ここではジロウの7回目の発言のtravel to space from Oita Airportを指す。

【本文の要約】

ミカ　：私のタブレット端末の画像Aを見て。

ジロウ：これは船かな？

ミカ　：これはホーバークラフトだよ。船みたいに見えるけど，海と陸の両方を進むことができるよ。画像Bを見て。大分県のホーバークラフトは 2009 年に運航を停止したけど，運航を再開する予定なの。大分市から大分空港まで運行するよ。

ジロウ：そうなの？知らなかったよ。

ミカ　：約 30 分で大分空港まで行けるんだよ。

ジロウ：すごく便利だね。

ミカ　：車で大分空港まで行くと約1時間かかるよ。ホーバークラフトを使えば大分空港により早く到着することができるね。だから，ホーバークラフトはあまり②ウ時間(＝time)を必要としないよ。

ジロウ：大分空港には陸からも海からも行くことができるんだね。

ミカ　：ジロウ，大分空港には他にも重要な要素があるよ。

ジロウ：それは何？

ミカ　：宇宙への道ってことだよ。

ジロウ：ああ，そうだね。将来③エ大分空港は宇宙への玄関口になるんだった。

ミカ　：その通り。

ジロウ：いつか④大分空港から宇宙へ旅したいな。

ミカ　：楽しそうだね。

ジロウ：うん，わくわくするね。

ミカ　：素敵な夢だね。将来④それをする(＝travel to space from Oita Airport)ことができるといいね。

B　【本文の要約】参照。

【本文の要約】

トム：このポスターを見てよ，ハナ。VRについて聞いたことはある？

ハナ：うん。でも，VRのことはよく知らないよ。詳しく教えてくれる？

トム：うーん，説明するのは難しいよ。①エ一緒に講義に参加しない？VRとは何なのか，学ぶのは面白いよ。

ハナ：うん，そうしよう。

トム：その後は『特別体験』に参加できるよ。2つの体験があるよ。君はどちらに興味があるかな？

ハナ：②イ私は『スポーツ体験』に参加したいな。有名プレーヤーたちとテニスを練習するのは楽しいと思うよ。あなたはどう？

トム：僕は『旅行体験』を選ぶつもりだよ。③キ世界中の有名な場所に行きたいんだ。

ハナ：面白そうだね！このイベントに参加するにはどうしたらいいの？

トム：④カメールを送らなければならないよ。

ハナ：すぐにやろう。このイベントが待ち遠しいな。

【3】

A　条件に従って，10 語以上の英語を書く。無理に難しい表現は使わなくてもいいので，文法・単語のミスがない文を書こう。(例文)「自分たちの知らない，いくつかの異なる考えを知ることができます」

B　「やあ，みなさん。みなさんには，自分たちの町のために何かいいことをしてほしいと思います。それをするための時間は２時間あります。みなさんなら何をしますか？そして，なぜそれをするのですか？自分のアイデアを書いてください」…条件に従って，15 語以上の英語を書く。(例文)「毎日大勢の人が公園を使うので，私はそこでゴミ拾いをします」

【4】　【本文の要約】参照。

⑴　イ「大学で学ぶために来日した」→ウ「九州で竹製品を見つけた」→エ「アメリカに帰国した」→ア「竹製品の作り方を学んだ」の順である。

⑵　「ずっと～し続けている」は〈have/has＋been ～ing〉の現在完了進行形で表す。

⑶　ア「スミスさんは×自分で考え付いた方法で竹製品を作った」　イ○「スミスさんは大分の伝統的なものを世界に発信したい」　ウ×「スミスさんはアヤとエミに竹製品の作り方を教えた」…本文にない内容。　エ「スミスさんは日本の人々とコミュニケーションをとるのは×簡単だと気づいた」

⑷　直前にある I am lucky that I can do things I really want to do を言いかえたものだから，アが適当。イ「人の役に立つこと」，ウ「たくさんのお金を手に入れること」，エ「たくさんの自由な時間を持つこと」は不適当。

⑸　ア「４つの回答の中で『×人の役に立つこと』が最も高い」　イ「『たくさんの自由な時間を持つこと』は『たくさんのお金を手に入れること』×よりも高い」　ウ○「『自分の好きなことをすること』は『たくさんのお金を手に入れること』と同じ高さだ」　エ「『たくさんのお金を手に入れること』は『人の役に立つこと』×ほど高くない」

⑹　仕事を選ぶときに大切だと思うことについて選択肢から１つ選び，10 語以上で理由を書く。無理に難しい内容にする必要はないので，条件を守りミスのない文にする。(アの例文)「人生において仕事を楽しみたいです」(イの例文)「病気の人がたくさんいます。彼らを助けたいです」(ウの例文)「私の夢はたくさんの高級車を購入することです」(エの例文)「家族とより多くの時間を過ごすことが大切です」

【本文の要約】

タカシ：仕事を選ぶ時，あなたにとって大切なことは何ですか？このテーマを調べるために，僕たちは大分で竹製品を作っている男性にインタビューしました。最初に僕たちの動画をご覧ください。

（クラスの生徒たちは動画を見ている）

アヤ　：スミスさん，今日はインタビューの機会をいただき，ありがとうございます。

スミス：どういたしまして。今日は私の職場にお越しいただきありがとうございます。

エミ　：とても素敵な場所ですね。なぜこの仕事をしようと決めたのですか？

スミス：(1)イ大学生の時，私は初めて交換留学生として日本にやってきて，３か月を過ごしました。(1)ウ日本にいる間に九州を訪れ，そこである製品を見つけたのです。それは竹でできていました。とても美しく独特のものでした。私はわくわくしました。そしてその製品が大分で作られていることを知ったのです。

アヤ　：その後，どうしましたか？

スミス：(1)エアメリカに戻った後，私は，本当に将来竹製品を作りたいと思いました。そこで，大学を卒業したとき，大分に行くことに決めたのです。(1)ア私は一緒に働く人たちから竹製品の作り方を学びました。その時から私はずっと竹製品を作り続けています。本当にやりたいことができて，私は運がいいです。

エミ　：なるほど。日本で働くことについてはどうお考えですか？

スミス：実は，最初はとても大変でした。私にとって，日本人とコミュニケーションをとることは重大な問題でした。そこで私は日本語の勉強を始め，周りの人を理解しようと努めました。

アヤ　：スミスさんのお話はたいへん興味深いです。何か将来の計画はありますか？

スミス：はい。(3)イ大分には竹製品のような，伝統的なものがたくさんあると思います。私はそれを世界中の人に紹介したいと思っています。

エミ　：スミスさんのお話は私たちに，仕事について考えるよい機会を与えてくださいました。今日はどうもありがとうございました。

スミス：どうぞいたしまして。それではまた。

（動画を見終えて）

ユウタ：仕事を選ぶ時の理由は人それぞれです。動画でスミスさんは，「本当にやりたいことができて，私は運がいいです」と言っていました。つまり，「③ア自分の好きなことをすること（＝To do the things I like）」が大切だ，ということです。このグラフを見てください。日本の若者が仕事を選ぶときに何が大切なのかを示しています。あなたはどうでしょうか？仕事を選ぶとき，あなたにとって大切なことは何ですか？

【５】【本文の要約】参照。

(2)　踊りを成功させることができた理由だから，エ「みんなの助けをもらうこと」が適当。ア「新聞に自分たちの考えを話したこと」，イ「お年寄りに親切にしたこと」，ウ「お祭りの写真を撮ったこと」は不適当。

(3)　「タロウは祖父を喜ばせるために何をしましたか？」…第１段落の最後の１文をヒントに４語以上で答える。「彼はクラスメートと一緒に伝統的な踊りをしました（＝performed the traditional dance）」などが適当。

(4)②　「公民館での出来事」だから，ア「僕たちの町の祭りの古い写真を何枚か見つけた」と，エ「祖父と話した時，祖父は悲しそうだった」が適当。　③　「体育館での出来事」だから，オ「お年寄りたちが踊ったり音楽を演奏したりして手助けしてくれた」と，カ「祖父は毎日，上手に踊る方法を僕たちに教えてくれた」が適当。

④　「学校行事での出来事」だから，イ「僕たちは学校に来た多くの人々の前で練習の成果を披露することができた」と，ク「学校に来た多くの人々は僕たちの踊りを見て笑顔になった」が適当。　⑤　「小学校での出来事」だから，ウ「僕たちの経験をこの町の子どもたちと共有するのが大事だと思った」と，キ「ある学校の子どもたちに踊りを披露した」が適当。

【本文の要約】

みなさん，こんにちは。今日僕は学校生活の中で忘れられないであろう，ひとつの経験について話そうと思います。僕はこの夏，祖父と一緒に町の公民館に行き，②アあるお祭りの古い写真を何枚か見つけました。写真の中では，たくさんの人が踊っていて楽しそうでした。祖父が僕にこう言いました。「これはこの町のお祭りの，伝統的な踊りの写真だよ。昔はこの踊りはとても人気があって，地元の人々にとって大切なものだったんだ。でもその踊りは長いこと行われていないんだ」②エお祭りについて話し終わった祖父は悲しそうでした。⑶そこで僕は祖父を喜ばせるためにそれを踊りたいと思ったのです。

数日後，僕はこの話を先生にしました。先生は興味を持ってくれて，学校行事としてクラスで行うのはどうかと提案してくれました。僕は，クラスメートの中にはこの考えを気に入ってくれない人がいるのではないかと ⓐイ心配しました(＝was worried) が，みんな賛成してくれました。

最初僕は ⓑイとても緊張していました(＝was very nervous)。なぜなら，クラスの他の生徒は踊り方を知らなかったからです。そこで僕は祖父に踊りを教えてくれるように頼みました。③カ僕たちは放課後に毎日，祖父と一緒に体育館で練習しました。そして，その踊りを知っているお年寄りたちが，次第に僕たちの練習を見に来るようになって，ⓒイびっくりしました(＝were surprised)。③オ中には僕たちと一緒に踊る人や，太鼓や笛を演奏して演技をもっといいものにしてくれる人もいました。

ついに学校行事の日が来ました。④イ多くの人が学校に踊りを見に来てくれました。僕たちの踊りは，お年寄りたちと練習したおかげでうまくいきました。④ク周りにいた人はみな笑顔になりました。僕は彼らを見た時，ⓓイうれしく感じました(＝felt happy)。

翌朝，僕たちの踊りは新聞に掲載されました。⑤キそして学校行事の後，ある小学校から，踊ってほしいと頼まれました。子どもたちはみな，僕たちの踊りを見て楽しみました。⑤ウその時僕は町のすべての小学生たちに，踊りを教えたいと思いました。

僕は，町の人たちと一緒に練習できたことがうれしいです。彼らはいろいろな面で僕たちを手助けしてくれました。踊りの練習を始めた時，僕たちはうまくできるなんて想像できませんでした。自分たちだけでは達成できませんでした。しかし ①エみんなに助けてもらうこと(＝getting help from others) で，やり遂げることができました。最初この行動の目的は単に祖父を喜ばせることでした。でも同時にそれは，この町の多くの人を幸せにしてくれました。

《2023　国語　解説》

【一】

問二⑴　お礼の手紙の頭語と結語は、「拝啓」「敬具」を用いる。よってウが適する。　⑵　「もらった」（動詞「もらう」の連用形「もらい」に過去を表す助動詞「た」が接続し、促音便になったもの）の謙譲語は「いただいた」（動詞「いただく」の連用形「いただき」に過去を表す助動詞「た」が接し、イ音便になったもの）である。謙譲語は自分の動作に用いて、相手に対する敬意を表す。　⑶　――線②は、助動詞「よう」の終止形で、意志を表している。動詞「する」の未然形「し」に接続している。　ア．助動詞「よう」の終止形で、意志を表している。動詞「着る」の未然形「着」に接続している。　イ．助動詞「ようだ」の連用形「ように」の一部で、例示を表している。　ウ．助動詞「ようだ」の終止形「ようだ」の一部で、推定を表している。　エ．助動詞「ようだ」の連用形「ように」の一部で、たとえを表している。　よってアが適する。

【二】

問一　その前に葉山《はやま》先生から「どうだった？」と聞かれた千春《ちはる》は、「すごく、きれいでした」「すみません、なんか、小さい子の感想みたいで」と答えている。葉山先生から、「そんなことないよ」「きれいだなって感じるのが、すべてのはじまりじゃない？～わたしはそうだったよ」「たぶん、みんなも」と認めてもらった場面がある。だから、那彩《なさ》に「どうだった？」と聞かれても、率直な感想をそのまま答えても良いと思っているのだ。よってウが適する。

問二　「実は、ちょっとだけ心配だったんだ。千春が楽しめるかなって」「ちがうの、初心者とか、そういう意味じゃなくて」「『あのね、ええと……なんていうか……。』どうも歯切れが悪い」「千春に、無理させてないかなって」

「天文部、あたしが強引に誘っちゃったから。千春は優しいしさ。内心、なんかちがうって思ってたりとか……」「ごめんんね千春。あたし、うるさかったよね？　正直、ひいてない？」などの那彩の言動から読み取れる人物像として、イが適する。

問三⑴　「なんかちょっと、うらやましかった」「心から夢中になれるものを持ち～ひたむきに追いかけている那彩たちが、わたしはうらやましかったんだ。豊富な知識だけじゃなくて、その圧倒的な情熱も」の部分に千春の心情が表れている。　⑵　本文の最後の３行に「星のことをもっと知りたい」という気持ちがあれば「地道に学んでいくことはできるかもしれない」という千春の気づきが書かれている。　⑶　「星のこと全然くわしくないし、足ひっぱっちゃうかもだけど」から、星に関する豊富な知識がないことを千春が気にしているのが読み取れる。

問四　ア．会話文にも地の文にも千春の心の中の言葉が表現されている。　イ．「周囲の情景を丁寧に描写」はあてはまらない。　ウ．歯切れの悪い・口をつぐむなどは慣用句である。　エ．千春ではなく那彩の過去の経験が導入されている。　よってアが適する。

【三】

問一⑴　――線①を含む段落の次の段落の初めに「この疑問に答えるため、科学者はいろいろな研究を行っている」とあることに着目する。読み進めると「アメリカの生態学者ティルマンは、草原に生える草の種類をコントロールする実験を行った。その結果、生物多様性が高くなると生産性が高まり、少々の環境変化があっても安定していることが分かった」とある。　⑵・⑶　【文章一】の最後の段落の初めに「生物多様性が高いメリットはほかにもある」とあることに着目する。「生物多様性が高ければ、その場所に干ばつに強い草、水びたしに強い草が生えることが可能だから、突発的な出来事が生じても、草原全体は安定するのだ」「一見無駄なように思えてもいざというときに役立つという性質を冗長性という。冗長性を高めるため、僕らは生物多様性を守らなければならないのである」と述べられている。

問二　【文章二】は、「生物多様性は、人間が生存するのに欠かせない基盤なのである」（第２段落）と示した上で、「生物多様性は人間生活の安全性の長期的な保証につながっている」「多様な種が生存している環境は、変化に強く安定した環境といえる」「多様な生き物が息づく自然に親しむことで、ストレスに疲れた精神を落ち着かせ、明日への活力となる」「豊かな感性や季節感が養われる」「そうした感性から～芸術が生まれ、人間生活を豊かにしている」と、生物多様性がどのように人間の生活を支えているかについて複数の視点から述べる形で論理を展開している。よってエが適する。

問三⑴　問一・二の解説を参照。　⑵　「二つの文章を読むことで気づかされることがありました」に続くため、生物多様性は自然への影響という点だけでもなく、人間への影響という点だけでもなく、どちらのためにも必要なものであるということに気づかされたという内容のエが適する。

【四】

問一　古文で言葉の先頭にない「はひふへほ」は、「わいうえお」に直す。

問三⑴　「具して行く童部《わらはべ》」が「木こる童《わらは》」に対して、「あな、おほけな～様にも似ず。いまいまし」と言っているのは、分相応な（＝その人の能力や地位にふさわしい）発言を求めていると言える。よってアが適する。　⑵　「具して行く童部」が「木こる童」をたしなめたのは、「木こる童」が「人のえよみ給はざんなる。童こそよみたれ」と主張したことを受けてのものである。　⑶　「帝《みかど》が隠題《かくしだい》として出した事物」（＝ひちりき）は、四句目の「いくたびちりき」によみこまれている。和歌は五・七・五・七・七に句切れる。　⑷　「木こる童」がよんだ和歌を、Bさんが「和歌自体もすばらしいですね」と言ったのを、Aさんが「なるほど。それでは二度目の『様にも似ず』には和歌をよんだ者に対して Ⅳ する気持ちが表れていると言えそうですね」と続けていることから、感心して褒めたたえているという意味のエが当てはまる。

【古文の内容】

今となってはもう昔のことだが、隠題《かくしだい》(＝物の名を歌の中に隠してよむこと)をたいそうおもしろがっておられた帝《みかど》が、ひちりきというのをよませられたのに、人々がうまくよめずにいた折に、子どもの木こりが、夜明け前のまだ暗い時分、山へ行くといって(こんなことを)言った。「このごろひちりきをおよませになるということだが、人々がどうしてもおよみになれないということだ。自分なら(うまく)よめるのに。」と言ったので、一緒に行く少年が、「ああ、おそれ多い。そんなことを言うな。がらにもない。小憎らしい。」と言ったので、「どうして、がらに似るとと決まったことか。」と言って、

春が巡り来るたびごとに、桜の花が何度散ったことか、誰かに聞いてみたいものだ

とよんだのである。がらにも似合わず、思いがけないことであった。

【五】

問一 著作権上の都合により【新聞記事】を掲載しておりませんので、解説も掲載しておりません。ご不便をおかけし、誠に申し訳ございません。

問二 「～のようだ（ように)」などのたとえを表す言葉が使われているたとえ方を「直喩」と言い、「～のようだ（ように)」などが使われていないたとえ方を「隠喩」と言う。「良い本は私の人生におけるイベントである」は隠喩である。よってエが正解。

《2023　社会　解説》

【1】

⑴① エが誤り。本州四国連絡橋は，瀬戸内しまなみ海道(尾道－今治ルート)・瀬戸大橋(児島－坂出ルート)・明石海峡大橋－大鳴門橋(神戸－鳴門ルート)の３つある。それぞれの四国側は，今治が愛媛県，坂出が香川県，鳴門が徳島県にある。　② 昼夜間人口比率が 100 を超えるアとウは，周辺の府県からの通勤・通学者が多い愛知県，大阪府のどちらかである。100 を大きく下回るエは，東京都のベッドタウンであり，都内への通勤・通学者が多い埼玉県である。よって，残ったイが大分県であると判断する。　④ ヒスパニックはスペイン語を話す人々やその子孫だから，メキシコに隣接する州に多い。そのうち，シリコンバレーがあるカリフォルニア州はアジア系も多い。その他アジア系は，大都市ニューヨークがあるニューヨーク州などでも多い。アフリカから連れてこられた奴隷を労働力として綿花栽培などが行われていた南部では，アフリカ系が多い。

⑵①プランテーション農業…単一の農作物を，安い労働力を使って大規模に栽培する農業。　② 自動車の割合が高いイは，自動車工業が盛んな中京工業地帯の拠点港の名古屋港である。半導体等製造装置の割合が最も高いウは，成田国際空港である。小型軽量で高価な半導体は，航空輸送でも採算がとれ，航空輸送が行われる。石油製品の割合が最も高いエは，石油化学工業が盛んな京葉工業地域の拠点港の千葉港である。残ったアが東京港となる。

③ 近年の自給率に着目する。自給率は野菜＞果実＞小麦の順に高いことは覚えておこう。果実は 1960 年以降，多くの種類の果実の輸入の自由化が行われ，バナナ，オレンジ，キウイフルーツなど，日本ではあまり栽培されていない果実も，日常的に食べられるようになった。小麦の自給率は以前より低いままである。　④ 資料７からは，カカオの生産には長い期間が必要であること，資料８からは，チョコレート販売による利益のうち，生産国の農家

の利益が３％とわずかであることが読み取れる。このような問題を解決するために，発展途上国の生産者と先進国の消費者を，公正な価格での取り引きでつなぐフェアトレード(公正取引)運動が行われている。

【２】

(1) イ(『漢書』地理志)→ア(『後漢書』東夷伝)→ウ(『魏志』倭人伝)

(2) 894 年，菅原道真は藤原氏の策略により，長らく派遣されていなかった遣唐使に選ばれ，国外に追いやられようとしていた。そこで道真は，唐の衰退と航海の危険を理由に遣唐使の派遣の延期を宇多天皇に進言し，これが聞き入れられた。

(3) エが正しい。源氏の将軍が３代で途絶えたのを契機に，後鳥羽上皇は鎌倉幕府打倒をかかげて挙兵した。鎌倉幕府方は，北条政子の呼びかけのもと，これを打ち破った。アは南北朝の内乱，イは応仁の乱，ウは平治の乱についての記述。

(4) ８代執権北条時宗が元による服属の要求をしりぞけた後，２度にわたって元・高麗の連合軍は日本を襲来した(1274 年　文永の役・1281 年　弘安の役)が，いずれも暴風雨の影響などにより引き上げた。

(5) 足利義満は倭寇の取りしまりを条件に明と貿易することを許された。このとき，倭寇と正式な貿易船を区別するために勘合という合い札が用いられたので，日明貿易は勘合貿易ともよばれる。アは傘連判状，ウは一向一揆の旗，エは朱印状。

(6) ウが誤り。豊臣秀吉はバテレン追放令を出してキリスト教を禁止したが，南蛮貿易は認めていたので，キリスト教の禁止を徹底することができなかった。

(7) 1853 年にペリー率いる黒船の浦賀来航にともなって詠まれた狂歌である。狂歌の中の「上喜撰(お茶のブランド名)」は「蒸気船」とかけられている。

(8) Ａ．正しい。Ｂ．誤り。ロシアは，ドイツ・フランスをさそい，日本が得た遼東半島を清に返還するよう要求した(三国干渉)。

(9) 1914 年に始まった第一次世界大戦は 1918 年まで続き，各国では徴兵された男性の代わりに女性が軍事工場で働くなど，民間人も戦争体制に協力する総力戦となった。

(10) 満州事変は，1931 年の柳条湖事件(関東軍が南満州鉄道の線路を爆破した事件)をきっかけに始まった。満州は中国東北部である。

(11) 1972 年に日中共同声明が調印され，1978 年には日中平和友好条約が結ばれた。

【３】

(1)② 沖縄返還は 1972 年５月のできごとである。沖縄県選出の議員が２人増員され，地方区選出議員の定数 152 人，総定数 252 人に改正された。　③ 参議院選挙の比例代表制において，有権者は政党名または候補者名を書いて投票する。次に，政党に所属している候補者の得票と政党の得票を合わせた票数を政党の総得票数とし，獲得した総得票数に応じて各政党に議席を割り当て，得票の多かった候補者から当選となる。

(3) Ｄは人口の多い東京都で最も割合が高くなっているので，地方税である。Ｅは人口が少ない大分県で最も割合が高くなっているので，地方交付税と判断する。地方交付税交付金は，歳入の多い地方公共団体ほど少なく，歳入の少ない地方公共団体ほど多く配分される。この交付金は使いみちが限定されていないため，地方公共団体が自由に使いみちを決めることができる。これに対し，道路建設など，使う目的が指定されて国から地方公共団体に配分されるお金を国庫支出金という。

(4) Ｇ．誤り。「貸し手」と「借り手」が直接資金の貸し借りを行う場合を直接金融，銀行などの金融機関を仲立ちとして資金の貸し借りを行う場合を間接金融という。株式・社債などを発行して，借り手から直接資金を借り入れるのは直接金融である。H．正しい。

⑸　たとえば，1ドル＝100 円から1ドル＝80 円になることを「円高ドル安」，1ドル＝100 円から1ドル＝120 円になることを「円安ドル高」という。円高ドル安が進むと，同じ金額の円に交換できるドルの金額が上がるので，外国が日本から輸入した商品の販売価格は上がり，日本を訪れる外国人にとっては，日本での購入価格が上昇する。

⑹　Jの期間は生産や消費が落ち込んでいるので，不況のときに行われる金融政策を選ぶ。日本銀行が行う公開市場操作では，好況のときは一般銀行に国債を売って市場に出回る通貨量を減らし，逆に不況のときは一般銀行から国債を買って市場に出回る通貨量を増やす。

⑺　低負担・低福祉が小さな政府，高福祉・高負担が大きな政府である。Kはウ，Nはア。

【4】

⑴　右図参照。

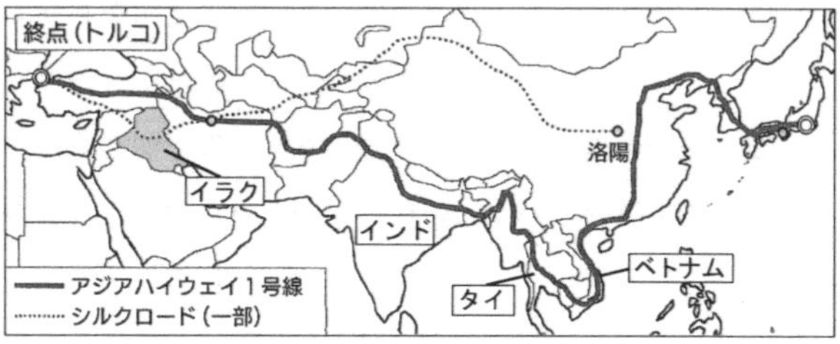

⑵　対馬藩は朝鮮，松前藩はアイヌの人々(蝦夷地)，薩摩藩は琉球王国，長崎はオランダ・中国との窓口になった。

⑶　C．誤り。トルコはEUに加盟していない。また，国民の大半はイスラム教を信仰している。D．誤り。トルコには北緯 40 度の緯線が通っている。資料1の地図を見ても，日本の緯度と同程度といえる。

⑷　ア．誤り。博多駅から見て，フェリー乗り場は北西にある。ウ．神社(⛩)ではなく，寺院(卍)が集まっている。エ．博多駅前(一)の左に 4.5mを表す水準点，中州(五)の左上に 3.4mを表す水準点がある。

⑸　奈良時代，日本は中国に遣唐使を送り，唐の進んだ制度や文化を学んでいた。当時の唐には，シルクロードを通って西アジアから様々な宝物が渡っていた。この宝物の一部は，遣唐使によって日本に持ちこまれ，東大寺の正倉院に納められた。

⑹　Eは「食料安全保障の改善」「干ばつや砂漠化」より，アフリカ大陸のサヘル地域に位置するチャド，Fは「地震を中心とした災害」より，環太平洋造山帯に位置しており，日本と同様，地震が多いメキシコ，Gは「豊かな森林」より，赤道直下に位置し，熱帯雨林が広がるコンゴ共和国と判断する。

【5】

⑴　アが誤り。インド産の絹織物ではなく，綿織物。

⑵　石炭，石油，天然ガスの生産国上位国を覚えていれば簡単であるが，覚えていなくても，生産上位国には，それぞれの資源の日本の輸入先上位国が含まれていることが多いので，生産・輸入先で共通する国を探せば判断することができる。Aには西アジアのサウジアラビアが含まれているので石油，Bには，インドネシア・オーストラリアが含まれているので石炭，残ったCは天然ガスである。

⑶　パリ協定は京都議定書の後継となるものである。２つの取り決めの比較については右表。

	京都議定書	パリ協定
採択・発効年	1997 年採択(COP3) 2005 年発効	2015 年採択(COP21) 2016 年発効
対象期間	2020 年まで	2020 年以降
対象国	先進国のみ	加盟国全て
義務	目標の達成	目標の設定・提出

⑷①　D．誤り。イラク戦争は 2003 年に始まったので，イラク戦争の影響とはいえない。G．誤り。水力，風力，太陽光，地熱，太陽熱，大気中の熱・その他の自然界に存在する熱，バイオマス(動植物に由来する有機物)の7種類が再生可能エネルギーとされている。資料4を見ると，水力と地熱の設備利用率と稼働年数は平均より高い。

《2023　数学　解説》

【１】

(1)②　与式$=6-9\times2=6-18=$**-12**

③　与式$=\dfrac{x+5y+4(x-y)}{8}=\dfrac{x+5y+4x-4y}{8}=$**$\dfrac{5x+y}{8}$**

④　与式$=(4x+y^2)\times xy\div xy=$**$4x+y^2$**

⑤　与式$=\sqrt{12}+\dfrac{3\sqrt{3}}{3}=2\sqrt{3}+\sqrt{3}=$**$3\sqrt{3}$**

(2)　与式より，$(x+2)(x-8)=0$　　$x=$**-2，8**

(3)　**【解き方】$5=\sqrt{25}$，$7=\sqrt{49}$だから，$\sqrt{25}<\sqrt{6a}<\sqrt{49}$となればよい。**

$25<6a<49$であり，これを満たす自然数aは，**5，6，7，8**である。

(4)　**【解き方】$y=-x^2$のグラフは下に開いた放物線だから，xの絶対値が大きいほどyの値は小さくなる。**

$y=-x^2$にxの最小値の$x=-2$を代入すると，$y=-(-2)^2=-4$となるから，yが最小値の$y=-16$となるのは$x=a$のときだとわかる。

$y=-x^2$に$x=a$，$y=-16$を代入すると，$-16=-a^2$より，$a=\pm4$　　$-2\leqq a$なので，$a=$**4**

xの変域に$x=0$が含まれるので，yの最大値は$y=0$だから，$b=$**0**

(5)　$5^2\pi\times\dfrac{144^\circ}{360^\circ}=$**$10\pi$**（㎠）

(6)　円の接線は接点を通る半径に垂直だから，Aを通る直線ℓの垂線を引く。円の中心は弦の垂直二等分線上にあり，線分ABは円Oの弦だから，線分ABの垂直二等分線を引く。２つの直線の交点がOである。

【２】

(1)　$y=ax^2$のグラフはAを通るから，$y=ax^2$に$x=-4$，$y=4$を代入すると，$4=a\times(-4)^2$より，$a=$**$\dfrac{1}{4}$**

(2)　**【解き方】直線ABの式を$y=mx+n$として，AとBの座標をそれぞれ代入することで，連立方程式をたてる。**

$y=\dfrac{1}{4}x^2$にBのx座標の$x=2$を代入すると，$y=\dfrac{1}{4}\times2^2=1$となるから，B(2，1)である。

直線$y=mx+n$はA(−4，4)を通るので，$4=-4m+n$，B(2，1)を通るので，$1=2m+n$が成り立つ。

これらを連立方程式として解くと，$m=-\dfrac{1}{2}$，$n=2$となるから，直線ABの式は，**$y=-\dfrac{1}{2}x+2$**

(3)①　**【解き方】$y=-\dfrac{1}{2}x+2$と$y=\dfrac{1}{4}x^2$にそれぞれ$x=-2$を代入して，直線$x=-2$と２つのグラフとの交点のy座標を調べる。**

$y=-\dfrac{1}{2}x+2$に$x=-2$を代入すると，$y=-\dfrac{1}{2}\times(-2)+2=3$となる。

$y=\dfrac{1}{4}x^2$に$x=-2$を代入すると，$y=\dfrac{1}{4}\times(-2)^2=1$となる。

よって，図形Dに含まれる点のうちx座標が-2でy座標が整数の点は，点(−2，1)，(−2，2)，(−2，3)の**3**個ある。

②　**【解き方】まず，図形Dに含まれる格子点《こうしてん》(x座標とy座標がともに整数の点)の座標を，①のようにxの値で場合分けをして調べる。次に，その格子点を図にかきこむ。直線$y=\dfrac{9}{2}x+b$はbの値を変えることで上下に平行移動する(左右に平行移動するといってもよい)ので，条件に合う直線$y=\dfrac{9}{2}x+b$のおよその位置を考える。**

図形Dに含まれる格子点のy座標を調べると右表のようになる。

xの値	-4	-3	-2	-1	0	1	2
$y=-\dfrac{1}{2}x+2$でのyの値	4	$\dfrac{7}{2}$	3	$\dfrac{5}{2}$	2	$\dfrac{3}{2}$	1
$y=\dfrac{1}{4}x^2$でのyの値	4	$\dfrac{9}{4}$	1	$\dfrac{1}{4}$	0	$\dfrac{1}{4}$	1
図形Dに含まれる格子点のy座標と個数	4（1個）	3（1個）	1，2，3（3個）	1，2（2個）	0，1，2（3個）	1（1個）	1（1個）

したがって，格子点

は全部で12個あり，図にかきこむと右図のようになる。

これらが，直線$y=\frac{9}{2}x+b$によって$12\div2=6$（個）ずつに分けられればよい。正方形の対角線を通る直線のうち右上がりの直線の傾きは1で，直線$y=\frac{9}{2}x+b$の傾きは1より大きいから，直線$y=\frac{9}{2}x+b$が図の直線ℓと直線mの間にあればよい。

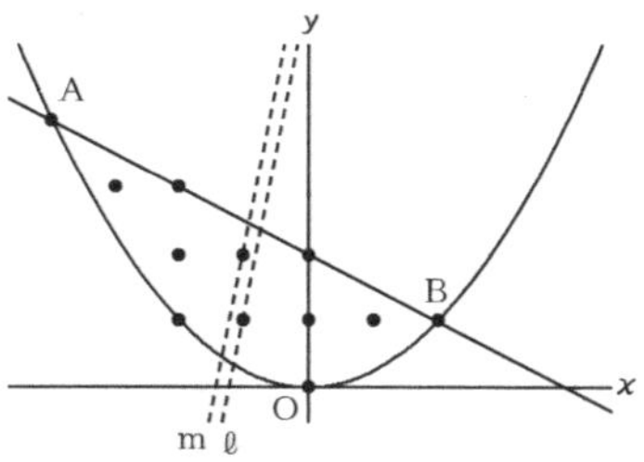

なお，直線ℓは点（－1，1）を通り，直線mは点（－1，2）を通る。

$y=\frac{9}{2}x+b$に$x=-1$，$y=1$を代入すると，$1=-\frac{9}{2}+b$より$b=\frac{11}{2}$となる。

$y=\frac{9}{2}x+b$に$x=-1$，$y=2$を代入すると，$2=-\frac{9}{2}+b$より$b=\frac{13}{2}$となる。

bの値は整数だから，bは$\frac{11}{2}$より大きく$\frac{13}{2}$より小さい整数ならばよいので，$b=$**6**

【3】

⑴① 6回カードを移動させると，一番上のカードは，A→B→C→D→E→A→Bと変化する。つまり，**B**が一番上になる。

② **【解き方】カードを5回移動させるごとに一番上のカードは1周して同じになるから，Cが一番上になるときの移動回数は，2回，2＋5＝7（回），7＋5＝12（回）である。さいころを2つ使う問題では，右のような表にまとめて考えるとよい。**

		小					
		1	2	3	4	5	6
大	1	○					○
	2					○	
	3				○		
	4			○			
	5		○				
	6	○					○

大小2つのさいころの目の出方は全部で6×6＝36（通り）ある。そのうち条件に合う出方は表の○印の8通りだから，求める確率は，$\frac{8}{36}=\mathbf{\frac{2}{9}}$

⑵ **【解き方】箱ひげ図からは，右図のようなことがわかる。半分にしたデータ（記録）のうち，小さい方のデータの中央値が第1四分位数で，大きい方のデータの中央値が第3四分位数となる（データ数が奇数の場合，中央値を除いて半分にする）。**

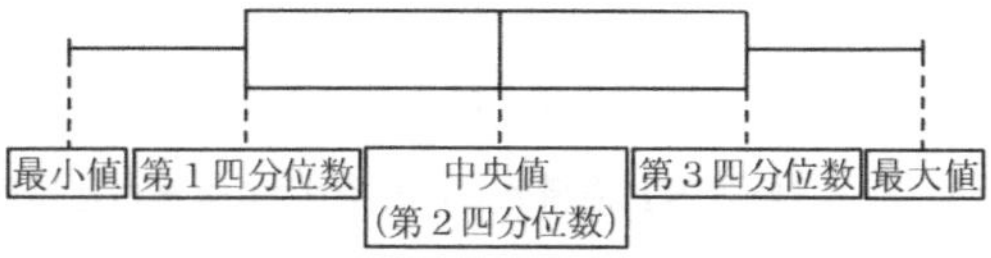

① （四分位範囲）＝（第3四分位数）－（第1四分位数）だから，9月の四分位範囲は，14－8＝**6**（本）

② 全データの個数が40個で，40÷2＝20，20÷2＝10だから，第3四分位数以上のデータは少なくとも10個あるので，$\frac{10}{40}\times100=25$（%）以上ある。中央値以上のデータは少なくとも20個あるから，$\frac{20}{40}\times100=50$（%）以上ある。9月の第3四分位数が**14**本だから，15本以上の部員は25%以下であり，3月の中央値は15本だから，15本以上の部員は50%以上いる。

【4】

⑴ 13時15分から13時45分までの30分間は，1分ごとに5人がゲートを通過するので，合計で5×30＝**150**（人）がゲートを通過する。

13時15分には45人が並んでいて，14時15分までの60分間で列に加わる人数の合計は12×60＝720（人）だから，入場を開始してから完了するまでにゲートを通過する人数の合計は，45＋720＝**765**（人）である。

通過できるゲートが1つの間は150人がゲートを通過するから，3つの間に765－150＝**615**（人）が通過する。

ゲートが3つの間は1分ごとに5×3＝15（人）が通過するから，ゲートを3つにしてから615÷15＝41（分後）に入場が完了する。これは13時45分＋41分＝**14**時**26**分である。

⑵ **【解き方】通過できるゲートが1つの時間をx分間，3つの時間をy分間として，連立方程式をたてる。**

入場を開始してから完了するまでの時間は，14時20分－13時15分＝65分だから，$x+y=65$…①

ゲートを通過する人数の合計は⑴と同じ765人だから，通過する人数の合計について，

$5x+15y=765$ より，$x+3y=153$…②

②−①でxを消去すると，$3y-y=153-65$　$2y=88$　$y=44$　①に$y=44$を代入すると，$x+44=65$　$x=21$

よって，通過できるゲートが1つの時間は21分間だから，求める時刻は，13時15分+21分=**13時36分**

【5】

(1)　容器Xの底面積が$4^2\pi=16\pi$ (cm²)，高さが10cmだから，体積は，$16\pi\times10=$**160π** (cm³)

(2)①　【解き方】水面の高さは，$2\times2=4$ (cm)だから，容器Xの高さ4cm分の体積から，鉄球の体積を引く。

容器Xの高さ4cm分の体積は，$16\pi\times4=64\pi$ (cm³)　　鉄球の体積は，$\frac{4}{3}\pi\times2^3=\frac{32}{3}\pi$ (cm³)

よって，水の体積は，$64\pi-\frac{32}{3}\pi=$**$\frac{160}{3}\pi$** (cm³)

②　【解き方】2つの鉄球の中心と容器Xの底面の円の中心を通る平面は右図のようになる(P，Qはそれぞれ半径2cm，3cmの鉄球の中心，Rは2つの鉄球の接点)。P，R，Qは一直線上に並ぶから，三平方の定理を利用してQSの長さを求める。

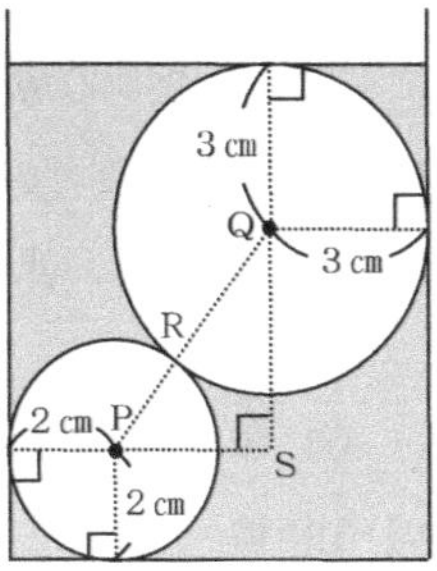

PQ=$2+3=5$ (cm)である。

容器の底面の直径が$4\times2=8$ (cm)だから，PS=$8-2-3=3$ (cm)

三平方の定理より，QS=$\sqrt{PQ^2-PS^2}=\sqrt{5^2-3^2}=\sqrt{16}=4$ (cm)

よって，水面の高さは，$2+4+3=$**9** (cm)

また，水全体の体積は，(容器Xの高さ9cm分の体積)−(2つの鉄球の体積の和)=

$16\pi\times9-(\frac{32}{3}\pi+\frac{4}{3}\pi\times3^3)=144\pi-\frac{140}{3}\pi=\frac{292}{3}\pi$ (cm³)

①の時点で入っていた水の体積は$\frac{160}{3}\pi$ cm³だから，追加した水の体積は，$\frac{292}{3}\pi-\frac{160}{3}\pi=$**$44\pi$** (cm³)

【6】

(1)　まず，問題文の仮定を図にかきこんで，証明のために必要な条件を探そう。条件が足りない場合は，問題の内容に応じて，図形の性質，平行線の同位角・錯角，円周角の定理などからわかることもかきこんでみよう。

(2)①　【解き方】△GFH∽△ECHを利用したいので，その相似比とCEの長さを求める。

△GFHと△ECHの相似比は，FH：CH=4：8=1：2

折り返したときに重なるから，AE=FE=4+7=11(cm)なので，CE=16−11=5(cm)

よって，FG=$\frac{1}{2}$CE=**$\frac{5}{2}$**(cm)

②　【解き方】△GFH∽△ECHと対頂角が等しいことから，右図のように等しい角がわかる。したがって，△ECH∽△GBDである。

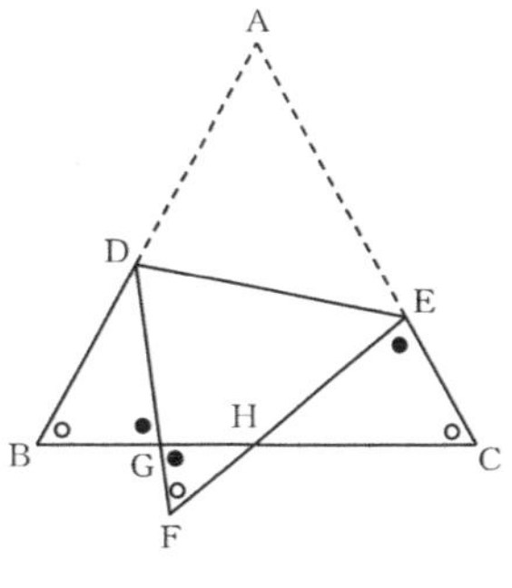

①より，GH=$\frac{1}{2}$EH=$\frac{7}{2}$(cm)だから，

BG=BC−CH−GH=$16-8-\frac{7}{2}=\frac{9}{2}$(cm)

△ECH∽△GBDより，HC：DB=CE：BG

8：DB=5：$\frac{9}{2}$　　DB=$\frac{9}{2}\times8\times\frac{1}{5}=\frac{36}{5}$(cm)

よって，DB：AB=$\frac{36}{5}$：16=9：20だから，

DB：DA=9：(20−9)=9：11

折り返したときに重なるから，DA=DFなので，DB：DF=**9：11**

2022 解答例 令和４年度　大分県公立高等学校

《2022　理科　解答例》

【１】⑴胞子　⑵合弁花　⑶ア，ウ　⑷エ　⑸記号…イ　名称…道管　⑹ア，イ　⑺Y．風媒花　記号…オ

【２】⑴170　⑵$Mg \rightarrow Mg^{2+} + 2e^{-}$　⑶オ　⑷$H_2SO_4 + Ba(OH)_2 \rightarrow BaSO_4 + 2H_2O$　⑸E，F　⑹右グラフ　⑺硫酸の量が一定であり，反応できる水酸化バリウム水溶液の量が決まっているため。

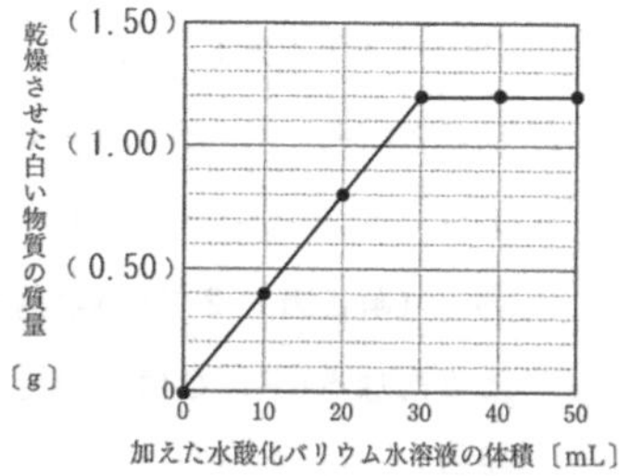

【３】⑴誘導電流　⑵イ　⑶等速直線運動　⑷A点よりも高い位置で手をはなしたため，台車の速さが大きくなり，コイルをつらぬく磁界の変化が大きくなったから。　⑸A点とC点は高さが同じため，位置エネルギーが同じであり，力学的エネルギーの保存から，水平面での運動エネルギーが同じになり，コイルをつらぬく磁界の変化の大きさが同じため。　⑹エ　⑺6.3

【４】⑴衛星　⑵ウ　⑶イ　⑷C　⑸375000　⑹ウ，エ　⑺エ

【５】⑴①イ　②虚像　③厚紙が焦点距離よりも近い位置にあり，レンズを通った光が広がり，実像ができないため。　⑵①示準化石　②イ　③イ　⑶①NH_3　②吸熱反応　③エ　④ウ　⑷①イ　②65　③ア

《2022　英語　解答例》

【１】A．１番…イ　２番…ア　B．１番…エ　２番…ウ　３番…ア　C．１番…イ　２番…ウ　３番…エ

【２】A．⑴ウ　⑵エ　⑶have the drills　⑷イ　B．①オ　②ア　③エ　④ウ

【３】A．(the automatic door の例文) We don't have to use our hands to open it.　(the elevator の例文) We can go to other floors fast with many people.　(the shopping cart の例文) We can carry many things easily even though they're heavy.

B．(例文) If you don't understand some subjects, you should ask your teachers how to study them.

【４】⑴ウ　⑵イ　⑶エ　⑷ウ→ア→エ　⑸We shouldn't ride too fast.

【５】⑴エ　⑵ア　⑶イ　⑷①experiences　②words　③listen　④nervous

《2022　国語　解答例》

【一】問一．⑴極　⑵規律　⑶巻末　⑷おこた　⑸しょうあく　問二．⑴エ　⑵イ　⑶ウ

【二】問一．ウ　問二．イ　問三．⑴謝ろうにも～せばいいか　⑵茂三が笑顔とともにからかうようなひと言を掛けてくれた　⑶自分でいつもより早く起きて、手伝いに来た　問四．ア

【三】問一．イ　問二．エ　問三．ア　問四．人間には、ＡＩが結論に至る過程を理解することができず、ＡＩの答えが合理的かどうか評価することが難しい　問五．⑴有限な命を～とができる　⑵間違えることから学ぶこと

【四】問一．いいおしえける　問二．ものごとに祝ふ者　問三．⑴誰だと問われたら、福の神でございますと答える　⑵にわとりの　問四．エ

【五】問一．ウ　　問二．ア

問三．(「賛成」の例文)【資料一】から、郷土料理には、地域の歴史や文化を背景とした特徴があることが分かり、郷土料理を知ることは、その地域へ興味をもつきっかけになると考える。私も、家族旅行の際に、郷土料理を食べたことからその地域の文化財への関心が深まったことがある。

《2022　社会　解答例》

【１】(1)イ　　(2)ウ　　(3)中国の製鉄所は内陸部に分布しているが，日本の製鉄所は原料の輸入の利便性を高めるため臨海部に分布している。　　(4)①静岡　②ア　　(5)モノカルチャー経済　　(6)エ

(7)スペインの植民地（下線部はポルトガルでもよい）　　(8)ウ

【２】(1)イ　　(2)天武天皇　　(3)天皇の位を譲った後も上皇となって政治を行い，摂政や関白の力を抑えた。

(4)東大寺南大門　　(5)ウ　　(6)ア，イ　　(7)①ア　②幕府の財政を立て直すこと。　　(8)エ　　(9)イ→ウ→ア

(10)イ

【３】(1)３　　(2)①弁護士の数が少ない地域でも，法律に関する相談が行いやすくなること。　②イ，エ　　(3)①イ

②アイヌ　　(4)①オ　②独占禁止法　　(5)ウ

【４】(1)①財閥　②ウ　　(2)イ　　(3)ウ，エ　　(4)フェアトレード　　(5)それぞれの国が得意なものを生産できるので，全体の生産量が増えること。

【５】(1)エ　　(2)ア　　(3)Ｂ．エ　Ｃ．ア　　(4)ウ→ア→イ　　(5)サッカー以外に投票した人の方が多いこと。

《2022　数学　解答例》

【１】(1)①-13　②-5　③$\frac{7x+5y}{12}$　④$-6x$　⑤$\sqrt{6}$　　(2)$\frac{-3\pm\sqrt{29}}{2}$

(3)３　　(4)$0\leqq y\leqq 9$　　(5)24　　(6)右図

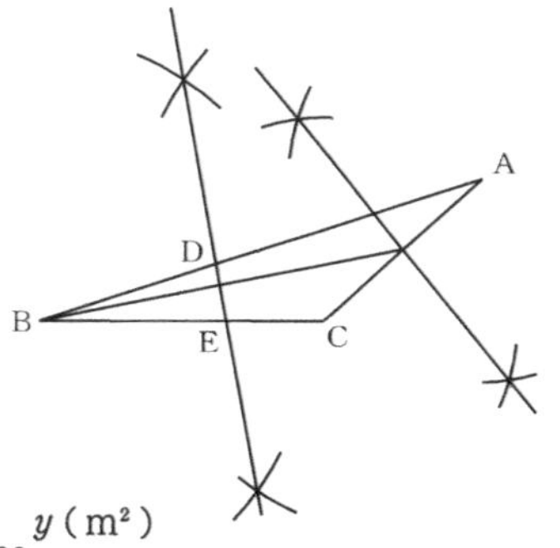

【２】(1)６　　(2)$-\frac{5}{3}$　　(3)$-\frac{1}{2}$

【３】(1)①30　②$\frac{2}{5}$

(2)①右グラフ　②10，45

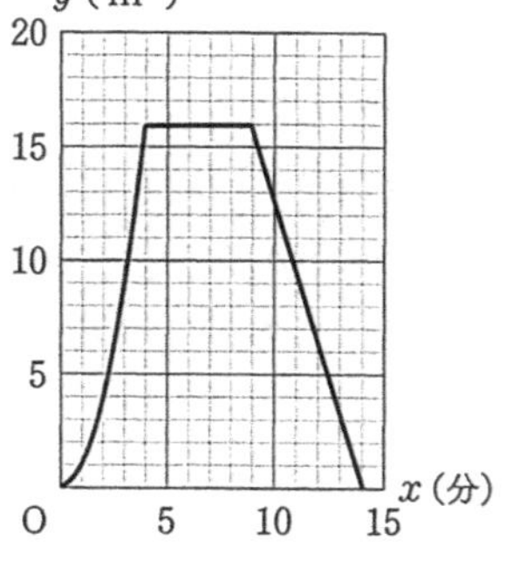

【４】(1)4.0　　(2)①3796　②ア．$228x+520y=6604$　イ．13　ウ．７

【５】(1)$2\sqrt{5}$　　(2)$2\sqrt{5}$　　(3)①$10\sqrt{2}$　②$\sqrt{2}$

【６】(1)△ＥＡＤと△ＥＢＣにおいて，

対頂角は等しいので，∠ＡＥＤ＝∠ＢＥＣ…①

$\overset{\frown}{AB}$に対する円周角は等しいので，∠ＡＤＥ＝∠ＢＣＥ…②

①，②より，２組の角がそれぞれ等しいので，△ＥＡＤ∽△ＥＢＣ

(2)①２　②$2\sqrt{6}-2\sqrt{2}$

《2022　理科　解説》

【１】

⑴　スギゴケ(コケ植物)は胞子でふえる。

⑵　花弁が１枚１枚離れている花を離弁花という。

⑶　イ×…日あたりのわるいＡに，カタバミは生えている。エ×…土のしめりけが多いＡとＣには，セイヨウタンポポは生えていない。

⑷　ａ．光が当たって光合成をすることで，水や二酸化炭素を材料にデンプンや酸素をつくりだす。ｂ．コケ植物は維管束がなく，根・茎・葉の区別がない。シダ植物や種子植物は維管束があり，根・茎・葉の区別がある。

⑸　根から吸い上げた水や水に溶けた無機養分が通る管を道管(イ)という。一方，葉でつくられた栄養分が運ばれる管を師管(ウ)という。また，道管と師管が束になったものを維管束という。

⑹　双子葉類の葉脈は網状脈で，維管束は輪のように並び，根は主根と側根からなる。一方，単子葉類(ウとエ)の葉脈は平行脈で，維管束はばらばらに分布し，根はひげ根である。

⑺　Ｙ．風によって花粉が運ばれるものを風媒花，虫によって花粉が運ばれるものを虫媒花という。

【２】

⑴　15％の硫酸銅水溶液200ｇに含まれる硫酸銅は200×0.15＝30(ｇ)だから，水は200－30＝170(ｇ)である。

⑵　マグネシウム板がうすくなったのだから，マグネシウム原子〔Mg〕が電子を放出して，マグネシウムイオン〔Mg^{2+}〕になって水溶液中にとけ出した。また，マグネシウム板に黒い物質が付着したのは，硫酸亜鉛水溶液中の亜鉛イオン〔Zn^{2+}〕が電子を受け取り，亜鉛原子〔Zn〕となったからである。

⑶　硫酸亜鉛水溶液と硫酸銅水溶液に，マグネシウム板を入れるとうすくなった(イオンになってとけ出した)から，マグネシウムは亜鉛や銅よりイオンになりやすい。硫酸銅水溶液に，亜鉛板やマグネシウム板を入れると赤い物質(銅)が付着した(原子となった)から，銅は亜鉛やマグネシウムよりイオンになりにくい。よって，３つの金属をイオンになりやすいものから並べると，マグネシウム＞亜鉛＞銅となる。

⑷　酸性の硫酸〔H_2SO_4〕にアルカリ性の水酸化バリウム水溶液〔$Ba(OH)_2$〕を加えると，たがいの性質を打ち消し合う中和が起き，塩《えん》の硫酸バリウム(白い個体)〔$BaSO_4$〕と水〔H_2O〕ができる。

⑸　ＢＴＢ液は酸性で黄色，中性で緑色，アルカリ性で青色を示すから，ろ液の色が青色のＥとＦの混合液がアルカリ性である。

⑹　Ｄの混合液が中性だから，水酸化バリウム水溶液が30mLのときに折れ曲がるグラフとなる。

⑺　硫酸20mLと水酸化バリウム水溶液30mLが過不足なく反応するから，ＥとＦで水酸化バリウム水溶液がすべて反応するためには硫酸が足りない。

【３】

⑴　コイルに誘導電流が流れる現象を電磁誘導という。

⑵　ａ側にＮ極が近づいたとき，検流計の針は＋側に振れた。ａ側とｂ側，Ｎ極とＳ極，近づくと遠ざかるのどれか１つ(または３つ)が異なると，検流計の針は反対に振れる(２つでは針は同じ方向に振れる)。[図２]のとき，ｂ側からＳ極が遠ざかったので，検流計の針は－側に振れると考えられる。

⑶⑹　誘導電流は，磁石を速く動かす(コイルの中の磁界を速く変化させる)ほど大きくなる。また，磁石の磁力を

強くしたり，コイルの巻き数を増やしたりすることでも，誘導電流は大きくなる。

(7)　1時間使ったときの消費電力は，白熱電球が60Wh，ＬＥＤ電球が7.4Whである。したがって，1時間で削減できる電力量は60－7.4＝52.6(Wh)である。30日間で4《1日の使用時間》×30＝120(時間)使うから，削減できる電力量は52.6×120＝6312(Wh)→6.312kWhより，6.3kWhとなる。

【4】

(2)　月の公転によって，太陽，月，地球の位置関係が変わり，月のかがやいている部分の見え方が変わる。

(3)　イ×…肉眼やファインダー，望遠鏡で直接太陽を見てはいけない。

(4)　月から地球を見たときの形と地球から月を見たときの形は，かがやいている部分が逆になる。図5の地球の形は，月でいう満月だから，このときに地球から見る月の形は新月になる。

(5)　太陽の直径と月の直径の比が400：1だから，地球と太陽の距離と，地球と月の距離の比も400：1となる。したがって，地球と月の距離は，1億5000万×$\frac{1}{400}$＝375000(km)である。

(6)　ウ，エ○…太陽に近い水星，金星，地球，火星を地球型惑星といい，表面が岩石，中心部が重い金属でできているため密度が大きい。地球型惑星以外の木星，土星，天王星，海王星を木星型惑星といい，大部分が気体(水素やヘリウムなど)からできているため密度が小さい。また，木星型惑星は地球型惑星に比べて大きい。

(7)　エ○…日没後に西の空に見えたのだから，図7や選択肢のような図で地球を下にしたとき，金星と木星は地球と太陽を結ぶ直線より左側にある。なお，地球と太陽を結ぶ直線より右側にあるときは，明け方に東の空に見える。

【5】

(1)①　スクリーンにできる像を実像といい，上下左右が反対になる。

(2)①　示準化石に対し，特定の環境でしか生息できない生物の化石を示相化石といい，地層ができた当時の環境を推測するのに役立つ。

(3)①②　塩化アンモニウムと水酸化バリウムを混ぜると，アンモニア〔NH_3〕が発生し温度が下がる。このように温度が下がる反応を吸熱反応という。反対に，鉄と硫黄が結びつく化学変化のように熱が発生する反応を発熱反応という。　③　アは窒素，イは二酸化炭素，ウは塩素の用途である。　④　アンモニアは非常に水に溶けやすいため，5でフラスコ内に水を入れたことでアンモニアが水に溶けて，フラスコ内の圧力が下がり，水槽の水を吸い上げた。

(4)②　表2で，乾球の読みの30℃と，乾球と湿球との目もりの読みの差の30－25＝5(℃)が交わる部分を読みとればよい。　③　露点は，空気を冷やしたときに含まれていた水蒸気が水滴に変わり始めるときの温度で，空気に含まれる水蒸気量と露点の飽和水蒸気量は等しくなる。この日の15時の空気は，気温30℃(飽和水蒸気量30.4g／m^3)，湿度65%だから，含まれる水蒸気量は30.4×0.65＝19.76(g／m^3)である。気温22℃の飽和水蒸気量が19.4g／m^3，気温23℃の飽和水蒸気量が20.6g／m^3だから，この日の15時の空気の露点は22℃と23℃の間とわかる。

《2022　英語　解説》

【1】

A1番　質問「トムは昼食後に何をしますか？」…母「昼食の準備ができたわ，トム」→トム「わかった。今行くよ。今部屋の掃除をしたところだよ，お母さん」→母「昼食のあと，宿題をするべきよ」→トム「もちろん，そうするよ」より，イが適当。　**2番**　質問「ジョンはミカの誕生日パーティーに何を持っていきますか？」…ジョン「君の誕生日パーティーにギターを持って行くよ，ミカ」→ミカ「楽しそうね！一緒に歌って楽しみましょう，ジョン」→ジョン「何か食べものを持っていこうか？」→ミカ「いいえ，大丈夫よ。母がケーキとサンドイッチを作ってくれるの。何か飲み物を持ってきてくれない？」→ジョン「うん，持っていくよ」より，アが適当。

B　【放送文の要約】参照。 **1番**　質問「この列車はどれくらいの間豊後駅に停車しますか？」…エ「５分間」が適当。　**2番**　質問「豊後駅とめじろん駅の間には何駅ありますか？」…ウ「３駅」が適当。　**3番**　質問「豊後駅からめじろん駅までどのくらい時間がかかりますか？」…ア「15 分」が適当。

【放送文の要約】

この電車はまもなく豊後駅に到着します。1番エそこで５分間停車します。2番ウ豊後駅を出たあとは，めじろん駅に停まるまで３つの駅を通過します。それらの駅に行きたい場合は，豊後駅で乗り換えてください。3番ア2時 55 分に豊後駅を出て，3時 10 分にめじろん駅に着きます。電車を降りる際は，お忘れ物にご注意ください。ありがとうございました。

C 【放送文の要約】参照。 **1番**　質問「太郎は何をしたいですか？」…イ「彼は学園祭を紹介する動画を作りたい」が適当。　**2番**　質問「花子は何をしたいですか？」…ウ「彼女は学校で生徒たちがどのように過ごしているかを記録したい」が適当。　**3番**　質問「太郎と花子はこれから何をしますか？」…エ「自分たちの考えを先生方に説明する」が適当。

【放送文の要約】

花子：新しい学校ホームページができたわ。生徒と保護者だけが見ることができるの。何かホームページに載せるものはある？ あなたの考えは，太郎？

太郎：それじゃあ，1番イ学園祭を紹介する動画を作るのはどう，花子？学園祭に向けてどうやってダンスの練習をするかも見せられるよ。多くの人に学校のホームページを見て楽しんでもらいたいね。

花子：それはいい考えね。2番ウ私たちがどのように毎日学校で過ごしているかを見せたいわ。私たちの授業や部活動を記録するのもいいと思う。大勢の人が私たちの動画を楽しんでくれるといいわね。

太郎：僕もそう思うよ。3番エ先生のところに行って僕らのアイデアについて話してみようか？

花子：3番エええ，すぐに行きましょう。

【2】A【本文の要約】参照。

⑴　災害時の避難場所について話をしているので，ウ where が適切。

⑵　情報を得るための道具であるエ「ラジオ」が適切。

⑶　タクヤの１回目の発言より，have the drills を抜き出す。

⑷　them は看板を指している。よって，イ「タクヤとジョンは彼らの周りの看板を探します」が適当。

【本文の要約】

ジョン：どうして避難訓練は今日行われるの？

タクヤ：かつて，関東地方で大きな地震があったんだ。この季節には台風も多いよ。だから，訓練をして，災害が発生した場合の対応を考えなければならないんだ。

ジョン：僕もそう思うな。災害が発生したときに①ウどこに行くべきか(＝where to go)を知っておかなければならないね。あの看板を見て。あの看板はここに来るべきだということを示しているよ。

タクヤ：そうだね。災害のあと，自宅に住めない場合は多くの人が学校に泊まりに来ることになることになるね。

ジョン：タクヤ，災害に備えて家では袋に何か入れている？

タクヤ：うん。食べ物と水が必要だね。災害に関する情報を得られるので，②エラジオ(＝radio)も大切だよ。

ジョン：僕はすぐに家でそれを袋に入れておくよ。今日は災害に備えて僕らがやるべき大切なことを学んだ。僕は日本で初めて避難訓練を受けたんだ。僕たちは何度も③訓練を行う（＝have the drills）べきだね。

タクヤ：僕は君の意見に賛成だよ。何度も練習すれば，何をすべきか理解できるね。他に何かすることはある？どう思う？

ジョン：看板は，僕たちが何をすべきかを理解するのに役立つよ。周りに看板がたくさんあるといいね。

タクヤ：それは興味深いポイントだね。放課後，一緒に探そう。

Ｂ　【本文の要約】参照。

【本文の要約】

スミス先生：今，君たちは学校で自分専用のタブレット端末を持っています。勉強するときにいろいろな使い方ができます。それは役に立つと思いますか？

ハナ　　　：はい。私たちのクラスには４，５台しかありませんでした。他の生徒と一緒に使わなければなりませんでした。でも，今は自分のタブレット端末を使えるようになりました。タブレット端末は，知りたいことがあるときに役立ちます。①オインターネットで簡単に情報を得ることができると思います。私は普段，勉強する時にタブレット端末を使っています。

デイビッド：僕は②アタブレット端末を使って自分の考えを示したり共有したりすることができると思います。他の生徒の考えを知ることは大切です。

スミス先生：ありがとうございます，ハナとデイビッド。英語を勉強したいときにタブレット端末を使うこともできます。例えば，自宅で声を録音して確認します。では，問題点はありますか？

ハナ　　　：先週の日曜日，私は何時間もタブレット端末を使いました。私は疲れを感じました。よく眠れませんでした。③エ私たちはどれくらいの時間タブレット端末を使うか決めるべきです。

デイビッド：インターネットにはたくさんの情報があると思います 真実ではない情報がいくつかあります。だから，④ウ誤った情報を信じるべきではないと思います。

スミス先生：ありがとうございます。タブレット端末は便利です。でも，ルールを理解し，より良いタブレット端末の使い方を見つける必要があります。

【３】

Ａ　条件に従って，10 語以上の英語を書く。無理に難しい表現は使わなくてもいいので，文法・単語のミスがない文を書こう。書き終わった後に見直しをすれば，ミスは少なくなる。（自動ドアの例文）「開けるのに手を使う必要はありません」（エレベーターの例文）「たくさんの人と一緒にすぐに他の階に行くことができます」（ショッピングカートの例文）「たとえ重いものでも，たくさんのものを簡単に運ぶことができます」

Ｂ　「私はこの学校の２年生です。４月から中学校の最終学年が始まります。学校でより良い日々を送るために，何をしたらいいですか？あなたの考えを教えてください」…条件に従って，15 語以上の英語を書く。（例文）「理解できない教科があったら，先生にその勉強の仕方を尋ねるべきです」

【４】【本文の要約】参照。

(1)　発表を通して言われていることを選ぶ。ウ「自転車のあるよりよい生活」が適当。ア「自転車の長い歴史」，イ「自転車に最も人気の道」，エ「自転車を発明する新たな方法」は不適当。

(2)　アヤの発表より，Ⅰが自転車，Ⅱが車，Ⅲがバスと電車，Ⅳが徒歩である。

(3)　エミの下線部③の直後の発言内容から，「エミは［　　］ということを学んで驚きました」の［　　］に入るのはエ「コペンハーゲンでは，自転車を使う人を助けるいくつかの手段がある」が適当。

⑷　ユウタの下線部④の直後の発言内容の The first ～, The second ～, The last ～ の部分に注目する。ウ「環境に対して安全である」→ア「健康に良い」→エ「観光の新手法」の順である。

⑸　自転車を安全に運転するために注意すべきことを答える。本文で述べられていない内容にすること。

(例文)「スピードを出しすぎないようにするべきである」

【本文の要約】

タカシ：将来私たちの市はどうなるのでしょうか？私はこの市が皆にとってより良い場所になることを願っています。今日，私たちのグループはみなさんに「⑴ウ自転車のあるよりよい生活」について話します。

アヤ　：コペンハーゲンという都市を知っていますか？それはデンマークの首都です。このグラフを見てください。この都市の人々がどのように学校に行ったり，仕事に行ったりしているかを示しています。⑵イ市内の約半数の人が自転車を使用しています。次に車を使うことが多く，18%がバスや電車に乗ります。他の人たちは徒歩で学校や職場に行きます。

エミ　：なぜこの都市では自転車が人気なのでしょう？このスライドを見てください。私はこれを見てびっくりしました。⑶エ例えば，自転車専用の道路や信号機があります。また，自転車を電車内に持ち込むこともできます。この都市は自転車を使う人には便利です。そのため，多くの人が自転車に乗って楽しむことができます。

ユウタ：自転車を使うことは，私たちの生活に良い点がいくつかあります。スライドを３枚お見せします。⑷ウ最初のスライドは，自転車に乗ることが環境に良いことを示しています。自転車を使えば二酸化炭素排出量が少ないです。学校や職場に自転車で行けば，環境をきれいに保つことができます。⑷ア２つ目のスライドは，自転車に乗ることで運動する機会が得られることを示しています。人々は運動する時間が十分にないようです。しかし，自転車に頻繁に乗れば，健康状態が改善します。⑷エ最後のスライドは，私たちの市が観光の新しい形を作ろうとしていることを示しています。私たちの市には美しい自然と有名な場所があります。より多くの人が私たちの市に来て，自転車で有名な場所を訪れることができます。彼らはそれらの場所を訪れて楽しめるでしょう。

タカシ：自転車を使うことは，環境や人々にとってより良い市をつくる絶好の機会になるでしょう。自転車のある生活を楽しむためには，自転車に乗るときの事故に注意する必要があります。ヘルメットをかぶるのも１つの方法です。安全に自転車に乗る方法は他にもあります。みなさんは何をするべきでしょうか？考えてみましょう。ご清聴ありがとうございました！

【５】【本文の要約】参照。

⑴　下線部①は wish を使った仮定法〈I wish＋主語＋could＋動詞の原形〉「～できたらなあ」の文。エ「このクラスでもっと長い時間過ごせたらいいのに」が適当。　・I would like to ～「～したい」

⑵　下線部②の This は直前の１文にある listening to different ideas「いろいろな考えに耳を傾けること」である。ア「もしいろいろな考えに耳を傾けようとすれば，私たちはよりコミュニケーションを成功させることができるだろう」が適当。　・make＋もの＋状態「(もの)を(状態)にする」

⑶　ア×「タロウはその歌が大好きだったので，コンクールで優勝したいと思いました」…本文にない内容。イ○「タロウとクラスメートはたくさん話し合いをして，本当の気持ちを理解しました」　ウ×「タロウは朝早くから歌を練習したくないと言いました」…本文にない内容。　エ×「タロウとクラスメートは先生に助けを求めたので合唱コンクールで優勝することができました」…本文にない内容。

⑷①　第２段落５行目などから experiences「経験」を抜き出す。　②　第４段落１行目などから words「言葉」

を抜き出す。　③　第４段落３行目などから listen「耳を傾ける」を抜き出す。　④　第６段落１行目などから，nervous「緊張している」を抜き出す。

【本文の要約】

私たちは来月，この学校を卒業します。私はみなさんと一緒に素晴らしい１年を過ごしました。私はこのクラスのみなさんともっと長く一緒にいられたらいいなと思っています。

初めてみなさんと出会ったとき，緊張して話をすることができませんでした。当時，私にとって他の生徒と友達になることは難しかったです。しかし，同じ趣味を持っている人もいました。私は本の話をするのが楽しかったです。みなさんの言葉や気持ちがわからないこともありましたが，今ではみなさんのことをよく知ることができてうれしいです。たくさんの経験を通して次第にみなさんのことを理解していきました。

11 月の合唱コンクールを覚えていますか？私は本当にそのコンクールで優勝したかったです。しかし，私たちのグループがその歌を上手に歌うのはとても難しかったです。私のグループのメンバーのひとりは次のように話しました。「他のグループはうまくやっている。どうしよう？」別のメンバーはこう言いました。「もっと時間が必要だ。朝早くから歌を練習するのはどう？」メンバーの中には，次のように言う人もいました。「すでに十分に練習している。歌を上手に歌う新しい方法を見つけなければならない」メンバーたちはそれぞれ違う考えを持っていました。各自が違う考えを理解するのは難しいと感じました。

状況を良くするにはどうすればいいでしょうか？言葉は私たち自身の感情を表すので重要だと思います。私たちは，自分が本当に何を思っているか，そして自分がどのように感じているかを表現するために言葉を使います。だから，自分の考えを自分の言葉で伝えるべきです。そして，他の人の意見に耳を傾けるべきです。そうすることで，他人が本当に何を言いたいかを理解することができます。他の人とのコミュニケーションを良好にするためには，いろいろな考えに耳を傾けることが最初の一歩になると思います。こうすることで状況は改善すると思います。

⑶イ私たちはコンクールのために何度も話し合い，気持ちを分かち合いました。そして，私たちはみんな本当に優勝したいと思いました。私たちはまた一生懸命練習し始めました。結局，私たちは歌をもっと上手く歌うことができ，合唱コンクールで優勝することができました。私はこの経験を決して忘れません。

実は，もうすぐ新しい学校生活が始まるので，私は再びとても緊張しています。しかし，今は新しい状況で他の人と友達になりたいと思っています。私はクラスメートとの経験が私を支えてくれると信じています。みなさん，ありがとうございました。みなさんのことを決して忘れません。

《2022　国語　解説》

【一】

問二⑴　大山さんは、二つの提案をしている。一つ目は文化祭についてで、「(例年のやり方では)予選で敗退したクラスは当日、歌うことができません。せっかくの文化祭で活躍の場がないのはさびしいと思いませんか」と自分の考えの根拠を示したうえで、「今年は全校合唱を行い、全員が主役になる場を作りたい」と提案している。二つ目は後期文化委員会のスローガンについてで、「アンケートを見ると、前期のスローガンは～あまり意識されていなかったことが分かりました。これは、英語で長いスローガンを設定したためと考えます」と自分の考えの根拠を示したうえで、「後期は、四字熟語のような短くて覚えやすいものにしたい」と提案している。そうすることで説得力をもたせている。よってエが適する。　**⑵**　イの「一挙両得」とは、一つのことを行って、同時に二つの利益を得ることなので、「スローガンに込めた思い」と合致していない。　⑶「糸」の四～六画が続け書きになっているため、筆順の変化がある。よってウが適する。

【二】

問一　「どうして起こしてくんなかったの？」と不満を言った雪乃《ゆきの》に、ヨシ江《え》(＝曾祖母《そうそぼ》)は「起こそうとしただよぅ～けどあのひと(＝茂三《しげぞう》)が、ほっとけって言うだから」「『雪乃が自分で、まっと早起きして手伝うから連れてけって言っただわ。こっちが起こしてやる必要はねえ、起きてこなけりゃ置いてくまでだ。』って」と答えた。それを聞いた雪乃は、「茂三(＝曾祖父)の言うとおりだ」と、自分の甘さに気づいて反省している。よってウが適する。

問二　雪乃が駆け出そうとすると、ヨシ江は「いってぇどこへ行くつもりだいや」と、雪乃がまだ茂三のいる畑を聞いていないことを指摘した。そして、茂三は怒っていないと言って雪乃を安心させてから、朝食のおにぎりを差し出し、茂三のいる畑を教えた。さらに、茂三が「今日はわざわざ『ブドウ園の隣の畑にいるだから』って言ってった」ことから、「雪ちゃんが後からちゃーんと行くって、爺《じい》やんにはわかってただわい」と言い添えた。雪乃が取り乱しても、落ち着いて対応できる冷静な人物である。よってイが適する。

問三⑴　Bさんの発言の「『雪乃』は、寝坊した自分のことを、『茂三』が怒っていたりあきれていたりするのではないかと不安になっています」は、本文の「ヨシ江はあんなふうに言ってくれたけれど、ほんとうに茂三は怒っていないだろうか。少なくとも、すごくあきれているんじゃないだろうか」からわかる雪乃の心情である。その直後の「謝ろうにも、この距離ではどんなふうに切り出せばいいかわからない」が、「[Ⅰ]思いつかない」と対応する。　⑵　雪乃が茂三に謝ることができたのは、茂三による「笑顔とともに掛けられた、からかうようなそのひと言」のおかげである。Bさんの発言の[Ⅱ]の前後に合う形で答える。

⑶　「自信を持たせようとしている」と続いているので、茂三が雪乃の行動をほめている部分に着目する。

問四　「シゲ爺は？」「うそ、なんで？」「どうして起こしてくんなかったの？」「……わかった。ありがと」「だってあたし、あんなにえらそうに言っといて……」「……シゲ爺、怒ってないの？」など、雪乃は曾祖母に敬語を使わずに、思ったことを素直に口にしている。よってアが適する。

【三】

問一　(中略)の２～３段落後の「そんな(「生みの親」世代の)私でも自分の子供の世代には警鐘をならせますが、孫の世代はどうでしょうか。孫たちにとってはヒト(親)の能力をはるかに凌駕《りょうが》したコンピュータが生まれながらにして存在するのです～そんな孫の世代にとっては、ＡＩの危険性より信頼感のほうが大きくなるのは当然です」「死なないＡＩは、私たち人間と違って世代を超えて、進歩していきます。一方、私たちの寿命と能力では、もはや複雑すぎるＡＩの仕組みを理解することも難しくなるかもしれませんね」などからイが適する。

問二　「結局、コンピュータも人工知能も我々人間の道具である(＝どう使うかは私たちに委ねられている)ということです」「近い将来、人間の頭脳を超えるのも想像に難《かた》くありません」「使い方次第で状況は変わるということを前提に活用する必要があるでしょう」などから、エが適する。

問三　２段落後に「宗教のいいところは、個人が自らの価値観で評価できることです」「それに対してＡＩは～結論に至った過程を理解することができないので、人がＡＩの答えを評価することが難しいのです。『ＡＩが言っているのでそうしましょう』となってしまいかねません」と、「宗教とＡＩの相違点を明らかにすることで、ＡＩの持つ問題点を掘り下げ」ている。よってアが適する。

問四　「ＡＩの持つ問題」として掘り下げられている点。波線の４段落後の後半にまとめられている。

問五⑴　「ＡＩは死なない」から[2]の第１段落にあるように「価値観も人生の悲哀も共有できない」と言うことを

Aさんが発言している。それを受けて、Bさんは、裏返せば、「生き物は全て有限な命を持っているからこそ、『生きる価値』を共有することができる」ということを筆者が言いたいのだと発言している。　(2)　[1]の最初から2文目に「ヒトは～間違えることから学ぶことを成長と捉え、それを『楽しんで』きたのです」とある。これは、[2]の最後から2段落目の問題提起の答えで、最後の段落の内容を具体的、簡潔に述べたものである。

【四】

問一　先頭にない「はひふへほ」は「わいうえお」に直し、「わゐうゑを」は「わいうえお」に直す。

問二　亭主は「ものごとに祝ふ者」だったので、奉公人の与《よ》三郎《さぶろう》に、元日に福の神の役をやらせようとした。

問三(1)　「内よりたそやと問ふ時、福の神にて候《そうろう》と答へよ」の現代語訳。文末を直す。　**(2)**　期待していたので、朝を告げる鶏の声を聞くとすぐに起きた。

問四　福の神がこの家に長居をしないで、早々に出ていったことになってしまった。よってエが適する。

【古文の内容】

何事にも縁起をかつぐ者がいて、与三郎という奉公人に、大みそかの晩に言い教えたのには、「今夜はいつもより早く宿に帰って休み、明日は早くに起きて来て門をたたけ。内側から誰だとたずねた時、福の神でございますと答えなさい。そのとき戸を開けて、呼び入れよう。」と、念を入れて言いふくめた後、亭主は心にかけていて、鶏が鳴くのと同時に起きて、門で待っていた。打ち合わせの通り、戸をたたく。「誰だ、誰だ。」と問う。「いや、与三郎です。」と答える。(亭主は)たいそう不愉快であったが、門を開けて、あちこち火をともし若水をくみ、雑煮の準備をしたが、亭主は、機嫌の悪そうな顔で、まったく物を言わない。奉公人は、不審に思い、よくよく思案してみて、前夜に教えられた福の神のことをつい忘れていたことを、やっと酒を飲むころに思い出し、仰天し、膳を片付け、座敷を立つときに、「さて、わしは福の神である。おいとまします。」と言った。

【五】

問一　**【資料一】**の3番目と6番目に似た記述が見られ、**【資料二】**の②に「行事食」という語が見られるが、「地域の文化や風習を背景として生まれた料理は行事食と名づけられており」「大分県では一般的な郷土料理と区別されている」という記述は資料中には見られないため、ウが適する。

問二　Cさんの最後の発言の内容と、**【資料三】**のタイトルの下に「その継承・振興は喫緊の課題」とあることから、アが適する。

《2022　社会　解説》

【1】

(1)　イが正しい。アジア州(中国・韓国・スリランカ・イスラエル)，ヨーロッパ州(イギリス・ポルトガル・ドイツ)，アフリカ州(カメルーン)，オセアニア州(オーストラリア・ニュージーランド)，北アメリカ州(アメリカ)，南アメリカ州(パラグアイ)と6つの州が含まれている。南半球にある国はオーストラリア・ニュージーランド・パラグアイの3か国だからアは誤り。ニュージーランドは東経 180 度の経線を標準時子午線としているので，日本の標準時より3時間進んでいるからウは誤り。カメルーンには熱帯地域があるからエは誤り。

(2)　ウが正しい。ロンドンは，1年を通して気温差が小さく安定した降水のある西岸海洋性気候である。アはリスボン(地中海性気候)，イは大分(温暖湿潤気候)，エはオークランド(南半球の西岸海洋性気候)。

(3)　中国は自国で生産される鉄鉱石を利用するために内陸部に立地すること，日本は船で海外から輸入する鉄鉱石を利用するために沿岸部に立地することを書けばよい。

⑷① 静岡　牧ノ原・磐田から静岡県と判断する。近年，鹿児島県の茶生産量が静岡県にせまっている。

② アが正しい。資料5からスリランカの茶生産地が標高 300m以上の地域に分布していること，牧ノ原台地・シラス台地などから，水はけがよいことを導く。

⑸ モノカルチャー経済　特定の農作物や地下資源に頼るモノカルチャー経済は，国際価格の変動や天候による生産量の変動に影響を受けやすいので，財政が安定しないといった問題点がある。

⑹ エが正しい。ドイツはユーロを導入しているからBは誤り。ドイツ南部はアルプス山脈の北側になるから，地中海式農業は行われていないのでCは誤り。

⑺ 南アメリカ州では，ブラジルを除くほとんどの地域がスペインの植民地支配を受けたために，公用語がスペイン語になっている国が多い。ブラジルはポルトガル語を公用語としている。

⑻ ウが正しい。オーストラリアは農作物と地下資源の輸出がさかんな国だから自動車産業は発達していないのでアは誤り。アメリカの乾燥帯の割合は 10%台だからイは誤り。国際連合の常任理事国は，アメリカ・イギリス・フランス・中国・ロシア(2022 年5月現在)だからエは誤り。

【2】

⑴ イが適当でない。紀元前5世紀頃のギリシャのアテネでは，直接民主制による政治が行われていた。

⑵ 天武天皇が正しい。天智天皇の死後に起きた，天智天皇の弟である大海人皇子と，天智天皇の子である大友皇子による継承争いが壬申の乱である。勝利した大海人皇子が天武天皇として即位し，律令政治を目指した。

⑶ 白河・鳥羽・後白河の３人の天皇はいずれも院政を行った天皇(上皇)である。藤原氏出身の母をもたない後三条天皇が即位すると，藤原氏の影響力が衰えた。次に即位した白河上皇は，自分の子どもに皇位が確実に継承されるために，幼少の子どもに皇位を譲り，自らが上皇となって自由に政治を行う院政を始めた。

⑷ 東大寺南大門　鎌倉文化の特徴である武士の気風に合った力強さは，東大寺南大門や金剛力士像などに色濃く見受けられる。また，浄土宗(開祖法然)，浄土真宗(親鸞)，臨済宗(栄西)，曹洞宗(道元)，日蓮宗(日蓮)，時宗(一遍)など，わかりやすく信仰しやすい鎌倉仏教が広まった時代でもある。

⑸ ウが正しい。室町幕府の第８代将軍である足利義政の跡継ぎ問題と，守護大名による権力争いから，応仁の乱が起きた。京都を主戦場として 11 年間に渡って争われ，これ以降の下剋上の風潮に合わせて登場する大名が戦国大名である。

⑹ アとイが正しい。アの長崎は，直轄地としてオランダや中国の窓口となった。イには石見銀山がある。

⑺① アが正しい。徳川吉宗による享保の改革では，公事方御定書の制定のほか，参勤交代をゆるめる代わりに大名に米を献上させる上米の制，目安箱の設置，漢文に翻訳された洋書の輸入規制の緩和などが行われた。田沼意次による改革では，同業者の組合である株仲間を認める代わりに営業税をとる政策や，ふかひれ・干しアワビなどを乾燥させた俵物の輸出，印旛沼の干拓などが行われた。松平定信による寛政の改革では，幕府の学校で朱子学以外の学問を禁止する寛政異学の禁や，旗本・御家人の借金を帳消しにする棄捐令，江戸に出稼ぎにきた農民を帰らせる旧里帰農令などが出された。　② 物納である幕府の財政は，金銀の産出量の低下や，大火事・地震・噴火などの天災によって悪化した。そのたびに，将軍や老中が財政再建のための政策を行った。

⑻ エが誤り。ロシア革命は 20 世紀(1917 年)の出来事である。アは 17 世紀後半，イとウは 18 世紀後半。

⑼ イ→ウ→ア　イ(自由民権運動・1870 年代～)→ウ(大日本帝国憲法の発布・1889 年)→ア(帝国議会・1890 年以降)

⑽ イが正しい。犬養毅首相は，五・一五事件で海軍の将校に殺害されたから，Ｊは誤り。

【３】

⑴　３が正しい。ドント方式による獲得議席数は右表を参照。

政党	A党	B党	C党
得票数A	10000	4000	6000
A÷１	10000①	4000④	6000②
A÷２	5000③	2000	3000
A÷３	3333⑤	1333	2000
獲得議席	3	1	1

丸番号は当選順位

⑵①　東京都などの大都市と過疎地域で，人口１万人当たりの弁護士数に 20 倍近い格差があることから考える。

②　イとエが正しい。ア．平均実審日数のグラフと選ばれた裁判員の出席率のグラフから，平均実審日数が増加すると選ばれた裁判員の出席率が増加するかどうかは読み取れない。ウ．裁判員裁判は，重大な刑事事件の第１審だけで行われる。

⑶①　イが誤り。イは自由権（集会・結社の自由）である。　②　アイヌ民族については，ウポポイのほか，北海道旧土人保護法・アイヌ文化振興法などが取り上げられる。

⑷①　オが正しい。家計で最も支出割合が高いのが食料（食費）であり，年々増加しているのが交通・通信である。

②　独占禁止法は，公正取引委員会が運用する法律である。企業同士が金額を合わせる相談をするカルテルなどが，独占禁止法によって禁止されている。

⑸　ウが正しい。不景気時に国債を買い，好景気時に国債を売る公開市場操作は，日本銀行による金融政策だからⅠは誤り。財政政策は，政府による景気対策で，不景気時には減税や公共事業の増加などが行われる。

【４】

⑴①　財閥は明治時代に現れ，第一次世界大戦期の大戦景気で大きな力を得た。太平洋戦争後に行われた財閥解体によってさまざまな企業に分社化された。　②　ウが誤り。世界恐慌が起きた 1929 年からの３年間で，輸入額は 23 億円から 18 億円程度に減少している。日中戦争開始は 1937 年，第一次世界大戦開始は 1914 年，国際連盟発足は 1920 年であり，内容はいずれも正しい。

⑵　イが正しい。石油が含まれるイとウが輸入である。以前は，原料や燃料を輸入し製品を輸出する加工貿易が主体であったが，産業の空洞化によって機械類の輸入が増えていると判断すれば，イが 2020 年の輸入品目，ウが 1960 年の輸出品目になる。アは 1960 年の輸出品目，エは 2020 年の輸出品目。

⑶　ウとエが正しい。例えば，韓国と日本を比較した場合，１人当たり国内総生産は日本の方が多く，１人当たり輸出額は韓国の方が多いことから，韓国の方が貿易に依存していることがわかる。

⑷　フェアトレードは，発展途上国の生産者と企業の経済的な自立を促す取り組みである。

⑸　国際分業を行った場合と行わなかった場合で投入する人数は変わらないのに，生産量はコンピューターが６台，とうもろこしが１トン，国際分業を行った方が多く生産できている。

【５】

⑴　エが正しい。ヒートアイランド現象は都市部で起きるからアは誤り。西陣織は近畿地方の京都府の伝統的工芸品だからイは誤り。北九州市が進めたのはニュータウンではなくエコタウンの建設だからウは誤り。

⑵　アが正しい。女子の就学率は明治初期には低かったが，1900 年以降急激に上がった。

⑶　B＝エ　C＝ア　　アルバイト社員・パート社員・契約社員・派遣社員などを非正規雇用と呼ぶ。Aはイ，Dはウがあてはまる。

⑷　ウ→ア→イ　　ウ（樺太・千島交換条約＝樺太をロシア領，千島列島を日本領とする・1875 年）→ア（ポーツマス条約＝南樺太を日本領とする・1905 年）→イ（サンフランシスコ平和条約＝千島列島および南樺太に関する権利を放棄する・1951 年）

⑸　多数決では死票が多く出るといった問題点がある。死票は，意見が反映されなかった票であり，今回では，バスケットボールとバレーボールに投票した 20 票が死票となっている。

《2022　数学　解説》

【１】

(1)②　与式$=7+3\times(-4)=7-12=-5$

③　与式$=\dfrac{3(x-y)+4(x+2y)}{12}=\dfrac{3x-3y+4x+8y}{12}=\dfrac{7x+5y}{12}$

④　与式$=-\dfrac{4x^2\times 9y}{6xy}=-6x$

⑤　与式$=2\sqrt{6}-\dfrac{2\sqrt{3}\times\sqrt{2}}{2}=2\sqrt{6}-\sqrt{6}=\sqrt{6}$

(2)　２次方程式の解の公式より，$x=\dfrac{-3\pm\sqrt{3^2-4\times1\times(-5)}}{2\times1}=\dfrac{-3\pm\sqrt{29}}{2}$

(3)　**【解き方】$x=\sqrt{7}+4$だから，計算を簡単にするために与式を変形して$(x-4)^2$の形を作る。**

$x^2-8x+12=(x-4)^2-16+12=(x-4)^2-4$

ここで$x=\sqrt{7}+4$を代入すると，$(\sqrt{7}+4-4)^2-4=7-4=3$

(4)　**【解き方】$y=x^2$のグラフは上に開いた放物線だから，xの絶対値が大きいほどyの値は大きくなる。**

$-2\leqq x\leqq 3$でのyの最大値は，$x=3$のときの$y=3^2=9$　　xの変域が０を含むからyの最小値は，$y=0$

よって，$0\leqq y\leqq 9$

(5)　**【解き方】平行四辺形において，向かい合う内角は等しく，**

となりあう内角の和は180°になることを利用する。

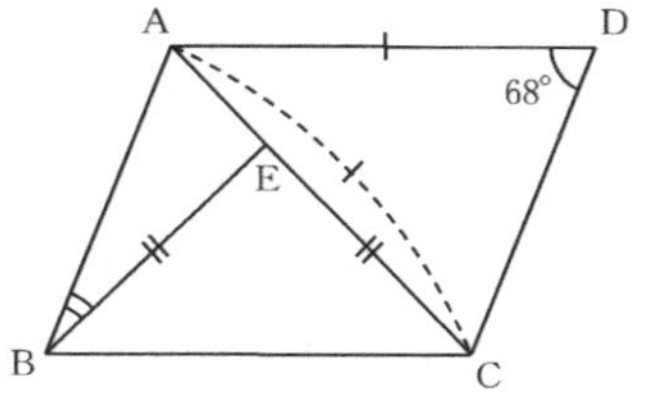

△ＡＣＤは二等辺三角形だから，∠ＡＣＤ＝∠ＡＤＣ＝68°

∠ＢＣＤ＝180°－68°＝112°だから，∠ＡＣＢ＝112°－68°＝44°

△ＥＢＣは二等辺三角形だから，∠ＥＢＣ＝∠ＥＣＢ＝44°

∠ＡＢＣ＝∠ＡＤＣ＝68°だから，∠ＡＢＥ＝68°－44°＝24°

(6)　まずＡＣの垂直二等分線を引いてＡＣの中点をとる。この中点をＭとすると，折り目はＢＭの垂直二等分線となっているから，ＢＭの垂直二等分線とＡＢ，ＢＣとの交点がそれぞれＤ，Ｅである。

【２】

(1)　**【解き方】$y=\dfrac{a}{x}$のグラフはＡを通るから，Ａの座標を求めてからそれを$y=\dfrac{a}{x}$に代入する。**

$y=x+5$にＡのx座標の$x=1$を代入すると，$y=1+5=6$となるから，Ａ(１，６)

$y=\dfrac{a}{x}$に$x=1$，$y=6$を代入すると，$6=\dfrac{a}{1}$より，$a=6$

(2)　**【解き方】$y=-\dfrac{1}{3}x+b$のグラフはＣを通るから，Ｃの座標を求めてからそれを$y=-\dfrac{1}{3}x+b$に代入する。**

$y=x+5$にＣのy座標の$y=0$を代入すると，$0=x+5$より$x=-5$となるから，Ｃ(－５，０)

$y=-\dfrac{1}{3}x+b$に$x=-5$，$y=0$を代入すると，$0=-\dfrac{1}{3}\times(-5)+b$より，$b=-\dfrac{5}{3}$

(3)　**【解き方】Ｄを通りx軸と平行な直線を直線ℓとする。**

直線ℓ上でＤを移動させても△ＣＤＯの面積は変わらないから，

直線ℓと直線ＡＯの交点をＦとすると，△ＡＣＦの面積は

四角形ＡＣＤＯの面積と同じになる。

次に，Ｆを通り直線ＡＣと平行な直線を直線ｍとする。

直線ｍ上でＦを移動させても△ＡＣＦの面積は変わらないから，

直線ｍと直線$y=-\dfrac{1}{3}x-\dfrac{5}{3}$との交点がＥである。

Ｄのx座標はＣのx座標と同じ－５だから，$y=\dfrac{6}{x}$に$x=-5$を代入することで，Ｄ$(-5,\ -\dfrac{6}{5})$とわかる。

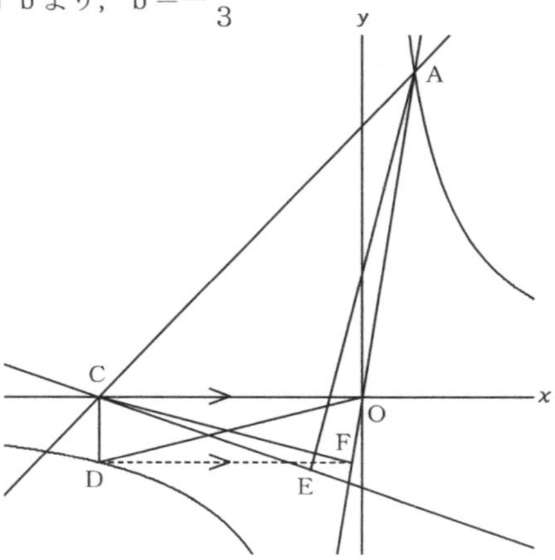

したがって，Fのy座標も$y=-\frac{6}{5}$である。

A(1，6)だから，直線AOの傾きは$\frac{6}{1}=6$なので，直線AOの式は，$y=6x$

$y=6x$にFのy座標の$y=-\frac{6}{5}$を代入することで，F$(-\frac{1}{5}，-\frac{6}{5})$とわかる。

平行な直線は傾きが等しいから，直線mの傾きは直線ACの傾きと等しく1なので，直線mの式を$y=x+c$とする。$y=x+c$にFの座標を代入すると，$-\frac{6}{5}=-\frac{1}{5}+c$より$c=-1$となるから，直線mの式は，$y=x-1$

$y=x-1$と$y=-\frac{1}{3}x-\frac{5}{3}$を連立させて$y$を消去すると，$x-1=-\frac{1}{3}x-\frac{5}{3}$より，$x=-\frac{1}{2}$となる。

これがEのx座標である。

【3】

(1)① 花子さんのカードの引き方は6通り，太郎さんのカードの引き方は残りの5通りだから，全部で，

$6\times5=30$(通り)

② **【解き方】条件に合う引き方を1つ1つ数え上げていく。**

2人の間の空席が2つ以上になる引き方は，(花子さん，太郎さん)＝(1，4)(1，5)(1，6)(2，5)(2，6)(3，6)(4，1)(5，1)(5，2)(6，1)(6，2)(6，3)の12通りある。

よって，求める確率は，$\frac{12}{30}=\frac{2}{5}$

(2)① **【解き方】$x=4$のとき，PはDと，QはBと重なっている。したがって，△AQPの底辺をAQとすると，このあと底辺の長さは変わらず高さだけが変わる。PがDC上にあるとき高さは変わらないから，面積も変わらない。PがCB上にあるとき高さは一定の割合で減っていくから，グラフは直線になる。したがって，PがDにあるとき，Cにあるとき，Bにあるときそれぞれのyの値がわかればよい。**

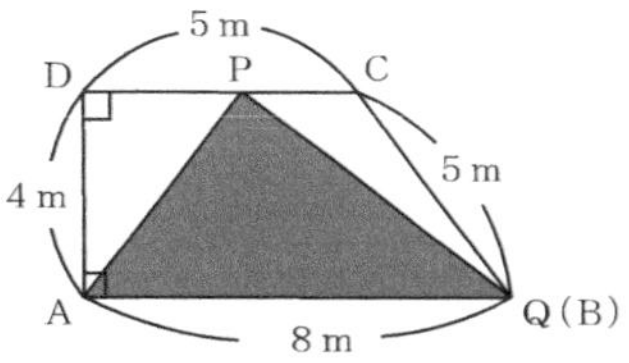

PがDにあるとき($x=4$のとき)，$y=\frac{1}{2}\times8\times4=16$

PがCにあるとき($x=4+5=9$のとき)，$y=16$

PがBにあるとき($x=9+5=14$のとき)，$y=0$

よって，グラフは，点(4，16)(9，16)(14，0)を順に直線で結べばよい。

② **【解き方】①のグラフより，$y=4$となる1回目は$0\leqq x\leqq4$のとき，2回目は$9\leqq x\leqq14$のときとわかる。**

$0\leqq x\leqq4$のとき，$y=\frac{1}{2}\times AQ\times AP=\frac{1}{2}\times2x\times x=x^2$

$y=x^2$に$y=4$を代入すると，$4=x^2$より$x=\pm2$となる。$0\leqq x\leqq4$より，$x=2$

$9\leqq x\leqq14$のときのグラフの式を$y=ax+b$とする。点(9，16)の座標を代入すると$16=9a+b$，点(14，0)の座標を代入すると$0=14a+b$となる。これらを連立方程式として解くと，$a=-\frac{16}{5}$，$b=\frac{224}{5}$となるから，グラフの式は，$y=-\frac{16}{5}x+\frac{224}{5}$　$y=4$を代入すると，$4=-\frac{16}{5}x+\frac{224}{5}$より，$x=\frac{51}{4}$

よって，求める時間は，$\frac{51}{4}-2=\frac{43}{4}=10\frac{3}{4}$(分)，つまり，10分$(\frac{3}{4}\times60)$秒＝10分45秒

【4】

(1) $(3.4\times1+3.6\times1+3.9\times5+4.0\times6+4.1\times5+4.5\times2)\div20=80\div20=4.0$(km)

(2)① 4.0kmを自家用車で通勤したときのCO_2の排出量は1人あたり$130\times4=520$(g)だから，20人全員分だと，$520\times20=10400$(g)になる。これが36.5%削減できたのだから，削減できた量は，$10400\times\frac{36.5}{100}=3796$(g)

② $x+y=20$…(ⅰ)とする。4.0kmを路線バスで通勤したときのCO_2の排出量は1人あたり$57\times4=228$(g)，自家用車だと520gであり，排出量の合計が$10400-3796=6604$(g)になったから，排出量の合計について，

ア$\underline{228x+520y=6604}$　$57x+130y=1651$…(ⅱ)

(ⅱ)－(ⅰ)×57でxを消去すると，$130y-57y=1651-1140$　$73y=511$　$y=$ウ$\underline{7}$

（ⅰ）にy＝７を代入すると，x＋７＝20　　x＝$_{イ}$13

【５】

⑴　三平方の定理より，ＡＣ＝$\sqrt{\mathrm{BC}^2-\mathrm{AB}^2}=\sqrt{6^2-4^2}=\sqrt{20}=2\sqrt{5}$（cm）

⑵　**【解き方】立体の表面に長さが最短になるように引かれた線は，展開図上で直線となる。したがって，展開図の一部である右図において，３点Ａ，Ｐ，Ｆは一直線上に並ぶ。**

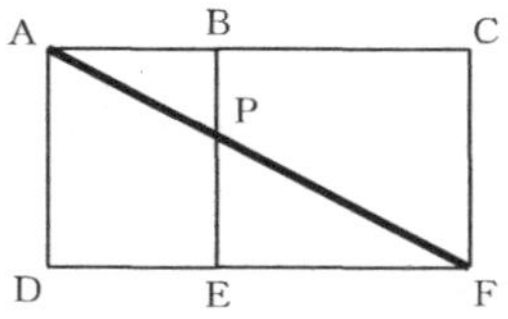

△ＡＢＰ∽△ＦＥＰだから，ＢＰ：ＥＰ＝ＡＢ：ＦＥ＝４：６＝２：３

したがって，ＢＰ＝$\frac{2}{2+3}$ＢＥ＝$\frac{2}{5}\times5=2$（cm）

三平方の定理より，ＡＰ＝$\sqrt{\mathrm{AB}^2+\mathrm{BP}^2}=\sqrt{4^2+2^2}=\sqrt{20}=2\sqrt{5}$（cm）

⑶①　**【解き方】△ＡＦＰがどのような三角形を考えるために，３辺の長さを求める。**

三平方の定理より，ＡＦ＝$\sqrt{\mathrm{CF}^2+\mathrm{AC}^2}=\sqrt{5^2+(2\sqrt{5})^2}=\sqrt{45}=3\sqrt{5}$（cm）

△ＡＢＰ∽△ＦＥＰだから，ＰＡ：ＰＦ＝ＡＢ：ＦＥ　　$2\sqrt{5}$：ＰＦ＝２：３　　ＰＦ＝$\frac{2\sqrt{5}\times3}{2}=3\sqrt{5}$（cm）

したがって，△ＡＦＰはＡＦ＝ＰＦの二等辺三角形だから，右のように作図できる。

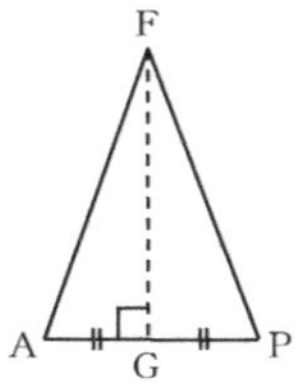

ＡＧ＝$\frac{1}{2}$ＡＰ＝$\frac{1}{2}\times2\sqrt{5}=\sqrt{5}$（cm）だから，三平方の定理より，

ＦＧ＝$\sqrt{\mathrm{AF}^2-\mathrm{AG}^2}=\sqrt{(3\sqrt{5})^2-(\sqrt{5})^2}=\sqrt{40}=2\sqrt{10}$（cm）

よって，△ＡＦＰ＝$\frac{1}{2}$×ＡＰ×ＦＧ＝$\frac{1}{2}\times2\sqrt{5}\times2\sqrt{10}=10\sqrt{2}$（cm²）

②　**【解き方】三角すいＡＤＰＣと三角すいＡＤＰＦの底面をともに△ＡＤＰとすると，高さはどちらもＡＣ＝$2\sqrt{5}$cmとなるから，体積が等しい。したがって，△ＡＰＣと△ＡＦＰの面積がわかれば，ａとｂを使って体積について等式を立てることができる。**

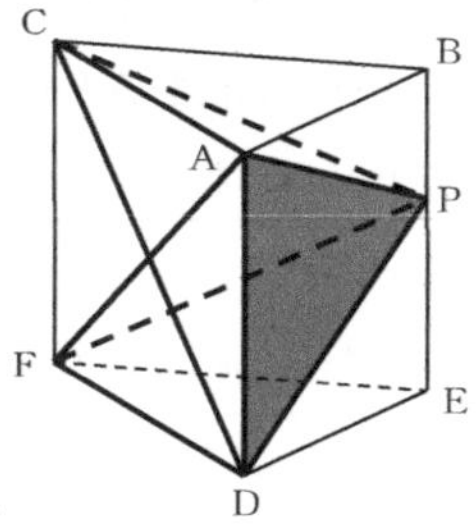

△ＡＰＣにおいてＡＣ＝ＡＰ＝$2\sqrt{5}$cmで，∠ＣＡＰ＝90°だから，

△ＡＰＣ＝$\frac{1}{2}\times2\sqrt{5}\times2\sqrt{5}=10$（cm²）

①より△ＡＦＰ＝$10\sqrt{2}$cm²だから，三角すいＡＤＰＣと三角すいＡＤＰＦの体積について，

$\frac{1}{3}\times10\times a=\frac{1}{3}\times10\sqrt{2}\times b$　　$a=\sqrt{2}\,b$　　$\frac{a}{b}=\sqrt{2}$

【６】

⑴　まず，問題文の仮定を図にかきこんで，証明のために必要な条件を探そう。条件が足りない場合は，問題の内容に応じて，図形の性質，平行線の同位角・錯角，円周角の定理などからわかることもかきこんでみよう。

⑵①　**【解き方】円の接線は接点を通る半径に垂直だから，右のように作図できる。**

△ＯＢＦの内角の和より，∠ＢＯＦ＝180°－90°－30°＝60°である。

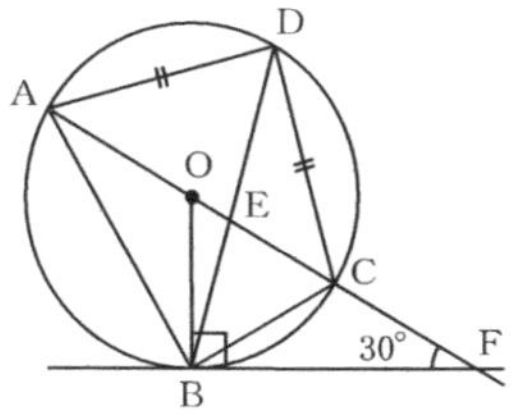

△ＯＢＣは∠ＢＯＣ＝60°で，ＯＢ＝ＯＣだから，正三角形である。

よって，ＯＣ＝ＢＣ＝２cm

②　**【解き方】△ＥＡＤ∽△ＥＢＣを利用したいので，この２つの三角形の相似比（ＡＤ：ＢＣ）とＥＣの長さから，ＥＤの長さを求める。**

ＡＣが直径だから∠ＡＤＣ＝90°なので，△ＤＡＣは直角二等辺三角形である。

したがって，ＡＤ＝$\frac{1}{\sqrt{2}}$ＡＣ＝$\frac{1}{\sqrt{2}}\times2\times2=2\sqrt{2}$（cm）

三角形の外角の性質より，△ＢＣＦにおいて，∠ＣＢＦ＝∠ＢＣＯ－∠ＣＦＢ＝60°－30°＝30°だから，

△ＢＣＦは二等辺三角形なので，ＦＣ＝ＢＣ＝２cm

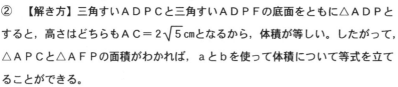

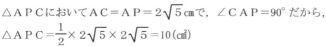

$\overset{\frown}{\mathrm{CD}}$の円周角だから，$\angle \mathrm{CBD}=\angle \mathrm{CAD}=45^\circ$ なので，$\angle \mathrm{EBF}=30^\circ+45^\circ=75^\circ$

$\triangle \mathrm{BEF}$の内角の和より，$\angle \mathrm{BEF}=180^\circ-30^\circ-75^\circ=75^\circ$ だから，$\triangle \mathrm{BEF}$は$\mathrm{BF}=\mathrm{EF}$の二等辺三角形である。

$\triangle \mathrm{OBF}$は3辺の比が$1:2:\sqrt{3}$の直角二等辺三角形だから，$\mathrm{BF}=\sqrt{3}\,\mathrm{OB}=2\sqrt{3}$(cm)なので，

$\mathrm{EF}=\mathrm{BF}=2\sqrt{3}$ cm　　$\mathrm{EC}=\mathrm{EF}-\mathrm{FC}=2\sqrt{3}-2$ (cm)

$\triangle \mathrm{EAD} \backsim \triangle \mathrm{EBC}$より，$\mathrm{ED}:\mathrm{EC}=\mathrm{AD}:\mathrm{BC}$　　$\mathrm{ED}:(2\sqrt{3}-2)=2\sqrt{2}:2$

$\mathrm{ED}=\dfrac{(2\sqrt{3}-2)\times 2\sqrt{2}}{2}=2\sqrt{6}-2\sqrt{2}$ (cm)

■ ご使用にあたってのお願い・ご注意

（1）問題文等の非掲載

著作権上の都合により，問題文や図表などの一部を掲載できない場合があります。

誠に申し訳ございませんが，ご了承くださいますようお願いいたします。

（2）過去問における時事性

過去問題集は，学習指導要領の改訂や社会状況の変化，新たな発見などにより，現在とは異なる表記や解説になっている場合があります。過去問の特性上，出題当時のままで出版していますので，あらかじめご了承ください。

（3）配点

学校等から配点が公表されている場合は，記載しています。公表されていない場合は，記載していません。

独自の予想配点は，出題者の意図と異なる場合があり，お客様が学習するうえで誤った判断をしてしまう恐れがあるため記載していません。

（4）無断複製等の禁止

購入された個人のお客様が，ご家庭でご自身またはご家族の学習のためにコピーをすることは可能ですが，それ以外の目的でコピー，スキャン，転載（ブログ，ＳＮＳなどでの公開を含みます）などをすることは法律により禁止されています。学校や学習塾などで，児童生徒のためにコピーをして使用することも法律により禁止されています。

ご不明な点や，違法な疑いのある行為を確認された場合は，弊社までご連絡ください。

（5）けがに注意

この問題集は針を外して使用します。針を外すときは，けがをしないように注意してください。また，表紙カバーや問題用紙の端で手指を傷つけないように十分注意してください。

（6）正誤

制作には万全を期しておりますが，万が一誤りなどがございましたら，弊社までご連絡ください。

なお，誤りが判明した場合は，弊社ウェブサイトの「ご購入者様のページ」に掲載しておりますので，そちらもご確認ください。

■ お問い合わせ

解答例，解説，印刷，製本など，問題集発行におけるすべての責任は弊社にあります。

ご不明な点がございましたら，弊社ウェブサイトの「お問い合わせ」フォームよりご連絡ください。迅速に対応いたしますが，営業日の都合で回答に数日を要する場合があります。

ご入力いただいたメールアドレス宛に自動返信メールをお送りしています。自動返信メールが届かない場合は，「よくある質問」の「メールの問い合わせに対し返信がありません。」の項目をご確認ください。

また弊社営業日（平日）は，午前９時から午後５時まで，電話でのお問い合わせも受け付けています。

2025 春

株式会社教英出版

〒422-8054　静岡県静岡市駿河区南安倍３丁目 12-28

TEL　054-288-2131　　FAX　054-288-2133

URL　https://kyoei-syuppan.net/

MAIL　siteform@kyoei-syuppan.net

教英出版の高校受験対策

高校入試 きそもんシリーズ

何から始めたらいいかわからない受験生へ

基礎問題集

- 出題頻度の高い問題を厳選
- 教科別に弱点克服・得意を強化
- 短期間でやりきれる

6月発売

[国・社・数・理・英]

各教科 定価：638円（本体580円＋税）

ミスで得点が伸び悩んでいる受験生へ

入試の基礎ドリル

- 反復練習で得点力アップ
- おかわりシステムがスゴイ!!
- 入試によく出た問題がひと目でわかる

9月発売

[国・社・数・理・英]

各教科 定価：682円（本体620円＋税）

高校入試によくでる中1・中2の総復習

高校合格へのパスポート

- 1課30分で毎日の学習に最適
- 選べる3つのスケジュール表で計画的に学習
- 中2までの学習内容で解ける入試問題を特集

5教科収録

5月発売

定価：1,672円（本体1,520円＋税）

受験で活かせる力が身につく

高校入試 ここがポイント！

- 学習の要点をわかりやすく整理
- 基本問題から応用問題まで，幅広く収録
- デジタル学習で効率よく成績アップ

国語・社会・英語　数学・理科

6月発売

定価：1,672円（本体1,520円＋税）

「苦手」から「得意」に変わる

英語リスニング練習問題

- 全7章で，よく出る問題をパターン別に練習
- 解き方のコツや重要表現・単語がわかる
- 各都道府県の公立高校入試に対応

CD付

10月発売

定価：1,980円（本体1,800円＋税）

学校別問題集

北海道

①札幌北斗高等学校
②北星学園大学附属高等学校
③東海大学付属札幌高等学校
④立命館慶祥高等学校
⑤北海高等学校
⑥北見藤高等学校
⑦札幌光星高等学校
⑧函館ラ・サール高等学校
⑨札幌大谷高等学校
⑩北海道科学大学高等学校
⑪遺愛女子高等学校
⑫札幌龍谷学園高等学校
⑬札幌日本大学高等学校
⑭札幌第一高等学校
⑮旭川実業高等学校
⑯北海学園札幌高等学校

青森県

①八戸工業大学第二高等学校

宮城県

①聖和学園高等学校(A日程)
②聖和学園高等学校(B日程)
③東北学院高等学校(A日程)
④東北学院高等学校(B日程)
⑤仙台大学附属明成高等学校
⑥仙台城南高等学校
⑦東北学院榴ケ岡高等学校
⑧古川学園高等学校
⑨仙台育英学園高等学校(A日程)
⑩仙台育英学園高等学校(B日程)
⑪聖ウルスラ学院英智高等学校
⑫宮城学院高等学校
⑬東北生活文化大学高等学校
⑭東北高等学校
⑮常盤木学園高等学校
⑯仙台白百合学園高等学校
⑰尚絅学院高等学校(A日程)
⑱尚絅学院高等学校(B日程)

山形県

①日本大学山形高等学校
②惺山高等学校
③東北文教大学山形城北高等学校
④東海大学山形高等学校
⑤山形学院高等学校

福島県

①日本大学東北高等学校

新潟県

①中越高等学校
②新潟第一高等学校
③東京学館新潟高等学校
④日本文理高等学校
⑤新潟青陵高等学校
⑥帝京長岡高等学校
⑦北越高等学校
⑧新潟明訓高等学校

富山県

①高岡第一高等学校
②富山第一高等学校

石川県

①金沢高等学校
②金沢学院大学附属高等学校
③遊学館高等学校
④星稜高等学校
⑤鵬学園高等学校

山梨県

①駿台甲府高等学校
②山梨学院高等学校(特進)
③山梨学院高等学校(進学)
④山梨英和高等学校

岐阜県

①鶯谷高等学校
②富田高等学校
③岐阜東高等学校
④岐阜聖徳学園高等学校
⑤大垣日本大学高等学校
⑥美濃加茂高等学校
⑦済美高等学校

静岡県

①御殿場西高等学校
②知徳高等学校
③日本大学三島高等学校
④沼津中央高等学校
⑤飛龍高等学校
⑥桐陽高等学校
⑦加藤学園高等学校
⑧加藤学園暁秀高等学校
⑨誠恵高等学校
⑩星陵高等学校
⑪静岡県富士見高等学校
⑫清水国際高等学校
⑬静岡サレジオ高等学校
⑭東海大学付属静岡翔洋高等学校
⑮静岡大成高等学校
⑯静岡英和女学院高等学校
⑰城南静岡高等学校
⑱静岡女子高等学校
⑲常葉大学附属常葉高等学校
　常葉大学附属橘高等学校
　常葉大学附属菊川高等学校
⑳静岡北高等学校
㉑静岡学園高等学校
㉒焼津高等学校
㉓藤枝明誠高等学校
㉔静清高等学校
㉕磐田東高等学校
㉖浜松学院高等学校
㉗浜松修学舎高等学校
㉘浜松開誠館高等学校
㉙浜松学芸高等学校
㉚浜松聖星高等学校
㉛浜松日体高等学校
㉜聖隷クリストファー高等学校
㉝浜松啓陽高等学校
㉞オイスカ浜松国際高等学校

愛知県

①[国立]愛知教育大学附属高等学校
②愛知高等学校
③名古屋経済大学市邨高等学校
④名古屋経済大学高蔵高等学校
⑤名古屋大谷高等学校
⑥享栄高等学校
⑦椙山女学園高等学校
⑧大同大学大同高等学校
⑨日本福祉大学付属高等学校
⑩中京大学附属中京高等学校
⑪至学館高等学校
⑫東海高等学校
⑬名古屋たちばな高等学校
⑭東邦高等学校
⑮名古屋高等学校
⑯名古屋工業高等学校
⑰名古屋葵大学高等学校
(名古屋女子大学高等学校)
⑱中部大学第一高等学校
⑲桜花学園高等学校
⑳愛知工業大学名電高等学校
㉑愛知みずほ大学瑞穂高等学校
㉒名城大学附属高等学校
㉓修文学院高等学校
㉔愛知啓成高等学校
㉕聖カピタニオ女子高等学校
㉖滝高等学校
㉗中部大学春日丘高等学校
㉘清林館高等学校
㉙愛知黎明高等学校
㉚岡崎城西高等学校
㉛人間環境大学附属岡崎高等学校
㉜桜丘高等学校

㉝光ヶ丘女子高等学校
㉞藤ノ花女子高等学校
㉟栄徳高等学校
㊱同朋高等学校
㊲星城高等学校
㊳安城学園高等学校
㊴愛知産業大学三河高等学校
㊵大成高等学校
㊶豊田大谷高等学校
㊷東海学園高等学校
㊸名古屋国際高等学校
㊹啓明学館高等学校
㊺聖霊高等学校
㊻誠信高等学校
㊼誉高等学校
㊽杜若高等学校
㊾菊華高等学校
㊿豊川高等学校

三重県

①暁高等学校(3年制)
②暁高等学校(6年制)
③海星高等学校
④四日市メリノール学院高等学校
⑤鈴鹿高等学校
⑥高田高等学校
⑦三重高等学校
⑧皇學館高等学校
⑨伊勢学園高等学校
⑩津田学園高等学校

滋賀県

①近江高等学校

大阪府

①上宮高等学校
②大阪高等学校
③興國高等学校
④清風高等学校
⑤早稲田大阪高等学校
(早稲田摂陵高等学校)
⑥大商学園高等学校
⑦浪速高等学校
⑧大阪夕陽丘学園高等学校
⑨大阪成蹊女子高等学校
⑩四天王寺高等学校
⑪梅花高等学校
⑫追手門学院高等学校
⑬大阪学院大学高等学校
⑭大阪学芸高等学校
⑮常翔学園高等学校
⑯大阪桐蔭高等学校
⑰関西大倉高等学校
⑱近畿大学附属高等学校
⑲金光大阪高等学校
⑳星翔高等学校
㉑阪南大学高等学校
㉒箕面自由学園高等学校
㉓桃山学院高等学校
㉔関西大学北陽高等学校

兵庫県

①雲雀丘学園高等学校
②園田学園高等学校
③関西学院高等部
④灘高等学校
⑤神戸龍谷高等学校
⑥神戸第一高等学校
⑦神港学園高等学校
⑧神戸学院大学附属高等学校
⑨神戸弘陵学園高等学校
⑩彩星工科高等学校
⑪神戸野田高等学校
⑫滝川高等学校
⑬須磨学園高等学校
⑭神戸星城高等学校
⑮啓明学院高等学校
⑯神戸国際大学附属高等学校
⑰滝川第二高等学校
⑱三田松聖高等学校
⑲姫路女学院高等学校
⑳東洋大学附属姫路高等学校
㉑日ノ本学園高等学校
㉒市川高等学校
㉓近畿大学附属豊岡高等学校
㉔夙川高等学校
㉕仁川学院高等学校
㉖育英高等学校

奈良県

①西大和学園高等学校

岡山県

①[県立]岡山朝日高等学校
②清心女子高等学校
③就実高等学校
(特別進学コース〈ハイグレード・アドバンス〉)
④就実高等学校
(特別進学チャレンジコース・総合進学コース)
⑤岡山白陵高等学校
⑥山陽学園高等学校
⑦関西高等学校
⑧おかやま山陽高等学校
⑨岡山商科大学附属高等学校
⑩倉敷高等学校
⑪岡山学芸館高等学校(1期1日目)
⑫岡山学芸館高等学校(1期2日目)
⑬倉敷翠松高等学校
⑭岡山理科大学附属高等学校
⑮創志学園高等学校
⑯明誠学院高等学校
⑰岡山龍谷高等学校

広島県

①[国立]広島大学附属高等学校
②[国立]広島大学附属福山高等学校
③修道高等学校
④崇徳高等学校
⑤広島修道大学ひろしま協創高等学校
⑥比治山女子高等学校
⑦呉港高等学校
⑧清水ヶ丘高等学校
⑨盈進高等学校
⑩尾道高等学校
⑪如水館高等学校
⑫広島新庄高等学校
⑬広島文教大学附属高等学校
⑭銀河学院高等学校
⑮安田女子高等学校
⑯山陽高等学校
⑰広島工業大学高等学校
⑱広陵高等学校
⑲近畿大学附属広島高等学校福山校
⑳武田高等学校
㉑広島県瀬戸内高等学校(特別進学)
㉒広島県瀬戸内高等学校(一般)
㉓広島国際学院高等学校
㉔近畿大学附属広島高等学校東広島校
㉕広島桜が丘高等学校

山口県

①高水高等学校
②野田学園高等学校
③宇部フロンティア大学付属香川高等学校
(普通科〈特進・進学コース〉)
④宇部フロンティア大学付属香川高等学校
(生活デザイン・食物調理・保育科)
⑤宇部鴻城高等学校

徳島県

①徳島文理高等学校

香川県

①香川誠陵高等学校
②大手前高松高等学校

愛媛県

①愛光高等学校
②済美高等学校
③FC今治高等学校
④新田高等学校
⑤聖カタリナ学園高等学校

福岡県

①福岡大学附属若葉高等学校
②精華女子高等学校（専願試験）
③精華女子高等学校（前期試験）
④西南学院高等学校
⑤筑紫女学園高等学校
⑥中村学園女子高等学校（専願入試）
⑦中村学園女子高等学校（前期入試）
⑧博多女子高等学校
⑨博多高等学校
⑩東福岡高等学校
⑪福岡大学附属大濠高等学校
⑫自由ケ丘高等学校
⑬常磐高等学校
⑭東筑紫学園高等学校
⑮敬愛高等学校
⑯久留米大学附設高等学校
⑰久留米信愛高等学校
⑱福岡海星女子学院高等学校
⑲誠修高等学校
⑳筑陽学園高等学校（専願入試）
㉑筑陽学園高等学校（前期入試）
㉒真颯館高等学校
㉓筑紫台高等学校
㉔純真高等学校
㉕福岡舞鶴高等学校
㉖折尾愛真高等学校
㉗九州国際大学付属高等学校
㉘祐誠高等学校
㉙西日本短期大学附属高等学校
㉚東海大学付属福岡高等学校
㉛慶成高等学校
㉜高稜高等学校
㉝中村学園三陽高等学校
㉞柳川高等学校
㉟沖学園高等学校
㊱福岡常葉高等学校
㊲九州産業大学付属九州高等学校
㊳近畿大学附属福岡高等学校
㊴大牟田高等学校
㊵久留米学園高等学校
㊶福岡工業大学附属城東高等学校
（専願入試）
㊷福岡工業大学附属城東高等学校
（前期入試）
㊸八女学院高等学校
㊹星琳高等学校
㊺九州産業大学付属九州産業高等学校
㊻福岡雙葉高等学校

佐賀県

①龍谷高等学校
②佐賀学園高等学校
③佐賀女子短期大学付属佐賀女子高等学校
④弘学館高等学校
⑤東明館高等学校
⑥佐賀清和高等学校
⑦早稲田佐賀高等学校

長崎県

①海星高等学校（奨学生試験）
②海星高等学校（一般入試）
③活水高等学校
④純心女子高等学校
⑤長崎南山高等学校
⑥長崎日本大学高等学校（特別入試）
⑦長崎日本大学高等学校（一次入試）
⑧青雲高等学校
⑨向陽高等学校
⑩創成館高等学校
⑪鎮西学院高等学校

熊本県

①真和高等学校
②九州学院高等学校
（奨学生・専願生）
③九州学院高等学校
（一般生）
④ルーテル学院高等学校
（専願入試・奨学入試）
⑤ルーテル学院高等学校
（一般入試）
⑥熊本信愛女学院高等学校
⑦熊本学園大学付属高等学校
（奨学生試験・専願生試験）
⑧熊本学園大学付属高等学校
（一般生試験）
⑨熊本中央高等学校
⑩尚絅高等学校
⑪文徳高等学校
⑫熊本マリスト学園高等学校
⑬慶誠高等学校

大分県

①大分高等学校

宮崎県

①鵬翔高等学校
②宮崎日本大学高等学校
③宮崎学園高等学校
④日向学院高等学校
⑤宮崎第一高等学校
（文理科）
⑥宮崎第一高等学校
（普通科・国際マルチメディア科・電気科）

鹿児島県

①鹿児島高等学校
②鹿児島実業高等学校
③樟南高等学校
④れいめい高等学校
⑤ラ・サール高等学校

新刊
もっと過去問シリーズ

愛知県

愛知高等学校
7年分（数学・英語）
中京大学附属中京高等学校
7年分（数学・英語）
東海高等学校
7年分（数学・英語）
名古屋高等学校
7年分（数学・英語）
愛知工業大学名電高等学校
7年分（数学・英語）
名城大学附属高等学校
7年分（数学・英語）
滝高等学校
7年分（数学・英語）

※もっと過去問シリーズは入学試験の実施教科に関わらず、数学と英語のみの収録となります。

教英出版
〒422-8054
静岡県静岡市駿河区南安倍3丁目12−28
TEL 054-288-2131
FAX 054-288-2133
詳しくは教英出版で検索
教英出版 検索
URL https://kyoei-syuppan.net/

受験番号

大分県公立高等学校

令和６年度（一次入試）

理　　科

（検査時間　9：30〜10：20）

注意事項

１．開始の合図で

◆　この問題用紙にはさんである解答用紙を取り出しなさい。

◆　解答用紙，問題用紙，下書き用紙の所定の欄に受験番号を書き入れなさい。

◆　解答はすべて解答用紙の所定の欄に書き入れなさい。

◆　問題文は10ページあり，その順序は［理１］〜［理10］で示しています。
ページ漏れや印刷不鮮明などに気づいた場合には，手をあげなさい。

２．終了の合図で

◆　机の上に，下から順に問題用紙，下書き用紙，解答用紙を置きなさい。
解答用紙だけは裏返して置きなさい。

【1】 次の（1）～（4）の問いに答えなさい。

（1）［図1］は，ある地域の地形を等高線で表したものであり，数値は標高を示す。［図2］は，［図1］の地点A，B，Dにおけるボーリング調査をもとに作成した地層の重なり方を示した柱状図である。また，ビカリアの化石が［図2］の地点DのH層からのみ見つかった。①～③の問いに答えなさい。

［図1］

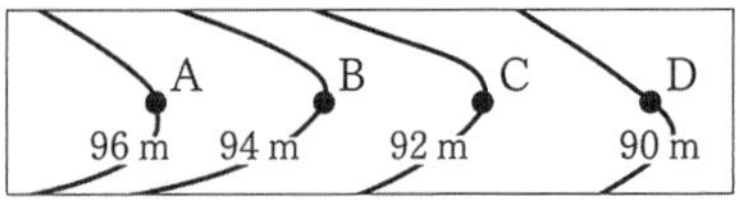

［図2］

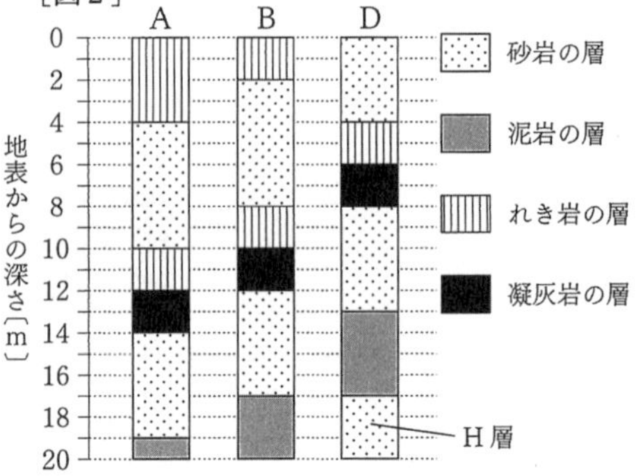

① 下線部の化石のように，限られた時代の地層にしか見られない，その年代を示す目印となるような化石を何というか，書きなさい。

② この地域の地層には，凝灰岩の層がふくまれている。次の文は，凝灰岩の層が堆積した当時のようすを述べたものである。（ a ）に当てはまる語句を書きなさい。

凝灰岩の層があることから，この層が堆積した当時，（ a ）が起こったことを示している。

③ ［図1］の地点Cにおいて，同様にボーリング調査をしたとき，凝灰岩の層は地表からどれくらいの深さの位置にあるか。最も適当なものを，ア～エから1つ選び，記号を書きなさい。ただし，この地域の地層は，断層やしゅう曲は見られず，各層はそれぞれ同じ厚さで水平に積み重なっており，上下の入れかわりはなく，凝灰岩の層は1つであるものとする。

ア 4 m ～ 6 m　　イ 6 m ～ 8 m　　ウ 8 m ～ 10 m　　エ 10 m ～ 12 m

（2） 発電方法について，それぞれの発電のしくみとエネルギーの移り変わりを［表1］のようにまとめた。①～③の問いに答えなさい。

［表1］

発電方法	発電のしくみとエネルギーの移り変わり
火力発電	石油，天然ガス，石炭などを燃やして，高温の水蒸気をつくり，発電機を回して発電する。 化学エネルギー → （ X ）エネルギー → 電気エネルギー
水力発電	ダムにたまった水の（ Y ）エネルギーを利用して，発電機を回して発電する。 （ Y ）エネルギー → 電気エネルギー
地熱発電	地下深くの熱によって蒸気を発生させ，発電機を回して発電する。 （ X ）エネルギー → 電気エネルギー
（ b ）発電	（ b ）とよばれる植物・廃材・生ゴミ・下水・動物の排泄物《はいせつぶつ》などの有機資源を燃やすことで，火力発電と同様に発電を行う。 化学エネルギー → （ X ）エネルギー → 電気エネルギー

① ［表1］の（ X ），（ Y ）に当てはまるエネルギーの組み合わせとして最も適当なものを，ア～エから1つ選び，記号を書きなさい。

	ア	イ	ウ	エ
X	位置	核	熱	運動
Y	熱	位置	位置	熱

② 火力発電の長所として最も適当なものを，ア～エから1つ選び，記号を書きなさい。

ア 燃料を必要としない。　　イ 出力のコントロールをしやすい。

ウ 二酸化炭素を排出しない。　　エ 少量の燃料で大きなエネルギーがとり出せる。

③ ［表1］の（ b ）に当てはまる語句を書きなさい。

（3） 銅を加熱したときの質量の変化について次の実験を行った。①～③の問いに答えなさい。

[1] 銅の粉末，同じ質量のステンレス皿5枚，電子てんびんを用意した。

[2] ステンレス皿の質量をはかった。

[3] 銅の粉末を1.00gはかりとった。

[4] はかりとった銅の粉末をステンレス皿全体にうすく広げ，全体の色が変化するまで，［図3］のようにガスバーナーで加熱した。加熱をやめ，ステンレス皿が冷えてから皿全体の質量をはかった。加熱後の皿全体の質量の変化がなくなるまで，この操作を繰り返し行った。

[5] [4]の後，皿全体の質量からステンレス皿の質量をひき，酸化銅の質量を求めた。

[6] はかりとる銅の粉末の質量を2.00g，3.00g，4.00g，5.00gと変えて，[4]，[5]の操作を同様に行った。

［図3］

［表2］は，はかりとった銅の質量と反応後に生成した酸化銅の質量をまとめたものである。ただし，この実験において，ステンレス皿の質量は加熱の前後で変化せず，ステンレス皿は銅と化学反応しないものとする。

［表2］

銅の質量〔g〕	1.00	2.00	3.00	4.00	5.00
生成した酸化銅の質量〔g〕	1.25	2.50	3.75	5.00	6.25

① この実験において，銅を加熱したときに起こる化学変化を，**化学反応式**で書きなさい。ただし，このときに生成する酸化銅の化学式はCuOであるものとする。

② ［表2］をもとにして，銅の質量と反応した酸素の質量の関係を，**解答欄**のグラフに表しなさい。ただし，縦軸のすべての（　　）内に**適当な数値**を書くこと。

③ この実験と同様の操作で，6.50gの銅の粉末を加熱するとき，生成する酸化銅の質量は何gか，［表2］をもとにして，四捨五入して**小数第二位まで**求めなさい。ただし，生成する酸化銅は銅が酸素と完全に反応して生じるものとする。

（4） ［図4］は生態系における炭素の流れを矢印で模式的に表した図である。［図4］中の ━━▶ は無機物としての炭素の流れを，⇨ は有機物としての炭素の流れを示している。また，［図4］の生物P，Q，Rは，ネズミ，イネ，タカのいずれかである。①～③の問いに答えなさい。

［図4］

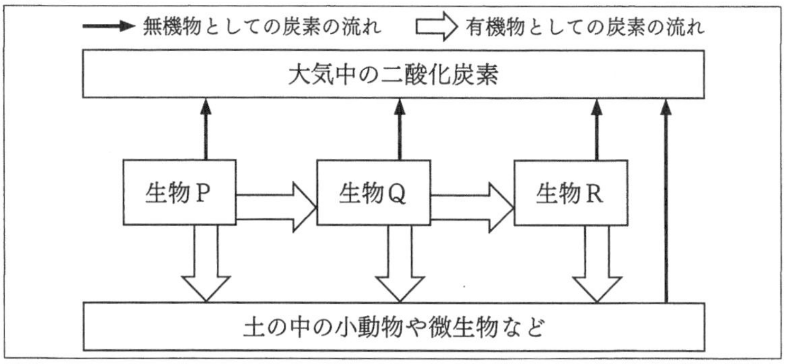

① ［図4］中の生物P，Q，Rの関係のように，食べる生物と食べられる生物に着目して，1対1の関係で順番に結んだものを何というか，書きなさい。

② 生物Rは，ネズミ，イネ，タカのどれか，書きなさい。

③ ［図4］中には，無機物としての炭素の流れを示す矢印が1本欠けている。欠けている1本の矢印を，**解答欄**の図に表しなさい。ただし，無機物としての炭素の流れは ━━▶ で書くこと。

【2】 次の（1）～（7）の問いに答えなさい。

[Ⅰ] いろいろな水溶液に電流が流れるかを調べた。

[1] ショ糖，塩化ナトリウム，エタノール，塩化銅をそれぞれ別の試験管で精製水に溶かし，水溶液をつくった。

[2] ［図1］のように電極，電流計，豆電球，電源装置をつないで装置を組み立てた。[1]でつくった水溶液が入った試験管に電極を入れ，電圧を加えてそれぞれの水溶液に電流が流れるか調べた。なお，水溶液の入った試験管をかえる際には，電極を精製水でよく洗った。

[3] [2]の結果，塩化ナトリウム水溶液と塩化銅水溶液に電流が流れ，豆電球が光った。

［図1］

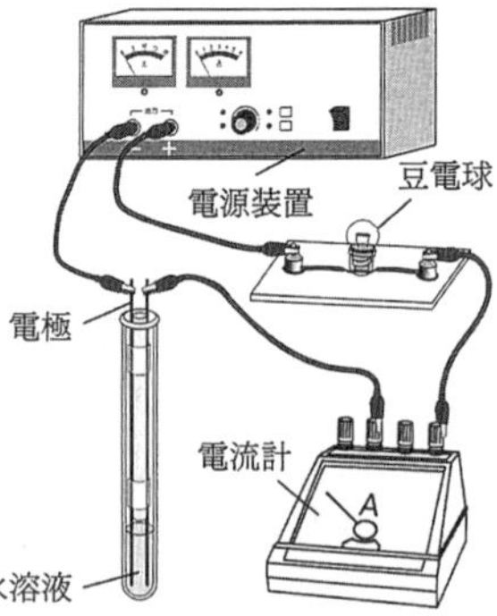

（1） 塩化ナトリウムや塩化銅のように，水に溶かしたとき，水溶液に電流が流れる物質を何というか，書きなさい。

（2） 塩化ナトリウム水溶液に電流が流れるのは，水溶液中にナトリウムイオンと塩化物イオンが生じているためである。このナトリウムイオンがナトリウム原子からできるとき，そのでき方として最も適当なものを，ア～エから1つ選び，記号を書きなさい。

ア ナトリウム原子が電子を1個受けとって，＋の電気を帯びたナトリウムイオンができる。

イ ナトリウム原子が電子を1個受けとって，－の電気を帯びたナトリウムイオンができる。

ウ ナトリウム原子が電子を1個放出して，＋の電気を帯びたナトリウムイオンができる。

エ ナトリウム原子が電子を1個放出して，－の電気を帯びたナトリウムイオンができる。

[Ⅱ] うすい塩酸の性質について調べた。

[4] ［図2］のように，スライドガラスの上に食塩水をしみこませたろ紙を置き，さらにその上に食塩水をしみこませた青色リトマス紙と赤色リトマス紙を置き，電源装置につないだ。

[5] 電圧を加える前に，［図2］のそれぞれのリトマス紙の中央に引いた線上に，竹串を使ってうすい塩酸をつけると，青色リトマス紙に赤色のしみができ，赤色リトマス紙は色の変化がなかった。次に電圧を加えたところ，青色リトマス紙の中央部分にできた赤色のしみが陰極側に移動した。

［図2］

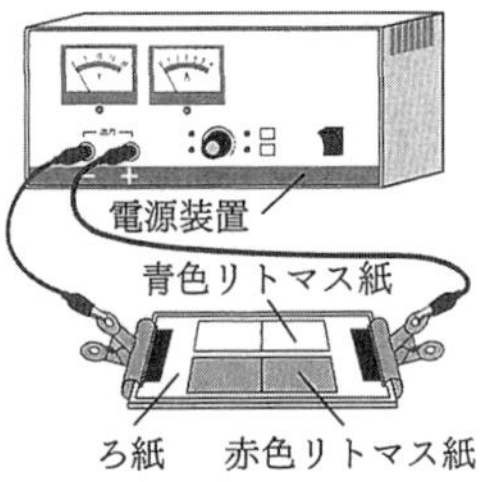

（3） 次の文は[4]，[5]の結果についてまとめたものである。（ a ），（ b ）に当てはまる語句の組み合わせとして最も適当なものを，ア～エから1つ選び，記号を書きなさい。

うすい塩酸をそれぞれのリトマス紙につけると，青色リトマス紙に赤色のしみができたため，うすい塩酸は（ a ）性である。また，電圧を加えたところ，赤色のしみが陰極側に移動したため，（ a ）性を示す原因の物質は（ b ）の電気を帯びている。

	ア	イ	ウ	エ
a	酸	酸	アルカリ	アルカリ
b	＋	－	＋	－

（4） [Ⅱ]の実験において，うすい塩酸をうすい水酸化ナトリウム水溶液に変えて実験を行ったとき，起こる変化として最も適当なものを，ア～エから1つ選び，記号を書きなさい。

ア 赤色リトマス紙の中央部分に青色のしみができ，そのしみが陽極側に移動する。

イ 赤色リトマス紙の中央部分に青色のしみができ，そのしみが陰極側に移動する。

ウ 青色リトマス紙の中央部分に赤色のしみができ，そのしみが陽極側に移動する。

エ 青色リトマス紙の中央部分に赤色のしみができ，そのしみが陰極側に移動する。

Ⅲ　塩酸と水酸化ナトリウム水溶液の反応について調べた。

6　塩酸 10 mL を入れたビーカーを用意し，ＢＴＢ液を加えたところ，ビーカー内の水溶液は黄色になった。

7　［図3］のように，6の水溶液に，こまごめピペットで水酸化ナトリウム水溶液を 2 mL ずつよくかき混ぜながら加え，そのたびに水溶液の色を観察し，加える水酸化ナトリウム水溶液の体積の合計が 16 mL になるまで続けた。

［表1］は，その結果をまとめたものである。

［図4］は，塩酸 10 mL に水酸化ナトリウム水溶液 2 mL を加えたときの中和のようすを模式的に表した図である。

［図3］

［表1］

加えた水酸化ナトリウム水溶液の体積〔mL〕	2	4	6	8	10	12	14	16
ビーカー内の水溶液の色	黄	黄	黄	緑	青	青	青	青

［図4］

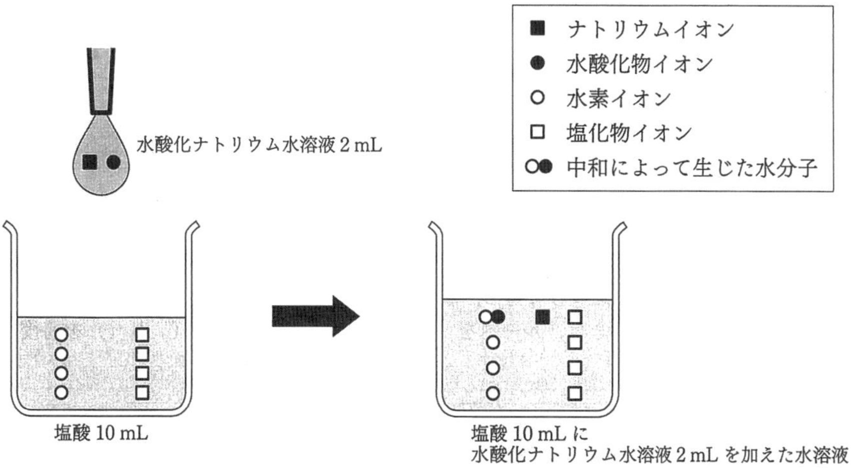

（5）　塩酸に水酸化ナトリウム水溶液を加えたときの化学変化を，**化学反応式**で書きなさい。

（6）　7において，加えた水酸化ナトリウム水溶液が 8 mL のとき，［図4］を参考にして，加えた後の水溶液のようすを模式的に表した図として最も適当なものを，ア～エから1つ選び，記号を書きなさい。

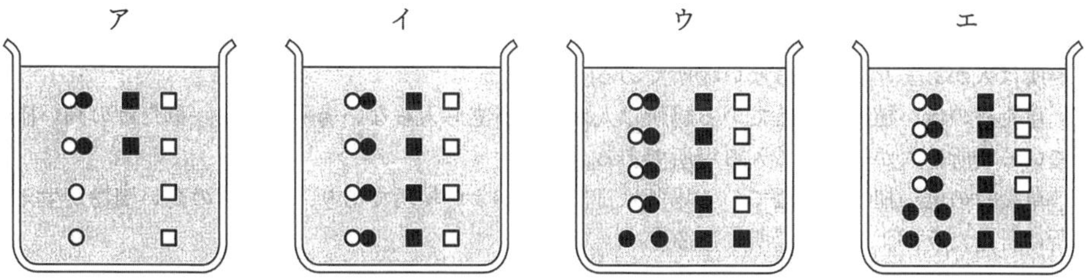

（7）　7において，加えた水酸化ナトリウム水溶液が 16 mL のとき，加えた後の水溶液の中に最も多くふくまれるイオンとして最も適当なものを，ア～エから1つ選び，記号を書きなさい。

ア　水素イオン　　イ　ナトリウムイオン　　ウ　水酸化物イオン　　エ　塩化物イオン

【3】 次の（1）～（7）の問いに答えなさい。

[Ⅰ] 太郎さんと花子さんは，学校の敷地内に生えている植物について，生えている場所の環境のちがいによって植物の種類が変わるのかを調べた。

[1] 植物の体のつくりなど，細かい部分はルーペを用いて観察した。

[2] 敷地内を歩いて見つけた植物は，タブレット端末で写真を撮り，記録に残した。

[3] [2]で見つけた植物の種類と見つけた場所を，学校の地図上に記号で記入した。

[4] 日当たりのよさと人の立ち入りやすさを調べ，[3]で作成した地図上にかき加えた。

［メモ1］は[2]で見つけた植物の一覧であり，［図1］は[3]，[4]の結果をまとめたものである。

［メモ1］

○カタバミ	▲スズメノカタビラ
✚ハルジオン	◇モウソウチク
⊗オオバコ	◎ゼニゴケ

［図1］

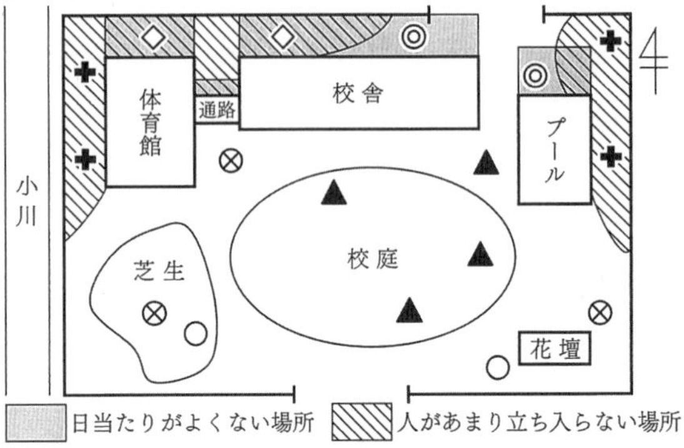

（1） 次の文は，ルーペの使い方について説明したものである。（ a ），（ b ）に当てはまる語句の組み合わせとして最も適当なものを，ア～エから1つ選び，記号を書きなさい。

・ルーペは（ a ）に近づけて持ち，観察物を前後に動かして，よく見える位置を探す。
・観察物が動かせないときは，ルーペを（ a ）に近づけたまま，（ b ）を前後に動かして，よく見える位置を探す。

	ア	イ	ウ	エ
a	観察物	観察物	目	目
b	顔	ルーペ	顔	ルーペ

（2） [3]，[4]で，学校の敷地内に生えている植物には，いろいろな種類があることがわかった。カタバミやスズメノカタビラなどの草たけの低い植物と，ハルジオンやモウソウチクなどの草たけの高い植物の生えている場所の環境のちがいについて，［図1］の植物の分布をもとに説明した文として最も適当なものを，ア～エから1つ選び，記号を書きなさい。

ア 草たけの低い植物が生えている場所は人がよく立ち入る場所であり，草たけの高い植物が生えている場所は人があまり立ち入らない場所である。

イ 草たけの低い植物が生えている場所は人があまり立ち入らない場所であり，草たけの高い植物が生えている場所は人がよく立ち入る場所である。

ウ 草たけの低い植物が生えている場所は日当たりがよい場所であり，草たけの高い植物が生えている場所は日当たりがよくない場所である。

エ 草たけの低い植物が生えている場所は日当たりがよくない場所であり，草たけの高い植物が生えている場所は日当たりがよい場所である。

[Ⅱ] 次に太郎さんと花子さんは，学校周辺に生息している動物について調べた。

[5] 学校周辺を調べて見つけた動物は，タブレット端末で写真を撮り，名前を［メモ2］に記録した。

[6] 動物のもつ特徴に注目し，見つけた動物を分類する方法を考えた。

［メモ2］

・スズメ	・カエル
・メダカ	・ヘビ
・ミミズ	・カラス
・ネコ	・ダンゴムシ

キャベツは青虫に葉を食べられてしまいますよね。でも食べられ続けられるばかりでは、キャベツは滅びてしまいます。そこでキャベツは、青虫に対抗するために、ハチを引き寄せる化学物質を出し、やってきたハチは青虫に卵を産みつけて殺してしまいます。青虫の親であるモンシロチョウは困って、ほかの種類のチョウがすでに卵を産みつけているキャベツを選んで卵を産みます。するとキャベツはそれぞれ異なる化学物質を出さなければならなくなって、結果としてハチが寄ってこなくなる……。その本には、そんなことが書かれていました。

このことを知ったからといって、僕の生活に役立てることはきっとないと思います。でも、キャベツや青虫もサバイバルのために賢く進化しているんだなということがわかります。これまでキャベツ畑の近くをなんとなく通り過ぎていましたが、こんなところにも生物の攻防があるんだなと思うと、それだけで

〔※本ページ下段に続く〕

「教養」のための本というのは、そういうものだと思います。すぐには役に立たないかもしれませんが、知っていることで人生の楽しみが増えますし、思いがけないところで何かの助けになるものです。

物理学者の湯川秀樹は中間子の発見によってノーベル賞を受賞しましたが、一説によれば、この発見は、紀元前3世紀に活躍した中国の思想家、荘子に影響を受けているのではないかと言われています。物理学には役に立たないからといって、思想や哲学の本を読まなかったら、もしかしたらこの大発見はできなかったのかもしれません。

教養を身につけることは、世界を見る目を養うことです。自分の中に蓄積された知識や視点が組み合わさって、思わぬところで役に立つことがあるのです。

（出口治明《でぐちはるあき》「なぜ学ぶのか」から……一部表記を改めている。）

問一 ——線①について、「自分の中心」とは具体的にどのようなものか。**【文章一】**中から**十二字**で抜き出して書きなさい。

問二 **【文章一】**の構成について、その説明として最も適当なものを、次の**ア**～**エ**のうちから一つ選び、その記号を書きなさい。

ア 最初と最後に筆者の意見を述べ、間に簡潔な具体例を示すことで、理解しやすい構成になっている。

イ 段落ごとに質問と回答を繰り返すことで読者の疑問を解決するとともに、筆者の主張を明確に示している。

ウ 本文の初めに筆者の意見を示すことで読者の関心を引き付けるとともに、その後の展開を明確に示している。

エ 読者に対して問いかけた上で筆者の考えを示し、段階的にその内容を深めていく構成になっている。

問三　Aさんたちの班は、【文章一】と【文章二】を読んで次のように意見を交わした。これを読んで、後の(1)～(4)に答えなさい。

Aさん―【文章一】は「教養のある人」についての内容でした。「教養のある人」を本文中の言葉を使って簡単に説明すると、［Ⅰ］と言えます。【文章二】はどのような内容でしたか。

Bさん―はい。【文章二】も「教養」が話題の中心になっています。［Ⅱ］ものでした。

Cさん―【文章二】に書かれている「『教養』のための本」を読み重ねていくと、【文章一】で述べられている「教養のある人」になれるのでしょうか。【文章二】の表現の中で、「教養のある人」の特徴を示しているところはないでしょうか。

Aさん―【文章二】には明確にそう書いてあるところがないので難しいですね。

Bさん―でも、「教養」についての記述をおさえていくと、【文章二】における「教養のある人」の特徴は、「［Ⅲ］人」とまとめられるのではないでしょうか。

Cさん―なるほど。こうしてみると両方の文章に共通するものが見えてきますね。

Aさん―こうして改めて考えてみると、今まで自分が教養について感じていたイメージとずいぶん違いますね。教養は教えられることで身につくものだと感じていました。

Bさん―これからの自分の学ぶ姿勢について考えさせられましたね。

Cさん―そうですね。今後はこの【文章一】や【文章二】から学んだことを生かした行動を心がけていきたいと思います。

(1)　［Ⅰ］に当てはまる言葉として最も適当なものを、【文章一】中から**十六字**で抜き出して書きなさい。

(2)　［Ⅱ］に当てはまる言葉として最も適当なものを、次の**ア**～**エ**のうちから一つ選び、その記号を書きなさい。

ア　実務と教養の違いを明確に示した上で筆者の主張を述べ、教養が思いがけないところで助けとなる具体例を挙げた

イ　筆者自身の経験や科学者のエピソードを具体例として挙げ、読書を通して教養を身につけることの大切さを述べた

ウ　読書と教養の関連性について具体例を挙げながら、読者の質問に対して筆者が対話的に答える形式でまとめられた

エ　わかりやすい具体例を元に筆者の意見を繰り返し述べ、科学的な学力を高めるために教養が必要であると主張した

(3)　［Ⅲ］に当てはまる言葉を、【文章二】中の言葉を使って、**三十五字以上四十字以内**で書きなさい。

(4)　会話中の〰〰線について、【文章一】や【文章二】から学んだことを生かした行動として最も適当なものを、次の**ア**～**エ**のうちから一つ選び、その記号を書きなさい。

ア　数多くの文化・芸術活動の中から自分が興味を持ったものを選び取り、その道を極めるために主体的に努力を積み重ねていく。

イ　世界の複雑性・多様性に対応していくために、大学や大学院への進学も視野に入れながら専門的な知識をより多く学んでいく。

ウ　不確実な社会において知識を更新していくために、一見自分にとって必要がなさそうな活動だとしても積極的に参加していく。

エ　現在の社会をより良い状態にするために、図書館でたくさんの本を読んで今後必要になりそうな知識を幅広く身につけていく。

【四】 次の【書き下し文】と【漢文】を読んで、後の問一～問三に答えなさい。なお、答えに字数制限がある場合は、句読点や「 」などの記号も一字と数えなさい。

【書き下し文】

*魯《ろ》に長竿《ちょうかん》を執《と》りて（長いさおを持って）城門に入らんとする者有り。初め竪《たて》にして之《これ》を執るに、入るべからず（入ることができない）、横にして之を執るも、亦《ま》た入るべからず、計の出《い》づる所無し。俄《にわ》かに（そこへ）老父の至る有りて曰はく、吾《われ》は聖人に非《あら》ず、但《た》だ事を見ること多し。何ぞ（どうして）*鋸《きょ》を以《もっ》て中截《ちゅうせつ》*して入らざると。遂《つい》に依《よ》りて之を截《き》る。

【漢文】

魯ニ有リ下執リテ二長竿ヲ一入ラントスル二①城門ニ一者上。初メ竪ニシテ執ルニレ之ヲ、不レ可カラレ入ル、横ニシテ執ルモレ之ヲ、亦タ不レ可カラレ入ル、計ノ無シ所出ヅル。俄カニ有リテ二老父ノ至ル一曰ハク、吾ハ非ズ二聖人ニ一、但ダ見ルコトレ事ヲ多シ矣。何ゾ不ルト二以テレ鋸ヲ中截シテ而入ラ一。遂ニ依リテ而截ルレ之ヲ。

（「太平広記」から……一部表記を改めている。）

（注）＊魯――地名。
＊鋸――のこぎり。
＊截――「切」と同じ。

〔※本ページ下段に続く〕

問一 ――線①の漢字の総画数と、次の行書で書かれた漢字を楷書で書いた場合の総画数が同じになるものを、ア～エのうちから一つ選び、その記号を書きなさい。

ア 級　イ 造　ウ 耕　エ 閑

問二 〰〰線について、書き下し文の読み方になるように、**返り点**をつけなさい。

問三 Aさんの班では、本文を読んだ感想について次のように意見を交わした。これを読んで、後の(1)～(4)に答えなさい。

Aさん―この文章はどんな話だと感じましたか。
Bさん―城門に入ろうとして、結果的に［Ⅰ］を切ったことで、［Ⅱ］しまったことに対する笑い話だと私は感じました。
Cさん―確かにそこが面白い点ですね。私はそれに加えて、老父が「但だ事を見ること多し」と言っている点に着目しました。この話と同じように、物事をよくわかっていそうな人を［Ⅲ］ことが、私自身にもあります。そんな自分の行いを考えさせられる教訓話のようにも感じました。
Aさん―なるほど。この話を、私たちも自分自身の行動を振り返るきっかけにしたいですね。つまり［Ⅳ］とすべきですね。

(1) ［Ⅰ］に当てはまる言葉として最も適当なものを、**【書き下し文】**中から抜き出して書きなさい。

(2) ［Ⅱ］に当てはまる言葉を、**五字以上十字以内**の**現代語**で書きなさい。

(3) ［Ⅲ］に当てはまる言葉を、**五字以上十字以内**の**現代語**で書きなさい。

(4) ［Ⅳ］に当てはまる言葉として最も適当なものを、次の**ア～エ**のうちから一つ選び、その記号を書きなさい。

ア 他山の石　**イ** 対岸の火事
ウ 竹馬の友　**エ** 情けは人のためならず

【五】　M中学校では文化祭を保護者や地域住民の方にも一般公開している。M中学校の生徒会は「やさしい日本語」を用いた入場チケットを作成することにした。次は「やさしい日本語」について説明している**【リーフレット】**と作成した**【チケット案】**である。これらを読んで、後の**問一～問三**に答えなさい。なお、答えに字数制限がある場合は、句読点や「　」などの記号も一字と数えなさい。

【リーフレット】

■「やさしい日本語《にほんご》」とは？

普通《ふつう》の 日本語《にほんご》よりも 簡単《かんたん》で、外国人《がいこくじん》にも わかり やすい 日本語《にほんご》の こと です。

日本《にほん》には、いろいろな 国《くに》から 来《き》た 外国人《がいこくじん》が 暮《く》らして います。その 人《ひと》たちの 母語《ぼご》も いろいろ です。英語《えいご》の わからない 人《ひと》や、漢字《かんじ》を 知《し》らない アジア系《けい》の人《ひと》も たくさん います。すべての 国《くに》の 言葉《ことば》に 対応《たいおう》する ことは 難《むずか》しいです。でも、「簡単《かんたん》な 日本《にほん》語《ご》なら わかる。」という 人《ひと》も 多《おお》いので、「やさしい日本語《にほんご》」が 役《やく》に 立《た》ちます。

だれでも 使《つか》えます。子《こ》どもや 高齢者《こうれいしゃ》、障《しょう》がいのある人 にも「やさしい日本語《にほんご》」は わかりやすい です。

■なぜ「やさしい日本語」を使う必要があるのですか？

○日本人と外国人とのコミュニケーションに役立てるためです。

「やさしい日本語」は、万能ではありません。どうしても通訳・翻訳しなければ、分からないことも、たくさんあります。でも、その場で、すぐに、伝えなければならないことや、聞きたいことがある時に、また、相手との関係づくりのために、まず「やりとりをしようとする」ことが大切です。そんな時、「やさしい日本語」は役立ちます。

■なぜ「やさしい日本語」を学ぶ必要があるのですか？

○日本人と外国人の「感じ方の違い」に気づくためです。

日本人は、はっきり言うと相手に失礼ではないかと思いますが、外国人は、はっきり言われてもあまり気にしません。また、失敗したときに、日本人は「言い訳をせずに、まず謝る方がよい。」と思いますが、外国人は「まず、きちんと理由を話すべきだ。」と思います。「やさしい日本語」を使うと、この違いに気づくことができます。

○日本人には感覚的にわかるけれど、外国人にはわかりにくい言葉があるからです。

例　「もっとはっきり返事をしてください。」
　　　→「もっと 大きな 声で 返事を して ください。」
「あぶないから手を出さないでください。」
　　　→「あぶない です。 さわらないで ください。」
「はっきり」「手を出す」などは、外国人には、わかりにくい日本語です。

■「やさしい日本語」のポイント

○外国人にとってわかりにくい日本語表現を使わないようにします。
○あいまいな表現を使わないようにします。
○何を一番伝えたいかを考え、余計な情報を削ります。

（大分県立図書館「『やさしい日本語』リーフレット」等を基に作成）

【チケット案】

M中学校《ちゅうがっこう》　文化祭《ぶんかさい》

文化祭《ぶんかさい》テーマ

翔《と》ぼう、みんなで！

《日《ひ》と 時間《じかん》》

11月《がつ》2日《にち》（木曜日《もくようび》）

午前《ごぜん》9:00から 午前《ごぜん》11:30まで

《内容《ないよう》》

○文化部《ぶんかぶ》の 発表《はっぴょう》

午前《ごぜん》9:00から 午前《ごぜん》10:00まで

○合唱《がっしょう》コンクール

午前《ごぜん》10:00から 午前《ごぜん》11:30まで

※合唱《がっしょう》コンクールは

1年生《ねんせい》から 始《はじ》まります。

《場所《ばしょ》》

M中学校《ちゅうがっこう》の 体育館《たいいくかん》

《気《き》をつけること》

①体育館《たいいくかん》の 入《い》り口《ぐち》で このチケットを 見《み》せてもらうので、必《かなら》ず 持《も》ってくるのを 忘《わす》れないでください。

②体育館《たいいくかん》の 中《なか》は 土足禁止《どそくきんし》 です。

③自分《じぶん》の 車《くるま》で 学校《がっこう》に 来《く》るのは ひかえてください。

問一　**【リーフレット】**中の「やさしい日本語」の特徴として最も適当なものを、次の**ア～エ**のうちから一つ選び、その記号を書きなさい。

ア　同じ言葉でも相手に与える印象が日本人と外国人とで異なるため、相手の表情を見ながら身振りや手振りでその内容を補うものである。

イ　日本語特有の表現やあいまいな表現を避けることによって、外国人だけでなく様々な立場の人々に対しても有用なものとなっている。

ウ　他の言語に比べて複雑な日本語はやさしいとは言い難いため、外国人が日本語を段階的に学ぶことのできるものとして役立っている。

エ　感覚的な言葉を用いてわかりやすくなる工夫をすることで、外国人と積極的にコミュニケーションが図れるよう配慮がなされている。

問二　**【チケット案】**の表現の工夫と効果について説明したものとして**適当でないもの**を、次の**ア～エ**のうちから一つ選び、その記号を書きなさい。

ア　イラストと情報を組み合わせて視覚的なわかりやすさを狙っている。

イ　直喩を用いないことで、読み手が必要な情報を正確に伝えている。

ウ　テーマに擬人法を用いて文化祭に対しての強い思いを表現している。

エ　文字と文字の間に適宜余白を入れることで理解しやすくしている。

問三　作成した**【チケット案】**に対して他の生徒会役員から「**《気をつけること》**の文がわかりにくいので、**【リーフレット】**の中にある**「やさしい日本語」のポイント**のいずれかを踏まえて改善したほうが良い」という指摘があった。あなたは、**《気をつけること》**の文をどのように改善するか。**《気をつけること》**の中から改善すべきと考える文を①～③の番号で一つ挙げ、着目した**「やさしい日本語」のポイント**と、どのように書き直すかを具体的に示した上で、それによってどのようにわかりやすくなるかを、次の条件に従って書きなさい。

条件

・自分で書き直した文は「　」でくくること。なお、ふりがなをつけたり文字の間を空けたりはしないこと。

・**敬体**（「です・ます」）で、**八十字以上百二十字以内**で書くこと。

・一行目の一マス目から書き始め、**行は改めない**こと。

受験番号

令和６年度（一次入試）

英　　語

（検査時間　11：50～12：40）

注意事項

１．開始の合図で

◆　この問題用紙にはさんである解答用紙を取り出しなさい。

◆　解答用紙，問題用紙，下書き用紙の所定の欄に受験番号を書き入れなさい。

◆　解答はすべて解答用紙の所定の欄に書き入れなさい。

◆　問題文は10ページあり，その順序は 英１ ～ 英10 で示しています。
ページ漏れや印刷不鮮明などに気づいた場合には，手をあげなさい。

２．終了の合図で

◆　机の上に，下から順に問題用紙，下書き用紙，解答用紙を置きなさい。
解答用紙だけは裏返して置きなさい。

※教英出版注
音声は，解答集の書籍ＩＤ番号を
教英出版ウェブサイトで入力して
聴くことができます。

【1】 放送を聞いて答える問題

A　1番，2番の対話を聞いて，それぞれの質問の答えとして最も適当なものを，ア～エから1つずつ選び，記号を書きなさい。

1番

ア

イ

ウ

エ

2番

ア

イ

ウ

エ

B　あなたはALTのJulia先生へインタビューを行い，学校新聞の記事にするために情報をまとめます。インタビューを聞いて，それに続く1番～3番の質問の答えとして最も適当なものを，ア～エから1つずつ選び，記号を書きなさい。

1番
ア　She visited Japan.
イ　She sang Japanese songs.
ウ　She read Japanese *manga*.
エ　She learned how to write *manga*.

2番
ア　He likes to play a Japanese instrument.
イ　He likes to eat Japanese food.
ウ　He likes to read books in Japanese.
エ　He likes to cook Japanese food.

3番

ア

Name : Julia
From : Australia
Interested in : Japanese *manga*
How she studies Japanese :
・write letters
・read books
・speak with Japanese friends

イ

Name : Julia
From : America
Interested in : Japanese *manga*
How she studies Japanese :
・write letters
・read books
・speak with Japanese friends

ウ

Name : Julia
From : America
Interested in : Cooking
How she studies Japanese :
・write letters
・read books
・speak with Japanese friends

エ

Name : Julia
From : America
Interested in : Japanese *manga*
How she studies Japanese :
・write letters
・read books
・listen to Japanese songs

C　TomとMikiの対話を聞いて，それに続く1番～3番の質問の答えとして最も適当なものを，ア～エから1つずつ選び，記号を書きなさい。

1番
ア　Enjoying sports is important.
イ　Playing basketball is hard.
ウ　Doing our best is important.
エ　Watching sports is fun.

2番
ア　The Japanese team won the basketball game.
イ　The Japanese soccer team was popular.
ウ　Miki became the leader of a soccer team.
エ　One woman played soccer on a man's team.

3番
ア　People should play soccer more than basketball.
イ　People should try the things they want to do.
ウ　People should enjoy soccer on the professional teams.
エ　People should change their jobs in the future.

【2】 次のA，Bの各問いに答えなさい。

A 次の英文は，中学生のMikaとMasaruが，海外のある中学校に通うChenとMichaelに，オンライン上で自分たちの学校をスライド（Slide）を用いて紹介している場面のものです。スライドおよび英文をもとにして，（1）～（4）の問いに答えなさい。

Slide

Bungo Junior High School	
School Life	
8:20 a.m.	school starts
12:30 p.m.	*kyushoku*
3:20 p.m.	clean the school
4:00 p.m.	school ends
after school	club activities

Mika : Please look at this slide. Our school starts at 8:20 a.m. We have six classes every day.

Chen : Our school starts at 8:20 a.m., too. And our school ends at 4:30 p.m. because we have seven classes every day.

Masaru : We have *club activities after school. For example, I belong to the soccer club and practice five days a week after school.

Chen : That's interesting. We don't have club activities.

Mika : In our school, we have school uniforms.

Michael : Oh, we have our own school uniforms, too. I have one question. What is *kyushoku*?

Mika : It means school (①). We have it between 4th *period and 5th period every day. We can enjoy many kinds of food.

Michael : We don't have *kyushoku*. I (②) I had *kyushoku* in our school.

Chen : That's true. It is difficult for me to decide what to bring for (①) every day.

Masaru : At 3:20 p.m., we clean our school every day.

Michael : We have never done this.

Masaru : There are ③some different things between your school and our school.

Chen : Learning about other school lives is interesting.

Mika : I agree. It is easy to ④do this by talking *online. But, in the future, I would like to visit your school.

（注）*club activities 部活動　　*period （授業の）～時間目
　　*online オンライン上で

（1） （ ① ）に入る最も適当な**英語1語**を書きなさい。

（2） （ ② ）に入る最も適当なものを，ア～エから1つ選び，記号を書きなさい。
ア think　　イ remember　　ウ wish　　エ understand

（3） 下線部③が表す内容として**適当でないもの**を，ア～エから1つ選び，記号を書きなさい。
ア wearing school uniforms
イ the number of classes
ウ having club activities
エ having time to clean the school

（4） 下線部④が表す内容になるように，［　　　　］に入る最も適当な**英語5語**を，**英文中の表現を使って**書きなさい。

It is easy to ［　　　　　　　］ by talking online.

B　次の英文は，中学生の Hana と Jessy が，ポスターを見ながら，話をしている場面のものです。ポスターおよび英文をもとにして，（1），（2）の問いに答えなさい。

Poster

Welcome to Mejiron *Astronomical Observatory

*Telescope	*Space Food	Space *Rocket	*Planetarium
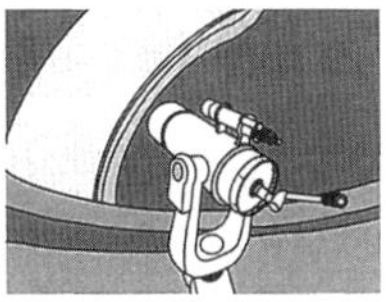			
・Watch stars with a big telescope.	・Eat some space food.	・Make a *model space rocket.	・Enjoy watching a lot of stars.
・5:00 p.m. – 6:00 p.m.	・2:00 p.m. – 3:00 p.m.	・2:00 p.m. – 3:00 p.m.	・3:30 p.m. – 4:30 p.m.

☆ How to *Apply for the events
- Send an email to us. (mejiron ●●●@△△△)
- Write your name, *age, and phone number.
- People *under 16 years old also have to write the name and the phone number of your parent.

☆ Please Check!!
- People under 16 years old have to join each event with their parent.
- After you apply for the events, you will get an email.
- Show the *password on the email to the staff when you join the events.

(注) *astronomical observatory　天文台　　*telescope　望遠鏡　　*space　宇宙
*rocket　ロケット　　*model　模型の　　*planetarium　プラネタリウム
*apply for ～　～に申し込む　　*age　年齢　　*under　～未満の　　*password　パスワード

Hana : Hi, Jessy.　Shall we go there this Sunday?
Jessy : Sure.　Which event do you want to join?
Hana : Well, I want to watch the stars.　There are two events.　How about this one?
Jessy : I like stars, but I need to leave there at 5:00 p.m.
Hana : OK, then let's enjoy the other one.　Why don't we join one more event?　Do you have any ideas?
Jessy : Well, I'm interested in making things, so this event gets my attention.
Hana : That's nice.　Let's enjoy these events on Sunday.

（1）　2人が参加することに決めたイベントの組み合わせとして最も適当なものを，ア～カから1つ選び，記号を書きなさい。

イベント

A	Telescope
B	Space Food
C	Space Rocket
D	Planetarium

組み合わせ

ア　A，B　　イ　A，C　　ウ　A，D
エ　B，C　　オ　B，D　　カ　C，D

（2）　15歳である Hana が，**イベントに申し込む時**にしなければならないこととして最も適当なものを，ア～エから1つ選び，記号を書きなさい。

ア　Hana has to go to the astronomical observatory with her parent.
イ　Hana has to write some information about both Hana and her parent.
ウ　Hana has to ask her parent to call the staff.
エ　Hana has to show the email sent by the staff.

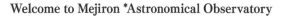

【3】 次のA，Bの各問いに答えなさい。

A　次の英文は，中学生の Miki と Tom が話をしている場面のものです。英文中の [①] には Tom になったつもりで，**主語と動詞を含む4語以上の英語**を書きなさい。また，[②] には Miki になったつもりで，**主語と動詞を含む6語以上の英語**を書きなさい。

　ただし，短縮形（I'm など）は1語として数えることとし，コンマなどの符号は語数に含めない。

Miki : What are you doing, Tom?

Tom : Hello, Miki. [①].

Miki : What is the title of the book?

Tom : It is "*My Trips*". I bought it yesterday. The character visits many prefectures in Japan by himself. The trips look very fun.

Miki : Sounds interesting! [②]?

Tom : Sure. Please wait until I finish reading it.

Miki : Thank you. I'm looking forward to reading that book.

high school, I read Japanese *manga*. Since then, I have been studying Japanese. For example, I often write letters, read books and speak with Japanese friends in Japanese. My brother likes to play a Japanese instrument. My sister sometimes tries to cook Japanese food for me. I want to enjoy living in Japan.

それでは，質問を１回ずつ読みます。

１番　What did Julia do at high school?

２番　What does Julia's brother like?

３番　Which information is the best for the school newspaper?

もう１度繰り返します。　（英文と質問の繰り返し）

問題B

検査問題C

次はＣの問題です。Tom と Miki の対話を聞いて，それに続く１番～３番の質問の答えとして最も適当なものを，ア～エから１つずつ選び，記号を書きなさい。なお，対話と質問は通して２回繰り返します。それでは，始めます。

Tom: Hi, Miki. Yesterday I watched the basketball game on TV. I enjoyed watching the athletes. They played very hard. I learned one thing. We should do our best.

Miki: That's true, Tom. To me, one soccer game was special.

Tom: What was special?

Miki: One woman joined the soccer game on a man's professional team. She said, "I want to tell people that I can play on a man's soccer team."

Tom: That's amazing. I have never heard about a woman like her.

Miki: She will be a hope for girls who want to play in situations like this. If we have something we want to do, we can do it.

Tom : I agree with you.

それでは，質問を１回ずつ読みます。

１番　What did Tom learn by watching the basketball game?

２番　What was special to Miki?

３番　What does Miki want to tell Tom?

もう１度繰り返します。　（対話と質問の繰り返し）

以上で，リスニングテストを終わります。ひき続いてあとの問題に移りなさい。

放送時間　（９分２７秒）

受験番号

令和６年度（一次入試）

社　　会

（検査時間　13：40～14：30）

注意事項

1．開始の合図で

- ◆　この問題用紙にはさんである解答用紙を取り出しなさい。
- ◆　解答用紙，問題用紙，下書き用紙の所定の欄に受験番号を書き入れなさい。
- ◆　解答はすべて解答用紙の所定の欄に書き入れなさい。
- ◆　問題文は10ページあり，その順序は 社１ ～ 社10 で示しています。
ページ漏れや印刷不鮮明などに気づいた場合には，手をあげなさい。

2．終了の合図で

- ◆　机の上に，下から順に問題用紙，下書き用紙，解答用紙を置きなさい。
解答用紙だけは裏返して置きなさい。

【1】 太郎さんと花子さんは，地理的分野の学習の中で様々な振り返りをしてきた。(1)，(2)の問いに答えなさい。

(1) **資料1**，**2**は学習した内容を太郎さんが振り返ったものであり，**資料3**は北極点を中心とした地図である。①～④の問いに答えなさい。

資料1

地図上では，北極点から南極点を結ぶ経度0度の線を a 本初子午線として，東経と西経に分かれていることを学びました。また，気候の学習では，b 雨温図を活用し，気候の違いを読み取れるようになりました。

資料2

様々な視点で，c 世界の州を比較してみると，それぞれの州の特徴が明確になりました。アジア州では，多様な自然環境がみられることや d 気候を生かした農業が行われていることがわかりました。

資料3

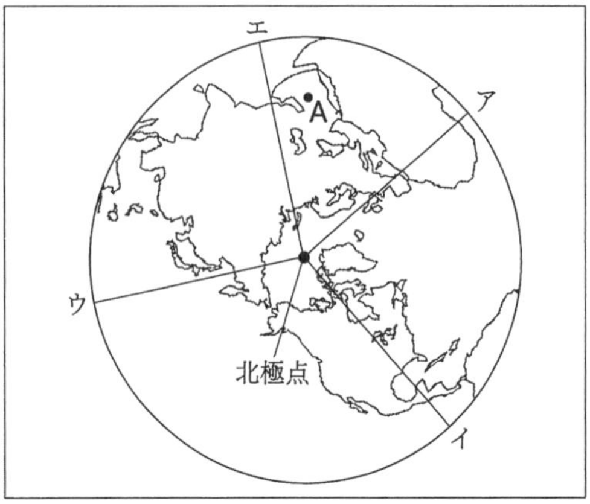

① **下線部a**に関連して，**資料3**中のア～エは経線を示している。本初子午線として最も適当なものを，ア～エから１つ選び，記号を書きなさい。

② **下線部b**に関連して，**資料3**中のAの地点の雨温図として最も適当なものを，ア～エから１つ選び，記号を書きなさい。

ア

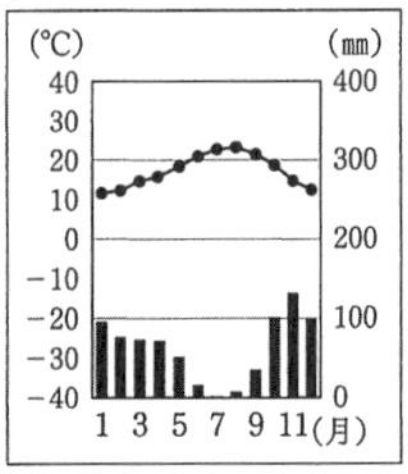

イ

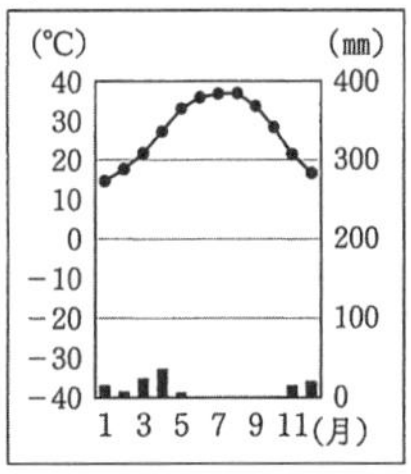

ウ

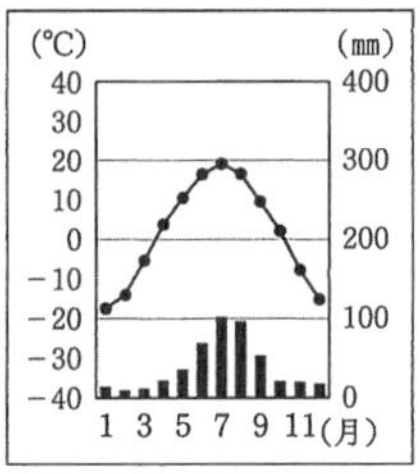

エ

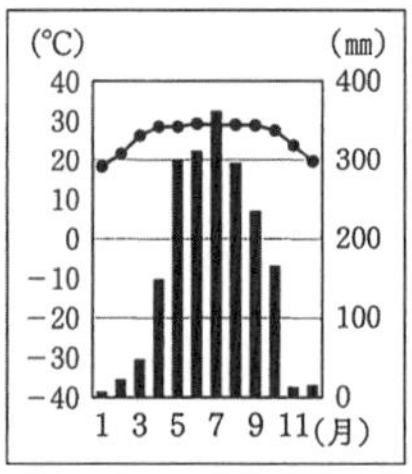

（「気象庁ホームページ」より作成）

③ **下線部c**に関連して，**資料4**は2021年の世界の４つの州の面積，人口，国内総生産について示したものであり，ア～エはアジア州，北アメリカ州，南アメリカ州，オセアニア州のいずれかである。北アメリカ州のものとして最も適当なものを，ア～エから１つ選び，記号を書きなさい。

資料4

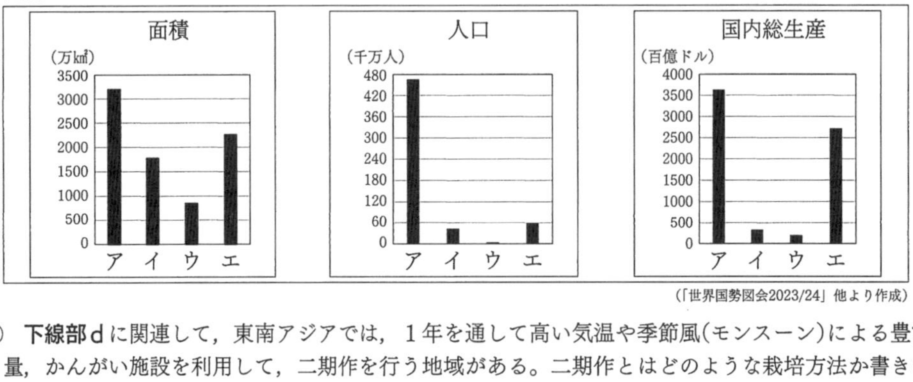

（「世界国勢図会2023/24」他より作成）

④ **下線部d**に関連して，東南アジアでは，１年を通して高い気温や季節風(モンスーン)による豊富な降水量，かんがい施設を利用して，二期作を行う地域がある。二期作とはどのような栽培方法か書きなさい。

(2) **資料5**は学習した内容を花子さんが振り返ったものである。①～④の問いに答えなさい。

資料5

日本の地域ごとにe自然環境やf農業の特色，工業の特色について学習しました。その中で，工業については，地域によってg中心となる工業製品が異なることや変化してきたことを地図やグラフで確認しました。そして，h様々な産業の変化には，人口や貿易が影響することを学びました。

① **下線部e**に関連して，次は日本の山地の特色について述べた文である。文中の（　　　）に当てはまる語句を，**カタカナ**で書きなさい。

日本アルプスの東側には（　　　）があり，山地や山脈は，そこを境にして，東側ではほぼ南北方向に連なり，西側ではほぼ東西方向に連なっている。

② **下線部f**に関連して，**資料6**中のア～エは九州地方，近畿地方，関東地方，東北地方のいずれかの農業産出額に占める品目別割合(2021年)を示したものである。近畿地方のものとして最も適当なものを，ア～エから1つ選び，記号を書きなさい。

資料6

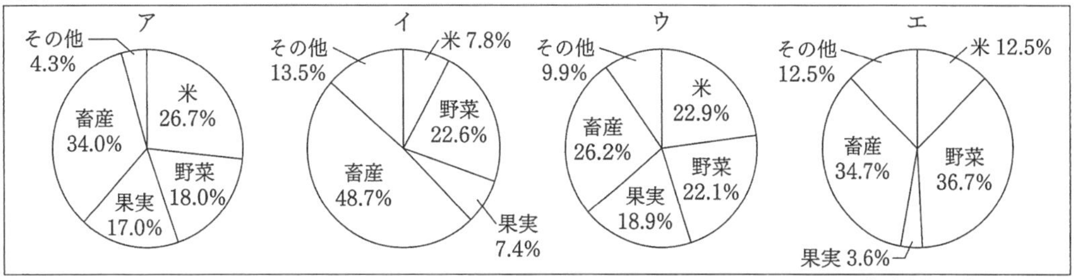

(「生産農業所得統計」より作成)

③ **下線部g**に関連して，**資料7**中のB～Dの ■ は繊維，自動車(二輪自動車を含む)，集積回路のいずれかの製造品の出荷額上位5府県(2019年)を示したものである。B～Dと製造品の組み合わせとして最も適当なものを，ア～カから1つ選び，記号を書きなさい。

資料7

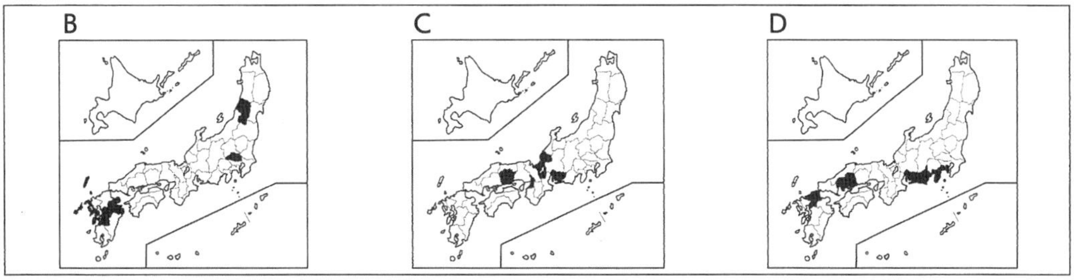

(「工業統計調査」より作成)

	ア	イ	ウ	エ	オ	カ
B	繊維	繊維	自動車	自動車	集積回路	集積回路
C	自動車	集積回路	繊維	集積回路	繊維	自動車
D	集積回路	自動車	集積回路	繊維	自動車	繊維

④ **下線部h**に関連して，現在の日本の産業について述べた文として**適当でないもの**を，ア～エから1つ選び，記号を書きなさい。

ア　テレビ局や新聞社などの報道機関や出版社は，人や情報が集まる大都市に集中する傾向にある。
イ　海外からの安い農産物に対して，日本の農家は品質がよく，安全な農産物の生産に力を入れている。
ウ　地域活性化のために，各地で伝統的な町並みや景観を保存して観光客を増やす取り組みが見られる。
エ　産業別人口の割合は，医療・福祉サービス業や金融業など，第3次産業の割合が最も低くなっている。

【2】 太郎さんのグループでは，歴史的分野の学習のまとめとして「海を渡った人々」について調べ学習を行い，**資料1**を作成した。(1)～(8)の問いに答えなさい。

資料1

日本の時代	関連することがら
原始 古代	・a 縄文時代の遺跡から海や川で利用された丸木舟《まるきぶね》が発見された。 ・7世紀に倭は百済を支援するために大軍を送り，b 唐・新羅の連合軍と戦ったが大敗した。
中世	・イタリア人のマルコ・ポーロは c フビライ・ハンに仕えた後，海路で帰国した。 ・15世紀に成立した d 琉球王国は独自の交易活動を行った。
近世	・e オランダは江戸幕府から商館のある出島に滞在することが許された。 ・f ロシアの使節が漂流民をともなって根室に来航し，通商を求めた。
近代	・g 伊藤博文らはヨーロッパへ渡り，ドイツやオーストリアなどの憲法を調査した。 ・新渡戸稲造が h 国際連盟の設立時の事務次長に就任し，ジュネーブに滞在した。

(1) **下線部a**に関連して，海に近い集落などにできた，食べ終わった後の魚の骨などを捨てたごみ捨て場のことを何というか，**漢字2字**で書きなさい。

(2) **下線部b**に関連して，①，②の問いに答えなさい。

① この戦いの名称を書きなさい。

② この戦い以前に倭で行われた政策について述べた文として最も適当なものを，ア～エから1つ選び，記号を書きなさい。

ア 東大寺に大仏を造り，仏教の力で国家を守ろうとした。
イ 初めて全国の戸籍を作り，天皇に権力を集中させようとした。
ウ 坂上田村麻呂を征夷大将軍に任じて，勢力範囲を拡大しようとした。
エ 小野妹子らを中国に送り，中国の進んだ制度や文化を取り入れようとした。

(3) **下線部c**に関連して，**資料2**はフビライ・ハンが日本に送った国書の部分要約であり，**資料3**は鎌倉時代のできごとをまとめた年表である。**資料2**の国書が日本へ送られたのは，**資料3**中のどの時期であるか，最も適当なものを，ア～エから1つ選び，記号を書きなさい。

資料2

大モンゴル国の皇帝が，日本国王に書を送る。…日本は高麗に接しており，開国以来，ときには中国とも通交してきた。ところが，私が皇帝となってからは，使者を送って通交しようとはしてこない。…そこで特に使者を派遣して，皇帝である私の意思を伝える。今後は通交し合うとしよう。…兵を用いるような事態になることはどちらにとっても，好ましいことではあるまい。…

（「東大寺尊勝院文書」より作成）

資料3

年	できごと
1185	守護・地頭を設置する
	↕ア
1221	六波羅探題を設置する
	↕イ
1232	御成敗式目を制定する
	↕ウ
1297	永仁の徳政令を出す
	↕エ
1333	鎌倉幕府が滅びる

(4) **下線部d**に関連して，**資料4**は15世紀に琉球王国の国王が造らせた鐘とその銘文《めいぶん》の部分要約であり，**資料5**は琉球王国を中心とする交易を示したものである。琉球王国が**資料4**中の「**万国のかけ橋**」と自ら名乗っている理由を，**資料5**を参考にして，「**貿易**」の語句を用いて，**15字以内**で書きなさい。

資料4

琉球国は南海の景勝の地にあり，…中国や日本とは親密な関係にある。この二つの国の間にあってわき出る理想の島である。船をもって**万国のかけ橋**となり，外国の産物や宝物が至る所に満ちている。

資料5

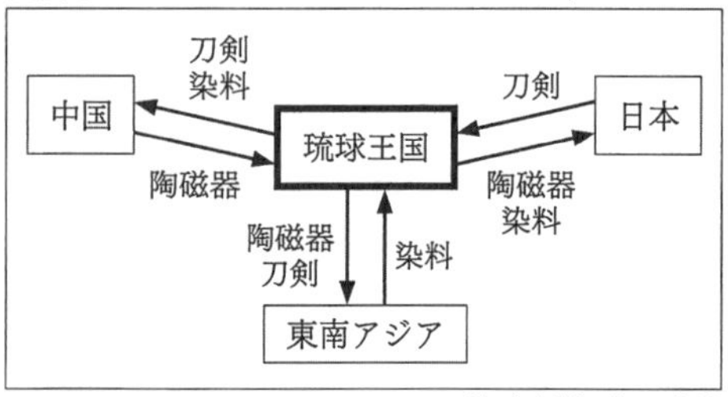

（「日本史辞典」他より作成）

(5) **下線部e**に関連して，**資料6**はある人物がオランダ語で書かれた書物のことを回想して記したものの部分要約であり，**資料7**はその書物を日本語に翻訳し，出版した書物に描かれた挿絵である。**資料6**，**7**を参考にして，日本語に翻訳し，出版した書物名を，**漢字**で書きなさい。

資料6

その時，私はこう語りました。

「なんとしても，この『ターヘル・アナトミア』の一部でも，たとえ一からでも翻訳すれば，身体の内と外のことが明らかになり，今後の治療のうえで大きく役立つはずだ。なんとかして*通詞たちの手を借りず，読み解きたいものだ。」

これに対して，良沢は私たちに提案をもちかけてきました。

「私はずっとオランダ書を読みたいという宿願《しゅくがん》(以前からの強い願い)を抱いていましたが，(中略)みなさんがぜひ読みたいと強く望まれるなら，自分は先年長崎へも行き，オランダ語を多少は知っているので，それを基礎として，いっしょになんとか読もうではありませんか。」

(注) *通詞《つうじ》…オランダとの貿易・外交にあたった通訳

(「蘭学事始 現代語訳と写真でひも解く」より作成)

資料7

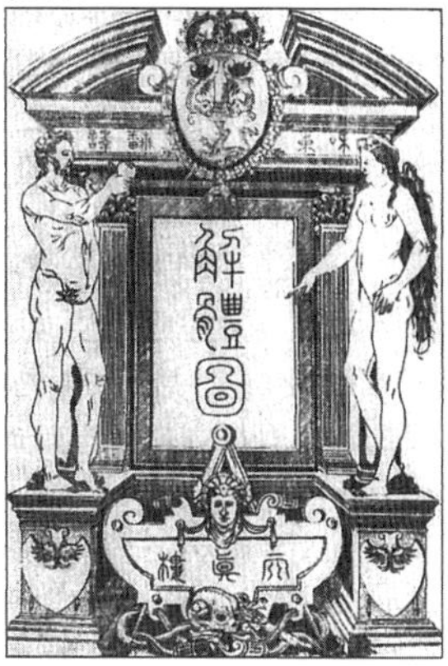

(6) **下線部f**に関連して，ロシアの使節の来航以後，日本に近づくようになった外国船をめぐり江戸幕府が行ったことについて述べた文A，Bの正誤の組み合わせとして最も適当なものを，ア～エから1つ選び，記号を書きなさい。

A 薩英戦争が起こると，異国船打払令を出して，日本に近づく外国船を撃退するよう命じた。

B 間宮林蔵らに蝦夷地の調査を行わせ，蝦夷地を幕府の直接の支配地にして，ロシアの動きに備えた。

	A	B
ア	正	正
イ	正	誤
ウ	誤	正
エ	誤	誤

(7) **下線部g**に関連して，帰国した伊藤博文が行ったことについて述べた文として**適当でないもの**を，ア～エから1つ選び，記号を書きなさい。

ア 民撰議院設立建白書を政府に提出し，議会の開設を要求した。
イ 憲法の草案を作成し，枢密院で審議した。
ウ 後に政権を担う存在となる立憲政友会を結成した。
エ 内閣制度を作り，初代の内閣総理大臣に就任した。

(8) **下線部h**に関連して，次のア～ウは国際連盟設立以降の出来事について述べた文である。ア～ウを年代の古いものから順に並べて，記号を書きなさい。

ア フランス領インドシナ南部へ進出した日本を，アメリカなどが経済的に孤立させようとした。
イ アメリカで開かれたワシントン会議に日本も参加し，海軍の軍備を制限する条約を締結した。
ウ 国際連盟はリットン調査団の報告を基に満州国を認めず，日本軍に撤兵を求める勧告を採択した。

【3】 公民的分野について，(1)～(5)の問いに答えなさい。

(1) 次は日本国憲法に関する太郎さんたちの会話文である。①～④の問いに答えなさい。

太郎：日本国憲法は a人権の保障と国の政治の仕組みの二つの部分から構成されていましたよね。
花子：三つの基本原理が掲げられていることや普通選挙の原則が保障されていること，国の政治の仕組みについては，国の権力を b立法権，行政権， c司法権の三つに分ける三権分立という考え方を採用していることなどを勉強しましたね。
太郎：日本国憲法は世界の現行憲法の中でも，改正されずに存続した期間が最も長いという記事を読んだことがあります。
花子：1947年に施行されてから70年以上も変わっていませんが，改正ができないわけではないんですよね。
先生：国の最高法規であるため， d改正については慎重な手続きが定められています。
太郎：民主主義を守っていくためにも，今後ますます憲法に対する意識を高めたいと思います。

① **下線部a**に関連して，**資料1**は日本国憲法第12条であり，**資料2**は**資料1**中の（　　　）に当てはまる語句に関して述べた文である。（　　　）に当てはまる語句を，**5字**で書きなさい。

資料1

この憲法が国民に保障する自由及び権利は，国民の不断の努力によつて，これを保持しなければならない。又，国民は，これを濫用してはならないのであつて，常に（　　　）のためにこれを利用する責任を負ふ。

資料2

人権は個人に保障されるもので，個人権とも言われるが，個人は社会との関係を無視して生存することはできないので，人権もとくに他人の人権との関係で制約されることがあるのは，当然である。

（「衆議院憲法調査会事務局資料」より作成）

② **下線部b**に関連して，国会におけるいくつかの議決では，衆議院が参議院より優先される衆議院の優越が認められているが，これは衆議院の方が参議院より，国民の意思をより強く反映しているからである。なぜそういえるのか，その理由を「参議院に比べて衆議院は,」の書き出しに続けて書きなさい。

③ **下線部c**に関連して，裁判について述べた文として**適当でないもの**を，ア～エから1つ選び，記号を書きなさい。

ア　刑事裁判では，盗みなどの犯罪があったかどうかを判断し，あった場合はそれに対し刑罰を下す。
イ　民事裁判では，訴えた人が原告，訴えられた人が被告となり，それぞれが自分の考えを主張する。
ウ　民事裁判のうち，国民が国を相手にした裁判を，行政裁判とよぶ。
エ　第一審の裁判所の判決が不服な場合は，第二審の裁判所に上告することができる。

④ **下線部d**に関連して，**資料3**は憲法が改正されるまでの流れを示したものである。**資料3**中の［　A　］，［　B　］に当てはまる内容として最も適当なものを，それぞれの選択肢のア～エから1つずつ選び，記号を書きなさい。

資料3

国会への憲法改正原案提出 ⇒ 衆議院と参議院でそれぞれ［　A　］ ⇒ 憲法改正の発議 ⇒ 国民投票で［　B　］により，改正の成立 ⇒ 天皇が国民の名において公布

〈［　A　］の選択肢〉
ア　総議員の3分の2以上の賛成
イ　総議員の過半数の賛成
ウ　出席議員の3分の2以上の賛成
エ　出席議員の過半数の賛成

〈［　B　］の選択肢〉
ア　有権者の3分の2以上の賛成
イ　有権者の過半数の賛成
ウ　有効投票の3分の2以上の賛成
エ　有効投票の過半数の賛成

受験番号

令和６年度（一次入試）

数　　学

（検査時間　14：50～15：40）

注意事項

１．開始の合図で

◆　この問題用紙にはさんである解答用紙を取り出しなさい。

◆　解答用紙，問題用紙，下書き用紙の所定の欄に受験番号を書き入れなさい。

◆　解答はすべて解答用紙の所定の欄に書き入れなさい。

◆　問題文は10ページあり，その順序は 数１ ～ 数10 で示しています。
ページ漏れや印刷不鮮明などに気づいた場合には，手をあげなさい。

２．終了の合図で

◆　机の上に，下から順に問題用紙，下書き用紙，解答用紙を置きなさい。
解答用紙だけは裏返して置きなさい。

【１】 次の（１）～（６）の問いに答えなさい。

（１） 次の①～⑤の計算をしなさい。

① $3-7$

② $-4^2\div 8$

③ $4x-7-(4+x)$

④ $\dfrac{3}{8}x^2y^3\div\dfrac{3}{2}xy$

⑤ $2\sqrt{3}+\sqrt{2}\times\dfrac{6}{\sqrt{6}}$

（２） ２次方程式 $3x^2-5x+1=0$ を解きなさい。

（３） 関数 $y=-2x^2$ について，x の変域が $-2\leqq x\leqq 3$ のときの y の変域を求めなさい。

（４） 右の〔図〕において，$\angle x$ の大きさを求めなさい。

〔図〕

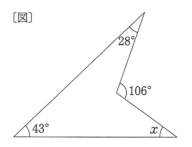

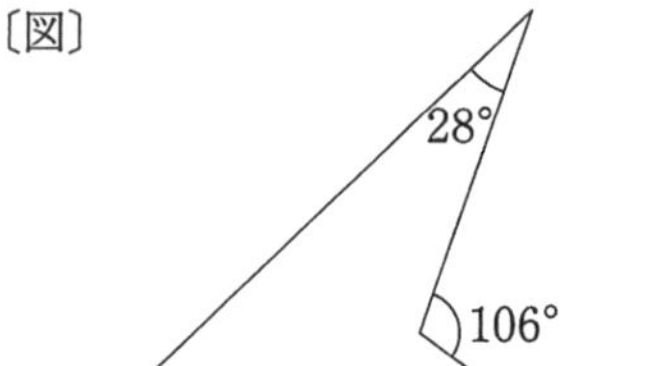

（5） 右の〔図〕のような立方体の展開図がある。
この展開図を組み立ててできる立方体において，辺ABと垂直になる面を，ア～カから**すべて**選び，記号を書きなさい。

〔図〕

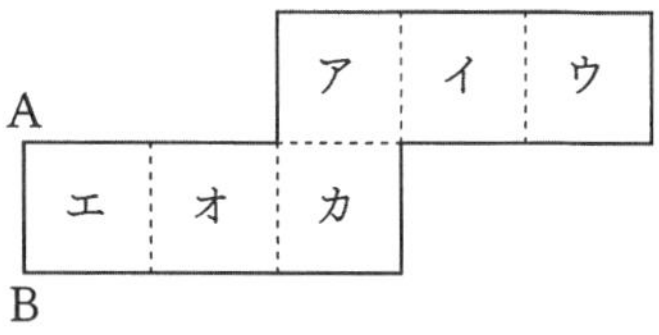

（6） 下の〔図〕のように，点Oを中心として，線分ABを直径とする半円がある。
この半円の$\overset{\frown}{\mathrm{AB}}$上に，$\overset{\frown}{\mathrm{AC}}:\overset{\frown}{\mathrm{CB}}=5:1$となるような点Cを，作図によって求めなさい。
ただし，作図には定規とコンパスを用い，作図に使った線は消さないこと。

〔図〕

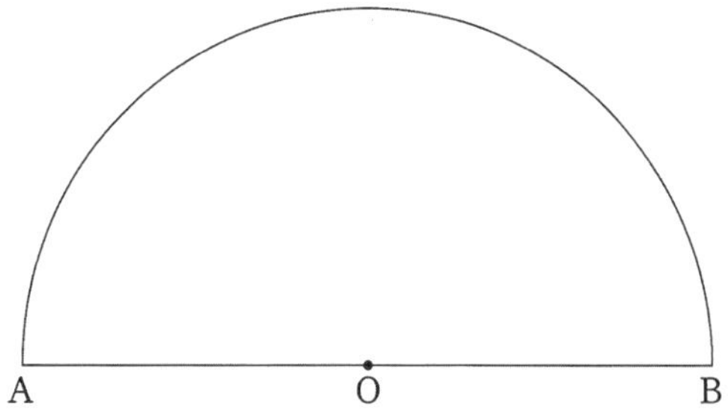

【2】 下の〔図1〕のように，2つの関数 $y = ax^2$ と $y = \dfrac{8}{x}$（$x > 0$）のグラフが，点Aで交わっており，点Aの x 座標は4である。また，関数 $y = \dfrac{8}{x}$（$x > 0$）のグラフ上に点Bがあり，点Bの y 座標は4である。

次の（1）～（3）の問いに答えなさい。

〔図1〕

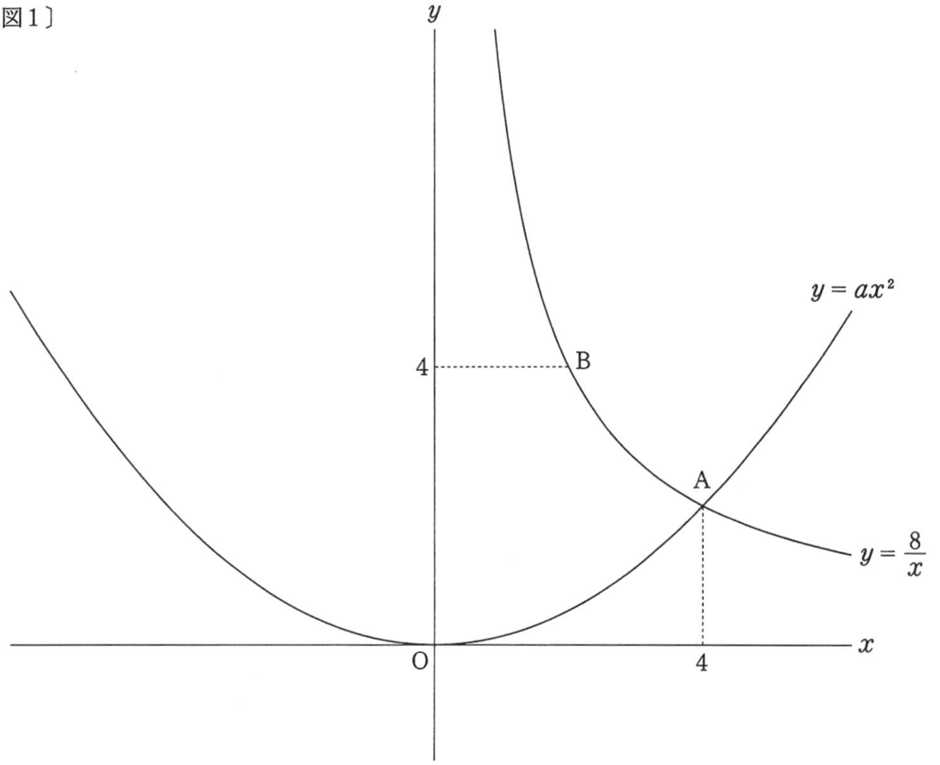

（1） a の値を求めなさい。

（2） 直線ABの式を求めなさい。

（3） 下の〔図2〕のように，y 軸上に点Pを，線分APと線分BPの長さの和AP＋BPがもっとも小さくなるようにとり，△ABPと△APOをつくる。

次の①，②の問いに答えなさい。

〔図2〕

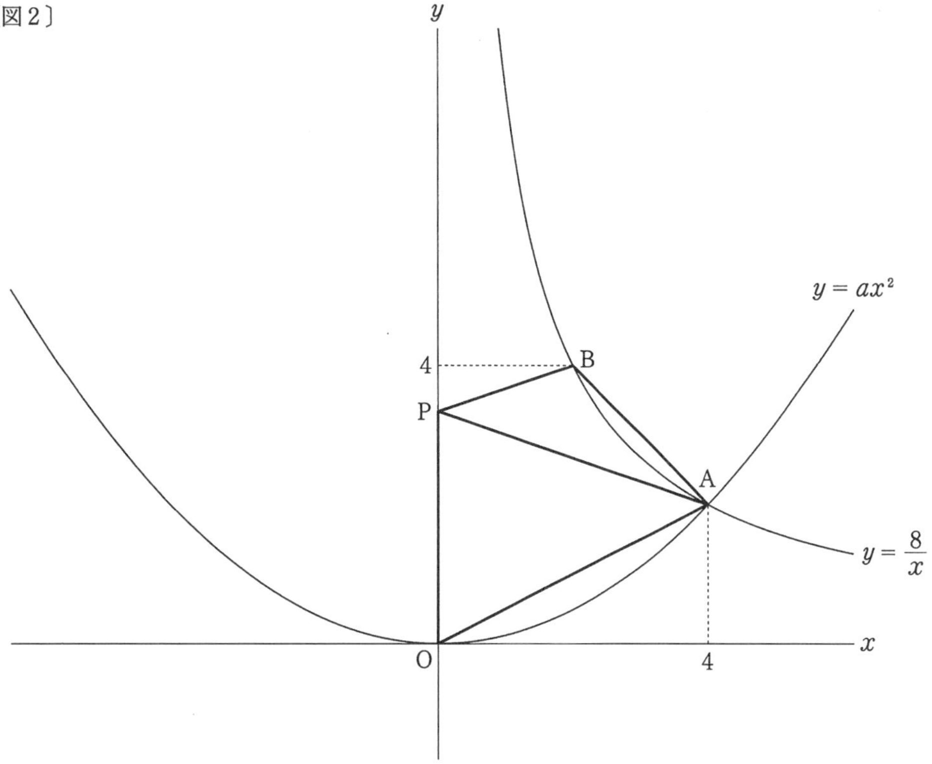

① 点Pの y 座標を求めなさい。

② △ABPの面積を S，△APOの面積を T とするとき，$S : T$ をもっとも簡単な整数の比で表しなさい。

【3】 次の（1），（2）の問いに答えなさい。

（1） 右の〔図1〕のような２つの袋Ｘ，Ｙがある。

袋Ｘの中には，２の数字が書かれた玉が３個と，３の数字が書かれた玉が２個と，５の数字が書かれた玉が１個入っている。

袋Ｙの中には，１の数字が書かれた玉が４個と，６の数字が書かれた玉が２個入っている。

太郎さんと花子さんの２人が，それぞれ次のように２回玉を取り出す。

〔図1〕

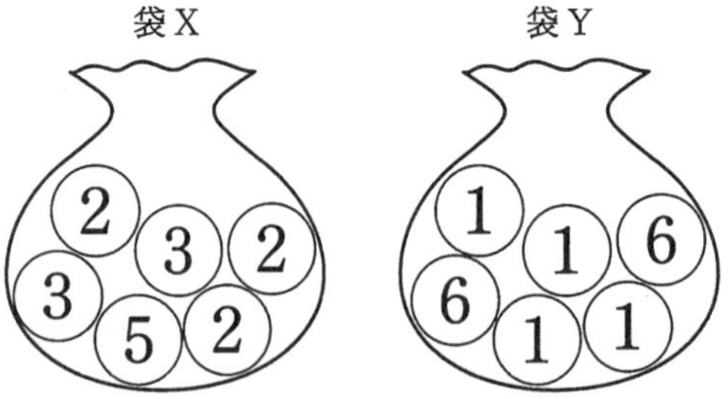

[太郎さんの取り出し方]
・１回目は，袋Ｘから玉を１個取り出し，玉に書かれている数字を確認する。
・取り出した玉を，袋Ｘにもどしてよく混ぜる。
・２回目は，ふたたび袋Ｘから玉を１個取り出し，玉に書かれている数字を確認する。

[花子さんの取り出し方]
・１回目は，袋Ｘから玉を１個取り出し，玉に書かれている数字を確認する。
・２回目は，袋Ｙから玉を１個取り出し，玉に書かれている数字を確認する。

ただし，袋Ｘからどの玉を取り出すことも，袋Ｙからどの玉を取り出すことも，それぞれ同様に確からしいものとする。

次の①，②の問いに答えなさい。

① [太郎さんの取り出し方] において，１回目に取り出す玉に書かれている数字が，２回目に取り出す玉に書かれている数字より大きくなる確率を求めなさい。

② 次の（Ｐ），（Ｑ）の確率において，確率が大きい方は（Ｐ），（Ｑ）のどちらであるか，１つ選び，記号を書きなさい。

また，選んだ方の確率を求めなさい。

（Ｐ） [太郎さんの取り出し方] において，１回目に取り出す玉に書かれている数字が，２回目に取り出す玉に書かれている数字より小さくなる確率

（Ｑ） [花子さんの取り出し方] において，１回目に取り出す玉に書かれている数字が，２回目に取り出す玉に書かれている数字より小さくなる確率

用　紙

得点合計〔　　　　点〕
※60点満点

6
一　次
大　分

(1)		(2)		(3)	
(4)					
(5)		(6)			
(7)					

（　　　点）

(1)	(Ω)	(2)	(W)	(3)	(J)
(4)		(5)			
(6)					
(7)					

（　　　点）

(1)	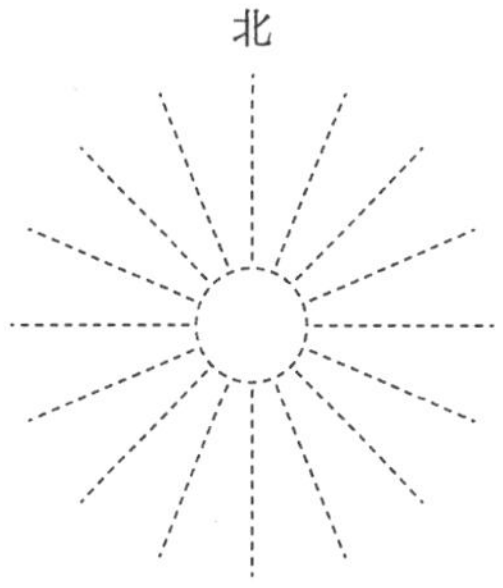					
(2)		(3)		(4)		
(5)						
(6)	①					
	②					

（　　　点）

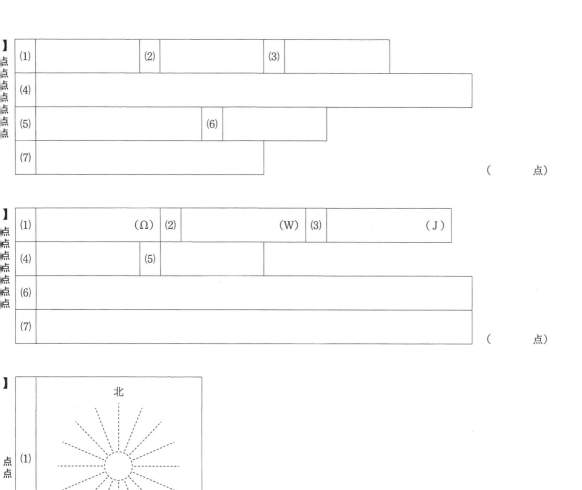

受験番号

国語解答用紙

【一】

問一

(1)

(2)

(3)

（けて）

(4)

（しい）

(5)

問二

(1)

(2)

(3)

問一．　1点×5
問二．　(1) 1点
　　　　(2) 2点
　　　　(3) 2点

（　　　　点）

【二】

問一

問二

問三

(1)

(2)

(3)

問四

問一．　2点
問二．　2点
問三．　(1) 2点
　　　　(2) 4点
　　　　(3) 2点
問四．　3点

（　　　　点）

【三】

問一

問二

問一．　2点
問二．　2点
問三．　(1) 2点
　　　　(2) 2点
　　　　(3) 4点
　　　　(4) 3点

得点合計

〔　　　　点〕

※60点満点

6
一次
大分

答　用　紙

得点合計〔　　　　点〕
※60点満点

6
一次
大分

【4】
点×3
点
点×3
点

(1)	①		②		③	
(2)						
(3)	⑤		⑥		⑦	
(4)						

（　　　点）

【5】
1) 2点
2) 2点
3) 2点
4) 2点
5) 2点
6) 3点

(1)		(2)	
(3)	Because his parents (　　　).		
(4)			
(5)			
(6)			

（　　　点）

答　用　紙

得点合計〔　　　　点〕
※60点満点

【3】

①2点
②2点
③2点
④1点
×2
1点
2点
①2点
②1点
2点

(1)	①							
	②	(参議院に比べて衆議院は,)						
	③		④	A		B		
(2)		(3)						
(4)	①							
	②							
(5)								

(　　点)

【4】

(1)1点
(2)1点
(3)1点
(4)1点
×2
(5)2点
(6)1点

(1)		(2)		(3)	
(4)	D		E		
(5)		(6)	→ →		

(　　点)

【5】

2点
1点
×2
1点
①1点
②2点

(1)				
(2)	①		②	
(3)				
(4)	①			
	②			

(　　点)

)
】

答　用　紙

得点合計〔　　　　　点〕
※60点満点

6
一　次
大　分

【3】
①２点
②２点
①２点
②２点

	①			（回）
(2)	②	ア		
		イ		

（　　　点）

【4】
①２点
×２
②２点
２点

(1)	①	ア		イ	
	②				
(2)	定員が４名の客室の数	（部屋）	定員が６名の客室の数	（部屋）	

（　　　点）

【5】
(1)２点
(2)３点
×２

(1)		(cm^3)			
(2)	①	(cm^3)	②		(cm)

（　　　点）

【6】
(1)３点
(2)２点
(3)３点

(1)	［証明］			
(2)	(cm)	(3)	(cm^2)	

（　　　点）

)
】

受験番号

数 学 解

【1】

(1) 2点×5
(2) 2点
(3) 2点
(4) 2点
(5) 2点
(6) 2点

(1)	①		②		③	
	④		⑤			
(2)	$x=$		(3)			
(4)	$\angle x=$ (度)		(5)			
(6)						

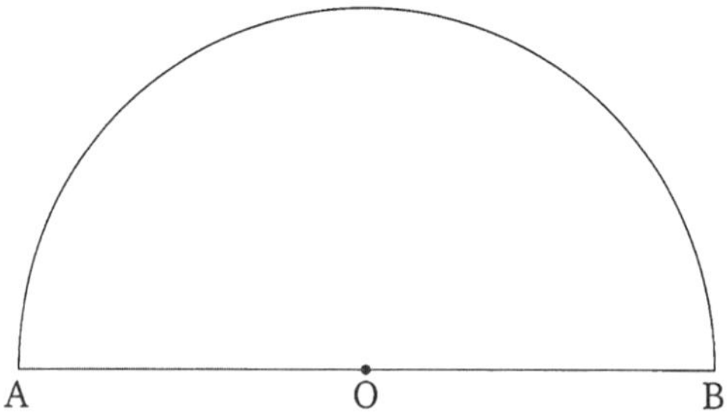

(点

【2】

(1) 2点
(2) 2点
(3) ① 2点
② 2点

(1)	$a=$		(2)	
(3)	①	(y 座標)	②	$S:T=$:

(点

【3】

(1)	①		②	記号	確率

(点

受験番号

社　会　解

【1】

⑴① 1 点
② 2 点
③ 1 点
④ 2 点
⑵① 1 点
② 2 点
③ 2 点
④ 2 点

(1)	①		②		③	
	④					
(2)	①				②	
	③		④			

(　　　点)

【2】

⑴ 2 点
⑵① 2 点
② 1 点
⑶ 1 点
⑷ 2 点
⑸ 2 点
⑹ 2 点
⑺ 1 点
⑻ 2 点

(1)					
(2)	①		②		
(3)					
(4)					
(5)					
(6)		(7)		(8)	→ →

(　　　点)

受験番号

英　語　解

【1】
A．１点×２
B．１点×３
C．２点×３

A	1番		2番			
B	1番		2番		3番	
C	1番		2番		3番	

（　　　点

【2】
A．⑴１点
⑵１点
⑶２点
⑷２点
B．２点×２

A	⑴		⑵		⑶	
	⑷					
B	⑴		⑵			

（　　　点

【3】
A．①２点
②３点
B．５点

A	①	
	②	
B		

（　　　点

問三

(3)	(4)

（　　　点）

【四】

問一	問二
	計ノ無シ所出ヅル。

問三

(1)	(2)	(3)	(4)

問一．　１点
問二．　１点
問三．　２点×４

（　　　点）

【五】

問一	問二	問三

問一．　２点
問二．　２点
問三．　６点

（　　　点）

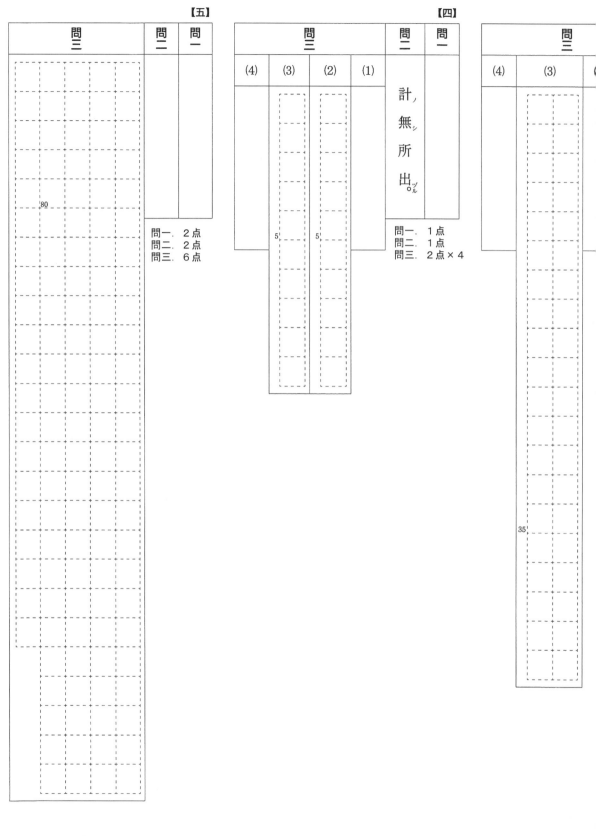

受験番号

理 科 解

【1】

(1)① 1 点
② 2 点
③ 2 点
(2)① 1 点
② 2 点
③ 2 点
(3)① 1 点
② 2 点
③ 2 点
(4)① 1 点
② 2 点
③ 2 点

(1)	①		②	
	③			
(2)	①		②		③	
(3)	①			
	②	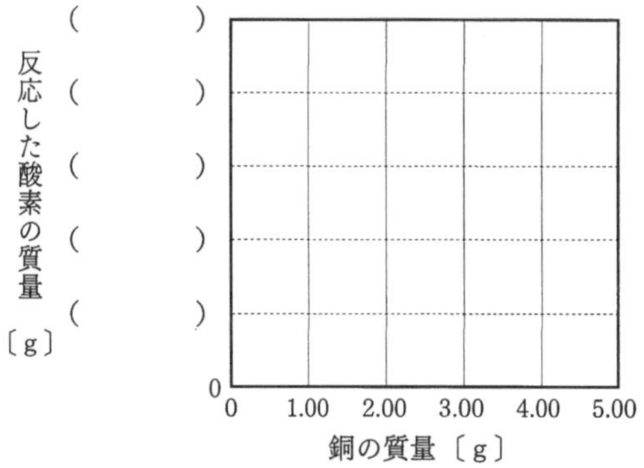		
	③	〔g〕		
(4)	①		②	
	③	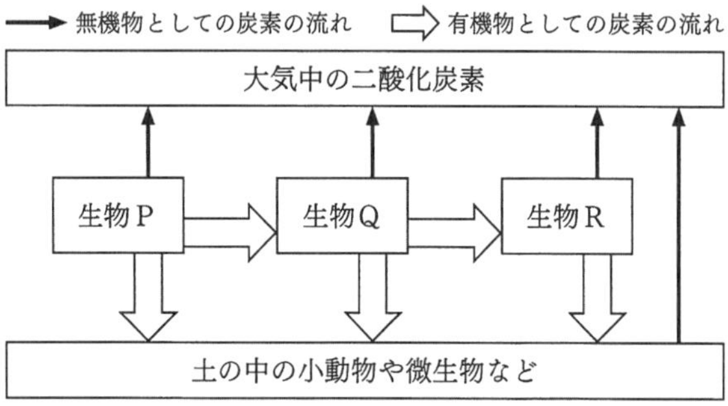		

(　　　点)

【2】

(1) 1 点
(2) 1 点
(3) 1 点
(4) 1 点
(5) 2 点
(6) 2 点
(7) 2 点

(1)		(2)		(3)	
(4)					
(5)					
(6)		(7)			

(　　　点)

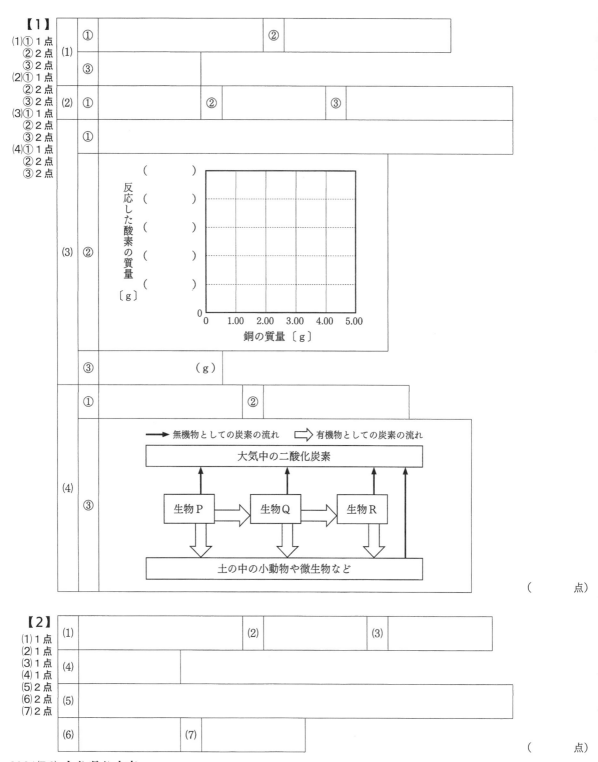

（２） ある中学校の体育大会では，クラス対抗で大縄を跳《と》ぶ競技が行われる。この競技は，５分間の中で連続して跳んだ回数を競うもので，その回数がもっとも多いクラスが優勝となる。

この中学校３年生の１組から３組までのそれぞれのクラスが，20日間昼休みに練習を行い，５分間の中で連続して跳んだ回数の各日の最高回数を記録した。

右の〔図２〕は，１組から３組までのそれぞれのクラスが，５分間の中で連続して跳んだ回数について，各日の最高回数のデータの分布のようすを箱ひげ図にまとめたものである。

次の①，②の問いに答えなさい。

〔図２〕

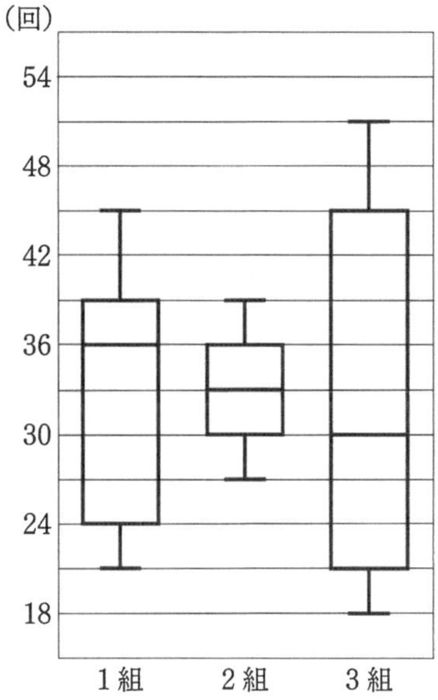

① 〔図２〕の箱ひげ図において，１組のデータの範囲を求めなさい。

② 〔図２〕の箱ひげ図の特徴をもとに，優勝するクラスを予想する場合，あなたならどのクラスを選ぶか。次の［説明］を，下の［条件］にしたがって完成させなさい。

［説明］

私は，［ア］組が優勝すると予想する。

その理由は，箱ひげ図から，［ア］組は他の２つのクラスと比べて，

［イ］

［条件］

［Ⅰ］ ［ア］には，１，２，３のいずれか１つの数を選んで書くこと。
ただし，１，２，３のどれを選んでもかまわない。

［Ⅱ］ ［イ］には，［説明］の続きを，**最大値**，**最小値**，**中央値**のうち，**いずれか１つの語句**を用い，用いた語句の**数値**を示しながら書くこと。
また，用いた語句が，優勝すると予想した根拠となるように書くこと。

【4】 太郎さんと花子さんの中学校の修学旅行では，移動には新幹線を利用し，宿泊には旅館を利用することになっている。2人は利用する新幹線と旅館について調べた。
次の（1），（2）の問いに答えなさい。

（1） 太郎さんと花子さんは，新幹線について調べていくうちに，新幹線の車両は，右の〔図〕のように通路をはさみ，2人席と3人席の両方が設置されていることを知った。
次の会話は，2人が新幹線に設置されている座席について考察しているときのものである。
会話を読んで，下の①，②の問いに答えなさい。

〔図〕

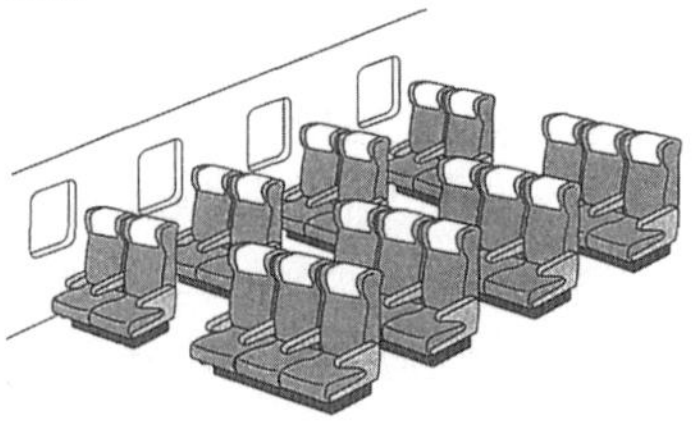

太郎：「新幹線の車両に2人席と3人席の両方が設置されていることにより，2人以上の様々な人数のグループの利用客が，座席を余らせることなく座ることができる」と聞いたけど，これはどんな意味なのかな。

花子：例えば，利用客が25人のグループを考えてみて。
25は，2でわっても，3でわっても1余るよね。だから，2人席のみが設置されている車両や3人席のみが設置されている車両だと1人で座る人が出てしまい，座席を余らせてしまうよね。
だけど，2人席と3人席の両方が設置されている車両は，3人席を1列利用すると，残りは22人になるから，2人席を [ア] 列利用することで，25人が座席を余らせることなく座ることができるでしょ。
このように，利用客が何人のグループでも，2人席と3人席の両方が設置されていると，座席を余らせることなく座ることができるということだよ。

太郎：なるほど。ということは，これから新幹線の座席を利用するときは，グループの人数を2人組や3人組に分けることができれば，座席を余らせることなく座ることができるということだね。
でも，利用客が25人の場合，2人組の数が [ア]，3人組の数が1以外の組み合わせもありそうだよ。
すべての組み合わせを求めるには，どう考えればいいのかな。

花子：方程式をつくってみようよ。2人組の数を x，3人組の数を y とすると，グループの人数が25人だから，2つの文字 x，y をふくむ方程式 [イ] ができるね。

太郎：そうすると，この場合の x と y は，ともに0以上の整数だから，[イ] を成り立たせる x と y の値の組は，$x=$ [ア]，$y=1$ をふくめて全部で [ウ] 組あるね。

① 会話中の [ア] には適する数を，[イ] には方程式を，それぞれ書きなさい。

② 会話中の [ウ] に適する数を求めなさい。

（2） さらに，太郎さんと花子さんは，宿泊する旅館について調べたところ，この旅館の客室の数と定員は，次のようになっていた。

ただし，客室とは利用客が宿泊する部屋をいい，定員とは1つの客室に宿泊できる人数をいう。

Ⅰ	客室は，1階から4階までにあり，定員が4名の客室と定員が6名の客室の2種類のみである。
Ⅱ	1階から4階までのそれぞれの階にある客室の総数は，どの階も同じである。
Ⅲ	1階から4階までのどの階も，定員が4名の客室の数は，定員が6名の客室の数の3倍である。
Ⅳ	1階から4階までのすべての客室の定員の合計は，432名である。

上のⅠ～Ⅳをもとに，この旅館の**1つの階にある**定員が4名の客室と定員が6名の客室の数を，それぞれ求めなさい。

【5】 右の〔図1〕のような正四角錐《せいしかくすい》OABCDがある。底面ABCDは1辺の長さが6cmの正方形で，高さOHは12cmである。
また，OE＝8cmとなるように，線分OH上に点Eをとる。
次の（1），（2）の問いに答えなさい。

〔図1〕

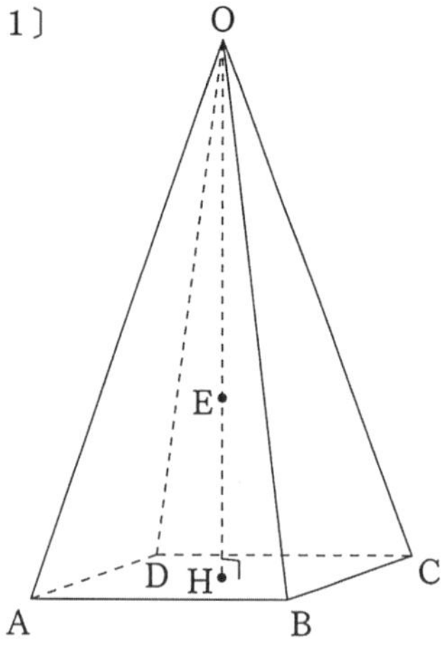

（1） 正四角錐OABCDの体積を求めなさい。

（2） 右の〔図2〕のように，〔図1〕の正四角錐を，点Eを通り，底面ABCDに平行な平面で2つの立体に分ける。
このとき，頂点Oをふくむ方の立体を［立体X］，底面ABCDをふくむ方の立体を［立体Y］とする。
次の①，②の問いに答えなさい。

〔図2〕

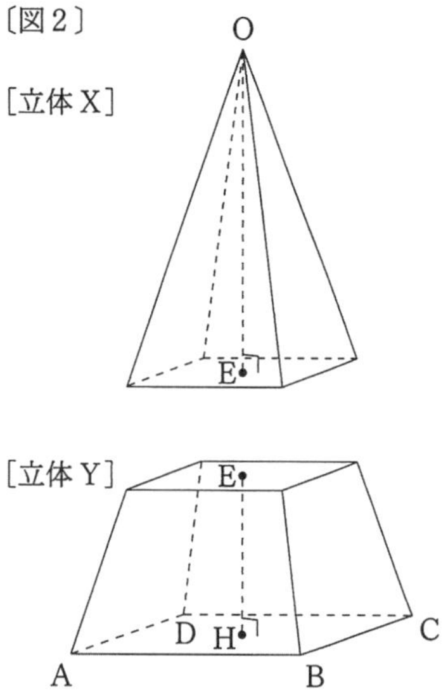

① ［立体X］の体積を求めなさい。

② 〔図2〕の［立体Y］において，右の〔図3〕のように，点Eを通り，底面ABCDに平行な面である正方形の頂点をP，Q，R，Sとし，線分EH上に点Fをとる。
また，点Fと点A，B，C，D，P，Q，R，Sをそれぞれ結ぶ。
正四角錐FABCDの体積と正四角錐FPQRSの体積の和が，①で求めた［立体X］の体積と等しくなるときの線分FHの長さを求めなさい。

〔図3〕

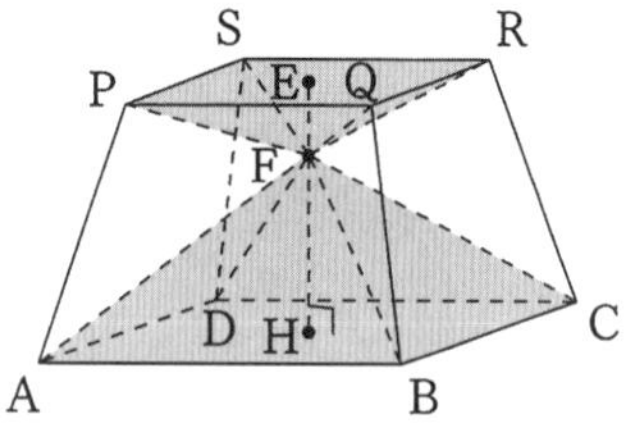

【6】 右の〔図1〕のような△ABCがあり，AB = 8 cm，BC = 7 cm，CA = 3 cmである。

右下の〔図2〕の△ADEは，〔図1〕の△ABCを，点Aを回転の中心として，反時計まわりに60°回転移動させたものである。このとき，辺ADの一部は辺ACと重なっている。

また，線分BCを延長した直線と線分DEとの交点をFとする。

次の（1）～（3）の問いに答えなさい。

〔図1〕

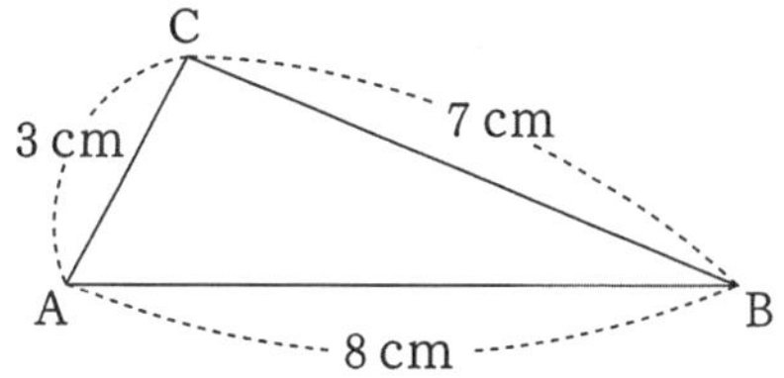

（1） △ABC ∽ △FDCであることを証明しなさい。

〔図2〕

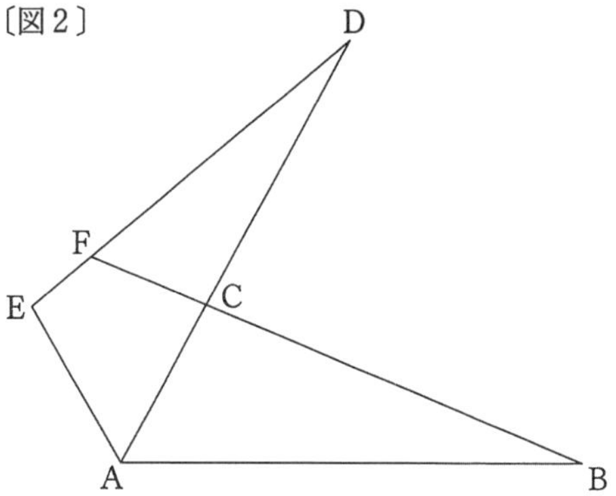

（2） 線分EFの長さを求めなさい。

（3） 四角形ACFEの面積を求めなさい。

(2) 消費者の支援について述べた文C，Dの正誤の組み合わせとして最も適当なものを，ア～エから１つ選び，記号を書きなさい。

C　訪問販売などによって商品を購入した場合に，一定期間内であれば消費者側から契約解除できる制度をクーリング・オフ制度という。

D　欠陥商品によって消費者が被害を受けた場合に，損害賠償を受けられることを定めた法律を製造物責任法（ＰＬ法）という。

	C	D
ア	正	正
イ	正	誤
ウ	誤	正
エ	誤	誤

(3) **資料４**は市場経済における，ある商品の価格と需要量・供給量の関係を示したものであり，**曲線Ｅ**，**曲線Ｆ**，**曲線Ｆ′**は，需要曲線，供給曲線のいずれかである。**資料４**のように**曲線Ｆ**が**曲線Ｆ′**に移動したときの説明として最も適当なものを，ア～エから１つ選び，記号を書きなさい。

ア　この商品はテレビで取り上げられたことにより注目が集まり，需要量が増えた。

イ　この商品は生産技術の改良により大量生産が可能になり，供給量が増えた。

ウ　この商品は高性能の他製品の発売により人気が落ち，需要量が減った。

エ　この商品は生産工場でのストライキにより生産停止になり，供給量が減った。

資料４

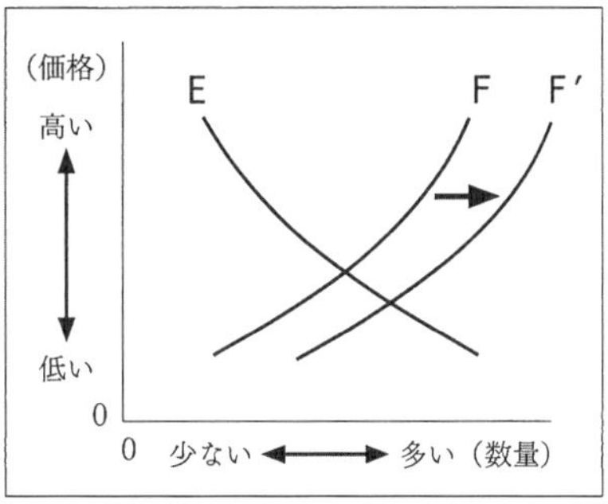

(4) 租税に関連して，①，②の問いに答えなさい。

①　次は所得税に適用される累進課税制度について述べた文である。文中の□に当てはまる内容を書きなさい。

> 所得が高い人ほど所得に占める税金の割合が高いという制度であり，税金を納めた後の□を減らす役割を果たしている。

②　次は消費税について述べた文である。文中の（　　　）に当てはまる語句を，**漢字３字**で書きなさい。

> 所得の多い人も少ない人も同じ税率で課税されるため，所得が低い人ほど所得に占める税金の割合が高くなる，（　　　）という問題が生じやすくなる。

(5) 日本の領域に関連して述べた文として**適当でないもの**を，ア～エから１つ選び，記号を書きなさい。

ア　国家は領域，国民，主権の三つの要素から成り立っている。

イ　領域は領土，領海，領空の三つから構成される。

ウ　領海とは領土の周辺 12 海里までの海域である。

エ　領空とは領土の上空であり，領海の上空は含まない。

【4】 次は３年間の社会科の学習を終えた後の花子さんたちの会話文である。(1)～(6)の問いに答えなさい。

先生：みなさん，３年間の社会科の学習を振り返って印象に残っていることは何ですか。
花子：私は現代世界の課題について自分のこととしてとらえることができました。特に a 貧困問題に関心があります。
太郎：私は世界の平和について関心を持ちました。日本は第二次世界大戦後，80 年間弱比較的平和が保たれていると考えますが，世界では b 第四次中東戦争など多くの戦争や地域紛争が起きています。今後，ますます c 国際連合などを中心とした国際協力が必要だと考えます。
次郎：私も歴史上の様々な戦争に関心がありますが，その d 原因にも着目する必要があると思います。
三郎：私は同じことがらに対する国々の対応の違いに興味があります。例えば， e ヨーロッパの国々のエネルギー政策の違いです。
先生：他にも， f 国同士の関係性についても時期によって違いがあることを学習しましたね。これからもぜひそれぞれが興味を持ったことを勉強していきましょう。

(1) **下線部 a** に関連して，**資料１**はあるサービスについて述べた文である。このサービスの名称として最も適当なものを，ア～エから１つ選び，記号を書きなさい。

資料１

一般的に，民間銀行等から融資対象として不適格と見なされる途上国の貧困層（特に女性）に対し，生産手段の確保・拡充，所得向上のために少額の融資を行うサービスのこと。

（「外務省ホームページ」他より作成）

ア　フェアトレード　　イ　マイクロクレジット　　ウ　インフレーション　　エ　リデュース

(2) **下線部 b** に関連して，**資料２**は日本の実質経済成長率の推移を示したものである。**資料２**中の A の期間は第四次中東戦争の影響が特に見られる部分であり，**資料３**はこの部分について述べた文である。**資料３**中の（　B　），（　C　）に当てはまる語句の組み合わせとして最も適当なものを，ア～エから１つ選び，記号を書きなさい。

資料２

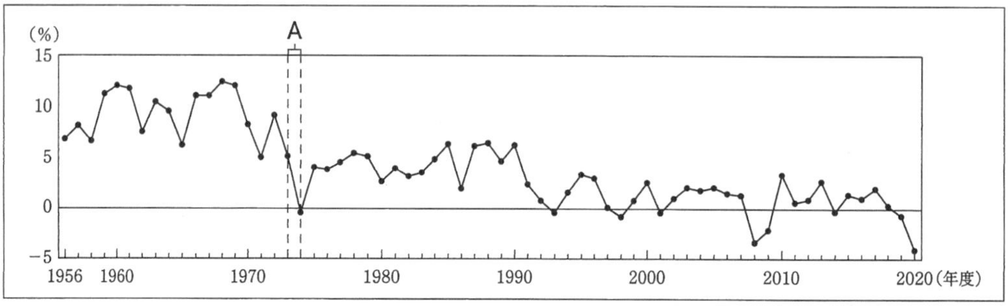

（「数字で見る日本の100年」他より作成）

資料３

第四次中東戦争を原因とする（　B　）により，（　C　）が終わった。

	B	C
ア	石油危機	高度経済成長
イ	石油危機	バブル経済
ウ	世界金融危機	高度経済成長
エ	世界金融危機	バブル経済

(3) **下線部 c** に関連して，国際連合について述べた文として**適当でないもの**を，ア～エから１つ選び，記号を書きなさい。

ア　人権に関する条約として，女子差別撤廃条約や子ども（児童）の権利条約などを採択した。
イ　安全保障理事会の常任理事国は，イギリス・フランス・イタリア・日本である。
ウ　集団安全保障の考え方により，平和を脅かした国に対して制裁を加えることができる。
エ　国連教育科学文化機関（ＵＮＥＳＣＯ）や世界保健機関（ＷＨＯ）などの専門機関が置かれている。

(4) **下線部ｄ**に関連して，**資料４**は次郎さんが18世紀と19世紀前半のイギリス・インド・清の貿易の変化について作成した図とそれぞれについてまとめたものである。**資料４**中の（　Ｄ　），（　Ｅ　）に当てはまる語句を書きなさい。

資料４

○ 18世紀の図

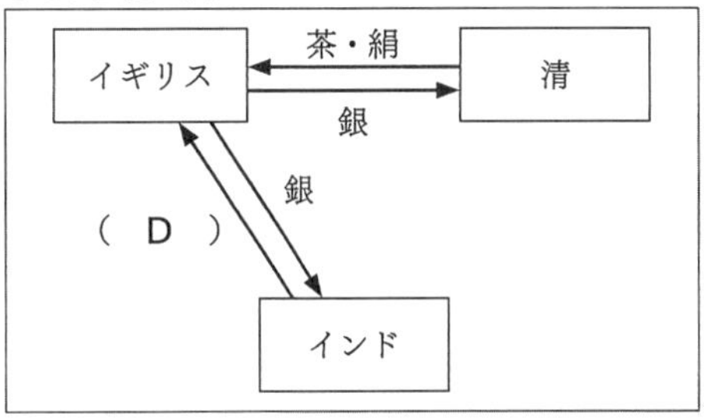

○ 19世紀前半の図

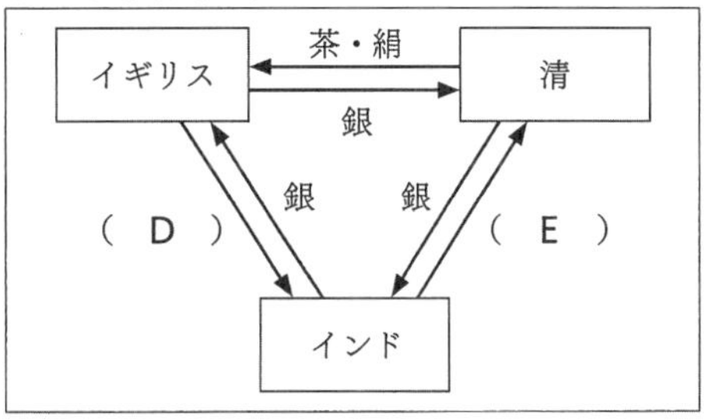

○ 18世紀のまとめ

- イギリスから銀が流出している。
- イギリスが茶と絹を清から輸入している。
- イギリスが（　Ｄ　）をインドから輸入している。

○ 19世紀前半のまとめ

- 銀が循環している。
- イギリスが茶と絹を清から輸入している。
- イギリスが産業革命をきっかけとして，（　Ｄ　）をインドに輸出している。
- イギリスがインドで（　Ｅ　）を栽培させて清に売っている。（　Ｅ　）はイギリスと清の戦争の原因の１つとなった。

(5) **下線部ｅ**に関連して，**資料５**中のア〜エはデンマーク，ノルウェー，ドイツ，フランス（モナコを含む）のいずれかの発電量の発電方法別割合（2020年）を示したものである。デンマークのものとして最も適当なものを，ア〜エから１つ選び，記号を書きなさい。

資料５

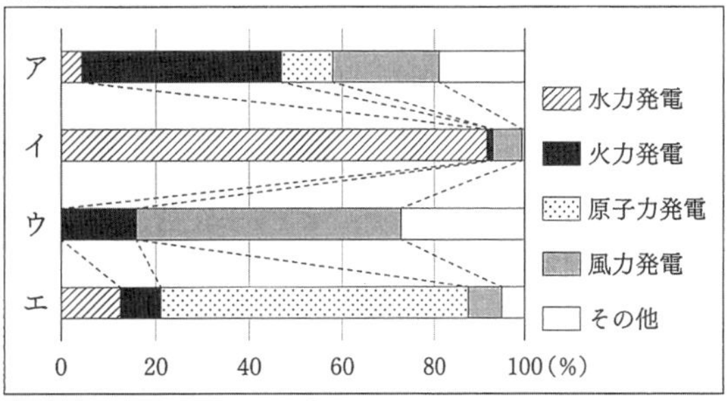

（「データブック オブ・ザ・ワールド2023」より作成）

(6) **下線部ｆ**に関連して，**資料６**中のア〜ウは日本とアメリカの間に結ばれた条約の部分要約である。ア〜ウを年代の古いものから順に並べて，記号を書きなさい。

資料６

ア

第４条　日本に対して輸出入する商品は別に定めるとおり，日本政府へ関税を納めること。

第６条　日本人に対して法を犯したアメリカ人は，アメリカ領事裁判所において取り調べのうえ，アメリカの法律によって罰すること。

イ

第６条　日本国の安全に寄与し，並びに極東における国際の平和及び安全の維持に寄与するため，アメリカ合衆国は，その陸軍，空軍及び海軍が日本国において施設及び区域を使用することを許される。

ウ

第２条　伊豆の下田，松前の函館の両港は，アメリカ船が薪《まき》や水，食料，石炭など不足している品を日本で調達するときに限って渡来することを，日本政府は許可する。

第９条　日本政府は，現在アメリカ人に許可していないことを他の外国人に許可するときは，アメリカ人にも同様に許可する。

【5】 次は太郎さんと花子さんが「グローバル化の進展」について調べ学習を行っている際の先生との会話文である。(1)～(4)の問いに答えなさい。

太郎：近年，ますますグローバル化が進んでいますね。
花子：グローバル化といえば，歴史の授業では a大航海時代を勉強しましたね。
先生：そうですね。その頃と比べると，現在は歴史上かつてないほどにグローバル化が進展し， b人の移動だけでなく， c物やお金，情報などが国境を越えて地球規模に広がっています。
太郎：グローバル化が進展するなかで， d地域の複数の国々がまとまり，経済や政治などの分野で協力関係を強めようとする動きが，世界各地で加速していることもわかりました。
先生：よく調べましたね。では，その状況についても調べてみてはどうでしょうか。
太郎：はい。調べてみたいと思います。

(1) **下線部a**に関連して，ポルトガルとスペインが新航路の開拓を行った宗教上の目的を，**宗教の名称**を含めて書きなさい。

(2) **下線部b**に関連して，**資料1**は現在多くの日本人が外国で暮らしていることを知った花子さんが，ブラジルに住む日系人についてまとめたものである。①，②の問いに答えなさい。

資料1

日本からブラジルへの移住は1908年に始まり，移住者の多くは，（ A ）を生産する農園で，住み込みの労働者として働いた。右図は，2020年の（ A ）の生産量の国別割合を示しており，ブラジルが約3分の1を占めている。その後，自分の土地を所有して農業を始める人，都市へ移り住んで飲食店を始める人などが現れ，現在では約190万人の日系人が暮らしているといわれる。

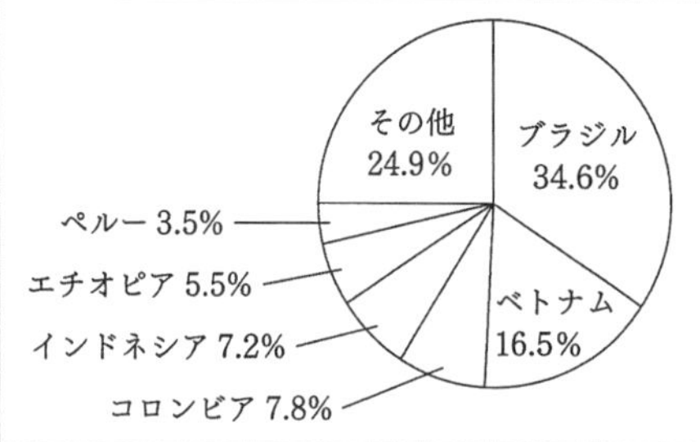

（「データブック オブ・ザ・ワールド2023」より作成）

① **資料1**中の（ A ）に当てはまる農産物として最も適当なものを，ア～エから1つ選び，記号を書きなさい。

ア さとうきび　　イ コーヒー豆　　ウ とうもろこし　　エ 大豆

② ブラジルへの移住が始まった1908年ごろの，日本で起きた出来事について述べた文として最も適当なものを，ア～エから1つ選び，記号を書きなさい。

ア 地租の税率を地価の3％とし，土地の所有者が現金で納めるなどの地租改正が行われたが，税の負担はほとんど変わらず，各地で地租改正反対一揆が起きた。

イ 戦局が悪化すると，勤労動員の対象として中学生・女学生や未婚の女性も軍需工場などで働くようになった。

ウ 戦争による増税に苦しむ国民のなかには，ロシアから賠償金が得られないことが分かると，日比谷焼き打ち事件を起こす者もいた。

エ 世界恐慌が日本にもおよび，都市では企業が数多く倒産し，失業者が増大する昭和恐慌とよばれる深刻な不況が発生した。

(3) **下線部ｃ**に関連して，**資料２**は1960年と2010年のオーストラリアの輸出額の国別割合上位６か国を示したものである。**資料２**について述べた文Ｂ，Ｃの正誤の組み合わせとして最も適当なものを，ア～エから１つ選び，記号を書きなさい。

資料２

○ 1960年

順位	輸出相手国	%
1	イギリス	26.4
2	日本	14.4
3	アメリカ	8.1
4	フランス	6.4
5	ニュージーランド	5.8
6	イタリア	5.0

○ 2010年

順位	輸出相手国	%
1	中国	25.3
2	日本	18.9
3	韓国	8.9
4	インド	7.1
5	アメリカ	4.0
6	イギリス	3.6

（「国際連合貿易統計年鑑1961」他より作成）

Ｂ　1960年の最大の輸出相手国がイギリスであったのは，オーストラリアがイギリスの植民地であったことと関係がある。

Ｃ　2010年の輸出相手国にアジア州の国々が多かったのは，オーストラリアが白豪主義の政策を始めたことと関係がある。

	Ｂ	Ｃ
ア	正	正
イ	正	誤
ウ	誤	正
エ	誤	誤

(4) **下線部ｄ**に関連して，①，②の問いに答えなさい。

① **資料３**はある地域機構について述べた文である。この地域機構の加盟国を で示したものとして最も適当なものを，ア～ウから１つ選び，記号を書きなさい。なお，それぞれの地図の図法・縮尺は異なり，一部島々を除いている。

資料３

1967年に地域の安定と発展を目指して発足し，経済や政治などの分野で協力を進めている。現在，加盟国の半数以上の国がモノカルチャー経済から脱却し，工業製品の輸出を拡大している。

ア

イ

ウ

② 太郎さんはヨーロッパ連合(ＥＵ)内の人の移動が経済に与える影響に着目し，**資料４**を作成した。**資料４**中の［　　　］に当てはまる内容を，**10字以内**で書きなさい。

資料４

【ＥＵのルール】
・多くの加盟国間で国境を越えて自由に移動できる。

⇒

【ＥＵ内の人の移動が経済に与える影響】
・より賃金の高い西ヨーロッパの国々へ働きに出る人々が増えている。
⇒
・東ヨーロッパの国々の中には，［　　　］により，経済発展が妨げられるという課題を抱える国が出ている。

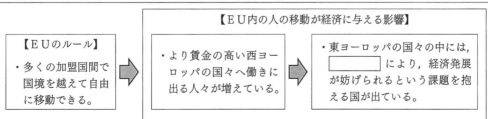

※教英出版注
音声は，解答集の書籍ＩＤ番号を教英出版ウェブサイトで入力して聴くことができます。

令和６年度　英語リスニングテスト放送台本

	（チャイム）
	これからリスニングテストを行います。問題用紙にはさんである解答用紙を取り出しなさい。受験番号を記入しなさい。問題用紙の問題【１】を見なさい。問題はＡ，Ｂ，Ｃの３つあります。放送中にメモをとってもかまいません。
検査問題Ａ	それでは，Ａの問題から始めます。 １番，２番の対話を聞いて，それぞれの質問の答えとして最も適当なものを，ア～エから１つずつ選び，記号を書きなさい。なお，対話と質問は通して２回繰り返します。それでは，始めます。
	１番　Maki: Tom, look at this poster.　Are you going to join this event? Tom : Yes, Maki. I want to clean the park. Maki: Good idea. Question　: Which poster are they looking at? もう１度繰り返します。　（対話と質問の繰り返し） ２番　Maki　: Dad, I drew a picture of my three pets at school today. Father : What picture did you draw, Maki? Maki　: One of the cats is sitting on the chair, and the other is sleeping on the table. And the dog is sleeping under the table. Father : That's great. Question　: Which picture did Maki draw? もう１度繰り返します。　（対話と質問の繰り返し）
検	次は Ｂ の問題です。あなたは ALT の Julia 先生へインタビューを行い，学校新聞の記事にするために情報をまとめます。インタビューを聞いて，それに続く１番～３番の質問の答えとして最も適当なものを，ア～エから １ つずつ選び，記号を書きなさい。なお，英文と質問は通して２回繰り返します。それでは，始めます。

B　あなたのタブレット端末（Tablet）に，ALTのDaniel先生から次のような課題が送られてきました。後の**条件**に従って，先生の課題に対するあなたの答えを英語で書きなさい。

Tablet

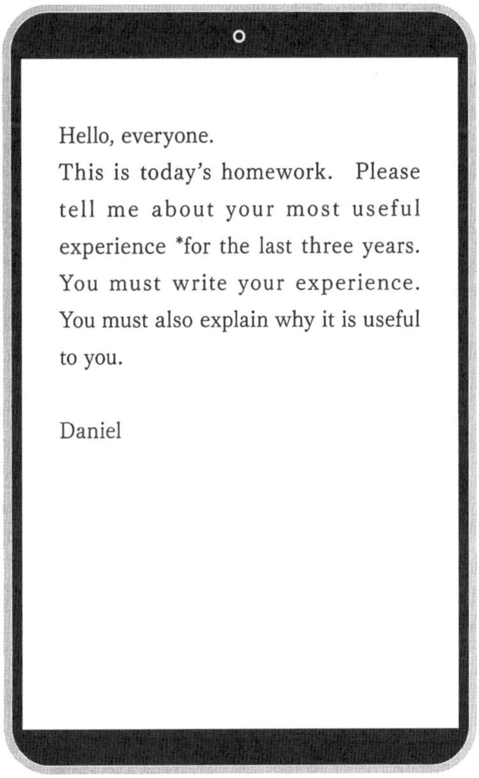
Hello, everyone.
This is today's homework. Please tell me about your most useful experience *for the last three years. You must write your experience. You must also explain why it is useful to you.
Daniel

（注）*for the last three years　ここ3年間

条件

1. **主語と動詞を含む15語以上の英語**で書くこと。
2. 英文の数はいくつでもよい。
3. 短縮形（I'mなど）は1語として数えることとし，ピリオド，コンマなどの符号は語数に含めないこと。

【4】 次の（1）～（4）の問いに答えなさい。

次の英文は，Daniel 先生の英語の授業で，グループAの Aya, Yuto, Emi が自分たちが調べたことを発表している場面のものです。

Daniel : We are studying about *environmental problems now. Today, group A is going to tell their ideas. First, Aya, please.

Aya

Do you know the word "*upcycle"? When we upcycle things, we make new *products from the products we don't use anymore. For example, one company changes old *tires into *slippers. Another company changes old chairs from schools into *hangers. I hope more companies will try to stop throwing away things by upcycling in the future.

Daniel : Thank you. You showed us [①]. Next, Yuto, please.

Yuto

Do you know the word "*SAF"? It is a kind of *fuel. Using SAF is good for the environment. For example, one of the fuels is made from plants. Plants can *absorb *CO_2. So *airplanes using this fuel will not increase CO_2. In Japan, some companies are trying to make factories to get more fuel like this for airplanes.

Daniel : Good presentation, Yuto. You showed us [②]. Emi, it's your turn, please.

Emi

Do you know how much food we throw away? Actually, we throw away a lot of food in our daily lives. To solve this problem, some restaurants give us some bags and we can bring home the food we cannot eat. I think we can do something good, too. I will try to buy only food that I need. Let's think about what to do by ourselves.

Daniel : Thank you, Emi. You showed us [③]. Today, both Aya and Emi talked about [④]. Yuto introduced the new fuel to us. In the next class, we will have presentations from group B. Look at your own *tablet. Please write these four things in your presentations. I'm looking forward to your presentations.

Tablet

1 What is happening?
2 Why is this happening?
3 Why is this a problem?
4 How can we solve the problem?

（注）*environmental　環境の　*upcycle　～をアップサイクルする　*products　製品
*tires　タイヤ　*slippers　スリッパ　*hangers　ハンガー
*SAF　持続可能な航空燃料　*fuel　燃料　*absorb　～を吸収する
*CO_2　二酸化炭素　*airplanes　飛行機　*tablet　タブレット端末

（1） 英文中の [①] ～ [③] に入る最も適当なものを，ア～カから１つずつ選び，記号を書きなさい。

ア　the way to make factories that use the new fuel
イ　the way to make new things from things that cannot be used
ウ　the way to choose the restaurants that give us delicious food
エ　the way to make fuel eco-friendly
オ　the way to stop leaving food in restaurants
カ　the way to buy the new things soon

（2） 英文中の [④] に入る最も適当なものを，ア～エから１つ選び，記号を書きなさい。

ア　how to reduce garbage
イ　how to study about companies
ウ　how to recycle something at home
エ　how to create new things

Daniel先生の指示を受けて，グループBのあなたは課題に取り組んでいます。次はその発表原稿とスライド（Slide）です。

発表原稿

> What is happening to animals? According to the *Red Data Book, it is more difficult to find some kinds of animals. In the future, we cannot find these animals anymore.
>
> Why is this situation happening? First, people sometimes bring animals that don't usually live in the places. Those strange animals begin to live there. Second, people change the *habitats of animals by making *roads or houses.
>
> Why is this situation a problem? When these things happen, the animals have to leave their own places. If such animals *disappear, the animals that eat them cannot find their food. So the *ecosystem will be changed.
>
> How can we solve the problem? First of all, it is important to improve the lives of those animals. We have to make better habitats for animals, such as forests, rivers or seas.

（注）*Red Data Book　レッドデータブック　　*habitats　生息地　　*roads　道路
*disappear　消える　　*ecosystem　生態系

Slide 1

> **What is happening?**
> ・[⑤].

Slide 2

> **Why is this happening?**
> ・Strange animals are brought to other places.
> ・[⑥].

Slide 3

> **Why is this a problem?**
> ・[⑦].

Slide 4

> **How can we solve the problem?**
> ・We should make the places for animals better.
> ・For example, [⑧].

（3） 発表原稿に従って，スライド中の [⑤] ～ [⑦] に入る最も適当なものを，ア～カから1つずつ選び，記号を書きなさい。

ア　It is difficult to grow many different plants
イ　Many animals lose their homes and things to eat
ウ　People have lived with many kinds of animals
エ　It is getting hotter because of CO_2 in the world
オ　The number of animals is getting smaller
カ　The places for animals are changed by people

（4） スライド中の [⑧] について，次の**条件**に従って，あなたの考えを英語で書きなさい。

条件

[1] **主語と動詞を含む8語以上の英語**で書くこと。ただし，forests，rivers，seasの**いずれか1語を含める**こと。

[2] グループAのAya，Yuto，Emiの発表や，グループBのあなたの発表原稿の英文中で**述べられていない内容**を書くこと。

[3] 短縮形（I'mなど）は1語として数えることとし，コンマなどの符号は語数に含めないこと。

【5】 次の英文は，中学生のAkiraが書いたエッセイです。英文を読み，（1）～（6）の問いに答えなさい。

One day, my English teacher said, “In the next class, you are going to talk about the good points of your town.” I tried to find them, but I had no idea. ①I asked myself many times, “Are there any good points in my town?” I gave up finding the answer.

I have lived in this area for fifteen years. But there are no exciting things such as movie theaters or *shopping malls. So, I always look forward to going to the big city near my town. I think [②].

After school, I met Tatsuru. He came to my town from a big city last year. Tatsuru once said, “My parents wanted me to live in nature, and we decided to move to this area. My family spends our time well and enjoys our life here.” So I asked him, “Hey, Tatsuru, do you think our town has any good points?” Tatsuru got surprised and said, “Akira, in our town, there are ③good points you cannot see.” “What do you mean?”, I asked him. Tatsuru said, “There are many places to play in nature. I often enjoy going fishing and climbing mountains. My parents grow local vegetables near our house. They are fresh and delicious, so my family feels happy. Also, people in this town often talk to us, and we help each other when we are in trouble. I didn't have those experiences in the big city.”

I was surprised to hear his story. He looked at this town in a different way. And now, by talking with Tatsuru, I learn there are many things which my town doesn't have, but my town has valuable things that the [④].

（注）*shopping malls　ショッピングモール

（1） 下線部①のAkiraの心情を表すものとして最も適当なものを，ア～エから1つ選び，記号を書きなさい。

ア Akira was surprised to find good points about his town.
イ Akira thought it was difficult to answer this question.
ウ Akira thought it was fun to live in his town.
エ Akira felt happy because he found the answer.

（2） 英文中の [②] に入る最も適当なものを，ア～エから1つ選び，記号を書きなさい。

ア the big city needs more exciting things
イ my town is as interesting as the big city
ウ the big city has some exciting things I want
エ my town is the most beautiful around here

（3） 次の問いに対する答えを，**英文中の表現を使って**，完成させなさい。

Why did Tatsuru come to this town?
Because his parents [　　　　　　　　　　].

（4） 下線部③が表す内容として**適当でないもの**を，ア～エから1つ選び，記号を書きなさい。

ア growing local vegetables

イ helping each other

ウ living in a large house

エ enjoying nature

（5） 英文中の［ ④ ］に入る最も適当な**英語4語**を，英文の内容を踏まえ書きなさい。

（6） 次は，Akiraが書いたエッセイを読んだYukoと，Akiraが話をしている場面のものです。対話中の［ ⑤ ］，［ ⑥ ］に入る語句の組み合わせとして最も適当なものを，ア～エから1つ選び，記号を書きなさい。

Yuko : Thank you, Akira. I also find that our town is *attractive.

Akira : Yes. I think students can do something special to make our town more attractive. What do you think, Yuko?

Yuko : There is one high school in our town. The students *raise cows and grow fruits. It is very special. Our town is famous for *agriculture. So I think the students in the school can［ ⑤ ］.

Akira : Great! They can even sell them on the Internet around Japan.

Yuko : It sounds good. I want to go to that high school in the future. It is important to join the *community and use the things we have learned at school.

Akira : I agree. Finding the good points of our town is interesting. At first, I thought of only the bad points of our town, but now I find that we［ ⑥ ］.

（注）*attractive 魅力的な　*raise ～を育てる　*agriculture 農業
*community 地域社会

	⑤	⑥
ア	use the Internet to attract many people	shouldn't look for things we have lost
イ	study agriculture to think of new ideas	should have everything we want
ウ	make new food and drinks with local people	shouldn't see things from only one side
エ	ask teachers to join our community	should read newspapers and have questions

【三】 次の【文章一】と【文章二】を読んで、後の問一～問三に答えなさい。なお、答えに字数制限がある場合は、句読点や「 」などの記号も一字と数えなさい。

【文章一】

「教養」とは何か？ それは、自分の外側にある膨大な知識体系のことでしょうか。

本をたくさん読むなどして、その膨大な知識体系を人より多く身につけている人を、「教養人」と呼ぶのでしょうか。

「教養」とは何か？ それは、「学歴」とイコールなのでしょうか。

中学・高校で学業を終えた人よりも大学で学位号をとった人、大学で学位号をとった人よりも大学院で修士号をとった人、修士号をとった人よりも博士号をとった人のほうが、「教養のある人」ということなのでしょうか。

「教養」とは何か？ それは「触れるとおもしろい」ものでしょうか。おもしろくはないけれど「参考になるもの」「学ぶ点があること」は、「教養」とは呼ばないのでしょうか。音楽なら音楽、美術なら美術と、自分が「おもしろい」と思ったことをずっと追究している人を「教養のある人」と呼ぶのでしょうか。

私が考える教養とは、これらのいずれでもありません。

教養とは、本質的には「自分の中心」を構成する何か――人生哲学や守りたい価値観を形成する栄養となるものです。教養を身につける過程で、そういう「自分の中心」が構成された人は、思慮深く、尊厳があり、また他者に対する敬意と想像力を兼ね備えるでしょう。

教養とはまた、そんな「自分の中心」を構成する何か――人生哲学や守りたい価値観を守るための知的バックボーンとなるものです。

学べば学ぶほど、知れば知るほど、この世界は複雑かつ多様で、唯一無二の正解など存在しない事柄がほとんどであり、深く考えれば考えるほど新たな矛盾を発見してしまったりすることも多いのです。

そのなかで「自分の中心」に常に立ち返り、「自分にとっての正解」を導き出すようになります。それはあくまでも「現時点での正解」ですから、学ぶことには終わりがありません。

また、この世界の複雑性・多様性を認識するにつれて、どの角度から見るかによって「正解」が変わることを痛いほど思い知るため、「自分にとっての正解」は「誰かにとっての不正解」である可能性がある、という前提意識が芽生

〔※本ページ下段に続く〕

えます。

したがって「自分にとっての正解」を押し付けることは決してせず、「誰かにとっての正解」を押し付けられることにも、強い反発を感じるようになるでしょう。

そして、そのなかでも社会をその一員として成り立たせていくために、議論し、批判的に検討し、「何が相対的に正しい可能性が高いのか」ということを合意形成しながら、他者と共に学んでいきます。

何が正解かわからないことが多いなかでは、こうした知的態度、もっといえば知的謙虚さをもって学びつづける人を「教養のある人」と呼ぶのです。

そして、このような知的態度を持ち合わせている人ほど、巷《ちまた》の言説に惑わされないものです。一方的に示される正解に懐疑的になるからです。

世の中には、まるで90％の事実に10％の虚偽を混ぜて世論を誘導するかのような恣意的な言説がはびこっています。教養を身につけることで、そういう気味の悪い情報を批判的に受け止め、どのあたりに虚偽が混ざっているか、その論理や根拠の弱点は何かを突くことができるスキルを獲得できるのです。

もう一度いいますが、学ぶことには終わりがありません。

今、述べたような「教養のある人」になり、そうありつづけるには、絶えず①「自分の中心」を振り返りつつ、知識（学識のみならず、実体験によって得られる見識なども含めて）をアップデートしつづける必要があります。

（斉藤淳《さいとうじゅん》「アメリカの大学生が学んでいる本物の教養」から……一部表記を改めている。）

【文章二】

「役に立つ本を教えてください」と質問されることがあります。

本を読む目的は、大きく2種類あるのではないでしょうか。実務を知ることと、教養を身につけることです。

実務というのは、生きていくために必要な知識や技術です。教養は、より良く生きるための糧となる知識や情報です。たとえなくても毎日の生活に困るものではありませんが、知ることで世界の見方が広がったり、深い洞察ができるものです。

僕はこれまで一万冊以上の本を読んできましたが、そのほとんどは「教養」のための本だったと思います。つまり、すぐに何かの役に立つ本というわけではありません。

〔※次ページ上段に続く〕

問二　「絵茉」と「梨津」の発言の内容について、次のようにまとめた。［　　］に当てはまる言葉を、**〈場面Ｘ〉**中の言葉を使って、**五字以上十字以内**で書きなさい。

> 「絵茉」と「梨津」は、「希和子」に対して、それぞれの言い方で［　　］ということを主張している。

問三　Ｓさんは、この物語をブックトークに使う一冊として紹介するために、「希和子」の心情の変化を中心にまとめようと考え、次のように**【構成メモ】**を作成した。これを読んで、後の⑴～⑶に答えなさい。

【構成メモ】

> ○私（Ｓ）の思い
> ・私と同様に、「自分らしさ」に悩んでいる人に読んでほしい

> ○かつての「希和子」
> ・［　Ⅰ　］を欲している
> ・物語を書くときに何も思い浮かばない
> ・去年はエッセイを書くことに充実感を感じられなかった

> ○現在の「希和子」
> ・自分らしさを大事にしたい
> ・今回書いたエッセイを通して、［　Ⅱ　］であると自信をもてるようになった
> ・楽しむことが充実感につながっている

> ○印象に残った言葉
> ・私の悩みを改善するヒントになった言葉をいくつか紹介する

> ○私（Ｓ）の思い
> ・今、「自分らしさ」に悩んでいる人にこそ、読んでもらいたいおすすめの１冊である

⑴　［　Ⅰ　］に当てはまる言葉として最も適当なものを、**〈場面Ｘ〉**中から**十字**で抜き出して書きなさい。

⑵　［　Ⅱ　］に当てはまる言葉を、**〈場面Ｙ〉**中の言葉を使って、**三十五字以上四十字以内**で書きなさい。

⑶　Ｓさんは、聞き手に対して効果的になるよう、**【構成メモ】**の通りに上から順に話をしようと考えている。その意図として最も適当なものを、次の**ア～エ**のうちから一つ選び、その記号を書きなさい。

ア　Ｓさんの気持ちを時系列にまとめることで、その変化を正確に伝えようとしている。
イ　「希和子」の言葉を引用して締めくくることで、聞き手に余韻を残そうとしている。
ウ　語句や言い回しを工夫することで、聞き手の興味や関心を喚起しようとしている。
エ　双括型を用いることで、Ｓさんがこの本を勧める理由を重ねて伝えようとしている。

問四　本文中の表現の効果について説明したものとして**適当でないもの**を、次の**ア～エ**のうちから一つ選び、その記号を書きなさい。

ア　「佳緒」の言葉や「希和子」の心情に擬態語を用いることにより、言葉や気持ちの印象をわかりやすく読み手に示している。
イ　文芸部員とのやり取りを細やかに描写することにより、「希和子」が次第に自分の内面を掘り下げていく様子を印象づけている。
ウ　本文の語り手とは異なる人物が書いているエッセイを挿入することにより、「希和子」の心情の変化について多角的に示している。
エ　場面における登場人物の動きや表情を、短い文を重ねて丁寧に表現することにより、生き生きとした登場人物の心情を印象づけている。

「湯浅先輩は、なんで小説書かないんですか?」
以前なら聞き流せたはずの言葉なのに、ずきっと胸が痛む。それでも、あえて気のないそぶりで答える。
「書ければいいんだけど、思い浮かぶものもないし。」
「物語のタネなんて、どこにだって転がってるじゃないですか。あたし、ストーリーは、いくらでも思いつくんですよね。」
絵茉の口調はあくまで屈託がなかった。根っから物語ることが好きなのか、自信がみなぎっていて、やっぱりうらやましいと思ってしまう。
「すごいね。」
と笑う。たぶん、中途半端な笑顔だろうと、自分でも感じるような、曖昧な笑み。
「っていうか、物語の一つや二つ、だれでも作れますよ。あたしたちだって、けっこうフィクションの中を生きているから。」
今度は梨津が、顔も向けずに言った。
「フィクションの中を?」
「うそつきってことですよ。人間らしいでしょ。」
どこか人を食ったような言い方だけれど、いつもペアのように見ていた絵茉と梨津も、それぞれ個性があるのだと、あたりまえのことに思い至る。
こんなふうに、つい人間を観察してしまう。けれどそこから、物語が生まれる、という飛躍はない。そういう人間なのだと思うしかない。凡庸な、想像力に欠けた人間……。

〈場面Y〉

某書店で手に取った文庫本の恋愛小説を読んでいると「谷根千《やねせん》」と呼ばれるタウン誌のことが出てきた。谷根千とはすなわち、*谷中《やなか》、根津《ねづ》、千駄《せんだ》木《ぎ》*界隈《かいわい》。とすれば我が池端《いけはた》高校も、そのエリアにふくまれるわけだが、

〔※本ページ下段に続く〕

そのタウン誌はすでに終刊になっている。なので、池端高校の生徒も、ほとんどその存在を知らないだろうと思う。かくいう私も、文庫本を買った店で、ひっそりと置かれていたのを知ってはじめて目にしたのだった。
谷根千を舞台とする文学作品は、いくつもある。古くは、幸田露伴《こうだろはん》——白状するなら、文学史の中でしか知らない名だ——の『五重塔』。

……………

書物を読んで知る。見慣れた景色がちがって見える。名の知れた名所旧跡でなくとも、そこに歴史がある。人びとの暮らしがある。
本をめぐる旅をしてみたい。まずは、我が街を歩いてみよう。この地をめぐる物語に、どんなものがあるだろう。そういえば、件《くだん》の恋愛小説にも、上野公園や根津神社や谷中ぎんざが登場している。その人のように、私も歩いてみようか。ここからほど近い道を。

わたしが、『いけはた文芸』に載せることにしたのは、本をめぐるエッセイだった。根津や上野界隈を舞台とする本について何冊か取り上げて、そこに自分が知る風景を重ねた。前から好きだったへび道。アメ横、東大構内、湯島天神……。見聞きしたものを、言葉にしていくことが楽しかった。言葉を選んで捨ててまた選んで、文章を練る。去年のエッセイでは感じることがなかった充実感が、たしかにあった。無から作りだす物語とはちがっていても、これが、己にとっての表現なのだと、今なら、堂々と口にできそうな気がした。

（濱野京子《はまのきょうこ》「シタマチ・レイクサイド・ロード」から……一部表記を改めている。）

（注）＊プロット——小説、劇などの筋書きや構成のこと。
＊谷中、根津、千駄木——東京都文京区から台東区一帯の地域。
＊界隈——周辺地域のこと。

問一 ——線①について、このときの「希和子」の気持ちを説明したものとして最も適当なものを、次の**ア～エ**のうちから一つ選び、その記号を書きなさい。

ア コート上で躍動する「菜月」の姿から部活に対する強い熱意を感じ、あまり思い入れのない自分と比べてしまい心が落ち着かないでいる。
イ 自分が何をしたいのかわからず、自分は小さな希望すら持っていないのではないかと思い、前向きな「菜月」の様子にあこがれている。
ウ 周囲にポジションへの適性を認めさせようとして、セッターでありながら攻撃的なプレーを続ける「菜月」の様子に胸騒ぎを覚えている。
エ しなやかな動きで強烈なスパイクを打ちこむアタッカーに絶妙なトスを上げる、チームの司令塔である「菜月」の姿を見て興奮している。

【二】 高校二年生の「湊沢希和子」は、友人に誘われて文芸部に所属しており、三年生の「佳緒《かお》」や他の部員とともに、文集『いけはた文芸』の制作に取り組んでいる。**〈場面X〉**は、「希和子」が友人の「菜月《なつき》」が所属するバレーボール部の練習試合を、小説を書くための取材にきた「佳緒」と一緒に見ている場面と、後輩の部員「絵茉《えま》」と「梨津《りつ》」とやりとりをする場面である。**〈場面Y〉**は、「希和子」が『いけはた文芸』に載せるために書いたエッセイの一部分と、エッセイに対する「希和子」の思いを説明した部分である。次の文章を読んで、後の**問一～問四**に答えなさい。なお、答えに字数制限がある場合は、句読点や「」などの記号も一字と数えなさい。

〈場面X〉

体育館に近づくと、ボールを打ちあう音が聞こえた。もう始まっているようだ。放課後に近隣の高校と練習試合をするという話を、昼休みに菜月から聞いて、こうして体育館に足を運んできた。

中に足をふみいれたとたんに、むうっとした空気に包まれる。独特の熱気と湿気、それに臭気がまじりあった空気だ。

アタッカーがジャンプしながら腕をふりあげ、上がったボールを思い切りネットの向こうに打ちこむ。弓なりに反った身体全体から力を受けたボールが床をつきさす。思わず見とれた。なんてしなやかに人の身体は動くのだろう。またボールが上がる。トスをしているのは菜月だった。

笛が鳴って選手がコート内を移動する。こうして見ると、たしかに菜月は小さい。

それでも、相手側の動きを瞬時にとらえながらボールを上げるセッターは、チームの司令塔だ。その菜月がトスと見せかけて、自ら打った。けっして力強いスパイクではなかったが、巧みなコースをついて、相手のミスをさそった。

①なぜか胸の中がざわついた。

バレーボールで、身長の低い選手は、守備要員のリベロを務めることが多い。菜月の話では、頭脳もセンスも必要とのことだが、守備専門だから、サーブもスパイクもできない。どうやら、菜月は暗に打診されたことがあるようだが、本人は攻撃も可能なポジションにこだわり、適性はセッターと自認していて、それを周囲にも認めさせて今がある。

バレーボールについて語る菜月からは、心の中に熱い塊があると感じる。部活への意気ごみでは、わたしなどとは雲泥の差だ。

〔※本ページ下段に続く〕

ぽんと肩をたたかれて、ふりかえると、佳緒さんが立っていた

「いらしてたんですか？」

「うん。あのセッターが、希和子の友だち？」

「そうです。」

「なるほど、背がほしいかぁ。」

ぼそっと佳緒さんがつぶやく。

「今年の一年、背が高い子が多いってぼやいてました。でも、自分のポジションはゆずらないって。打ちこんでいる、って感じで、ちょっとうらやましいです。」

「ああ、心がただ一すじに打ちこめる、そんな時代は、再び来ないものか？」

小さいが明瞭な滑舌で佳緒さんが言った。

「なんですか、今の。」

「ふと、浮かんだだけで。バレーと関係ないけどね。アルチュール・ランボーの『いちばん高い塔の歌』の一節。」

「ランボーって、フランスの詩人ですよね。若くして死んだんでしたっけ。」

「若い時代に詩人として注目された人と言う方が正確かな。たしかに三十代で死んだから、長生きはしてない。いろんな人が訳してるけど、今のは、詩人の金子光晴《かねこみつはる》の訳。」

そう解説しながら、佳緒さんは、小さな声でワンフレーズを誦《しょう》した。わたしの脳に、最初に佳緒さんが口にした言葉が残った。

ああ、心がただ一すじに打ちこめる、そんな時代は、再び来ないものか？

一筋に打ちこめるものなんて、わたしには無縁だった。だから、再び、ではない。一度だって、そんな思いを味わったことがない。これまでの人生で。

わたしは何をしたいのだろう。将来の目的などという大きなことでなく、もっとささやかな希望すら自分は持ちあわせていない気がしてくる。それにくらべれば、菜月も、そして今となりに立つ佳緒さんも、何かを持っている。なぜか口の中が苦くなる。何かになりたいと願うこと、何かをなしたいと望むこと、何かにはげしくこがれること。自分には覚えがない。己がひどくつまらない人間のように思えてくる。情熱もない。欲もない。狂おしいほどの思いなどなくてもいいけれど、せめてこれがわたしのやることなのだと、実感できるものがあったなら……。

部室に行くと、一年の女子コンビが、*プロット作りにはげんでいた。ふと、目が合った絵茉に問われた。

〔※次ページ上段に続く〕

【一】 次の**問一**、**問二**に答えなさい。

問一 次の(1)～(5)の――線について、カタカナの部分を**漢字**に書きなおし、漢字の部分の読みを**ひらがな**で書きなさい。

(1) 国の貿易シュウシが黒字になる。
(2) 倉庫に食料をチョゾウする。
(3) ライバル校をシリゾけて、県大会優勝を果たした。
(4) 政治・経済に関する知識に乏しい。
(5) 公務員を罷免することは、国民固有の権利である。

問二 H中学校の生徒会では、生徒や保護者に向けて体育大会のポスターを作成している。ポスター担当の三名の生徒は、掲載する内容について次のように話し合いを行った。これを読んで、後の(1)～(3)に答えなさい。

Aさん―ポスターに載せる内容は三つとなります。日時、スローガン、プログラムです。今日は、全体的なレイアウトについて、意見をもらいます。何か意見はありますか。
Bさん―特にスローガンは大きく示す方がよいと思います。
Aさん―なぜそう思いましたか。
Bさん―全校生徒が何を意識してこれまでの練習に取り組み、どのような姿で当日の競技や観戦に臨むのかを示すものだからです。
Aさん―私もそう思います。レイアウトに関して、他に意見はありますか。
Cさん―昨年度のポスターについて、保護者の方へのアンケート結果の中に「競技名だけのプログラムでは、実際に何をするのかわからない。」との意見があったと聞きました。競技内容についても、あわせて示しませんか。
Aさん―その意見は私も気になっていました。Bさん、どう思いますか。
Bさん―私も賛成です。プログラムには、競技名に加えてその簡単な説明も記載しましょう。また、そのスペースの確保のために、スローガンの大きさはそのままで、代わりに字体を目立つものに変更しましょう。
Cさん―目立つといえば、今年のスローガンの最終候補に残っていた英単語の方がよかったかもしれませんね。
Aさん―[　　]
Bさん―私もそう思います。
Cさん―わかりました。それでは、競技内容を目立たせるために、吹き出しを使って生徒会キャラクターが話をしているように見せるのはどうですか。見やすさはもちろん、視線や興味も引けると思います。
Aさん―そうですね。今回、Bさんがレイアウト作業の中心として動いてもらうことになりますが、工夫してもらえますか。
Bさん―わかりました。頑張ってみます。
Aさん―お願いします。Cさんと私も手伝いますので、何かあれば教えてください。では、さっそく作業に入りましょう。

(1) 〰〰線について、これと同じ品詞として最も適当なものを、次の**ア～エ**のうちから一つ選び、その記号を書きなさい。

ア しばらくお待ちください。　**イ** 動きが印象的なダンス。
ウ この傘は、雨をよくはじく。　**エ** 寒ければ、暖房を入れましょう。

(2) Aさんの発言として、[　　]に入る最も適当なものを、次の**ア～エ**のうちから一つ選び、その記号を書きなさい。

ア 確かに、インパクトのあるスローガンをもう一度考えてみましょうか。
イ 今回は全体的なレイアウトの話し合いなので、話を元に戻しませんか。
ウ Cさんから新しい話題の提示がありました。Bさんはどう思いますか。
エ スローガンが英単語ならば、他でも英単語を積極的に使いたいですね。

(3) 話し合いの様子について説明したものとして**適当でないもの**を、次の**ア～エ**のうちから一つ選び、その記号を書きなさい。

ア 進行役の生徒は、理由を確認しながら意見を聞くように心がけている。
イ 他の生徒が発言した意見の内容を踏まえ、建設的な提案をしている。
ウ 進行役の生徒が、話し合いで提案された二人の意見を総括している。
エ 昨年度のアンケート結果を根拠として、新たな改善策を示している。

受験番号

令和六年度（一次入試）

国語

（検査時間　十時四十分～十一時三十分）

注意事項

一、開始の合図で

◆この問題用紙にはさんである解答用紙を取り出しなさい。

◆解答用紙、問題用紙、下書き用紙の所定の欄に受験番号を書き入れなさい。

◆解答はすべて解答用紙の所定の欄に書き入れなさい。

◆問題文は十ページあり、その順序は 国1 ～ 国10 で示しています。
ページ漏れや印刷不鮮明などに気づいた場合には、手をあげなさい。

二、終了の合図で

◆机の上に、下から順に問題用紙、下書き用紙、解答用紙を置きなさい。
解答用紙だけは裏返して置きなさい。

(3) 次の文は，6で考えた方法を用いて実際に分類を行ったときの太郎さんと花子さんと先生の会話である。会話中の[P]，[Q]に当てはまる語句の組み合わせとして最も適当なものを，ア～エから1つ選び，記号を書きなさい。

太郎：学校周辺で見つけた動物について，[P]という観点で分類すると，［表1］のAとBのグループに分けることができました。
先生：本当にそうでしょうか。[P]という観点で分類すると，ヘビはBグループにあてはまりますね。
太郎：確かにそうですね。ヘビはBグループに分類し直します。
花子：そのBグループの動物を，さらに[Q]という観点で分類すると，［表2］のCとDのグループに分けることができますね。
先生：そうですね。[Q]という観点で分類すると，妥当な分け方だといえます。
太郎：今回実際に分類してみて，複数の観点を使うことで細かく分類できることが分かりました。
花子：いろいろな観点で分類すると分類結果も変わって面白そうですね。

［表1］

Aグループ	Bグループ
スズメ	ダンゴムシ
ネコ	メダカ
カラス	カエル
ヘビ	ミミズ

［表2］

Cグループ	Dグループ
カエル	ヘビ
ダンゴムシ	メダカ
	ミミズ

	ア	イ	ウ	エ
P	体の表面が毛（または羽毛）で覆われているかいないか	体の表面が毛（または羽毛）で覆われているかいないか	翼があるかないか	翼があるかないか
Q	あしがあるかないか	主な生活場所が陸上か水中か	あしがあるかないか	主な生活場所が陸上か水中か

Ⅲ 太郎さんと花子さんは，学校周辺の生物の観察を終えた後，単元の学習を進め，動物の分類の方法を学んだ。

7 5で見つけた［メモ2］の動物を，脊椎動物と無脊椎動物の2つのグループに分類した。

8 脊椎動物をさらに5つのグループに分類し，それぞれの特徴を［表3］のようにまとめた。

［表3］

グループ	両生類	W	X	Y	Z
呼吸のしかた	子のときは[R]と皮ふで呼吸し，成長すると肺と皮ふで呼吸する。	肺で呼吸する。	[R]で呼吸する。	肺で呼吸する。	肺で呼吸する。
体の表面のようす	皮ふは湿っており，乾燥に弱い。	羽毛で覆われている。	うろこで覆われている。	やわらかい毛で覆われている。	かたいうろこで覆われている。
子の生まれ方	卵生	卵生	卵生	胎生	卵生

(4) 7で行った分類において，［メモ2］の動物のうち，無脊椎動物に分類される動物を**すべて**選び，動物名を書きなさい。

(5) ［表3］中の[R]に当てはまる語句を書きなさい。

(6) ［表3］で，**哺《ほ》乳《にゅう》類**はどのグループか，最も適当なものを，W～Zから1つ選び，記号を書きなさい。

(7) Ⅰ～Ⅲを通して太郎さんと花子さんが行った学習活動において，2人が学んだ生物を分類するための方法として適当なものを，ア～エから**すべて**選び，記号を書きなさい。

ア 生物の生息している環境のちがいは考えず，体の大きさだけを比較して分類する。
イ いろいろな生物の特徴を比較して見つけた共通点や相違点をもとに分類する。
ウ 生物の名前をもとにして，似たような名前の生物を同じグループに分類する。
エ 大きく分ける観点を先に設定し，その後で細かいちがいを比較して分類する。

【4】 次の（1）～（7）の問いに答えなさい。

Ⅰ 花子さんと太郎さんは，モーターやスピーカーなどが磁石とコイルを組み合わせてつくられていることを知り，電流が流れているコイルが磁界から受ける力について調べた。

1 電源装置とコイル，磁石，木の棒，電熱線，電流計，電圧計を用いて，［図1］のような装置を組み立てた。

2 ［図1］の回路に電流を流したところ，コイルが矢印の方向へ動いた。

3 2のとき，電圧計の数値は3.0 V を示し，電流計の数値は200 mA を示した。ただし，電熱線に流れる電流の大きさは，電流計が示した値と同じ大きさであるものとする。

［図1］

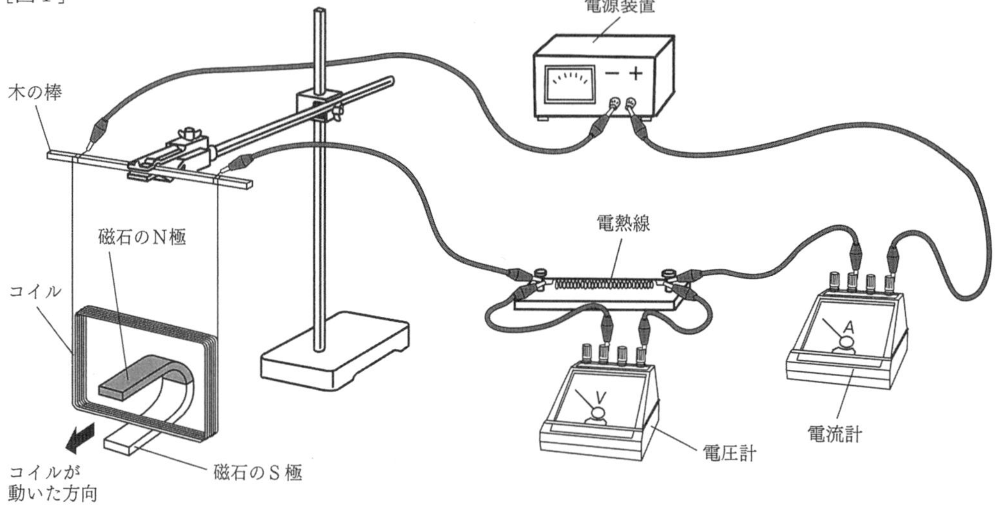

（1） 3で，電熱線の抵抗は何Ωか，求めなさい。

（2） 3で，電熱線の消費電力は何Wか，求めなさい。

（3） 3で，電熱線に200 mA の電流が20秒間流れたとき，電熱線で消費された電力量は何Jか，求めなさい。

（4） ［図1］の装置において，［図2］のように磁石のN極とS極を入れかえ，回路に電流を流したとき，コイルが動く方向として最も適当なものを，ア～エから1つ選び，記号を書きなさい。

［図2］

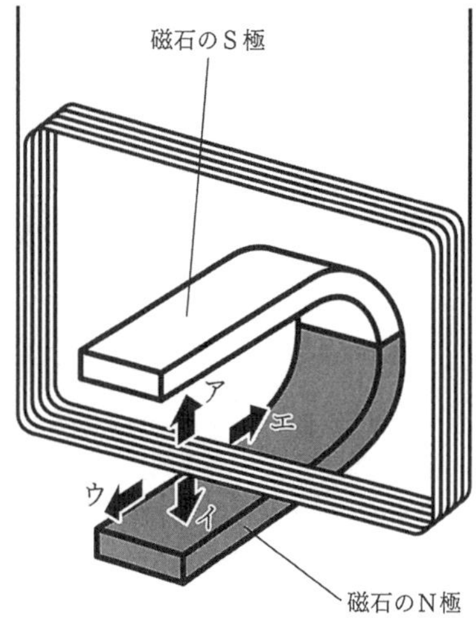

Ⅱ 次に花子さんと太郎さんは，コイルが回転する仕組みについて調べた。

4 コイル（導線ＡＢＣＤ），磁石，ブラシ，整流子を用いて，［図３］のような装置をつくった。

5 4でつくった装置に電流を流し，コイルの回転する方向を調べたところ，［図３］の矢印の方向に力がはたらき，コイルは回転軸を中心に整流子側から見て時計回りに回転した。

6 5の後，コイルが 180° 回転し，［図４］の状態になった。

［図３］

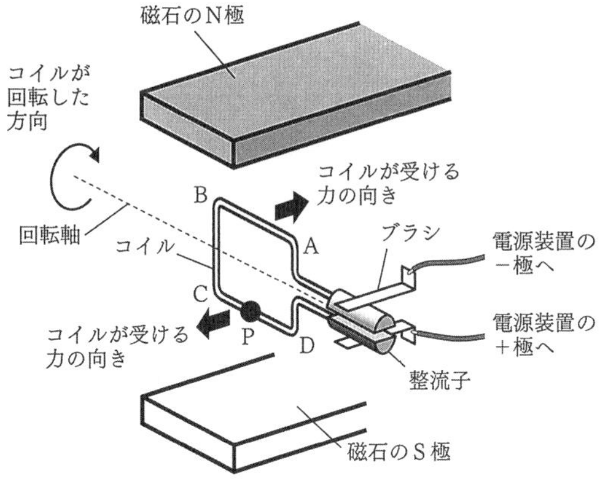

［図４］

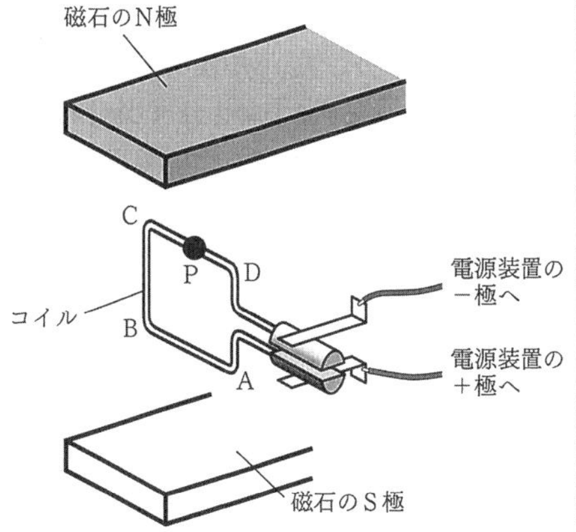

（5） 6で，［図４］のコイル上のＰ点が受ける力の向きとして最も適当なものを，［図５］のア～エから１つ選び，記号を書きなさい。

［図５］

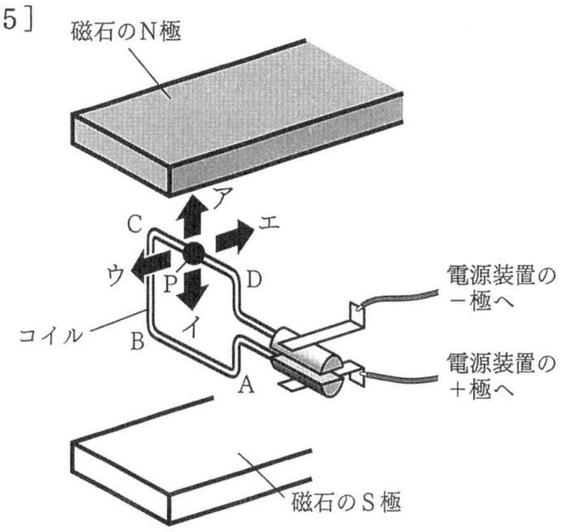

（6） 次の文は，Ⅱの実験における整流子のはたらきについて述べたものである。［ a ］に当てはまる語句を書きなさい。

整流子は，コイルを同じ向きに連続して回転させるために，［ a ］はたらきがある。

（7） コイルの回転する速さについて，花子さんと太郎さんは先生と次の会話をした。［ b ］に当てはまる語句を書きなさい。

先生：コイルの回転を速くするためには，どのようにすればよいでしょうか。
花子：コイルが受ける力を大きくすればよいのではないでしょうか。
先生：なるほど。それでは，コイルや磁石を変えずに，コイルが受ける力を大きくするためには，どのようにすればよいでしょうか。
太郎：［ b ］すればよいと思います。
先生：そのとおりですね。では，次の時間に実験で確かめてみましょう。

【5】 次の（1）～（6）の問いに答えなさい。

花子さんと太郎さんは，気象について観測と調査を行った。

[1] 花子さんは，ある日の午前９時に，大分市のＸ中学校において，空のようすを観察して雲量を調べた。さらに，風向計と風力計を用いて，風向と風力を調べた。

［表１］は，その結果である。

［表１］

雲量	9
風向	南南西
風力	2

[2] 太郎さんは，[1]と同じ日の午前９時の天気図を気象庁のウェブサイトで調べた。

［図１］は，その天気図である。

また，[1]と同じ日の大分市の観測点Ｙにおける気温と湿度，風向を気象庁のウェブサイトで調べた。

［図２］，［表２］は，その結果である。

［図１］

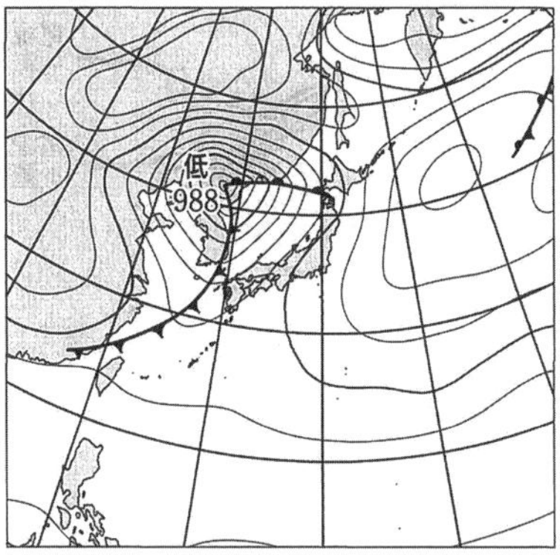

［図２］

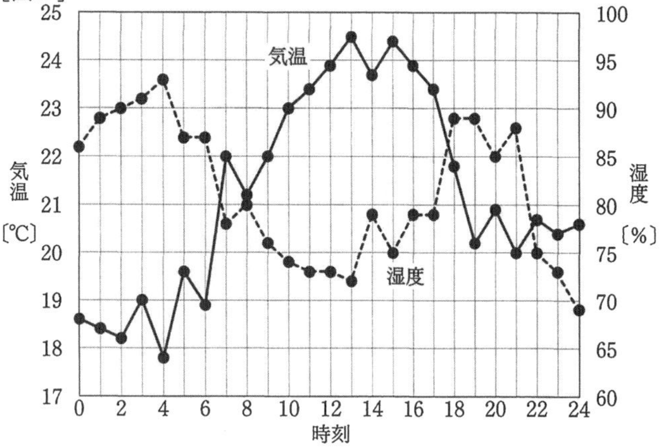

［表２］

時刻	0	1	2	3	4	5	6	7	8	9	10	11	12	13	14	15	16	17	18	19	20	21	22	23	24
風向	南南東	南	南南東	南	南南東	南南東	南	南南東	南	南南西	西	北西	南西	南南東	南南西	南	南南東	南南東	北	北	北東	南	西北西	北西	西

（1） ［表１］をもとに，風向，風力，天気を，天気図記号を用いて書きなさい。ただし，天気は，快晴，晴れ，くもりのいずれかを，雲量によって判断すること。

（2） ［図１］で，低気圧の中心から，東側へのびている前線の特徴として最も適当なものを，ア～エから１つ選び，記号を書きなさい。

ア 寒気が暖気の上にはい上がっていくため，雲ができる範囲が広く，雨は広い範囲に長く降り続く。

イ 暖気が寒気を激しくもち上げるため，上にのびる雲が発達し，狭い範囲に強い雨が短い時間降る。

ウ 暖気が寒気の上にはい上がっていくため，雲ができる範囲が広く，雨は広い範囲に長く降り続く。

エ 寒気が暖気を激しくもち上げるため，上にのびる雲が発達し，狭い範囲に強い雨が短い時間降る。

（3） ［図２］，［表２］をもとに，寒冷前線が観測点Ｙを通過したと考えられる時間として最も適当なものを，ア～エから１つ選び，記号を書きなさい。

ア 13時～14時頃　　イ 17時～18時頃　　ウ 20時～21時頃　　エ 22時～23時頃

(4) ［表3］は気温と飽和水蒸気量の関係を示したものである。［図2］において，午前10時の気温は23℃，湿度は74%である。［表3］を用いて，午前10時の観測点Yにおける空気の露点として最も適当なものを，ア～エから1つ選び，記号を書きなさい。

［表3］

気温〔℃〕	15	16	17	18	19	20	21	22	23
飽和水蒸気量〔g/m^3〕	12.8	13.6	14.5	15.4	16.3	17.3	18.3	19.4	20.6

ア　16℃以上17℃未満　　イ　17℃以上18℃未満
ウ　18℃以上19℃未満　　エ　19℃以上20℃未満

(5) 1の1日後，2日後の午前9時における天気図をそれぞれ調べたところ，［図3］，［図4］のとおりであり，前線が移動したことがわかった。このような前線の移動に影響を与える上空に吹いている風を何というか，書きなさい。

［図3］

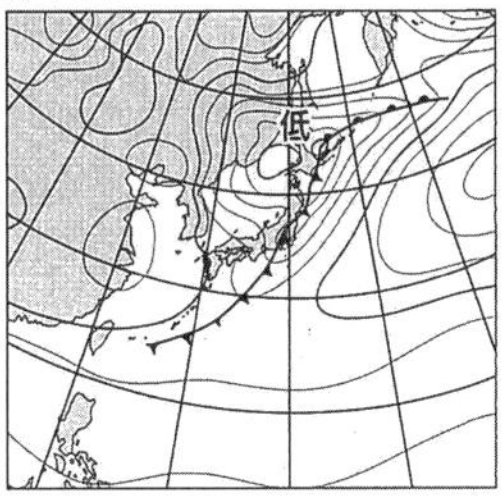

［図4］

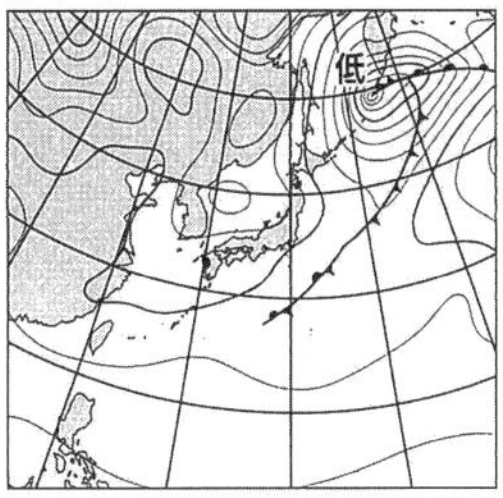

(6) 1の観測をした年の10月，日本に台風Z号が接近し，［図5］の矢印のように移動した。①，②の問いに答えなさい。

① 台風について，中心部の地表付近における空気の流れを模式的に表した図として最も適当なものを，ア～エから1つ選び，記号を書きなさい。ただし，ア～エ中の黒矢印（ ⟶ ）は地上付近の風を，白矢印（ ⇨ ）は上昇気流または下降気流を表している。

［図5］

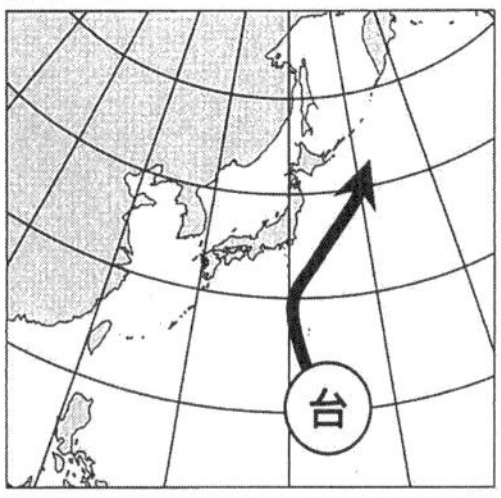

ア

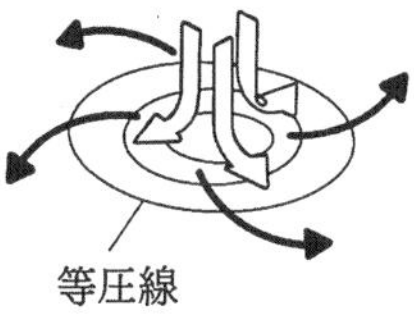

イ

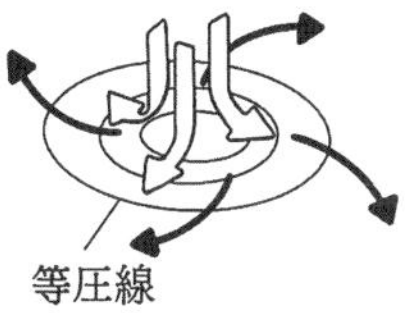

ウ

エ

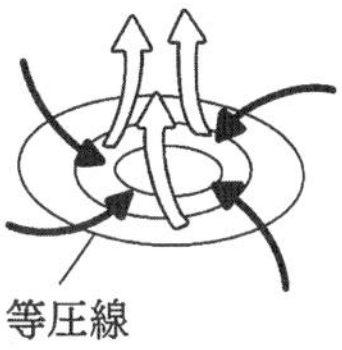

② 台風Z号は日本の東の海上を北へ移動し，しだいに勢力が衰えていった。台風の勢力が衰えたことについて，花子さんと太郎さんは先生と次の会話をした。［　　　］に当てはまる語句を簡潔に書きなさい。ただし，**「海面の水温」**という語句を用いて書くこと。

花子：なぜ，台風Z号は日本の東の海上を北へ移動したあと，勢力が衰えたのでしょうか。
先生：台風Z号が北へ移動したときの，海面の水温をもとに考えてみるとどうですか。
太郎：台風Z号が北へ移動すると，［　　　　　　　　　　］ために，台風の目のまわりをとりまいている積乱雲が少なくなったからではないでしょうか。
先生：そのとおりです。

受験番号

大分県公立高等学校

令和５年度（一次入試）

理　　科

（検査時間　9：30〜10：20）

注意事項

1．開始の合図で

◆　この問題用紙にはさんである解答用紙を取り出しなさい。

◆　解答用紙，問題用紙，下書き用紙の所定の欄に受験番号を書き入れなさい。

◆　解答はすべて解答用紙の所定の欄に書き入れなさい。

◆　問題文は10ページあり，その順序は 理１ ～ 理10 で示しています。
ページ漏れや印刷不鮮明などに気づいた場合には，手をあげなさい。

2．終了の合図で

◆　机の上に，下から順に問題用紙，下書き用紙，解答用紙を置きなさい。
解答用紙だけは裏返して置きなさい。

【1】 次の（1）～（4）の問いに答えなさい。

（1） 花子さんと太郎さんは，刺激に対するヒトの反応時間について調べるために，次の実験を行った。①～③の問いに答えなさい。

[1] ［図1］のように，花子さんはものさしの上端をつかみ，太郎さんはものさしの0の目盛りのところに親指と人差し指をそえて，いつでもつかめるようにし，目を閉じた。

[2] 花子さんは「はい」と声を出し，同時にものさしから手をはなした。

[3] ［図2］のように，「はい」の声を聞いたら，太郎さんは落ちるものさしをつかみ，ものさしの0の目盛りからどれくらいの距離でつかめたかを調べた。

[4] [1]～[3]を5回くり返した。

［表1］は，調べた結果をまとめたものである。

［図1］

［図2］

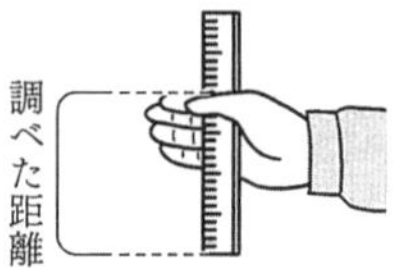

［表1］

	1回目	2回目	3回目	4回目	5回目
距離〔cm〕	14.7	15.5	17.8	16.5	15.5

① [3]で，太郎さんが「はい」の声を聞いてから落ちるものさしをつかむまでの，刺激の信号と命令の信号が伝わる経路として最も適当なものを，ア～オから1つ選び，記号を書きなさい。

ア 耳→手　　イ 耳→脳→手　　ウ 耳→脳→脊髄→手

エ 耳→脊髄→脳→手　　オ 耳→脊髄→手

② ［図3］はものさしが落ちる距離とものさしが落ちるのに要する時間の対応目盛りの一部である。［図3］を用いて，［表1］の調べた距離の平均から，「はい」の声を聞いてから落ちるものさしをつかむまでの，およその反応時間として最も適当なものを，ア～エから1つ選び，記号を書きなさい。

ア 0.17 秒　　イ 0.18 秒　　ウ 0.19 秒　　エ 0.20 秒

［図3］

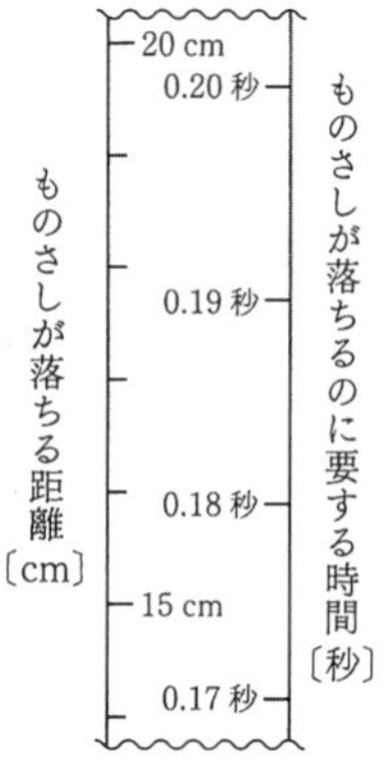

③ 刺激に対するヒトの反応について調べたところ，今回の実験での反応とは別に，反射という反応があることがわかった。反射の例として適当なものを，ア～オから**すべて**選び，記号を書きなさい。

ア 名前を呼ばれたので，返事をした。

イ 暗いところから明るいところに出たので，目のひとみが小さくなった。

ウ 地震の揺れを感じたので，机の下に隠れた。

エ 寒かったので，手に息を吹きかけた。

オ おにぎりを口に入れたので，だ液が出た。

（2） 月の動きについて調べた。①～③の問いに答えなさい。

[1] ある年の2月11日に，大分県のある場所で月が真南に見えた時刻を調べると，20時21分であった。

[2] 次の日の2月12日に，同じ場所で20時21分の月の位置を観察したところ，真南に見えなかった。

① ［図4］は月の写真である。月には海と呼ばれる黒い部分があり，この部分は玄武岩などの黒い岩石でできている。玄武岩の説明として最も適当なものを，ア～エから1つ選び，記号を書きなさい。

ア 深成岩で，斑状組織が見られる。　　イ 深成岩で，等粒状組織が見られる。

ウ 火山岩で，斑状組織が見られる。　　エ 火山岩で，等粒状組織が見られる。

［図4］

② ［図５］は，地球の北極側から見た地球の自転のようす，地球の公転軌道とそのようす，月の公転軌道を模式的に表したものである。また，［図６］は，日本のある場所で観察された皆既月食における月の見え方の変化を，デジタルカメラで同じ位置から撮影し，並べたものである。地球の自転の向き，地球の公転の向き，皆既月食における月の見え方の変化の向きの組み合わせとして最も適当なものを，ア～クから１つ選び，記号を書きなさい。

［図５］

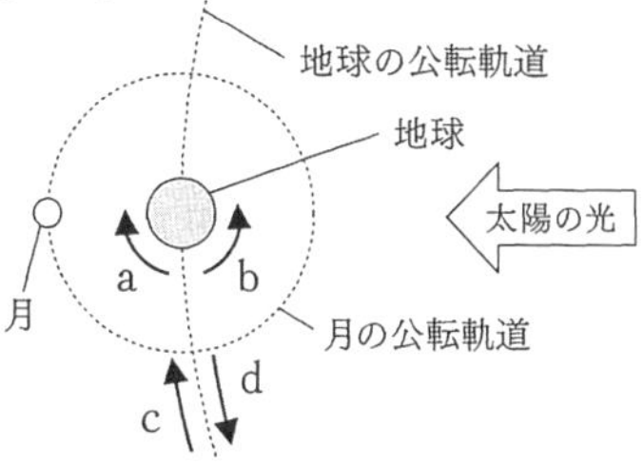

［図６］

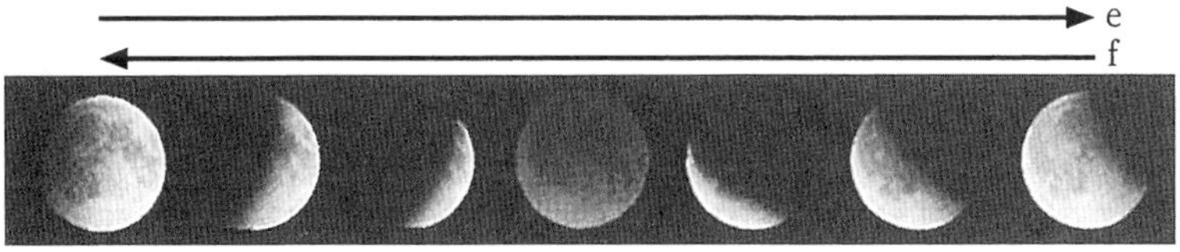

	ア	イ	ウ	エ	オ	カ	キ	ク
地球の自転の向き	a	a	a	a	b	b	b	b
地球の公転の向き	c	c	d	d	c	c	d	d
皆既月食における月の見え方の変化の向き	e	f	e	f	e	f	e	f

③ ２で，２月12日に観察すると，20時21分に見える月は真南から東に12°の位置に見えた。２月12日に月が真南に見える時刻を求めなさい。ただし，地球は自転により１時間当たりでは15°回転するものとする。また，２月１２日の２０時２１分から月が真南に見える時刻までの間は，月の公転の影響は考えないものとする。

（３） 花子さんは，「どれくらいの食塩水の濃さで，生卵が浮くだろうか」という疑問を持ち，次の実験を行った。①～③の問いに答えなさい。

１ ビーカーを用意し，20℃の水を200ｇ入れ，生卵を入れたところ，［図７］のように，生卵はビーカーの底に沈んだ。
２ １のビーカーに食塩を２ｇ入れ，ガラス棒でよくかき混ぜたところ，食塩はすべて溶け，生卵はビーカーの底に沈んだままだった。
３ ２の操作を，生卵がビーカーの食塩水に浮かぶまで繰り返した。その結果，溶けた食塩が28ｇになったとき，生卵がビーカーの食塩水に浮かんだ。

［図７］

① 食塩の主成分は塩化ナトリウムである。塩化ナトリウムは水に溶けると電離する。食塩水中での塩化ナトリウムの電離のようすを**化学反応式**で表しなさい。
② ３で，食塩が28ｇ溶けたとき，ビーカーの食塩水の質量パーセント濃度は何％か，四捨五入して**小数第一位まで**求めなさい。
③ ３の実験が終わった後，花子さんは先生と次の会話をした。（　ｇ　）に当てはまる語句として最も適当なものを，ア～エから１つ選び，記号を書きなさい。

花子：今回の実験で，沈んでいた生卵が浮かんだ理由は，食塩水の密度が，食塩水中の生卵の（　ｇ　）なったためですね。
先生：そのとおりです。

ア　質量より大きく　　イ　質量より小さく　　ウ　密度より大きく　　エ　密度より小さく

（4） 回路に流れる電流について調べた。①～③の問いに答えなさい。

[1] ［図8］の回路のように，電熱線P，Qを並列につなぎ，6Vの電源につなぎ，点X，Yの位置で電流の大きさI_X，I_Yをそれぞれ測定した。

［表2］は，その結果をまとめたものである。

［表2］

	I_X	I_Y
電流〔mA〕	800	600

［図8］

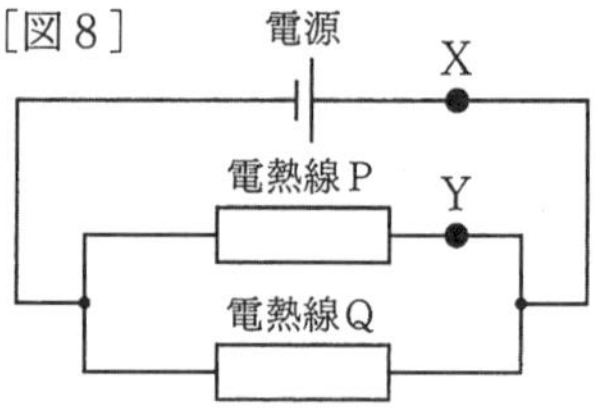

［図9］

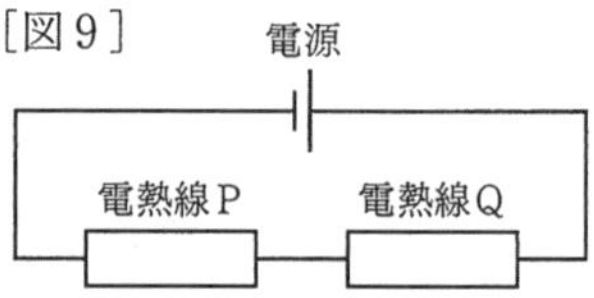

[2] ［図9］の回路のように，[1]と同じ電熱線P，Qを直列につなぎ，6Vの電源につないだ。

① [1]で，回路全体の抵抗の大きさは何Ωか，求めなさい。

② 次の文は[1]，[2]についてまとめたものである。（ h ），（ i ）に当てはまる語句の組み合わせとして最も適当なものを，ア～エから1つ選び，記号を書きなさい。また，（ j ）に当てはまる数値を求めなさい。

[1]の回路で消費電力が大きいのは電熱線（ h ）であり，[2]の回路で消費電力が大きいのは電熱線（ i ）である。[2]の回路で電熱線Qの消費電力は（ j ）Wとなる。

	ア	イ	ウ	エ
h	P	P	Q	Q
i	P	Q	P	Q

③ [2]で，3分間6Vの電源につないだとき，回路全体で消費された電力量は何Jか，求めなさい。

【2】 太郎さんは，津久見市が石灰石の生産量日本一であるということを知り，石灰石に興味をもち，次の実験を行った。（1）～（5）の問いに答えなさい。

[I] 石灰石と塩酸の反応について調べた。

[1] ［図1］のように，塩酸50mLを入れたビーカーを用意し，ビーカー全体の質量をはかったところ，103.98gであった。

[2] [1]のビーカーに石灰石0.50gを加えたところ，気体が発生した。

[3] 気体の発生が止まった後，ビーカー全体の質量をはかった。

[4] [3]のビーカーに，さらに石灰石0.50gを加え，気体の発生が止まった後，ビーカー全体の質量をはかった。

[5] [4]の操作を，加えた石灰石の質量の合計が2.50gになるまで繰り返した。

［表1］は，[2]～[5]の結果をまとめたものである。

［図1］

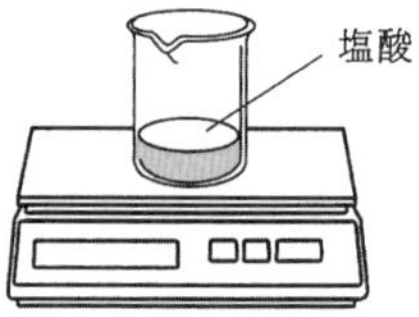

［表1］

加えた石灰石の質量の合計〔g〕	0.50	1.00	1.50	2.00	2.50
反応後のビーカー全体の質量〔g〕	104.28	104.58	104.88	105.18	105.68

（1） 石灰岩は，生物の死がいなどが海底に堆積してできるが，津久見市にある石灰石の鉱山は，海より高い場所にある。海底に堆積した地層を陸上で観察することができる理由を簡潔に書きなさい。

（2） [I]の結果から，加えた石灰石の質量の合計と発生した気体の質量の合計の関係を，グラフに表しなさい。

（3） Ⅰの後，太郎さんは先生と次の会話をした。①，②の問いに答えなさい。

太郎：気体が発生したのは，石灰石の主成分である炭酸カルシウムが，塩酸の溶質である塩化水素と反応したためですね。

先生：そうですね。しかし，石灰石には炭酸カルシウム以外も含まれていますね。石灰石の中に含まれている炭酸カルシウムの質量を調べるためには，どのような実験が考えられますか。

太郎：純粋な炭酸カルシウムを用いて，Ⅰと同様に塩酸と反応させる実験を行い，石灰石の場合と結果を比較することで調べることができると思います。

先生：そうですね。では，実験を行うとき，炭酸カルシウムも 2.50 g 必要ですか。

太郎：いいえ。石灰石 2.50 g に含まれている炭酸カルシウムと実験で用いた塩酸 50 mL の反応では（　a　）ため，準備する炭酸カルシウムは 2.50 g 必要ありません。

先生：そうですね。では，実験を行いましょう。

①（　a　）に当てはまる語句として最も適当なものを，ア～ウから1つ選び，記号を書きなさい。

ア　炭酸カルシウムはすべて反応するが，反応しなかった塩化水素は残っている

イ　塩化水素はすべて反応するが，反応しなかった炭酸カルシウムは残っている

ウ　炭酸カルシウムと塩化水素が互いに過不足なく反応し，炭酸カルシウムも塩化水素も残らない

②　次の化学反応式は，炭酸カルシウムと塩酸の反応を表したものである。（　b　）に当てはまる**数字**と，（　c　）に当てはまる**化学式**を書きなさい。

$CaCO_3$ ＋ （　b　）HCl → $CaCl_2$ ＋ H_2O ＋ （　c　）

Ⅱ　炭酸カルシウムと塩酸の反応について調べた。

6　新たにビーカーを用意し，1と同じ濃さの塩酸を 50 mL 入れ，ビーカー全体の質量をはかったところ，103.98 g であった。

7　6のビーカーに炭酸カルシウム 0.50 g を加えたところ，気体が発生した。

8　気体の発生が止まった後，ビーカー全体の質量をはかった。

9　8のビーカーに，さらに炭酸カルシウム 0.50 g を加え，気体の発生が止まった後，ビーカー全体の質量をはかった。

［表2］は，7～9の結果をまとめたものである。

［表2］

加えた炭酸カルシウムの質量の合計〔g〕	0.50	1.00
反応後のビーカー全体の質量〔g〕	104.26	104.54

（4） Ⅰ，Ⅱの結果から，Ⅰの石灰石 1.00 g に含まれている炭酸カルシウムは何 g か，四捨五入して**小数第二位まで**求めなさい。ただし，石灰石に含まれる炭酸カルシウムはすべて塩酸と反応するものとし，石灰石に含まれる物質で塩酸と反応する物質は炭酸カルシウムのみとする。

（5） 化学変化のときの原子の組み合わせや性質について述べたものとして最も適当なものを，ア～エから1つ選び，記号を書きなさい。

ア　化学変化の前後で，物質をつくる原子の組み合わせは変化しても，原子が新しくできたりなくなったりしない。

イ　化学変化の前後で，原子が新しくできたりなくなったりすることで，物質をつくる原子の組み合わせも変化する。

ウ　化学変化の前後で，物質をつくる原子の組み合わせは変化しないが，原子は新しくできたりなくなったりする。

エ　化学変化の前後で，原子が新しくできるがなくなりはせず，物質をつくる原子の組み合わせも変化しない。

【3】 花子さんと太郎さんは，タマネギの根の成長のようすを調べるために，次の観察を行った。（1）～（8）の問いに答えなさい。

[1] タマネギの根を先端から約5mmの位置で切り取った。

[2] 切り取った部分をうすい塩酸と酢酸カーミン液の混合液に入れ，しばらくおいた。

[3] [2]で混合液に入れた根をスライドガラスにのせ，カバーガラスをかぶせた。

[4] カバーガラスの上にろ紙をのせ，ずらさないように指の腹で垂直に押しつぶし，プレパラートを作成した。

[5] 作成したプレパラートを顕微鏡で観察した。
　［図1］は，そのとき観察された視野の一部をデジタルカメラで撮影したものである。

[6] [5]で観察した細胞のうち，特徴的ないくつかの細胞をスケッチした。
　［図2］のA～Fは，そのとき観察した，体細胞分裂の過程における各時期の細胞のスケッチである。

［図1］

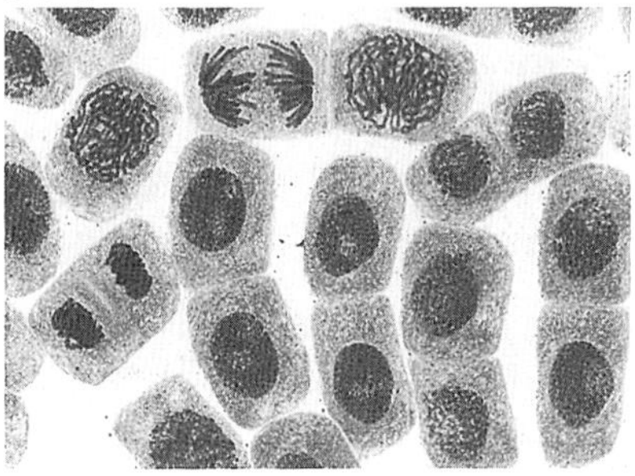

［図2］

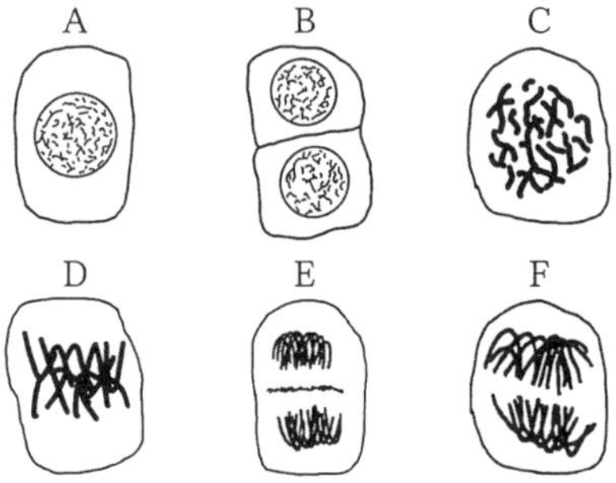

（1） タマネギは，ひげ根をもつ単子葉類である。単子葉類に分類されるものとして適当なものを，ア～オから**すべて**選び，記号を書きなさい。

ア　ユリ　　イ　エンドウ　　ウ　ソテツ　　エ　アブラナ　　オ　ツユクサ

（2） [2]で酢酸カーミン液を使う理由として最も適当なものを，ア～エから1つ選び，記号を書きなさい。

ア　体細胞分裂を促進するため。　　イ　細胞と細胞をはなれやすくするため。

ウ　細胞に栄養を与えるため。　　エ　核や染色体を染色するため。

（3） ［図2］のA～Fを体細胞分裂の進む順に並べるとどうなるか，Aを体細胞分裂のはじまり，Bを終わりとし，C～Fを体細胞分裂が進む順に並べて，記号を書きなさい。

（4） タマネギの体細胞分裂直後の1つの細胞にある染色体数は16本である。［図2］のFの状態にある1つの細胞にふくまれる染色体の本数は何本か，書きなさい。

受験番号

令和５年度（一次入試）

英　　　語

（検査時間　10：50～11：40）

注意事項

１．開始の合図で

◆　この問題用紙にはさんである解答用紙を取り出しなさい。

◆　解答用紙，問題用紙，下書き用紙の所定の欄に受験番号を書き入れなさい。

◆　解答はすべて解答用紙の所定の欄に書き入れなさい。

◆　問題文は10ページあり，その順序は 英１ ～ 英10 で示しています。
ページ漏れや印刷不鮮明などに気づいた場合には，手をあげなさい。

２．終了の合図で

◆　机の上に，下から順に問題用紙，下書き用紙，解答用紙を置きなさい。
解答用紙だけは裏返して置きなさい。

英 1

※教英出版注
音声は，解答集の書籍ＩＤ番号を教英出版ウェブサイトで入力して聴くことができます。

【1】 放送を聞いて答える問題

Ａ　1番，2番の対話を聞いて，それぞれの質問の答えとして最も適当なものを，ア～エから1つずつ選び，記号を書きなさい。

1番

ア

イ

ウ

エ

2番

ア　400 yen.

イ　500 yen.

ウ　600 yen.

エ　700 yen.

B　留守番電話に残された John のメッセージを聞いて，それに続く１番～３番の質問の答えとして最も適当なものを，ア～エから１つずつ選び，記号を書きなさい。

１番　ア　Because he must stay at home in the afternoon.
　　　イ　Because he must go shopping with his parents.
　　　ウ　Because he must take the train to go to the movie theater.
　　　エ　Because he must practice longer at the club activity.

２番　ア　11 : 00.
　　　イ　12 : 00.
　　　ウ　13 : 00.
　　　エ　14 : 00.

３番

ア
・Meet at school
↓
・See the movie
↓
・Play in the park

イ
・Meet at school
↓
・Go to the library
↓
・See the movie

ウ
・Meet at the station
↓
・See the movie
↓
・Play in the park

エ
・Meet at the station
↓
・Go to the library
↓
・See the movie

C　Hanako と Taro の対話を聞いて，それに続く１番～３番の質問の答えとして最も適当なものを，ア～エから１つずつ選び，記号を書きなさい。

１番　ア　Taro thinks he should have only one pet.
　　　イ　Taro thinks his pet is good for his health.
　　　ウ　Taro thinks he doesn't have any ways to save his pet.
　　　エ　Taro thinks giving food to his pet every day is hard.

２番　ア　Some people stop keeping their pets for some reasons.
　　　イ　Some people think that pets are members of their family.
　　　ウ　Some people understand that pets are important for people's minds.
　　　エ　Some people take their pets to the hospital when they are sick.

３番　ア　They hope everyone will walk alone every day.
　　　イ　They hope everyone will keep at least two cats.
　　　ウ　They hope everyone will have many kinds of pets.
　　　エ　They hope everyone will be kind to their pets.

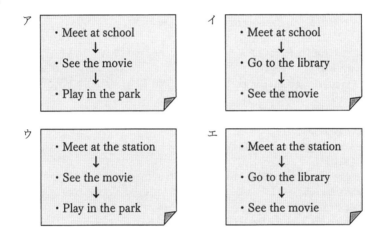

【2】 次のA，Bの各問いに答えなさい。

A 次の英文は，中学生のMikaとJiroが，英語の授業で，ホーバークラフト（空気の力で浮かび，地面でも水の上でも移動することができる乗り物）について，タブレット端末を使いながら話をしている場面のものです。英文を読み，（1）～（4）の問いに答えなさい。

Mika : Look at Picture A on my *tablet.
Jiro : Is it a ship?
Mika : It is a *hovercraft. Its shape looks (①) a ship, but it can go through both the sea and the *land. Look at Picture B. The hovercrafts in Oita stopped working in 2009, but they will work again. They will go from Oita city to Oita Airport.
Jiro : Really? I didn't know that.
Mika : You can go to Oita Airport in about 30 minutes.
Jiro : I think it's very useful.
Mika : If you go to Oita Airport by car, it takes about an hour. If you use a hovercraft, you can get to Oita Airport faster. So the hovercraft doesn't need a lot of (②).
Jiro : Well, we can arrive at Oita Airport from the land and the sea.
Mika : Jiro, there is ③another important thing about Oita Airport.
Jiro : What's that?
Mika : The way to space.
Jiro : Oh, yes. In the future, Oita Airport will become a *gateway to space.
Mika : That's right.
Jiro : One day, I want to travel to space from Oita Airport.
Mika : Sounds fun.
Jiro : Yes, it is exciting.
Mika : I think your dream is nice. I hope you can ④do it in the future.

Picture A

（「大分県ホームページ」より引用）

Picture B

（注） *tablet タブレット端末　　*hovercraft ホーバークラフト
*land 陸，陸地　　*gateway 玄関口

（1） (①) に入る最も適当なものを，ア～エから1つ選び，記号を書きなさい。
ア like　イ at　ウ for　エ around

（2） (②) に入る最も適当なものを，ア～エから1つ選び，記号を書きなさい。
ア food　イ light　ウ time　エ water

（3） 下線部③が表す内容として最も適当なものを，ア～エから1つ選び，記号を書きなさい。
ア It will take about 30 minutes by hovercraft to Oita Airport.
イ We can arrive at Oita Airport from the land and the sea.
ウ The hovercrafts in Oita will go from Oita city to Oita Airport.
エ Oita Airport will be used as the airport to space.

（4） 下線部④が表す内容になるように，[　　　　] に入る最も適当な連続する**英語6語**を，英文中から抜き出して書きなさい。

I hope you can [　　　　　　　　] in the future.

B　次の英文は，中学生の Tom と Hana が，VR（ゴーグルを装着して，仮想的な空間で，まるで現実のようにその世界を体験できる技術）を使ったイベントについて，ポスターを見ながら，話をしている場面のものです。ポスターおよび英文をもとにして，［　①　］～［　④　］に入る最も適当なものを，ア～キから１つずつ選び，記号を書きなさい。

Poster

VR Festival 2023 ～Feel and Enjoy the New World～

Date : May 3
(Wednesday・Holiday)
Place : Mejiron Building
Time : 13:00 ～ 15:00

13:00～14:00
*Lecture : What is VR?
14:10～15:00
Special Experience
- Travel Experience
- Sports Experience

Special Experience
○ Enjoy the new world!
・Travel Experience
You can visit many *sightseeing places.
・Sports Experience
You can practice tennis with famous players.

☆If you want to join, please send an e-mail to us.（mejiron ●●●@△△△）

（注）*lecture　講義　　　*sightseeing　観光

Tom : Look at this poster, Hana.　Have you ever heard about VR?
Hana : Yes, but I don't know much about VR.　Can you tell me more?
Tom : Well, it is hard for me to explain it.　［　①　］　It's interesting to learn about what VR is.
Hana : Yes, let's.
Tom : After that, we can join a "Special Experience".　There are two experiences.　Which one are you interested in?
Hana : ［　②　］　It'll be fun to practice tennis with famous players.　How about you?
Tom : I will choose the "Travel Experience".　［　③　］
Hana : How interesting!　What should we do to join this event?
Tom : ［　④　］
Hana : Let's do it soon.　I'm looking forward to this event.

ア　How can we get to Mejiron Building?
イ　I want to join the "Sports Experience".
ウ　We must call to the office to buy tickets.
エ　Shall we join this lecture together?
オ　On May 3, I'll be free in the morning.
カ　We have to send an e-mail.
キ　I want to visit famous places in the world.

【3】 次のA，Bの各問いに答えなさい。

A 外国の文化を学ぶことのよさについて，次の**条件**にしたがって，あなたの考えを英語で書きなさい。

条件

1 **主語と動詞を含む10語以上の英語**で書くこと。

2 英文の数はいくつでもよい。

3 短縮形（I'm など）は1語として数えることとし，ピリオド，コンマなどの符号は語数に含めないこと。

査問題B	Hello. This is John speaking. I'm sorry, but I want to change tomorrow's plan. My club activity is going to be long, so I can't meet you at the station at 12 o'clock. Is it OK to meet you at school one hour later and see the movie at 2 o'clock in the afternoon? We cannot go to the library before the movie. But let's play soccer in the park after the movie. それでは，質問を１回ずつ読みます。 １番　Why does John want to change the time to meet? ２番　What time does John want to meet in his message? ３番　Which is John's new plan in his message? もう１度繰り返します。　（英文と質問の繰り返し）
検査問題C	次は C の問題です。花子と太郎の対話を聞いて，それに続く１番～３番の質問の答えとして最も適当なものを，ア～エから１つずつ選び，記号を書きなさい。なお，対話と質問は通して２回繰り返します。それでは，始めます。
	Hanako : I have two cats. They're so cute. I enjoy living with them. They always make me happy. Living with pets is good for people's minds. **Taro** : I take a walk with my dog every day and play in the park. Living with pets is good for our health. **Hanako** : I heard some sad news about having pets. Some people give up keeping their pets. **Taro** : I'm sorry to hear that. I think pets are members of our family. We should give food to them and take them to the hospital when they are sick. Hanako : You are right. We should try to do the things our pets need when we live together. Taro : I think so, too. それでは，質問を１回ずつ読みます。 １番　What does Taro think about his pet? ２番　What news did Hanako hear? ３番　What do Hanako and Taro hope? もう１度繰り返します。　（対話と質問の繰り返し）
	以上で，リスニングテストを終わります。ひき続いてあとの問題に移りなさい。

放送時間　（ ９分００秒）

査問題B	Hello. This is John speaking. I'm sorry, but I want to change tomorrow's plan. My club activity is going to be long, so I can't meet you at the station at 12 o'clock. Is it OK to meet you at school one hour later and see the movie at 2 o'clock in the afternoon? We cannot go to the library before the movie. But let's play soccer in the park after the movie. それでは，質問を１回ずつ読みます。 １番　Why does John want to change the time to meet? ２番　What time does John want to meet in his message? ３番　Which is John's new plan in his message? もう１度繰り返します。　（英文と質問の繰り返し）
検査問題C	次は C の問題です。花子と太郎の対話を聞いて，それに続く１番～３番の質問の答えとして最も適当なものを，ア～エから１つずつ選び，記号を書きなさい。なお，対話と質問は通して２回繰り返します。それでは，始めます。 Hanako : I have two cats. They're so cute. I enjoy living with them. They always make me happy. Living with pets is good for people's minds. **Taro** : I take a walk with my dog every day and play in the park. Living with pets is good for our health. **Hanako** : I heard some sad news about having pets. Some people give up keeping their pets. **Taro** : I'm sorry to hear that. I think pets are members of our family. We should give food to them and take them to the hospital when they are sick. Hanako : You are right. We should try to do the things our pets need when we live together. Taro : I think so, too. それでは，質問を１回ずつ読みます。 １番　What does Taro think about his pet? ２番　What news did Hanako hear? ３番　What do Hanako and Taro hope? もう１度繰り返します。　（対話と質問の繰り返し）
	以上で，リスニングテストを終わります。ひき続いてあとの問題に移りなさい。

放送時間　（９分００秒）

盤なのである。

　では生存に必要な稲や小麦、ウシやブタ、綿やスギなど最小限の生き物がいれば済むのだろうか。寒かったり干ばつになったりと環境が変化したとき、少数の種しかいない生態系はもろい。しかし、寒さや干ばつに強いなどの多様性があればその生態系は安定している。生物多様性は人間生活の安全性の長期的な保証につながっている。

　人間に都合のよい種だけにすることはどこかでしっぺ返しをくらう。例えば広葉樹はすぐに役立たないからといってすべて切り倒し、建築・製紙用材になるスギやヒノキなどの針葉樹のみにした場合、森林の保水力が落ち水害につながることがある。水源が荒れると安全な飲み水が確保できなくなる。

　また、生物相互のバランスを無視して限られた種だけにすると、被害が拡大しやすくなる。例えば一面リンゴ畑にして昆虫などを農薬で殺した場合、リンゴの害虫が大発生してしまうケースがある。いろいろな植物、それを食べる昆虫、さらにそれを食べる昆虫など多様な生き物が地域に存在していれば、リンゴは少し食べられてしまうかもしれないが、害虫の大発生は抑制できる。つまり多様な種が生存している環境は、変化に強く安定した環境といえる。

　さらに「人間にとって有用な価値を持つ」点も重要だ。人間はいろいろな農作物、家畜、魚などを食品として利用している。味や香りがそれぞれ違う果物

〔※本ページ下段に続く〕

を季節に応じて味わうこともできる。食べるだけでなく工業材料や医薬品にも活用している。途上国の多くでは木材や家畜のフンは貴重な燃料となっている。医療でも様々な生き物が多くの漢方薬として役立っているほか、アオカビから抗生物質のペニシリンが生まれたのはよく知られている。

　また、散歩やハイキング、登山などで多様な生き物が息づく自然に親しむことで、ストレスに疲れた精神を落ち着かせ、明日への活力となる。

　「豊かな文化の源」となっている点も忘れてならない。他の動物を捕獲したり、植物を採取するために工夫することで人間は知恵をつけ、文化を育ててきた。例えば魚の種類によって漁獲方法はそれぞれ違うし、生では食べられない植物も煮たりアク取りすることで食用になる。こうした知恵が積み重なって文化の基礎となったといえる。

　また、春に野の花が咲いているのを見たり、秋に赤トンボが飛ぶのを見て季節を実感する。野の花やトンボを食べることはないけれど、それによって豊かな感性や季節感が養われる。

　そうした感性から短歌や俳句、音楽、絵画などの芸術が生まれ、人間生活を豊かにしている。

（環境省「いのちはつながっている　生物多様性を考えよう」から
……一部表記を改めている。）

問一　――線①について、Aさんのクラスでは「生物多様性はなぜ大事なのか。」という課題を設定し、**【文章一】**の内容を次のように**【ノートの一部】**にまとめた。これを読んで、後の(1)～(3)に答えなさい。

【ノートの一部】

課題　生物多様性はなぜ大事なのか。

○　アメリカの生態学者ティルマンの実験

〔実験結果から〕　生物多様性が高いメリット① → 　Ⅰ　、草原全体は安定することができる。

〔補　足〕　生物多様性が高いメリット② → 　Ⅱ　ことで、環境に　Ⅲ　が起きても、草原全体は安定することができる。

(1)　Ⅰ　に当てはまる言葉を、**【文章一】**中の言葉を使って、**四十字以上四十五字以内**で書きなさい。

(2)　Ⅱ　に当てはまる言葉として最も適当なものを、**【文章一】**中から**七字**で抜き出して書きなさい。

(3)　Ⅲ　に当てはまる言葉として最も適当なものを、**【文章一】**中から**七字**で抜き出して書きなさい。

問二　**【文章二】**の論理の展開の仕方について説明したものとして最も適当なものを、次の**ア**〜**エ**のうちから一つ選び、その記号を書きなさい。

ア　生物多様性が私たちの生活をどのように支えているかということについて、筆者の考えを植物、動物の種類ごとに具体的な事実を挙げて説明している。

イ　人間が他の生物を食品や医薬品として活用してきた事実を複数示し、最後には生物多様性に関する筆者の考えについて文章全体を総括している。

ウ　生物多様性が私たちの文化にどのように影響を与えているかという問いに対して、具体的な事例を根拠にしながら、筆者の考えを説明している。

エ　生物多様性が人間の生存に欠かせないものであることを示した上で、どのように人間の生活を支えているかについて複数の視点から述べている。

問三　Aさんたちの班は、**【文章一】**と**【文章二】**を読んで生物多様性について次のように意見を交わした。これを読んで、後の(1)、(2)に答えなさい。

Aさん—私は、**【文章一】**と**【文章二】**では、どちらも生物多様性を守っていくことが必要だという考えを述べていると思いました。しかし、**【文章一】**の実験結果に基づいた説明の方が納得できたように感じます。Bさんはどう思いましたか。

Bさん—私は二つの文章では生物多様性を守る理由の示され方が異なっていると思いました。私はこれまで自然は守らなければならないという漠然としたイメージから生物多様性について考えていました。しかし、今回**【文章一】**と**【文章二】**を読んで、様々な点から生物多様性の重要性について考えていくことが大切なのだと感じました。

Aさん—Bさんの言うとおり、改めて読みかえすと**【文章一】**と**【文章二】**ではなぜ生物多様性が大事なのかという理由が異なっていますね。

Bさん—はい。私は、**【文章一】**を読んだ後に**【文章二】**を読んだのですが、二つの文章を読むことで気づかされることがありました。それは、生物多様性は［Ⅳ］ということです。今回の学習を通して、私は生物多様性を守るためにも、自分に何ができるのかを考えていきたいと思いました。

(1)　会話中の〜〜〜線について、**【文章一】**と**【文章二】**の生物多様性を守る理由の示され方の違いを述べたものとして最も適当なものを、次の**ア**〜**エ**のうちから一つ選び、その記号を書きなさい。

ア　**【文章一】**では生態系の多様性について理由が示されているのに対し、**【文章二】**では遺伝的な多様性について理由が示されている。

イ　**【文章一】**では疑問を検証する方法で理由が一つ示されているのに対し、**【文章二】**では視点を一つに絞った形で理由が示されている。

ウ　**【文章一】**では自然への影響という点から理由が示されているのに対し、**【文章二】**では人間への影響という点から理由が示されている。

エ　**【文章一】**では歴史的な観点から理由が示されているのに対し、**【文章二】**では将来的な活用の展望という観点から理由が示されている。

(2)　［Ⅳ］に当てはまる言葉として最も適当なものを、次の**ア**〜**エ**のうちから一つ選び、その記号を書きなさい。

ア　人間以外の生物の生産性を守るために必要なのではなく、人間以外で構成される全ての生物のつながりを守るために必要である

イ　生物が生息する豊かな環境を保全するために必要なのではなく、人間の生存に必要な最小限の生物を保護するためのものである

ウ　環境への影響を最小限におさえるために必要なのではなく、私たちの感性を豊かにすることによってのみ維持されるものである

エ　草原を長期にわたって安定させるためだけに必要なのではなく、私たちの生活を豊かで活力あるものにするためにも必要である

【四】 次の文章を読んで、後の**問一**～**問三**に答えなさい。なお、答えに字数制限がある場合は、句読点や「 」などの記号も一字と数えなさい。

今は昔、*隠題《かくしだい》をいみじく興ぜさせ給ひける帝《みかど》の（たいそうおもしろがっておられた帝が）、*ひちりきをよませられけるに、人々わろくよみたりけるに、*木こる童《わらは》の、*暁《あかつき》、山へ行くとていひける、「このごろ、ひちりきをよませさせ給ふなるを、人のえよみ給はざんなる（人々がどうしてもおよみになれないということだ）。*童《わらは》こそよみたれ。」と①いひければ、具して行く童部《わらはべ》（一緒に行く少年が）、「あな、おほけな。かかる事ないひそ（ああ、おそれ多い。そんなことを言うな）。様にも似ず。いまいまし。」といひければ、「などか（どうして）、必ず様に似る事か。」とて、

めぐりくる春々ごとにさくら花いくたびちりき人に問はばや（春が巡り来るたびごとに、桜の花が何度散ったことか、誰かに聞いてみたいものだ）

といひたりける。様にも似ず、思ひかけずぞ。

（「宇治拾遺物語」から……一部表記を改めている。）

（注）＊隠題——和歌で題として出した事物の名称を、内容と直接かかわりのない形で、それとはわからないように歌の中によみこむ技法。
＊ひちりき——雅楽に使う管楽器のひとつ。

＊木こる童——林業に従事することで生計を立てている少年。
＊暁——夜明け前のまだ暗い時分。
＊童——ここでは「木こる童」を指す。

〔※本ページ下段に続く〕

問一 〰〰線を**現代かなづかい**になおし、**ひらがな**で書きなさい。

問二 ——線①の主語として最も適当なものを、次の**ア**～**エ**のうちから一つ選び、その記号を書きなさい。

ア 帝　**イ** 木こる童　**ウ** 具して行く童部　**エ** 作者

問三 Aさんの班では、本文を読んだ感想について次のように意見を交わした。これを読んで、後の(1)～(4)に答えなさい。

Aさん—本文中には「様にも似ず」という言葉が二度出てきていますね。
Bさん—一度目の「様にも似ず」は「具して行く童部」が「木こる童」に対して[Ⅰ]な発言を求めているものです。これは、「木こる童」が[Ⅱ]と主張したことを受けてのものだと思います。
Aさん—二人の考え方の違いが表れているやりとりだとわかりました。二度目の「様にも似ず」は作者の感想の一部ですよね。こちらはどのような気持ちが表れているのでしょうか。
Bさん—直前の和歌の[Ⅲ]句目に帝が隠題として出した事物がよみこまれています。和歌自体もすばらしいですね。
Aさん—なるほど。それでは二度目の「様にも似ず」には和歌をよんだ者に対して[Ⅳ]する気持ちが表れていると言えそうですね。

(1) [Ⅰ]に当てはまる言葉として最も適当なものを、次の**ア**～**エ**のうちから一つ選び、その記号を書きなさい。

ア 分相応　**イ** 高姿勢　**ウ** 意固地　**エ** 不条理

(2) [Ⅱ]に当てはまる言葉を、**十五字以上二十字以内**の**現代語**で書きなさい。

(3) [Ⅲ]に当てはまる**漢数字一字**を書きなさい。

(4) [Ⅳ]に当てはまる言葉として最も適当なものを、次の**ア**～**エ**のうちから一つ選び、その記号を書きなさい。

ア 侮蔑　**イ** 憤慨　**ウ** 共感　**エ** 感嘆

【五】　Ｍ中学校の図書委員会は読書に対する意識を高めるためビブリオバトルを企画し、その聴衆（参加者）を募集しようと考えている。図書委員会では**【新聞記事】**を参考にして、**【読み手の設定】**を行い、**【ポスターA】**、**【ポスターB】**の二種類の案を作成した。これらを読んで、後の問一～問三に答えなさい。なお、答えに字数制限がある場合は、句読点や「　」などの記号も一字と数えなさい。

【新聞記事】

お詫び
著作権上の都合により、文章は掲載しておりません。
ご不便をおかけし、誠に申し訳ございません。
教英出版

（「大分合同新聞 2022 年 5 月 31 日付 GX PRESS」を基に作成）

【読み手の設定】

Ｍ中学校２年生でテニス部に所属している。日ごろはなかなか読書の時間がとれていないが、もともと本を読むことは好きで、良い本に出会うきっかけを探している。学校生活をより充実したものにするために興味を持った学校行事には積極的に参加するタイプである。ただし、ビブリオバトルについてはあまりわかっていない。

【ポスターA】

見てくれ、
熱い戦いを！

ビブリオバトルに参加してみませんか？
6月24日（金）
15時～16時の1時間です！
図書館で待ってます！
初めての方、大歓迎！

※ビブリオバトルとは？
おすすめの本を紹介し、聴衆全員でチャンプ本（一番読みたくなった本）を決める、ゲーム感覚を取り入れたスタイルの書評合戦です。

【ポスターB】

良書発見

知的書評合戦
「ビブリオバトル」

良い本は私の人生におけるイベントである。
——スタンダール（フランスの小説家）

六月二十四日（金）
十五時　図書館にて開催

問一 【新聞記事】中の「ペルソナ」の説明として**最も適当なもの**を、次の**ア～エ**のうちから一つ選び、その記号を書きなさい。

ア 架空のターゲット像を想定する際の年齢や趣味などの項目。
イ 自社の情報を提供するために焦点化して仮に設定した人物像。
ウ 既存の顧客に提供することを想定して開発した新規商品。
エ 幅広い層へ向けて商品情報を発信するための抽象的な顧客像。

問二 【ポスターA】または【ポスターB】の表現の工夫と効果について説明したものとして**適当でないもの**を、次の**ア～エ**のうちから一つ選び、その記号を書きなさい。

ア 【ポスターA】はキャッチコピーに倒置法を用いることで、述べたい内容を強調する効果がある。
イ 【ポスターA】は全体的に話し言葉を多く用いることで、内容をより直感的に伝える効果がある。
ウ 【ポスターB】は熟語を多く用いることで、少ない語数でより多くの内容を伝達する効果がある。
エ 【ポスターB】には直喩に加えて体言止めを用いることで、伝える内容を印象づける効果がある。

問三 あなたは図書委員として、【読み手の設定】を前提として作成したポスターに、ビブリオバトルへ参加してもらうためのどのような効果があるかを考えている。【読み手の設定】の中であなたが着目した特徴を一つ取り上げ、その特徴とつながる表現を【ポスターA】または【ポスターB】の中から示し、その表現が参加を促すためにどのような効果をもたらすと考えるかを、次の条件に従って書きなさい。

条件

・着目した特徴とつながる表現は【ポスターA】または【ポスターB】の**いずれか一方**から挙げること。
・**常体**（「だ・である」）で、**八十字以上百二十字以内**で書くこと。
・一行目の一マス目から書き始め、**行は改めない**こと。

受験番号

令和５年度（一次入試）

社　　会

（検査時間　14：00～14：50）

注意事項

1．開始の合図で

◆　この問題用紙にはさんである解答用紙を取り出しなさい。

◆　解答用紙，問題用紙，下書き用紙の所定の欄に受験番号を書き入れなさい。

◆　解答はすべて解答用紙の所定の欄に書き入れなさい。

◆　問題文は10ページあり，その順序は 社１ ～ 社10 で示しています。
ページ漏れや印刷不鮮明などに気づいた場合には，手をあげなさい。

2．終了の合図で

◆　机の上に，下から順に問題用紙，下書き用紙，解答用紙を置きなさい。
解答用紙だけは裏返して置きなさい。

【1】 花子さんと太郎さんは，それぞれ関心を持った課題を題材に，関連する語句をつなげた図を作成した。(1)，(2)の問いに答えなさい。

(1) **資料1**は花子さんが「日本と世界の人口問題」を題材に作成した図である。①～④の問いに答えなさい。

資料1

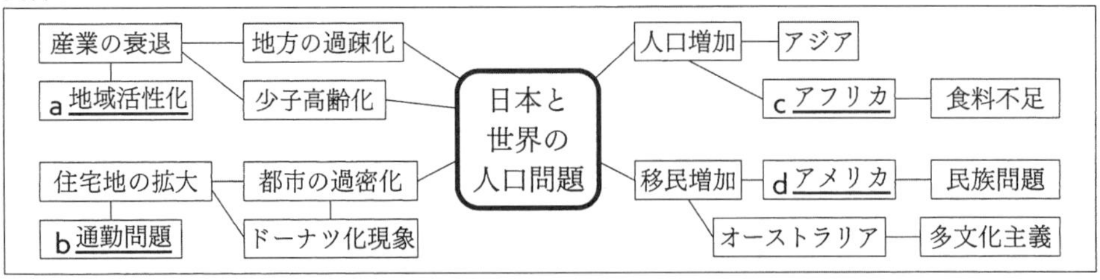

① **下線部a**に関連して，地域活性化の取り組みについて述べた文として**適当でないもの**を，ア～エから1つ選び，記号を書きなさい。

ア　北海道地方では，雪が多いという自然環境の特色を生かして，季節が逆になるオーストラリアなど外国からのスキー客を増やす取り組みを行っている。

イ　東北地方では，青森ねぶた祭や仙台七夕まつり，秋田竿燈《かんとう》まつりなどの伝統行事を生かして，観光客の誘致を進めている。

ウ　北陸地方では，雪に閉ざされる長い冬の期間の副業として発達してきた小千谷ちぢみなどの工芸品を生かして，地場産業の活性化を進めている。

エ　四国地方では，香川県，愛媛県，高知県と本州の間に開通した3つの本州四国連絡橋により輸送の利便性が向上したことを生かして，企業の誘致を行っている。

② **下線部b**に関連して，**資料2**中のア～エは，埼玉県，愛知県，大阪府，大分県のいずれかの2015年の昼夜間人口比率(夜間人口100人当たりの昼間人口の割合)を示したものである。大分県のものとして最も適当なものを，ア～エから1つ選び，記号を書きなさい。

資料2

	昼夜間人口比率
ア	104.6
イ	99.9
ウ	101.4
エ	87.4

(「総務省統計局ホームページ」より作成)

③ **下線部c**に関連して，次はアフリカの人口増加について述べた文である。文中の［ A ］に当てはまる内容を書きなさい。

アフリカでは1960年代以降，［ A ］によって死亡率が大幅に低下した。しかし，出生率は高いままであったため，人口が著しく増加することとなった。

④ **下線部d**に関連して，アメリカにおける2020年の州別に見た人口構成について，**資料3**中のB～Dはヒスパニックの人々が20%以上の州，アジア系の人々が7%以上の州，アフリカ系の人々が20%以上の州のいずれかを示したものである。B～Dの語句の組み合わせとして最も適当なものを，ア～カから1つ選び，記号を書きなさい。

資料3

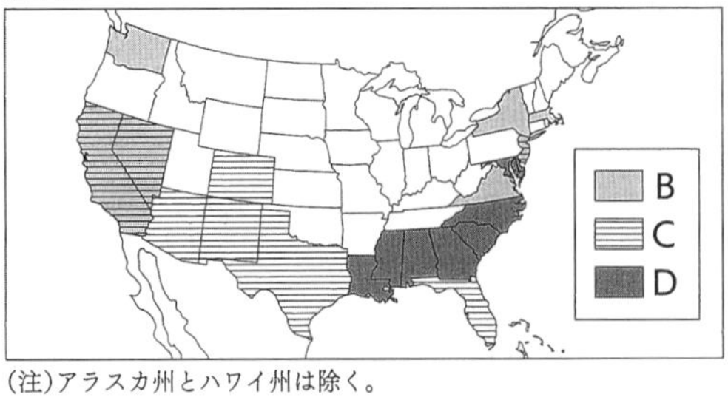

(注)アラスカ州とハワイ州は除く。

(「データブック オブ・ザ・ワールド2022」より作成)

	B	C	D
ア	ヒスパニック	アジア系	アフリカ系
イ	ヒスパニック	アフリカ系	アジア系
ウ	アジア系	ヒスパニック	アフリカ系
エ	アジア系	アフリカ系	ヒスパニック
オ	アフリカ系	ヒスパニック	アジア系
カ	アフリカ系	アジア系	ヒスパニック

⑵　**資料４**は太郎さんが「日本の貿易問題」を題材に作成した図である。①～④の問いに答えなさい。

資料４

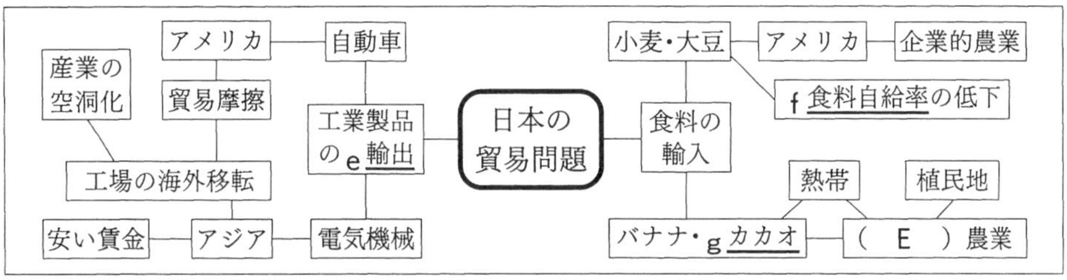

①　**資料４**中の（　E　）に当てはまる語句を，**カタカナ**で書きなさい。

②　**下線部e**に関連して，**資料５**中のア～エは千葉港，東京港，名古屋港，成田国際空港のいずれかの輸出額の品目別割合上位３品目(2020年)を示したものである。東京港のものとして最も適当なものを，ア～エから１つ選び，記号を書きなさい。

資料５

	ア		イ		ウ		エ	
	品目	%	品目	%	品目	%	品目	%
1位	自動車部品	5.8	自動車	24.6	半導体等製造装置	8.4	石油製品	20.8
2位	半導体等製造装置	5.2	自動車部品	16.6	金(非貨幣用)	7.6	鉄鋼	20.7
3位	コンピュータ部品	5.1	内燃機関	4.1	科学光学機器	5.5	有機化合物	18.4

（「日本国勢図会2022/23」より作成）

③　**下線部f**に関連して，**資料６**中の**F**～**H**は日本の小麦，野菜，果実のいずれかの食料自給率の推移を示したものである。**F**～**H**の語句の組み合わせとして最も適当なものを，ア～カから１つ選び，記号を書きなさい。

資料６

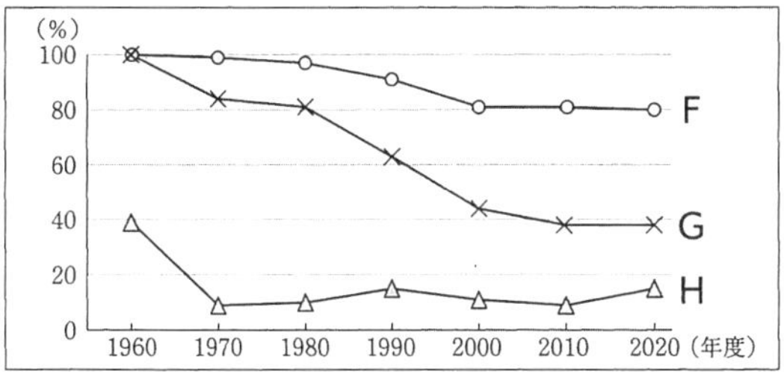

（「データブック オブ・ザ・ワールド2022」他より作成）

	F	G	H
ア	小麦	野菜	果実
イ	小麦	果実	野菜
ウ	野菜	小麦	果実
エ	野菜	果実	小麦
オ	果実	小麦	野菜
カ	果実	野菜	小麦

④　**下線部g**に関連して，**資料７**はチョコレートの原料生産から製品販売までの過程を，**資料８**はチョコレートの店頭販売価格における利益の内訳を示したものである。原料生産国における問題点を，**資料７**，**資料８**を参考にして書きなさい。

資料７

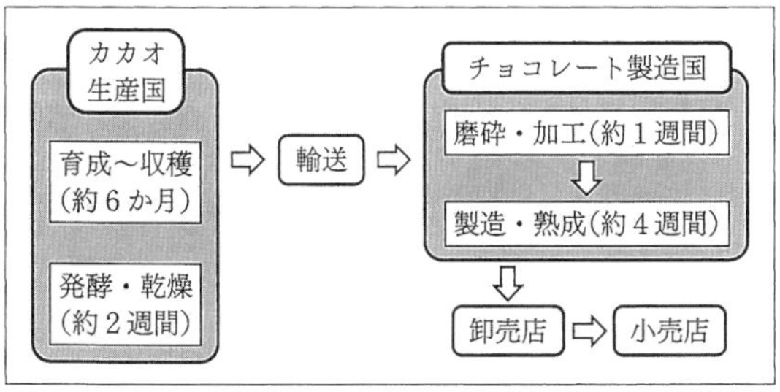

（「日本チョコレート・ココア協会ホームページ」他より作成）

資料８

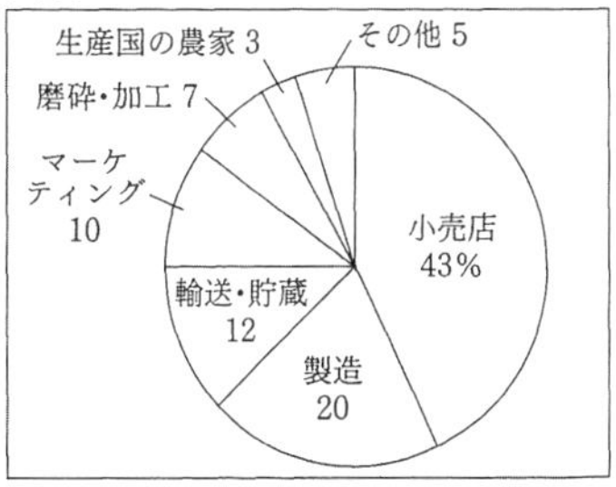

（「CNNホームページ」より作成）

【2】 太郎さんは，2022年が日中国交正常化50周年であることを知り，日本と中国との歴史上の関わりを**資料1**にまとめた。⑴～⑾の問いに答えなさい。

資料1

日本の時代	関連することがら
古代	・a 倭からたびたび中国に使いを送る ・菅原道真の提案によりb 遣唐使の派遣を停止する
c 中世	・d 元寇が起きる ・明がe 倭寇の取り締まりを要求する
近世	・f 豊臣秀吉が明の征服を目指して朝鮮に軍を派遣する ・g 鎖国体制の中で長崎に唐人屋敷を置く
i 近代	・h 日清戦争が起きる ・j 満州事変が起きる
現代	・k 日中国交正常化が実現する

⑴ **下線部a**に関連して，**資料2**中のア～ウは中国で書かれた歴史書の部分要約である。ア～ウを，年代の古いものから順に並べて，記号を書きなさい。

資料2

ア
倭の奴国が後漢に朝貢したので，光武帝は印綬《いんじゅ》をおくった。桓帝と霊帝のころ，倭は大いに乱れ，長い間代表者が定まらなかった。

イ
楽浪郡の海のかなたに倭人がいて，100以上の国をつくっており，なかには定期的に漢に朝貢する国もある。

ウ
もともと男性の王が治めていたが，倭国が乱れ，何年も争い合うようになると，女性の卑弥呼を王とした。卑弥呼はまじないによって人々をうまく従えた。

⑵ **下線部b**に関連して，遣唐使の派遣を停止した理由の1つに「往復が危険であるから」ということが挙げられる。それ以外の理由を，**10字以内**で書きなさい。

⑶ **下線部c**に関連して，中世に起きた戦乱の1つである承久の乱について述べた文として最も適当なものを，ア～エから1つ選び，記号を書きなさい。

ア　全国の武士が北朝と南朝の勢力に分かれて争っていたが，足利氏が南北朝を統一して収束した。
イ　将軍の後継ぎ問題をめぐって有力な守護大名が対立し，戦乱により幕府の影響力は弱まった。
ウ　上皇の政権内で勢力争いが起こり，平氏が源氏を破って勢力を拡大した。
エ　上皇が幕府を倒そうと兵を挙げたが，幕府は大軍を送って上皇の軍を破った。

⑷ **下線部d**に関連して，元寇に対処した幕府の執権の人物名を，**漢字**で書きなさい。

⑸ **下線部e**に関連して，倭寇対策に関する資料として最も適当なものを，ア～エから1つ選び，記号を書きなさい。

ア
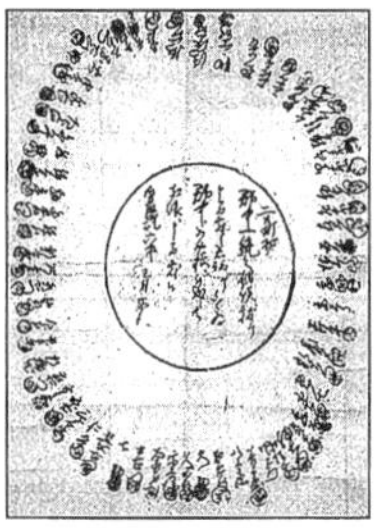

イ
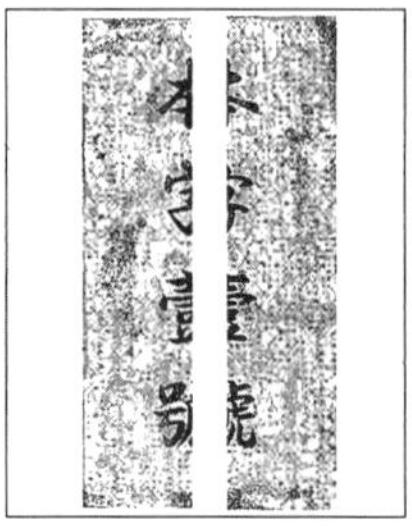

ウ

エ

(6) **下線部f**に関連して，豊臣秀吉の政策について述べた文として**適当でないもの**を，ア～エから1つ選び，記号を書きなさい。

ア　権力の大きさを示すため，雄大な天守を持つ大阪城を築いた。
イ　一揆を防ぐため，百姓が刀などの武器を持つことを禁止した。
ウ　キリスト教を禁止するため，南蛮貿易を停止し宣教師を国外に追放した。
エ　年貢を確実に集めるため，地域によって異なっていたものさしやますを統一した。

(7) **下線部g**に関連して，**資料3**は鎖国体制の中で起きたある出来事についての狂歌である。どのような出来事を詠んだものか，**人物名**を含めて書きなさい。

資料3

泰平の 眠気をさます 上喜撰《じょうきせん》 たった四杯《しはい》で 夜も寝られず

(8) **下線部h**に関連して，下関条約の内容及び条約締結後の出来事について述べた文A，Bの正誤の組み合わせとして最も適当なものを，ア～エから1つ選び，記号を書きなさい。

A　下関条約によって，清が朝鮮の独立を認め，日本に賠償金を支払うことなどが決められた。

B　下関条約が結ばれた直後，ロシアはドイツやフランスとともに山東半島の返還を日本に求めた。

	A	B
ア	正	正
イ	正	誤
ウ	誤	正
エ	誤	誤

(9) **下線部i**に関連して，**資料4**は1917年に兵器工場で働くイギリス人女性の写真であり，**資料5**はイギリス，ドイツ，アメリカの女性の選挙権が認められた年を示したものである。**資料5**中の国々で女性の選挙権が認められた理由を，**資料4**，**資料5**を参考にして書きなさい。

資料4

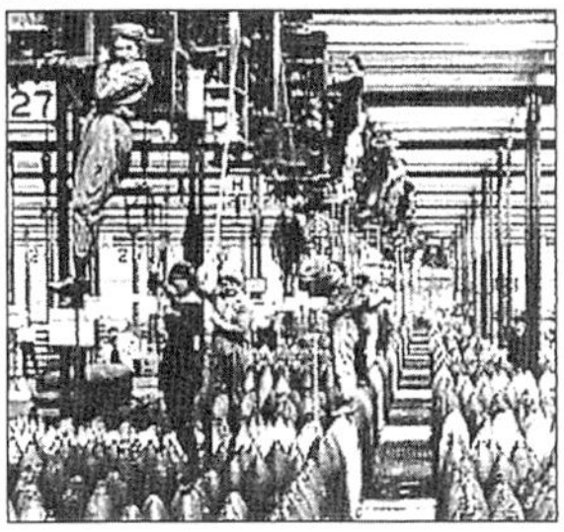

資料5

国名	年
イギリス	1918
ドイツ	1919
アメリカ	1920

(10) **下線部j**に関連して，満州事変のきっかけとなった事件が起きた場所として最も適当なものを，**略地図**中のア～エから1つ選び，記号を書きなさい。

略地図

(11) **下線部k**に関連して，次は日中国交正常化について述べた文である。文中の（　C　）に当てはまる語句を，**漢字**で書きなさい。

日本は田中角栄内閣の時に（　C　）を調印し，中華人民共和国が中国の唯一の合法政府であることを認めて，国交を正常化した。

【3】 公民的分野について，(1)〜(7)の問いに答えなさい。

(1) **資料1**は参議院議員選挙制度の変遷をまとめたものである。①〜③の問いに答えなさい。

資料1

年	主な内容
1946	日本国憲法を公布し，参議院議員の任期を6年と定める
1947	参議院議員選挙法を制定し，議員定数を250人と定める
1970	2年後の［　A　］に向けて，議員定数を2人増員し252人とする
2000	一票の格差是正などを理由として，議員定数を10人減員し242人とする
2018	一票の格差是正などを理由として，議員定数を6人増員し248人とする

（「参議院ホームページ」より作成）

① **資料1**中の下線部に関連して，日本国憲法は立憲主義に基づいている。立憲主義とはどのような考え方か，「**権力**」と「**権利**」の2つの語句を用いて書きなさい。

② **資料1**中の［　A　］に当てはまる内容を書きなさい。

③ 次は現在の参議院議員選挙制度について述べた文である。文中の（　B　）に当てはまる語句を，**漢字**で書きなさい。

> 現在の参議院議員選挙制度は，1つまたは2つの都道府県を単位とする選挙区制と，全国を1つの選挙区とする（　B　）制を組み合わせており，3年ごとに議員定数の半分を改選する。

(2) **資料2**は障害者差別解消法について述べた文である。**資料2**中の（　C　）に当てはまる語句を書きなさい。

資料2

障害者差別解消法は，障がいのある人への不当な差別的取扱いの禁止と（　C　）の提供を目指すものである。（　C　）とは，右のイラストのように障がいのある人の求めに応じて，公的機関や企業が可能な範囲で対応することをいう。

意思を伝え合うために絵や写真のカードやタブレット端末などを使う。

段差がある場合に，スロープなどを使って補助する。

（「内閣府広報用リーフレット」他より作成）

(3) **資料3**は全国，東京都，大分県の歳入の内訳(2019年度)を示したものである。**資料3**中の**D〜F**の語句の組み合わせとして最も適当なものを，ア〜カから1つ選び，記号を書きなさい。

資料3

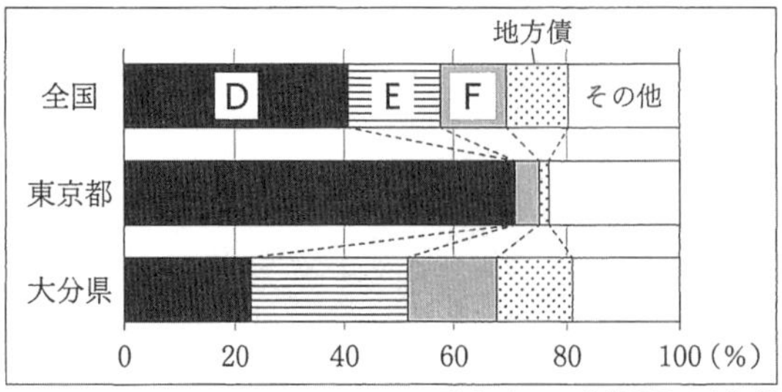

（「データでみる県勢2022」より作成）

	D	E	F
ア	地方交付税	国庫支出金	地方税
イ	地方交付税	地方税	国庫支出金
ウ	国庫支出金	地方交付税	地方税
エ	国庫支出金	地方税	地方交付税
オ	地方税	地方交付税	国庫支出金
カ	地方税	国庫支出金	地方交付税

受験番号

令和５年度（一次入試）

数　　学

（検査時間　15：20～16：10）

注意事項

１．開始の合図で

◆　この問題用紙にはさんである解答用紙を取り出しなさい。

◆　解答用紙，問題用紙，下書き用紙の所定の欄に受験番号を書き入れなさい。

◆　解答はすべて解答用紙の所定の欄に書き入れなさい。

◆　問題文は10ページあり，その順序は 数１ ～ 数10 で示しています。
　　ページ漏れや印刷不鮮明などに気づいた場合には，手をあげなさい。

２．終了の合図で

◆　机の上に，下から順に問題用紙，下書き用紙，解答用紙を置きなさい。
　　解答用紙だけは裏返して置きなさい。

数 1

【1】 次の（1）～（6）の問いに答えなさい。

（1） 次の①～⑤の計算をしなさい。

① $-5+8$

② $6-(-3)^2\times2$

③ $\dfrac{x+5y}{8}+\dfrac{x-y}{2}$

④ $(4x^2y+xy^3)\div xy$

⑤ $\sqrt{6}\times\sqrt{2}+\dfrac{3}{\sqrt{3}}$

（2） 2次方程式 $x^2-6x-16=0$ を解きなさい。

（3） $\sqrt{6a}$ が5より大きく7より小さくなるような自然数 a の値をすべて求めなさい。

（4） 関数 $y=-x^2$ について，x の変域が $-2\leqq x\leqq a$ のとき，y の変域は $-16\leqq y\leqq b$ である。このとき，a，b の値をそれぞれ求めなさい。

（5） 右の〔図〕のように，半径が５cm，中心角が144°のおうぎ形がある。
　このおうぎ形の面積を求めなさい。

〔図〕

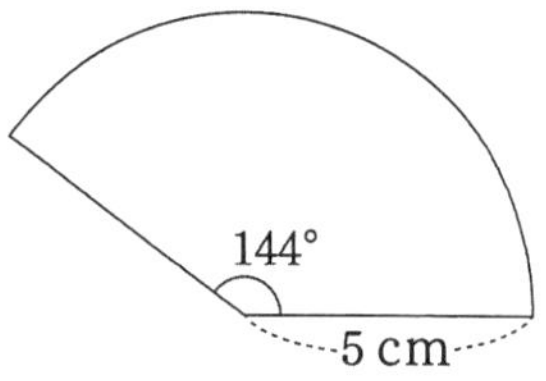

（6） 下の〔図〕のように，直線ℓと２点Ａ，Ｂがある。直線ℓ上の点Ａで接し，点Ｂを通る円の中心Ｏを，作図によって求めなさい。
　ただし，作図には定規とコンパスを用い，作図に使った線は消さないこと。

〔図〕

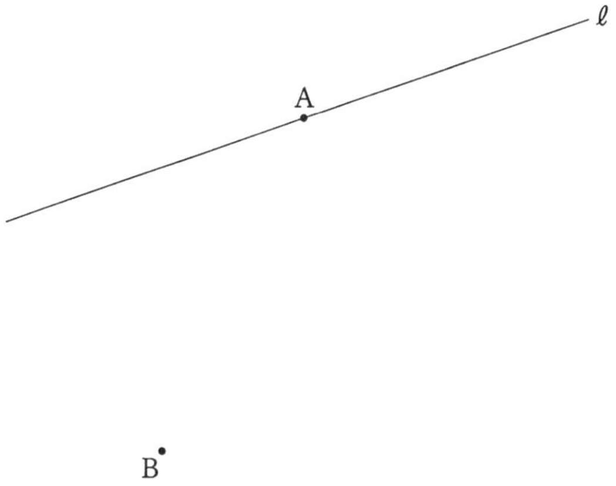

【2】 下の〔図1〕のように，関数 $y = ax^2$ のグラフ上に2点A，Bがあり，点Aの座標は（-4，4），点Bの x 座標は2である。

次の（1）～（3）の問いに答えなさい。

〔図1〕

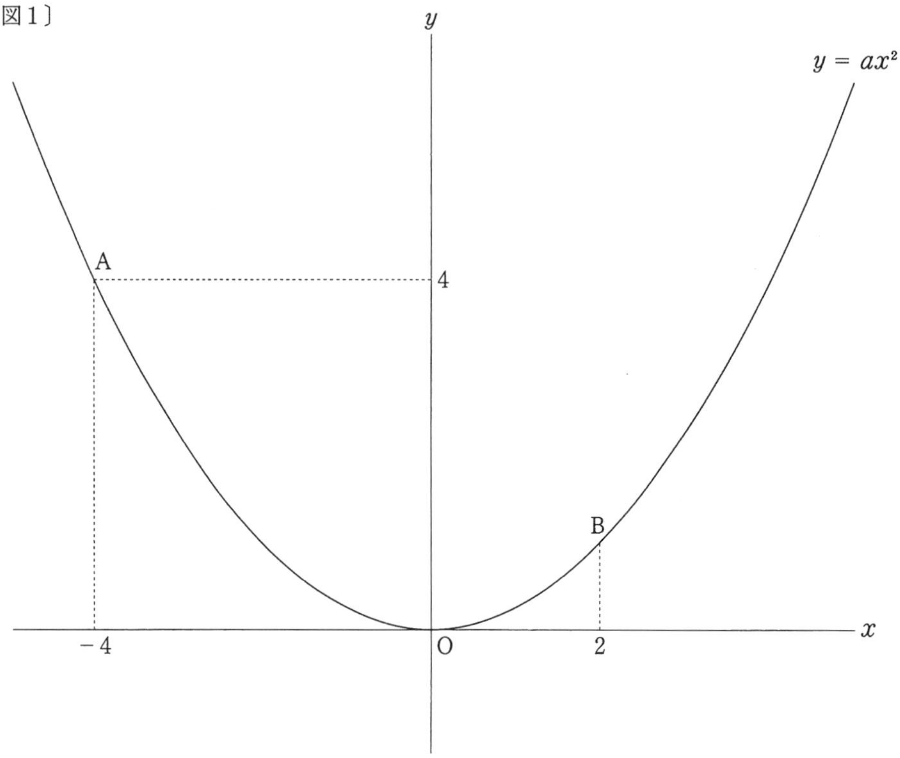

（1） a の値を求めなさい。

（2） 直線ABの式を求めなさい。

（3） 下の〔図2〕のように，関数 $y = ax^2$ のグラフと直線ABで囲まれた図形をDとする。この図形Dに含まれる点のうち，x 座標，y 座標がともに整数である点について考える。ただし，図形Dは関数 $y = ax^2$ のグラフ上および直線AB上の点もすべて含む。

次の①，②の問いに答えなさい。

〔図2〕

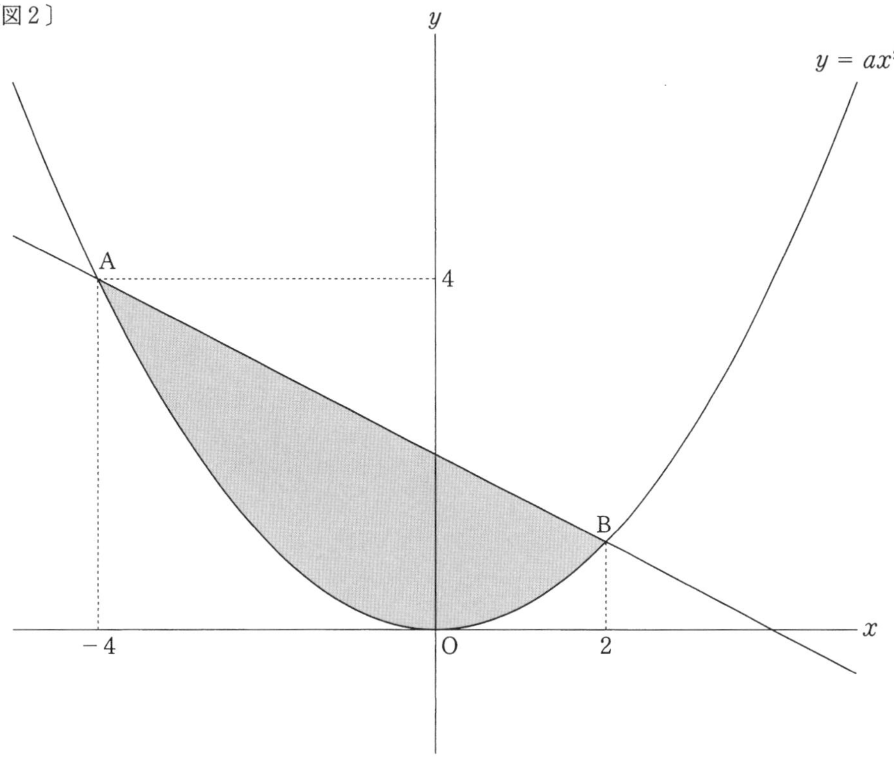

① 図形Dに含まれる点のうち，x 座標が -2 で，y 座標が整数である点の個数を求めなさい。

② 直線 $y = \dfrac{9}{2}x + b$ で，図形Dを2つの図形に分ける場合について考える。ただし，b は整数とする。このとき，分けた2つの図形それぞれに含まれる x 座標，y 座標がともに整数である点の個数が等しくなるような b の値を求めなさい。

ただし，直線 $y = \dfrac{9}{2}x + b$ は，図形Dに含まれる x 座標，y 座標がともに整数である点を通らないものとする。

【3】 次の（1），（2）の問いに答えなさい。

（1） 右の〔図1〕のように，A，B，C，D，Eのアルファベットが1つずつ書かれた5枚のカードが，上からA，B，C，D，Eの順に重なっている。

大小2つのさいころを同時に投げ，出た目の数の和と同じ回数だけ，一番上のカードを1枚ずつ一番下に移動させる。

例えば，出た目の数の和が2のとき，最初にAのカードを一番下に移動させ，次に一番上になっているBのカードを一番下に移動させるため，Cのカードが一番上になる。

ただし，大小2つのさいころのそれぞれについて，1から6までのどの目が出ることも，同様に確からしいものとする。

次の①，②の問いに答えなさい。

〔図1〕

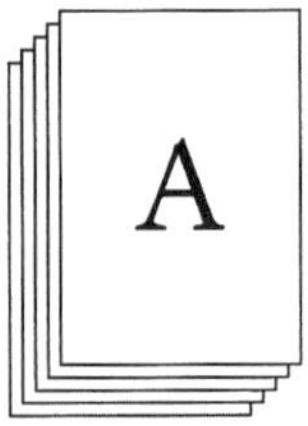

① 出た目の数の和が6のとき，6回カードを移動させた後，一番上になるカードのアルファベットを答えなさい。

② 出た目の数の和と同じ回数だけカードを移動させた後，Cのカードが一番上になる確率を求めなさい。

答　用　紙

得点合計〔　　　　点〕

5
一 次
大 分

※60点満点

3】

1点
1点
1点
1点
2点
1点
1点
×2
1点

(1)		(2)	
(3)	A → 　→ 　→ 　→ 　→ B	(4)	（本）
(5)		(6)	
(7)	c		d
(8)			

（　　　点）

4】

1点
1点
2点
2点
2点
2点

(1)	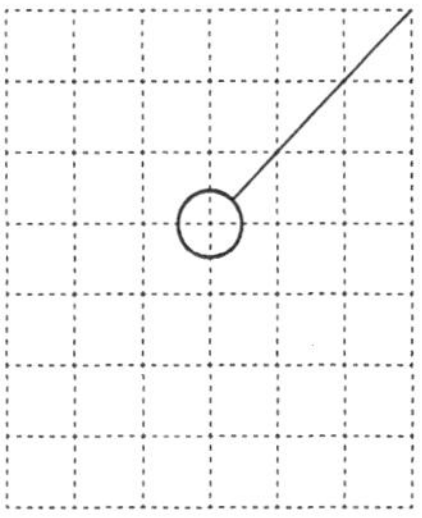	(2)	（倍）		
		(3)			
		(4)	（J）		
		(5)		(6)	

（　　　点）

5】

1点
1点
2点
1点
1点
2点
2点

(1)	①		②	
	③			
(2)	①		②	
	③	2（時）　　（分）　　（秒）		
	④	（秒後）		

（　　　点）

)
】

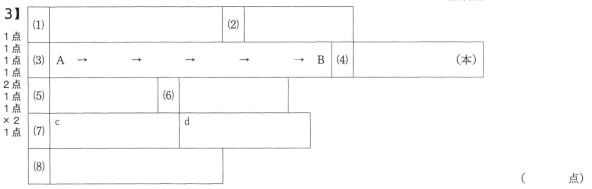

答　用　紙

得点合計〔　　　　点〕

※60点満点

5
一　次
大　分

【4】

)2点
)2点
)2点
)2点
)2点
)5点

(1)	→ → →				
(2)					
(3)		(4)		(5)	
(6)	I think “(　　　　)” is important because				

(　　　点)

【5】

点
点
点
点 × 4

(1)		(2)		
(3)				
(4)	②		③	
	④		⑤	

(　　　点)

)
】

受験番号

国語解答用紙

【一】

問一 (1) (2) （しい） (3) (4) （く） (5)

問二 (1) (2) (3) (4)

問一. 1点×5
問二. (1)1点
(2)2点
(3)1点
(4)1点

（　　　点）

【二】

問一 問二 問三 (1) (2) (3) 問四

問一. 2点
問二. 2点
問三. (1)3点
(2)2点
(3)3点
問四. 3点

（　　　点）

【三】

問一 (1) (2) 3)

(1)3点
(2)2点
(3)2点
3点
(1)2点
(2)3点

)
】

得点合計

〔　　　点〕

※60点満点

5
一次
大分

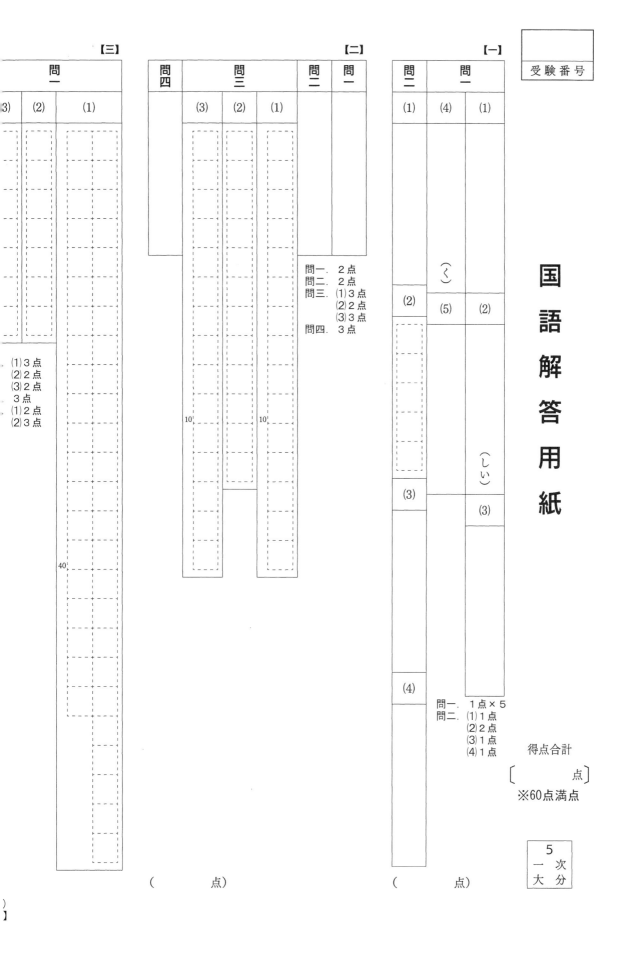

答　用　紙

得点合計〔　　　点〕

※60点満点

5
一次
大分

【3】

①2点
②2点
③1点
1点
1点
1点
2点
1点
1点

(1)	①	
	②	
	③	制

(2)		(3)		(4)	
(5)	・	(6)			
(7)	L　　　M				

（　　　点）

【4】

1) 1点
2) 2点
3) 1点
4) 1点
5) 2点
6) 2点

(1)		(2)	藩	(3)	
(4)					
(5)					
(6)					

（　　　点）

【5】

1点
2点
2点
①2点
②2点

(1)		(2)		(3)	
(4)	①				
	②				

（　　　点）

)
】

答　用　紙

得点合計〔　　　　点〕

※60点満点

【3】
1点
2点

(1)	①		②		
(2)	①	（本）	②	ア	
	②	イ			

（　　　点）

【4】
1点
1点
1点
2点

(1)	ア		イ	
	ウ		エ	（時）　　（分）
(2)	（時）　　（分）			

（　　　点）

【5】
点×4

(1)	（cm^3）	(2)	①	（cm^3）
(2)	②	高さ　（cm）	体積　（cm^3）	

（　　　点）

【6】
3点
2点
3点

(1)	［証明］			
(2)	①	（cm）	②	DB：DF＝　　：

（　　　点）

受験番号

数　学　解

【1】

(1) 2点×5
(2) 2点
(3) 2点
(4) 2点
(5) 2点
(6) 2点

(1)	①		②		③	
	④		⑤			

(2)	$x=$	(3)	$a=$
(4)	$a=$　　　　，$b=$	(5)	（cm^2）

(6)

〔図〕

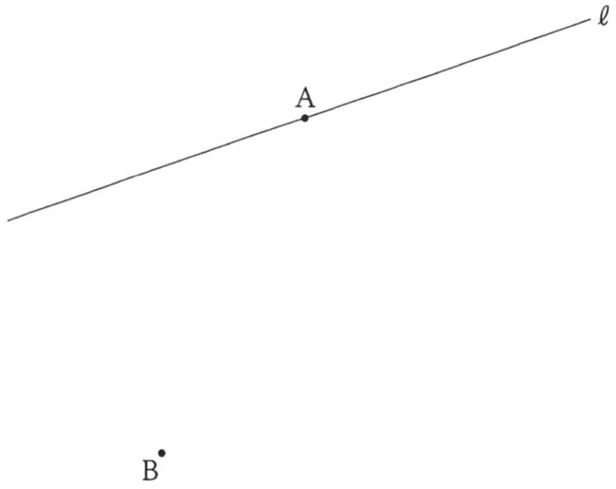

（　　　点）

【2】

(1) 2点
(2) 2点
(3) ① 1点
② 3点

(1)	$a=$	(2)	
(3)	①　　　　（個）	②	$b=$

（　　　点）

受験番号

社　会　解

【1】

(1)① 2点
② 1点
③ 2点
④ 2点
(2)① 2点
② 1点
③ 1点
④ 2点

(1)	①		②	
	③			
	④			
(2)	①	農業		
	②		③	
	④			

(　　点)

【2】

(1) 2点
(2) 2点
(3) 1点
(4) 2点
(5) 1点
(6) 1点
(7) 2点
(8) 1点
(9) 2点
(10) 1点
(11) 2点

(1)	→ →		
(2)			
(3)		(4)	
(5)		(6)	
(7)			
(8)			
(9)			
(10)		(11)	

(　　点)

問三	
(1)	(2)

（　　　　点）

【四】

問一	問二	問三			
		(1)	(2)	(3)	(4)

問一．　１点
問二．　１点
問三．　(1) ２点
(2) ３点
(3) １点
(4) ２点

（　　　　点）

【五】

問一	問二	問三

問一．　２点
問二．　２点
問三．　６点

（　　　　点）

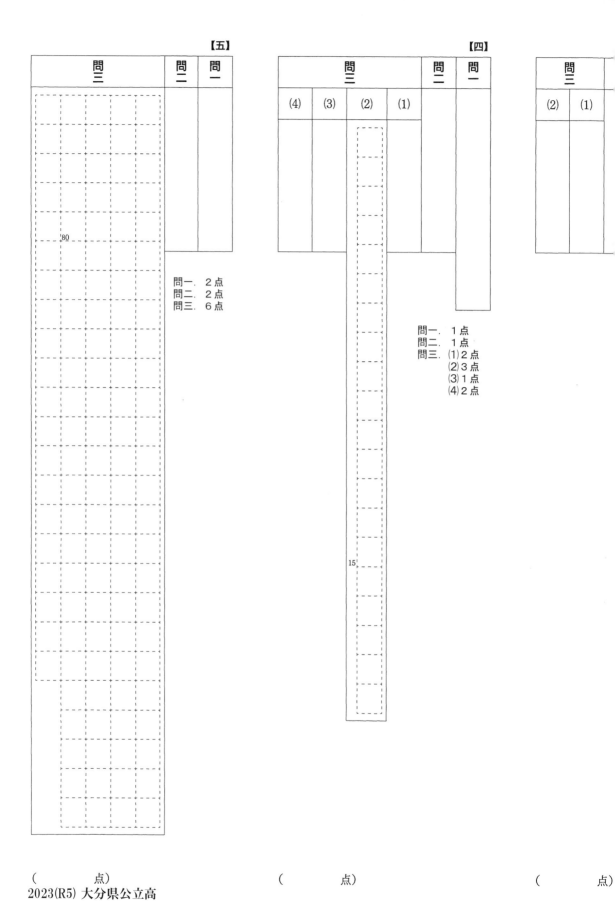

受験番号

英　語　解

【1】

A 1点×2
B 1点×3
C 2点×3

A	1番		2番			
B	1番		2番		3番	
C	1番		2番		3番	

（　　　点

【2】

A(1) 1点
(2) 1点
(3) 2点
(4) 2点
B 1点×4

A	(1)		(2)		(3)	
	(4)					
B	①		②			
	③		④			

（　　　点）

【3】

5点×2

A	
B	

（　　　点）

教英出版

受験番号

理　科　解

【1】

(1)① 1 点
② 2 点
③ 2 点
(2)① 2 点
② 1 点
③ 2 点
(3)① 2 点
② 2 点
③ 1 点
(4)① 1 点
② 1 点 × 2
③ 2 点

(1)	①		②		③	
(2)	①		②			
	③	(時)　(分)				
(3)	①					
	②	(%)	③			
(4)	①	(Ω)	②	記号	消費電力 (W)	
	③	(J)				

(　　点

【2】

(1) 2 点
(2) 2 点
(3) 1 点 × 2
(4) 2 点
(5) 2 点

(1)				
(2)	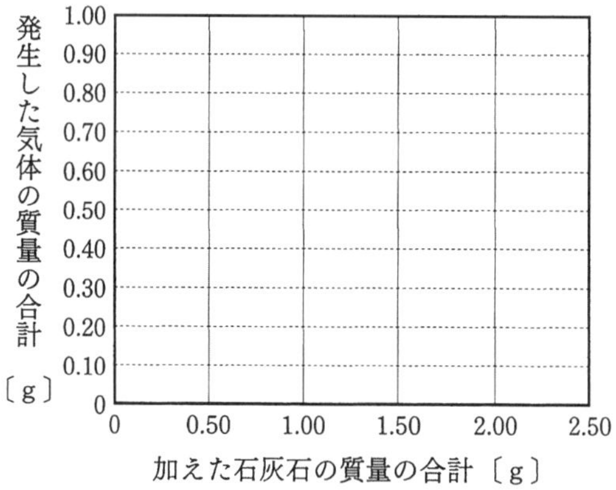			
(3)	①		②	b　　　c
(4)	(g)	(5)		

(　　点

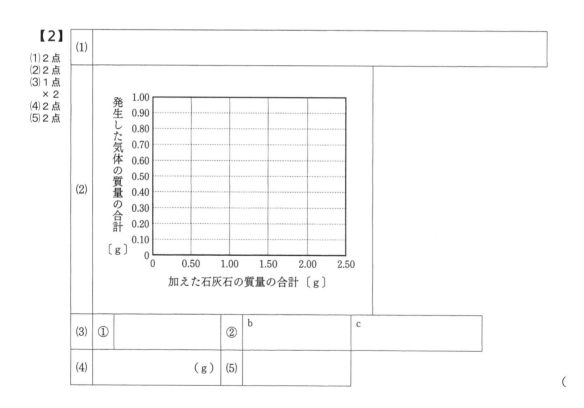

(2) ある中学校の1，2年生のバスケットボール部員40人が，9月にフリースローを1人あたり20本ずつ行った。その結果から，半年後の3月までに部員40人が，フリースローを1人あたり20本中15本以上成功することを目標に掲げた。3月になり部員40人が，フリースローを1人あたり20本ずつ行った。

下の〔図2〕は，この中学校のバスケットボール部員40人の9月と3月のフリースローが成功した本数のデータの分布のようすを箱ひげ図にまとめたものである。

次の①，②の問いに答えなさい。

〔図2〕

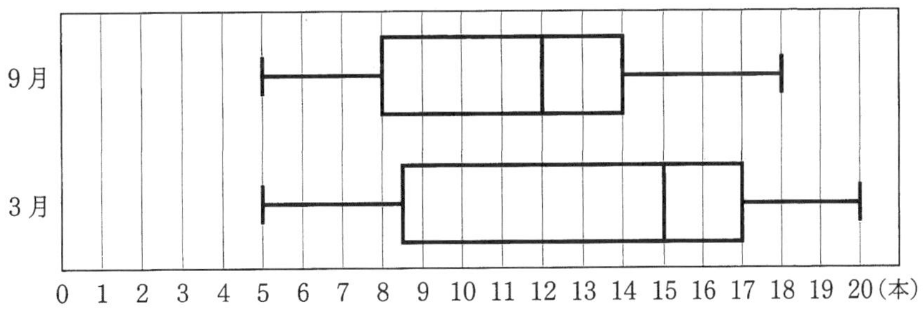

① 〔図2〕の9月のデータの四分位範囲を求めなさい。

② 太郎さんは，上の〔図2〕の箱ひげ図をもとに，9月に比べ3月は目標を達成した部員の割合が増えたと判断した。

次の〔説明〕は，太郎さんが，目標である15本以上成功した部員の**割合が増えた**と判断した理由を説明したものである。［ア］には適する数を，［イ］には〔説明〕の続きを**「中央値」**の語句を用いて書きなさい。

〔説明〕

9月の第3四分位数は［ア］本であるため，15本以上成功した部員の割合は25％以下である。

［イ］

ゆえに，9月に比べ3月は目標を達成した部員の割合が増えたと判断できる。

【4】 ある学校の吹奏楽部が，市民ホールのコンサート会場で，14時30分から定期演奏会を行った。定期演奏会では，事前にチケットを購入した人のみがコンサート会場に入場することができた。コンサート会場の入り口には3つのゲートがあり，ゲートの前に並んだ人は，誘導係の指示でゲートを通過して入場した。

最初は1つのゲートから入場させていたが，ゲートの前に並んでいる人数が増えていったため，途中から誘導係が，通過できるゲートを増やして対応した。

吹奏楽部員の花子さんと太郎さんは，次回の定期演奏会で入場時の混雑をできるだけ解消するには，どうすればよいかを考えるために，当日の入場の様子を参考に，下の〔仮定〕を設定した。

〔仮定〕

① 定期演奏会の開始時刻は14時30分とする。

② 入場開始時刻は13時15分とする。ゲートの前には入場開始時点で45人が1列で並んでいるものとする。

③ 13時15分から14時15分までの60分間は，ゲートの前に並んでいる人の列に新たに加わる人数は，1分間あたり12人とする。それより後は，列に新たに人は並ばないものとする。

④ 13時15分から13時45分までの30分間は，通過できるゲートを1つとし，13時45分からゲートの前に並ぶ全員の入場が完了するまでは，通過できるゲートを3つとする。

⑤ 通過できるゲートが1つの場合でも3つの場合でも，いずれのゲートも通過する人数は1分間あたり5人とする。

下の〔図1〕は13時15分から13時45分までの30分間，〔図2〕は13時45分からゲートの前に並ぶ全員の入場が完了するまでの，ゲート付近の様子を模式的に表したものである。

〔図1〕 13時15分から13時45分までの30分間の様子

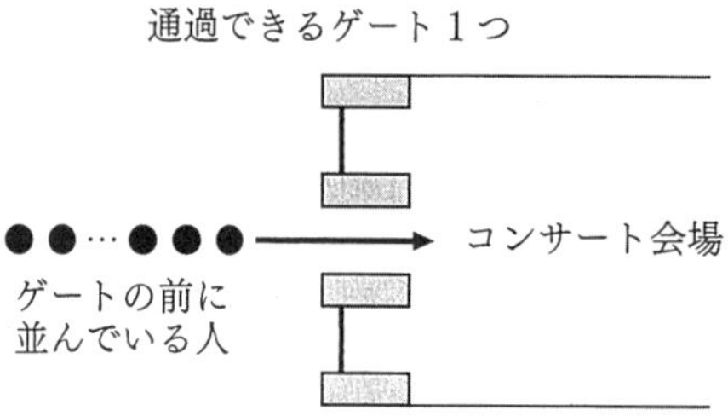

〔図2〕 13時45分からゲートの前に並ぶ全員の入場が完了するまでの様子

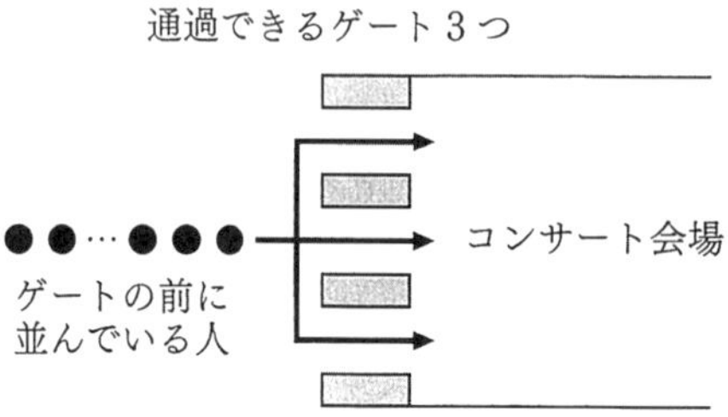

下の会話は，花子さんと太郎さんと吹奏楽部の顧問の先生が，定期演奏会を振り返り，次回に向けて話しているときのものである。

会話を読んで，次の（1），（2）の問いに答えなさい。

太郎：この〔仮定〕のもとで，入場が完了する時刻をどう考えればよいですか。

花子：通過できるゲートが1つの場合と3つの場合に分けて考えてはどうですか。

太郎：13時45分までは通過できるゲートが1つなので，13時15分から13時45分までの30分間にゲートを通過する人数は［ア］人です。13時45分以降は通過できるゲートが3つになるので，ゲートを通過する人数は1分間あたり15人になります。それによって，13時45分以降，時間の経過とともにゲートの前に並んでいる人数は減り，入場が完了します。

先生：そうですね。では，入場が完了するのは，何時何分ですか。

花子：まず，入場を開始してから完了するまでのゲートを通過する人数について考えます。
入場開始時刻の13時15分には45人が並んでいて，13時15分から14時15分までの60分間は1分間あたり12人が並びます。だから，入場を開始してから完了するまでのゲートを通過する人数は［イ］人となります。

太郎：そうすると，通過できるゲートが3つになってから入場が完了するまでに，ゲートを通過する人数は［ウ］人と計算できます。
したがって，入場が完了する時刻は［エ］になります。

先生：その通りですね。

花子：ですが，次回の定期演奏会では，もう少し早く入場を完了させたいですね。

（1） 会話の中の［ア］～［ウ］には適する数を，［エ］には適する時刻を，それぞれ求めなさい。

（2） 次回の定期演奏会では，開演10分前の14時20分ちょうどに入場を完了させたい。〔仮定〕の④の通過できるゲートを1つから3つにする時刻である13時45分を，何時何分に変更すればよいか，求めなさい。

ただし，〔仮定〕の④の条件以外は変更しないものとする。

【5】 右の〔図１〕のように，底面の半径が４cm，高さが10 cmの円柱の形をした容器Ｘがあり，容器Ｘを水平な台の上に置いた。
次の（1），（2）の問いに答えなさい。
ただし，容器Ｘの厚さは考えないものとする。

〔図１〕
容器Ｘ

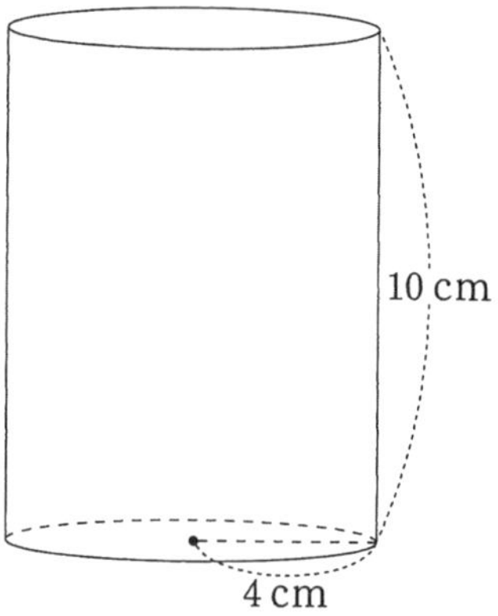

（1） 容器Ｘの体積を求めなさい。

（2） 右の〔図２〕のように，容器Ｘの中に，半径２cmの鉄球を１個入れ，鉄球の上端と水面が同じ高さになるまで水を入れた。
このとき，半径２cmの鉄球は容器Ｘの底面に接している。
次の①，②の問いに答えなさい。

〔図２〕
容器Ｘ

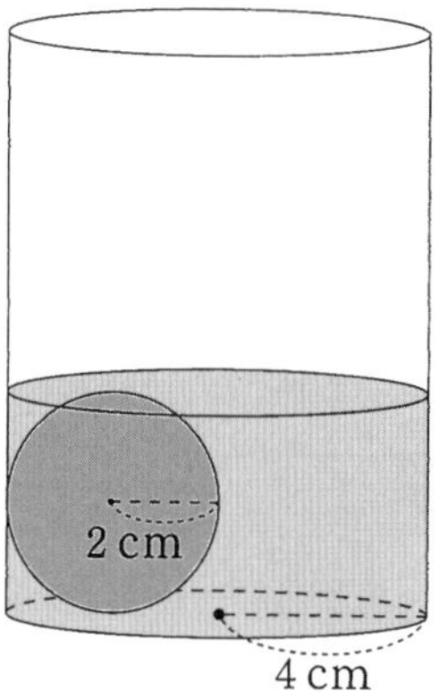

① 容器Ｘに入れた水の体積を求めなさい。

② 右の〔図３〕のように，〔図２〕の容器Ｘの中に，半径３cmの鉄球を１個入れ，半径３cmの鉄球の上端と水面が同じ高さになるまで水を追加した。２個の鉄球は，互いに接し，いずれも容器Ｘの側面に接している。
このとき，容器Ｘの底面から水面までの高さを求めなさい。
また，追加した水の体積を求めなさい。

〔図３〕
容器Ｘ

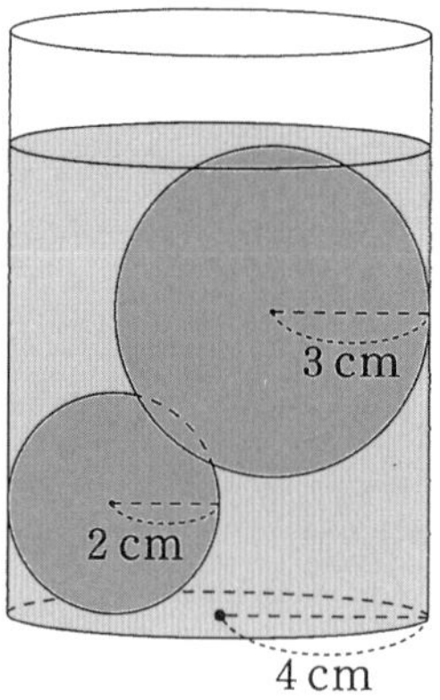

【6】 右の〔図1〕のように，正三角形ABCがある。
右下の〔図2〕のように，辺AB，AC上に点D，Eをそれぞれとり，正三角形ABCを線分DEを折り目として折り返し，頂点Aが移った点をFとする。また，辺BCと線分DF，EFとの交点をそれぞれG，Hとする。
次の（1），（2）の問いに答えなさい。

〔図1〕

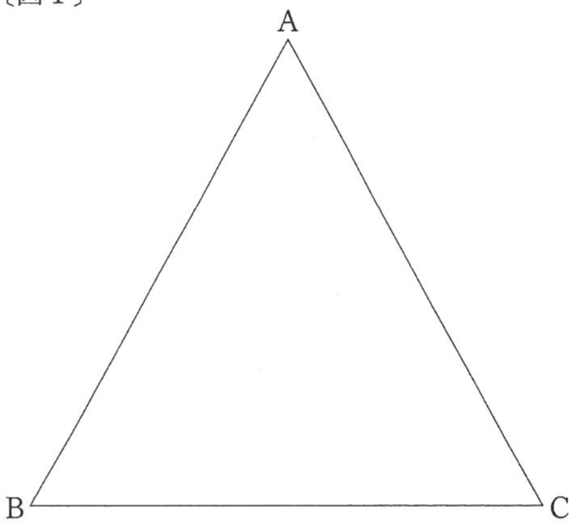

（1） △GFH∽△ECHであることを証明しなさい。

（2） 正三角形ABCの1辺の長さを16 cmとし，CH = 8 cm，EH = 7 cm，HF = 4 cmとする。
次の①，②の問いに答えなさい。

① 線分FGの長さを求めなさい。

② 線分DBと線分DFの長さの比DB：DFを最も簡単な整数の比で表しなさい。

〔図2〕

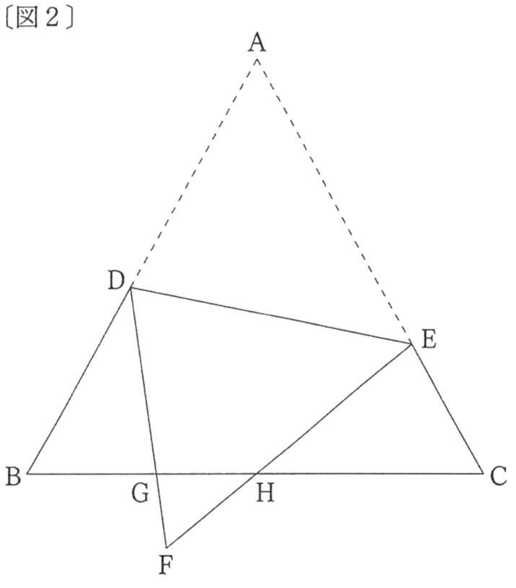

(4) 株式会社について述べた文Ｇ，Ｈの正誤の組み合わせとして最も適当なものを，ア～エから１つ選び，記号を書きなさい。

Ｇ　株式会社は，発行した株式を売却する間接金融によって，多くの人から必要な資金を集めることができる。

Ｈ　株主は，株主総会に参加して経営方針に意見を述べることや，利潤の一部を配当として受け取ることができる。

	Ｇ	Ｈ
ア	正	正
イ	正	誤
ウ	誤	正
エ	誤	誤

(5) **資料４**は円とドルの為替レート（為替相場）の推移（2020年１月～2022年９月）を示したものである。これに関する太郎さんと花子さんの会話文を読み，［　Ｉ　］に当てはまる内容として適当なものを，ア～エから**２つ**選び，記号を書きなさい。

資料４

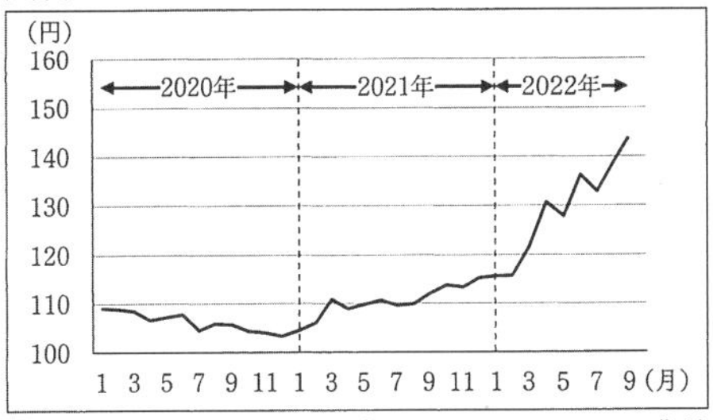

（「日本銀行ホームページ」より作成）

太郎：**資料４**のように，2022年以降は急激に円安が進んでおり，消費者が困っているというニュースを見ました。早く円高になってほしいですね。
花子：そうですね。ただ，円高が進むと［　Ｉ　］ため，円安の時に比べて不利になると考えられます。
太郎：なるほど。立場によっては円高が不利になる場合もあるのですね。

ア　外国へ輸出する日本の企業にとっては，外国での販売価格が上昇する
イ　外国から輸入する日本の企業にとっては，国内での販売価格が上昇する
ウ　外国へ旅行する日本人にとっては，現地での購入価格が高くなる
エ　日本を訪れる外国人にとっては，日本での購入価格が高くなる

(6) **資料５**は景気の変動を示したものである。**資料５**中のＪの期間に行う金融政策について述べた文として最も適当なものを，ア～エから１つ選び，記号を書きなさい。

資料５

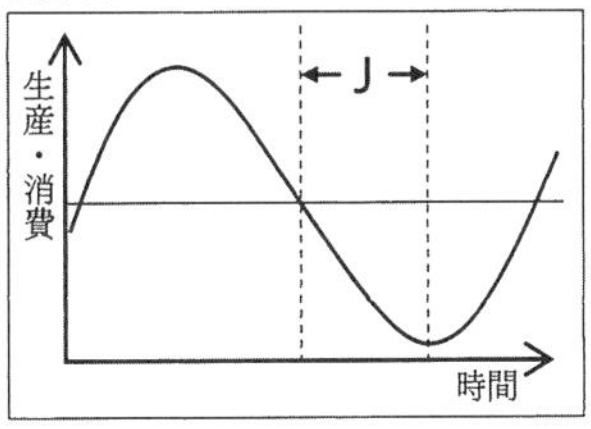

ア　銀行などの金融機関に国債を売却することで，通貨量を減らす。
イ　銀行などの金融機関に国債を売却することで，通貨量を増やす。
ウ　銀行などの金融機関から国債を購入することで，通貨量を減らす。
エ　銀行などの金融機関から国債を購入することで，通貨量を増やす。

(7) **資料６**は大きな政府と小さな政府の特徴を整理したものである。**資料６**中のＫ～Ｎには，次のア～エのいずれかが当てはまる。ＬとＭに当てはまる内容として最も適当なものを，ア～エから１つずつ選び，記号を書きなさい。

資料６

	プラス面	マイナス面
大きな政府	Ｋ	Ｌ
小さな政府	Ｍ	Ｎ

ア　社会保障や公共サービスを削減することがある。
イ　規制の強化により，経済の自由な活動が妨げられることがある。
ウ　充実した社会保障や公共サービスを提供することができる。
エ　規制緩和が進み，経済が活性化することが期待される。

【4】 次はアジアハイウェイ1号線に関する花子さんと太郎さんの会話文である。(1)～(6)の問いに答えなさい。

花子：東京に行った際，a日本橋で「アジアハイウェイ1号線（AH1）」の標識を見つけました。
　　　調べてみると，資料1のように東京からbトルコまでつながっているようです。
太郎：それは知りませんでした。c福岡から韓国の間もつながっているのですか。
花子：ええ，その区間は船の航路でつながっています。dシルクロードのように，現代においてもアジアは道でつながっているのだと思い，感動しました。
太郎：道路の整備にはお金がかかると思うのですが，各国とも自費でしょうか。
花子：e政府開発援助（ODA）を通じて，資金の援助などを受けている国もあるようです。
太郎：なるほど。いつかはユーラシア大陸を旅してみたいですね。

資料1

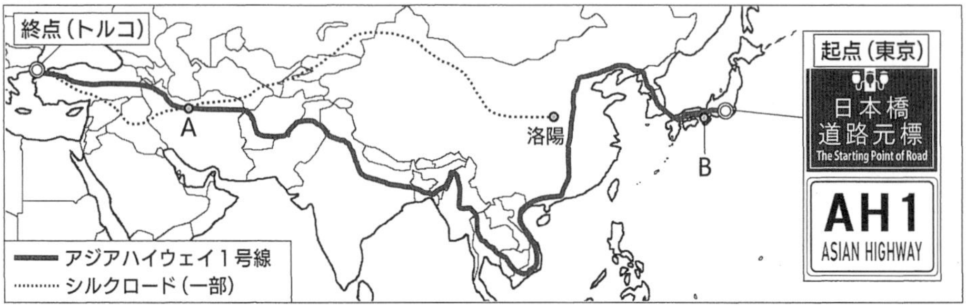

（「国土交通省ホームページ」他より作成）

(1) 資料1中のアジアハイウェイ1号線が通過している国として適当でないものを，ア～エから1つ選び，記号を書きなさい。

ア　ベトナム　　イ　インド　　ウ　イラク　　エ　タイ

(2) 下線部aに関連して，江戸時代には日本橋を起点とする東海道を通って朝鮮通信使が来訪した。この時に朝鮮との交渉の窓口をつとめた藩名を，漢字で書きなさい。

(3) 下線部bに関連して，トルコについて述べた文C，Dの正誤の組み合わせとして最も適当なものを，ア～エから1つ選び，記号を書きなさい。

C　EU加盟国の1つであり，国民の大半はキリスト教を信仰している。

D　北緯50度より北に位置し，アルプス・ヒマラヤ造山帯に属している。

	C	D
ア	正	正
イ	正	誤
ウ	誤	正
エ	誤	誤

(4) 下線部cに関連して，資料2は福岡市の地形図である。地形図を読み取った内容として最も適当なものを，ア～エから1つ選び，記号を書きなさい。

ア　博多駅から北東にまっすぐ進むと，フェリー乗り場に到着する。

イ　博多駅から店屋町までは地形図上の距離が約4cmであるため，実際の距離は約1kmである。

ウ　中呉服町の郵便局の周辺には，複数の神社が集まっている。

エ　博多駅前(一)と中洲(五)の標高差は，10m以上である。

資料2

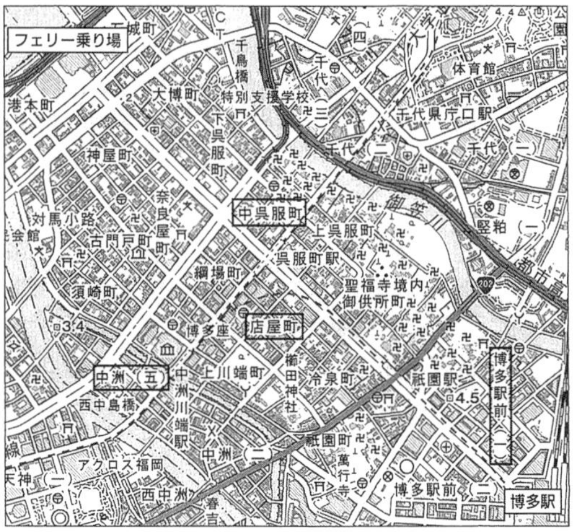

（「国土地理院発行2万5千分の1地形図」より作成）

(5) **下線部 d** に関連して，**資料 3** は**資料 1** 中の A の都市周辺で発見されたガラス製の容器であり，**資料 4** は**資料 1** 中の B の都市の正倉院で保管されているガラス製の容器である。シルクロードが果たした役割を，**資料 3**，**資料 4** を参考にして書きなさい。

資料 3

資料 4

(6) **下線部 e** に関連して，**資料 5** 中の E ～ G は**資料 6** 中の 3 か国のいずれかに対する日本の政府開発援助（ＯＤＡ）の開発協力方針の一部を示したものである。E ～ G の語句の組み合わせとして最も適当なものを，ア～カから 1 つ選び，記号を書きなさい。

資料 5

E
- 食料安全保障の改善に向けた支援を行う。
- 干ばつや砂漠化などが深刻化していることから，環境や気候変動対策にも配慮する。

F
- 経済の発展に伴い格差が拡大していることから，国内産業強化の支援を行う。
- 地震を中心とした災害への対策能力強化の協力を行う。

G
- 豊かな森林を有しているが，森林減少率が高いため森林保全が急務である。
- 感染症対策を含む保健システム強化の支援を行う。

（「外務省ホームページ」より作成）

資料 6

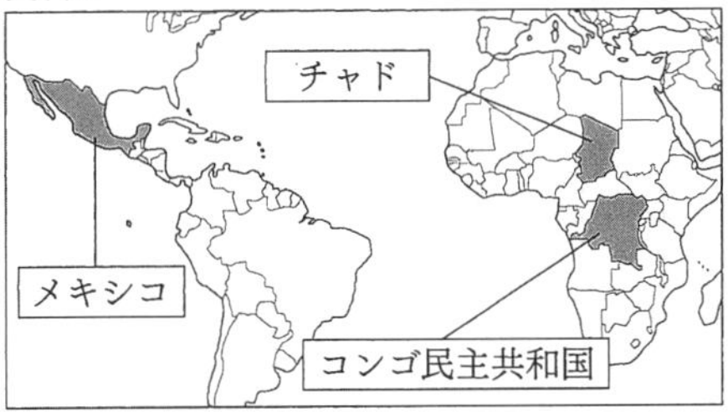

	E	F	G
ア	メキシコ	チャド	コンゴ民主共和国
イ	メキシコ	コンゴ民主共和国	チャド
ウ	チャド	メキシコ	コンゴ民主共和国
エ	チャド	コンゴ民主共和国	メキシコ
オ	コンゴ民主共和国	メキシコ	チャド
カ	コンゴ民主共和国	チャド	メキシコ

【5】 次は資源・エネルギー問題に関する花子さんたちの会話文である。(1)〜(4)の問いに答えなさい。

花子：資源・エネルギー問題は，ニュースでもよく見かけますね。私たちは，いつから多くの資源・エネルギーを使うようになったのでしょうか。
太郎：a 産業革命によって石炭を大量に使うようになったことが，大きな転換期だと思います。
先生：そうですね。では，現在の資源・エネルギー問題を挙げるとすれば，どのようなことが思いつきますか。
花子：はい。b 産出地がかたよっていることや，価格が変動しやすいことが挙げられます。
太郎：他にも，化石燃料の燃焼が c 地球環境問題につながっていることも重要だと思います。
先生：その通りですね。私たちの生活において，資源・エネルギーは不可欠です。d 安全に持続可能な方法で利用していくにはどうすればよいか考えていきましょう。

(1) **下線部 a** に関連して，イギリスの産業革命について述べた文として**適当でないもの**を，ア〜エから1つ選び，記号を書きなさい。

ア イギリスの産業革命が起きた主な要因は，インド産の絹織物が人気となったことである。
イ イギリスでは18世紀後半になると，工場で蒸気機関を用いた機械による生産が行われた。
ウ イギリスは19世紀には，「世界の工場」と呼ばれるようになった。
エ イギリスの工業の盛んな都市では，住宅不足など生活環境が悪化した。

(2) **下線部 b** に関連して，**資料1**中の**A〜C**は石炭，石油，天然ガスのいずれかの産出量の国別割合(2019年)を示したものである。**A〜C**の語句の組み合わせとして最も適当なものを，ア〜カから1つ選び，記号を書きなさい。

資料1

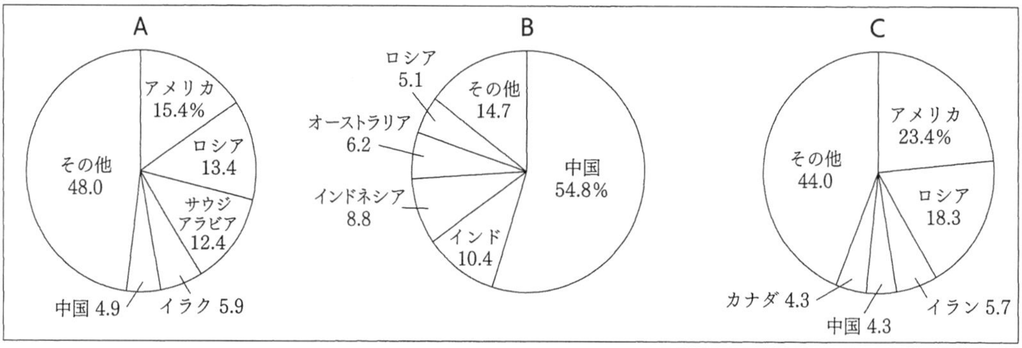

(「データブック オブ・ザ・ワールド2022」他より作成)

	A	B	C
ア	石炭	石油	天然ガス
イ	石炭	天然ガス	石油
ウ	石油	石炭	天然ガス
エ	石油	天然ガス	石炭
オ	天然ガス	石炭	石油
カ	天然ガス	石油	石炭

(3) **下線部 c** に関連して，**資料2**は国際社会で採択されたある取り決めの主な内容を示したものである。この取り決めの名称を書きなさい。

資料2

・産業革命以前と比較して，世界全体の平均気温の上昇を2℃未満に抑える目標を設定する。
・発展途上国を含む各国，地域がそれぞれ立てた温室効果ガスの削減目標に取り組む。

(4) **下線部d** に関連して，**資料3** は日本の1990年度，2000年度，2010年度，2020年度の発電量の発電方法別割合を示したものであり，**資料4** は資源エネルギー庁が試算した2020年の発電コスト等を示したものである。①，②の問いに答えなさい。

資料3

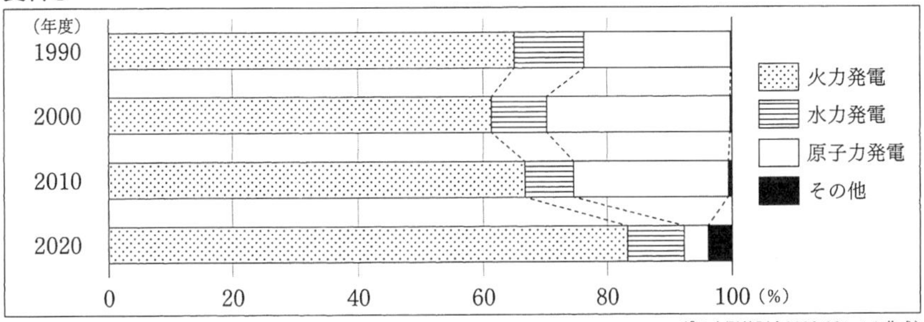

(「日本国勢図会2022/23」より作成)

資料4

発電方法		火力(石炭)	水力(大規模)	原子力	風力(陸上)	太陽光(大規模)	地熱	平均
発電コスト(円/kWh)	資本費	2.0	5.7	4.2	10.0	8.8	5.8	6.1
	燃料費	4.3	0	1.7	0	0	0	1.0
	その他費用	6.2	5.3	5.6	9.9	4.1	10.9	7.0
設備利用率(%)		70.0	60.0	70.0	25.4	17.2	83.0	54.3
稼働年数(年)		40	40	40	25	25	40	35.0

(注)設備利用率：発電設備の最大出力値に対する，実際に発電した発電量の比率　(「資源エネルギー庁ホームページ」より作成)

① **資料3**，**資料4** について述べた文D～Gのうち，正しいものの組み合わせとして最も適当なものを，ア～エから1つ選び，記号を書きなさい。

D　2000年度の発電量の発電方法別割合が1990年度と異なるのは，その間に起きたイラク戦争の影響が大きい。

E　2020年度の発電量の発電方法別割合が2010年度と異なるのは，その間に起きた東日本大震災の影響が大きい。

F　各発電方法のうち最も発電コストが低いのは，水力(大規模)発電である。

G　すべての再生可能エネルギーは，設備利用率と稼働年数が平均より低い。

ア　DとF　　イ　DとG　　ウ　EとF　　エ　EとG

② 太郎さんは，日本の資源・エネルギー問題とその解決策について **資料5** にまとめた。**資料5** 中の［ H ］に当てはまる内容を1つ書きなさい。ただし，**資料5中に示されている解決策と同じ内容は書かないこと**。

資料5

【日本の現状】
・火力発電の割合が高い。

→【問題点1】
・火力発電は温室効果ガスを排出するため，地球温暖化につながる。

→【問題点1の解決策】
・再生可能エネルギーの割合を高める。
・省エネを推進する。

→【問題点2】
・日本は資源を輸入に頼っているため，輸入相手国の状況によっては，安定した輸入が難しくなるおそれがある。

→【問題点2の解決策】
・エネルギー自給率を高める。
・［ H ］

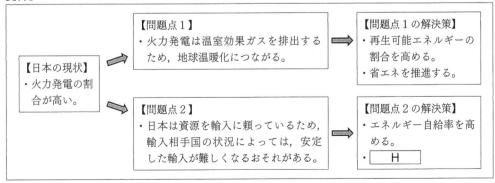

【三】 次の【文章一】、【文章二】を読んで、後の問一～問三に答えなさい。なお、答えに字数制限がある場合は、句読点や「　」などの記号も一字と数えなさい。

【文章一】

生物多様性とは、文字通り生物の豊富さのことを表している。生物多様性には、遺伝的な多様性や生態系の多様性などいろいろ視点があるけれど、ここでは生きものの種類の多様性について考えてみよう。生態系に存在する生きものの種類が多ければ生物多様性が高い、少なければ低い、という表現を使う。ある種の生物が絶滅すると、生物多様性は低下することになる。たとえば沖縄のヤンバルクイナが絶滅すると、それによる生物多様性のロスは取り返しがつかなくなる。一方で、日本からトキやコウノトリが絶滅したことがあったが、世界の別の場所で生きているトキやコウノトリを連れてきて繁殖させることで、生物多様性を復活させたという事例もある。この場合、トキやコウノトリは世界の別の場所で生きていたわけだから、日本から一時絶滅したことは地域絶滅という。地域絶滅は、別の場所から連れてくることで回復することが可能というところが、種が絶滅した場合との違いだ。といっても、なるべく地域絶滅もふせぎたいところ。

ここで素朴な疑問を考えてみる。①生物多様性が大事とはいうけれど、なんで大事なんだろうか。ある種の生物が絶滅したとして、ほんとうに困ることはあるのだろうか。これは素朴だけれど、たいへん重要な疑問である。生態系には似たような生物がたくさん存在する。たとえば、田んぼで見かける水鳥には、トキ、コウノトリ、コサギ、ゴイサギなどがいる。トキやコウノトリが絶滅したとしても、ほかの種類の鳥が生きていたら生態系は何ごともなかったかのように存続しつづけるのではないだろうか。とすれば、現在国家事業として多額の予算を投入しているトキやコウノトリを保護し繁殖させるプロジェクトは不必要なんじゃないだろうか。

この疑問に答えるため、科学者はいろいろな研究を行っている。ここではその一つを紹介しよう。アメリカの生態学者ティルマンは、草原に生える草の種類をコントロールする実験を行った。その結果、生物多様性が高くなると＊生産性が高まり、少々の環境変化があっても安定していることが分かったのである。単純に考えると、草原にもっとも成長スピードの速い草を一種類だけ植えることが、いちばん生産性の高い土地の利用法であると思ってしまうかもしれない。しかし現実はそうじゃなくて、種類がたくさんあったほうが、草原全体の生産性が高くなったのである。

草原の草は一見どれもおなじように見えるが、それぞれの性質は微妙に異なっている。そして、草原はどこもおなじように見えても、実は環境が微妙に異なっている。平坦《へいたん》な草原に見えても、きちんと調べれば土地にちょっとした起伏があることが分かるだろう。草原に雨が降って、その水が流れていく。長年のこのような過程が土を少しずつ削り、起伏が生まれるのである。すると、草原のなかに、少しだけ湿った場所や、少しだけ乾いた場所が生じるだろう。草は種類によって、湿った場所が得意なもの、逆に乾いていて日当たりの良い場所を好むものがある。草の多様性が高いと、草原内のいろんな環境にぴったりマッチした草が生えてくるので全体として生産性が高くなるのである。

生物多様性が高いメリットはほかにもある。生態系にはいろんな突発的な出来事が起こる。たとえば、雨が少なくて干ばつが生じる年があるかもしれない。逆に、雨が多すぎて草原が水びたしになる年もあるかもしれない。そんなとき、干ばつに弱い草や、水びたしに弱い草は枯れてしまうかもしれない。生物多様性が高ければ、その場所に干ばつに強い草、水びたしに強い草が生えることが可能だから、突発的な出来事が生じても、草原全体は安定するのだ。さらに、ある種の病気が流行したときに、草の種類が一種類だけなら草原の全体が枯れてしまう。草の種類が複数あることで、草原全体に及ぶ病気の影響が最小限にとどめられるのだ。ここで学んだように、一見無駄なように思えてもいざというときに役立つという性質を冗長性という。冗長性を高めるため、僕らは生物多様性を守らなければならないのである。

（伊勢武史《いせたけし》「２０５０年の地球を予測する――科学でわかる環境の未来」ちくまプリマー新書から……一部表記を改めている。）

（注）＊生産性――ここでは生物が一定時間に成長したり、繁殖したりする性質や能力。

【文章二】

当たり前のことだけど、人間は地球に生きる生物の一つだ。人間を含むすべての生き物は、他の多くの生き物と大気・水・土などで構成される環の中で相互に関わりあって生きている。こうした生き物たちの豊かな個性とつながりを生物多様性という。

もし、この地球上から森や小鳥、魚や昆虫などが消えてしまい、人間だけが残ったと想像してみたらどうだろう。立派なビルやＩＴシステムが残っていても、人間は生きていけない。生物多様性は、人間が生存するのに欠かせない基

ちから一つ選び、その記号を書きなさい。

ア　「千春」に自分の素直な気持ちを告げることはできないが、言葉にならない相手の気持ちをくみとる友だち思いな人物。

イ　「千春」に自分がどう思われているかを心配しつつ、自分の気持ちをためらいながらも伝えることができる正直な人物。

ウ　「千春」に褒められたことは素直に喜ぶことができる一方で、自分の発言や行動での失敗は振り返らない楽観的な人物。

エ　「千春」の星についての感性に一目置いている一方で、星に関する興味や知識は自分が一番であると自負している人物。

問三　――線②について、『千春』が星について『地道に学んでいくことはできるかもしれない』と思えるようになったのはなぜか。」という課題を設定し、授業中に話し合いを行った。次は、話し合いの内容をまとめた**【ノートの一部】**である。これを読んで、後の(1)～(3)に答えなさい。

【ノートの一部】

［課題］「千春」が星について「地道に学んでいくことはできるかもしれない」と思えるようになったのはなぜか。

着眼点

○「那彩」との会話――那彩たちの［Ⅰ］思う自分の気持ちに気づく。

○「二階堂先輩」の発言――自分を励ましてくれていることに気づく。

［まとめ］自分に［Ⅱ］という気持ちがあれば、初心者でも［Ⅲ］ことを気にしなくてもよいと気づいたから。

(1)　［Ⅰ］に当てはまる言葉を、本文中の言葉を使って、**十字以上十五字以内**で書きなさい。

(2)　［Ⅱ］に当てはまる言葉として最も適当なものを、本文中から**十二字**で抜き出して書きなさい。

(3)　［Ⅲ］に当てはまる言葉を、本文中の言葉を使って、**十字以上十五字以内**で書きなさい。

問四　本文の表現の効果を説明したものとして最も適当なものを、次の**ア**～**エ**のうちから一つ選び、その記号を書きなさい。

ア　「千春」の心の中の言葉を表現することで、読み手に「千春」の心情を理解しやすくさせる効果をもたらしている。

イ　周囲の情景を丁寧に描写することで、部員たちと会話する「千春」の心情を印象的に表現する効果をもたらしている。

ウ　「那彩」の行動描写に慣用句を用いないことで、「那彩」の「千春」を心配する思いを直接的に表現する効果をもたらしている。

エ　「千春」の過去の経験を回想として挿入することで、「千春」の心情の変化を明確にする効果をもたらしている。

「そんなことないよ。」

少し考えて、「でも。」と千春は思いきって言い足した。せっかく那彩が素直な気持ちを打ち明けてくれたんだから、わたしもそうしよう。

「なんかちょっと、うらやましかった。」

口に出したら、妙にすっきりした。

ああそうか、と思う。心から夢中になれるものを持ち、それをひたむきに追いかけている那彩たちが、わたしはうらやましかったんだ。豊富な知識だけじゃなくて、その圧倒的な情熱も。

「わたしもがんばる。那彩を見習って。」

目をまるくしていた那彩が、照れくさそうに頬をゆるめた。千春の言いたいことは通じたようだ。

「星のこと全然くわしくないし、足ひっぱっちゃうかもだけど。」

「いやいや、あたしだってそんなにくわしくないってば！」

那彩がもどかしげにさえぎった。

「そもそも、専門家でもまだわかってないことが山ほどあるんだよ？」

そうみたいだ。プラネタリウムの上映中も、しつこく「まだわかっていません。」と念を押された。宇宙はあまりにも広く、人間はあまりにも小さい。

「初心者っていうなら、あたしたち全員が初心者だって。」

きっぱりと言いきって、那彩はななめ上にふっと視線をずらした。千春もつられて目を上げた。

さっき葉山先生がいた位置に、いつのまにか二階堂先輩が立っていた。眉間（みけん）にしわを寄せ、考えこむように腕組みしている。

〔※本ページ下段に続く〕

「すみません、先輩のことまで初心者とか言っちゃって。」

那彩が気まずそうにあやまった。

「いや、それは別にいいんだけど。」

先輩が首をかしげる。特に怒っているふうではない。千春はひとまず安心したが、

「ぼくがひっかかったのは、そこじゃなくて。」

と言われて、また身がまえた。じゃあ、どこがひっかかったんだろう。

「くわしいとかくわしくないとか、言ってたよね？　そこ、そんなに気にする必要ってあるかな？」

わかる？　と那彩が目で問いかけてくる。千春は小さく首を横に振った。よくわからない。

「知識って、要は結果でしょ。星のことがもっと知りたくて、調べたり誰かに聞いたりして、その積み重ねでくわしくなってくわけで。心配しなくても、知識は勝手に増えると思うよ。」

千春にもやっと、話の流れがのみこめてきた。二階堂先輩は先輩で、那彩とはまたちがう角度から、励ましてくれているようだ。

先輩の言うように、千春も星のことをもっと知りたい。知識が勝手に増える、というのは楽観的すぎるというか強気すぎるというか、やや無理がありそうだけれど、②地道に学んでいくことはできるかもしれない。

（瀧羽麻子（たきわあさこ）「ひこぼしをみあげて」から……一部表記を改めている。）

（注）＊投影機――プラネタリウム内にある、ドーム状の天井に星を映し出すための機器。

問一　――線①について、このときの「千春」の気持ちを説明したものとして最も適当なものを、次の**ア**～**エ**のうちから一つ選び、その記号を書きなさい。

ア　「那彩」から急に質問されたことで、自分の気持ちを整理できないまま同じ返事を繰り返してしまったことを恥ずかしいと思っている。

イ　周囲にいる天文部の二年生の様子を見回すことで、他の部員より自分の考えが優れていることを自覚し、自分を誇らしいと思っている。

ウ　つまらない返事だと感じていた自分の感想を「葉山先生」に認めてもらえたことで、率直な感想をそのまま答えても良いと思っている。

【二　中学校一年生の「長谷川千春」は星にくわしいクラスメイトの「那彩」に誘われて初心者ながら天文部に入部し、「葉山《はやま》先生」の引率のもと、天文部の活動で初めてプラネタリウムを訪れた。これに続く次の文章を読んで、後の**問一**～**問四**に答えなさい。なお、答えに字数制限がある場合は、句読点や「　」などの記号も一字と数えなさい。

場内が明るくなっても、千春はしばらく立ちあがれなかった。体の半分が、まだ宇宙のどこかをさまよっているみたいだ。

「長谷川さん。」

名前を呼ばれ、はっと背筋がのびた。振りむくと、一列後ろから葉山先生が千春を見下ろしていた。

「どうだった？」

「すごく、きれいでした。」

うまく頭が働かないまま、千春はとりあえず答えた。つまんない返事だ。われながら恥ずかしくなる。

「すみません、なんか、小さい子の感想みたいで。」

「そんなことないよ。」

先生が微笑《ほほえ》んだ。

「きれいだなって感じるのが、すべてのはじまりじゃない？　出発点っていうか。わたしはそうだったよ。」

首をめぐらせ、ホールを見わたす。

「たぶん、みんなも。」

千春も周囲を見まわしてみた。二階堂《にかいどう》先輩は椅子に体を沈め、余韻を味わうかのように天井をうっとりと見上げている。二年生の四人は*投影機のそばに集まって、なにやら熱心に議論している。ちょうどこっちに顔をむけていた片瀬《かたせ》先輩には、ぷいと目をそらされてしまった。

那彩が小走りに駆けよってきて、千春のとなりにすとんと座った。

「千春、どうだった？」

「①きれいだった。」

千春は答えた。すでに通路のほうへ歩き出していた先生に、いたずらっぽく目くばせされた。

「気に入った？　よかったあ。」

ぱあっと顔をほころばせた那彩は、すぐに表情をひきしめた。

〔※本ページ下段に続く〕

「実は、ちょっとだけ心配だったんだ。千春が楽しめるかなって。」

「大丈夫、解説がわかりやすかったし。初心者でもちゃんとついていけたよ。」

千春が言うと、ぎゅっと腕をつかまれた。

「ちがうの、初心者とか、そういう意味じゃなくて。」

「え？」

「あのね、ええと……なんていうか……。」

どうも歯切れが悪い。戸惑いつつ、千春は続きを待った。那彩は日頃からずばずばとものを言うのに、めずらしい。

「気になってたんだ。」

那彩がぼそりとつぶやいて、手をひっこめた。もじもじとスカートをいじる。

「千春に、無理させてないかなって。」

「無理？　わたしが？」

意味がのみこめず、千春は問い返した。

「天文部、あたしが強引に誘っちゃったから。千春は優しいしさ。内心、なんかちがうって思ってたりとか……。」

「思ってないよ。」

とっさに大きな声が出てしまって、口をつぐんだ。そっとまわりをうかがう。幸い、そばには誰もいない。

「ほんとに？」

那彩が上目づかいで千春をちらっと見やり、またうつむいた。両手で握りしめたスカートがしわくちゃだ。

「前に失敗したんだ、あたし。」

小学校で仲のよかった友だちに、折にふれて星の話をしていたらしい。相手も楽しそうに聞いてくれていた。というか、那彩はそう思いこんでいた。ある日いきなり、遠慮がちに本音を告げられるまでは。

「ごめん、星にはあんまり興味ないんだ、って。」

那彩は深く落ちこんだ。反省もした。他人の趣味を無理やり押しつけられたら、あたしだっていやだ。これからはむやみに星のことばかりしゃべらないように気をつけよう、と心に決めた。

「だけど天文部に入って、舞いあがっちゃって。先輩たちもあんなだしね。最近、浮かれすぎっていうか、調子に乗っちゃってた。」

那彩がぐいと顔を上げ、千春と目を合わせた。

「ごめんね千春。あたし、うるさかったよね？　正直、ひいてない？」

〔※次ページ上段に続く〕

【一】 次の**問一**、**問二**に答えなさい。

問一 次の(1)～(5)の――線について、カタカナの部分を**漢字**に書きなおし、漢字の部分の読みを**ひらがな**で書きなさい。

(1) 新たに雑誌をソウカンする。

(2) 近年の科学技術の進歩はイチジルしい。

(3) 友人と一緒に神社ブッカクめぐりをした。

(4) 家庭科の授業で用いる布地を裂く。

(5) 今年度の行事は、昨年度のよい点を踏襲して計画します。

問二 M中学校では、書写の授業において地域住民の方を講師として迎えた。次は、次郎さんが書いた**【講師へのお礼の手紙】**である。これを読んで後の(1)～(4)に答えなさい。

【講師へのお礼の手紙】

Ⅰ

うららかな秋晴れが続いております。田中先生におかれましては、いかがお過ごしでしょうか。

さて、先日の書写の授業では、私たちのためにお時間をくださり、ありがとうございました。先生から①もらった和歌の文字を参考にして、授業後も練習を重ねて正しい行書で書けるようになりました。

実際に先生が書かれる姿を拝見し、なめらかな運筆や出来上がった美しい行書に感動しました。小学校の頃から筆を持つことは好きでしたが、あらためて毛筆の面白さを実感し、文字を大切に②しようと思いました。本当にありがとうございました。

十月も終わりに近づき、秋も深まってまいりました。先生もお体を大切になさってください。

Ⅱ

令和四年十月二十五日

M市立M中学校一年四組
佐藤　次郎

田中　太郎　様

(1) **【講師へのお礼の手紙】**の Ⅰ 、 Ⅱ に当てはまる言葉の組み合わせとして最も適当なものを、次の**ア～エ**のうちから一つ選び、その記号を書きなさい。

ア Ⅰ 前略　Ⅱ 早々
イ Ⅰ 拝啓　Ⅱ 早々
ウ Ⅰ 拝啓　Ⅱ 敬具
エ Ⅰ 前略　Ⅱ 敬具

(2) ――線①について、敬語を使って適切に表現したほうがよいと指摘された次郎さんは、次の文のように書きなおすことにした。□に当てはまる言葉を、**五字以内**で書きなさい。

先生から□和歌の文字

(3) ――線②について、これと同じ意味・用法で使われているものとして最も適当なものを、次の**ア～エ**のうちから一つ選び、その記号を書きなさい。

ア 今日はとても寒いので、厚手の服を着よう。
イ A君のように、英会話の勉強を頑張りたい。
ウ 来週から、体育館で部活動が行えるようだ。
エ まるで桜の花びらのように、空に雪が舞う。

(4) 次の文字は**【講師へのお礼の手紙】**の～～線を行書で書いたものである。同じ文字を楷書で書いた場合と比較すると、どのような特徴が見られるか。**当てはまらないもの**を、後の**ア～エ**のうちから一つ選び、その記号を書きなさい。

ア 点画の省略　**イ** 筆順の変化　**ウ** 点画の連続　**エ** 点画の変化

令和五年度（一次入試）

国　語

（検査時間　十二時四十分～十三時三十分）

注意事項

一、開始の合図で

◆この問題用紙にはさんである解答用紙を取り出しなさい。

◆解答用紙、問題用紙、下書き用紙の所定の欄に受験番号を書き入れなさい。

◆解答はすべて解答用紙の所定の欄に書き入れなさい。

◆問題文は十ページあり、その順序は 国1 ～ 国10 で示しています。
ページ漏れや印刷不鮮明などに気づいた場合には、手をあげなさい。

二、終了の合図で

◆机の上に、下から順に問題用紙、下書き用紙、解答用紙を置きなさい。
解答用紙だけは裏返して置きなさい。

受験番号

※教英出版注
音声は，解答集の書籍ＩＤ番号を教英出版ウェブサイトで入力して聴くことができます。

報道・掲示・中学校用

令和５年度　英語リスニングテスト放送台本

（チャイム）

これからリスニングテストを行います。問題用紙にはさんである解答用紙を取り出しなさい。受験番号を記入しなさい。問題用紙の問題【１】を見なさい。問題はＡ，Ｂ，Ｃの３つあります。放送中にメモをとってもかまいません。

検査問題Ａ

それでは，Ａの問題から始めます。
１番，２番の対話を聞いて，それぞれの質問の答えとして最も適当なものを，ア～エから１つずつ選び，記号を書きなさい。なお，対話と質問は通して２回繰り返します。それでは，始めます。

１番
Father : Thank you for giving me a birthday present, Meg.
Meg : You are welcome, Dad.
Father : Why did you choose this?
Meg : You are interested in music, so I want you to use it when you listen to music.

Question : What did Meg buy for her father?
もう１度繰り返します。　（対話と質問の繰り返し）

２番
Man : May I help you?
Girl : I'd like to buy a hamburger.
Man : Sure. If you buy a hamburger, you don't have to pay for a drink.
Girl : Oh, really? Orange juice, please.
Man : OK. Anything else?
Girl : French fries, please. That's all.

Question : How much will this girl pay?
もう１度繰り返します。　（対話と質問の繰り返し）

次はＢの問題です。留守番電話に残された John のメッセージを聞いて，それに続く１番～3 番の質問の答えとして最

【放送

B　あなたのタブレット端末に，英語の先生から次のような課題が送られてきました。後の**条件**にしたがって，先生の課題に対するあなたの答えを英語で書きなさい。

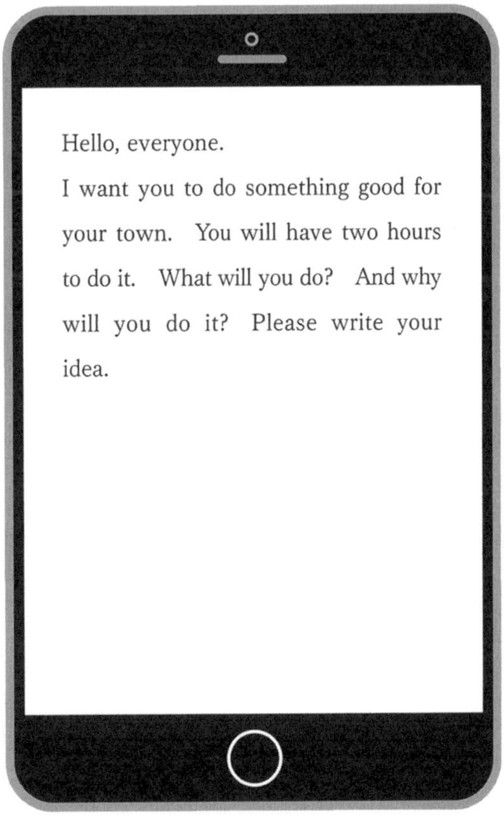
Hello, everyone.
I want you to do something good for your town. You will have two hours to do it. What will you do? And why will you do it? Please write your idea.

条件

1　**主語と動詞を含む 15 語以上の英語**で書くこと。

2　英文の数はいくつでもよい。

3　短縮形（I'm など）は 1 語として数えることとし，ピリオド，コンマなどの符号は語数に含めないこと。

【4】 次の英文は，中学３年生のTakashi，Aya，Emi，Yutaの班が英語の授業で，自分たちが調べたことを発表している場面のものです。英文を読み，（１）～（６）の問いに答えなさい。

Takashi : What is important to you when you choose a job? To study this topic, we interviewed a man making bamboo *products in Oita. First, please watch our movie.

(*The students in the class are watching the movie.*)

Aya : Thank you for giving us a chance to interview you today, Mr. Smith.

Mr. Smith : My pleasure. Thank you for coming to my *workplace today.

Emi : Your place is really nice. ①Why did you decide to do this job?

Mr. Smith : When I was a college student, I came to Japan *for the first time as an *exchange student and spent three months. While I was in Japan, I visited Kyushu and found one product there. It was made of bamboo. It was beautiful and unique. I was excited. Then I found that the product was made in Oita.

a bamboo product

Aya : What did you do after that?

Mr. Smith : After I returned to America, I really wanted to make bamboo products in the future. So when I *graduated from college, I decided to go to Oita. I learned how to make bamboo products from the people working with me. Since then, I [　②　] bamboo products. I am lucky that I can do the things I really want to do.

Emi : Oh, I see. What do you think of working in Japan?

Mr. Smith : In fact, it was very hard at first. To communicate with Japanese people was a serious problem for me. So I started to study Japanese and tried to understand people around me.

Aya : I am really interested in your story. Do you have any new plans for the future?

Mr. Smith : Yes. I think Oita has a lot of traditional things such as bamboo products. I want to introduce them to people around the world.

Emi : Your story gave us a good chance to think about jobs. Thank you very much for today.

Mr. Smith : You're welcome. See you again.

(*After watching the movie*)

Yuta : Everyone has their own reason when they choose their jobs. In the movie, Mr. Smith said, "I am lucky that I can do the things I really want to do." It means that "[　③　]" is important. Look at ④this *graph. It shows what is important for young people in Japan when they choose their jobs. How about you? ⑤What is important to you when you choose a job?

（注） *products　製品　　*workplace　職場　　*for the first time　初めて
*exchange student　交換留学生　　*graduated from　～を卒業した
*graph　グラフ

（１） 下線部①について，ア～エをMr. Smithが経験した順番に並べかえ，記号を書きなさい。

ア　Mr. Smith learned how to make bamboo products.

イ　Mr. Smith came to Japan to study in college.

ウ　Mr. Smith found the bamboo product in Kyushu.

エ　Mr. Smith returned to America.

（２） 英文中の[　②　]に，「～をずっと作り続けています」という意味になるように，英語３語を書きなさい。

（3） 英文の内容と一致するものを，ア～エから１つ選び，記号を書きなさい。

ア Mr. Smith made bamboo products in the way he invented by himself.
イ Mr. Smith wants to show traditional things in Oita to the world.
ウ Mr. Smith taught Aya and Emi how to make bamboo products.
エ Mr. Smith found it was easy to communicate with people in Japan.

（4） 英文中の ③ に入る最も適当なものを，ア～エから１つ選び，記号を書きなさい。

ア To do the things I like
イ To help people
ウ To get a lot of money
エ To have a lot of free time

（5） 下線部④が示す次のグラフの内容として最も適当なものを，ア～エから１つ選び，記号を書きなさい。

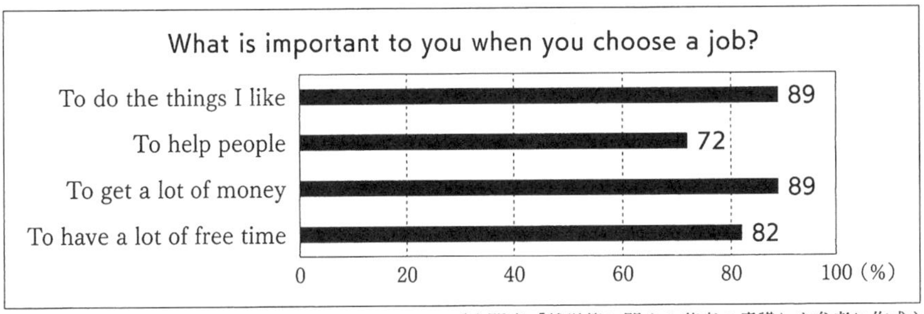

（内閣府「就労等に関する若者の意識」を参考に作成）

ア "To help people" is the highest of the four answers.
イ "To have a lot of free time" is higher than "To get a lot of money".
ウ "To do the things I like" is as high as "To get a lot of money".
エ "To get a lot of money" is not as high as "To help people".

（6） 下線部⑤について，次の**条件**にしたがって，あなたの考えを英語で書きなさい。

条件

1 **解答用紙**の１行目の書き出しの（　　）に入るあなたの考えを，ア～エから１つ選び，記号を書くこと。

ア To do the things I like
イ To help people
ウ To get a lot of money
エ To have a lot of free time

2 **解答用紙**の１行目の書き出しに続けて，あなたが 1 で選んだ内容について，**その理由**を**主語と動詞を含む 10 語以上の英語**で書くこと。

3 英文の数はいくつでもよい。

4 短縮形（I'm など）は１語として数えることとし，ピリオド，コンマなどの符号は語数に含めないこと。

【5】 次の英文は，中学3年生のTaroが英語弁論大会で行ったスピーチの原稿です。英文を読み，(1)～(4)の問いに答えなさい。

Hello, everyone. Today, I will talk about one experience that I will never forget in my school life. This summer I visited the *community center in our town with my grandfather and found some old pictures of a festival. In the pictures, many people were dancing and looked happy. My grandfather said to me, "These are the pictures of the traditional dance in the festival of our town. The dance was very popular and important for the local people in the past. But the dance has not been performed for a long time." When he finished talking about the festival, he looked sad. Then I wanted to perform the dance to make him happy.

A few days later, I talked about this story to my teacher. She was interested in it and suggested to me that our class should perform the dance in the school event. I was (ⓐ) that some of the classmates would not like this idea, but everyone agreed with this idea.

At first, I was very (ⓑ) because the other students in my class didn't know how to perform the dance. So I asked my grandfather to teach us the dance. We practiced dancing at the gym with him after school every day. And we were (ⓒ) that *gradually some old people who knew about the dance came to see our *practice. Some of them danced together with us, and others played the Japanese drum or the Japanese flute to make our performance better.

Finally, the date of the school event came. Many people came to our school to see the dance. Our performance was successful because of our practice with the old people. Everyone around us smiled. When I saw them, I felt (ⓓ).

The next morning, our performance was *reported in the newspaper. And after the school event, one elementary school asked us to perform our dance. All the children there enjoyed watching our dance. Then I wanted to teach it to all the elementary school students in my town.

I am glad that we could practice together with the people in our town. They helped us with a lot of things. When we started practicing the dance, we couldn't imagine that we could do it well. We could not finish it only by ourselves. But we did it by [①]. At first, the *purpose of this action was just to make my grandfather happy. But at the same time, it made many people in our town happy.

(注) *community center 公民館　*gradually 次第に　*practice 練習
*reported 掲載された　*purpose 目的

(1) (ⓐ)～(ⓓ)に入るTaroの心情を表す語句の組み合わせとして最も適当なものを，ア～エから1つ選び，記号を書きなさい。

	ⓐ	ⓑ	ⓒ	ⓓ
ア	nervous	happy	worried	surprised
イ	worried	nervous	surprised	happy
ウ	happy	surprised	worried	nervous
エ	surprised	nervous	happy	worried

(2) 英文中の［ ① ］に入る最も適当なものを，ア～エから1つ選び，記号を書きなさい。

ア telling our idea to the newspaper
イ being kind to old people
ウ taking photos of the festival
エ getting help from others

(3) 次の問いに対する答えを，本文の内容を踏まえ，［　　　　］に**英語4語**を入れて，完成させなさい。

What did Taro do to make his grandfather happy?
He ［　　　　　　　　］ with his classmates.

(4) 次は，Taroがスピーチをするために，自分で整理したメモの一部です。メモ内の［ ② ］～［ ⑤ ］に入る最も適当なものを，ア～クから**2つ**ずつ選び，記号を書きなさい。

At the community center
② ( ) ( )

At the gym
③ ( ) ( )

At the school event
④ ( ) ( )

At the elementary school
⑤ ( ) ( )

ア I found some old pictures of the festival of our town.
イ We were able to show the result of our practice in front of many people who came to our school.
ウ I thought it was important to share our experience with the children in my town.
エ My grandfather looked sad when I talked with him.
オ The other old people helped us by dancing and playing music.
カ My grandfather taught us how to dance well every day.
キ We showed our dance to the children of one school.
ク A lot of people who came to our school smiled when they saw our dance.

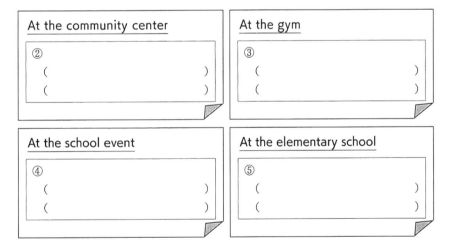

（5） 観察が終わった後，花子さんは先生と次の会話をした。（ a ），（ b ）に当てはまる語句の組み合わせとして最も適当なものを，ア～エから1つ選び，記号を書きなさい。

花子：体細胞分裂によって細胞の数が増えることで，タマネギの根は成長するのですね。
先生：そうですね。でも，それだけでしょうか。体細胞分裂を終えた直後の細胞の大きさに注目するとどのようなことがわかりますか。
花子：体細胞分裂によって2つに分かれた細胞は，もとの細胞より小さいです。体細胞分裂した後に細胞が（ a ）ことでタマネギの根は成長するのだと思います。
先生：そうですね。では，それを確かめるためには，次にどのような観察を行えばよいでしょうか。
花子：タマネギの根の先端から離れた部分の細胞と比べて，根の先端に近い部分の細胞は（ b ）が多いことを確認すればよいと思います。
先生：そうですね。その観察を行えば，体細胞分裂した後の細胞が（ a ）ことで，タマネギの根が成長することがわかりますね。

	ア	イ	ウ	エ
a	大きくなる	大きくなる	根の先端に移動する	根の先端に移動する
b	小さいもの	大きいもの	小さいもの	大きいもの

（6） 体細胞分裂によって新しい個体をつくる生殖を無性生殖という。無性生殖に関連した文として最も適当なものを，ア～エから1つ選び，記号を書きなさい。

ア 無性生殖でできた新しい個体は，もとの個体とは異なる形質をもつ。
イ 無性生殖で，ジャガイモのように体の一部から新しい個体をつくるものを栄養生殖という。
ウ 無性生殖では卵細胞の核と精細胞の核が合体し，新しい1つの細胞として受精卵ができる。
エ 無性生殖では体細胞分裂によって生殖細胞がつくられる。

（7） 受精卵の細胞分裂について，太郎さんは先生と次の会話をした。（ c ）に当てはまる語句を**漢字**で書きなさい。また，（ d ）に当てはまる**整数**を書きなさい。ただし，各細胞はすべて同時に分裂するものとする。

太郎：受精卵が分裂を繰り返して親と同じような形へ成長する過程を（ c ）といいますね。
先生：そうですね。1個の受精卵が1回分裂すると細胞は2個になります。2回分裂すると4個，3回分裂すると8個になるというように分裂の回数を数えると，細胞の数がはじめて50個をこえるのは受精卵が何回分裂を行ったときになりますか。
太郎：（ d ）回分裂したときです。
先生：そうですね。そのとき，細胞の数がはじめて50個をこえます。多細胞生物は多くの細胞が集まって構成されているので，受精卵は成長するときに何回も細胞分裂することになりますね。

（8） 染色体に含まれる，遺伝子の本体である物質は何か，書きなさい。

【4】 振り子の動きやエネルギーについて調べるために，次の実験を行った。（1）～（6）の問いに答えなさい。ただし，糸の重さや空気の抵抗は無視できるものとし，糸は伸び縮みしないものとする。

[I] 糸でつるした小球の運動について調べた。

[1] ［図1］のように，300 g の小球に糸をつけて天井からつるし，小球を糸がたるまないようにして点Aまで持ち上げ静止させた。

[2] ［図2］のように，小球から静かに手をはなして運動を観察したところ，小球は最下点Bを通過した後，点Cを通過し，点Aと同じ高さの点Dまで上がった。

［図1］

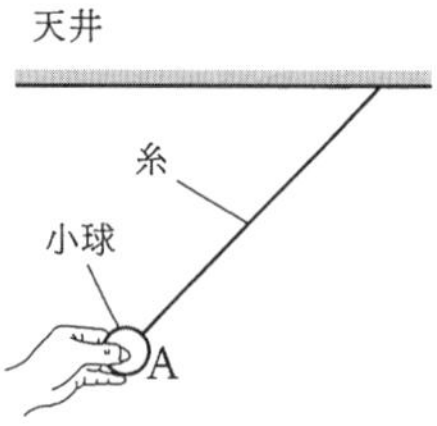

［図2］

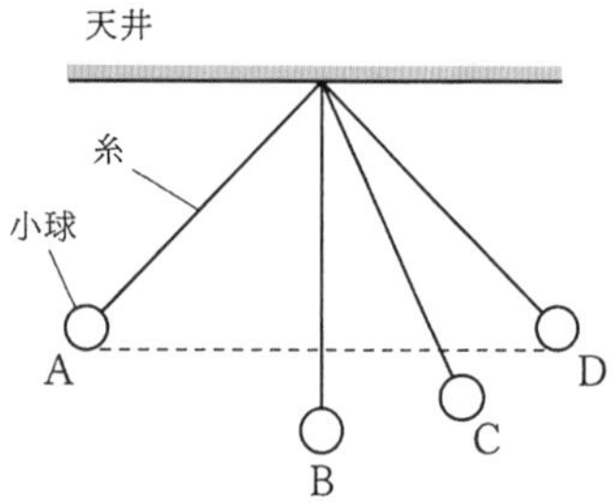

（1） 点Aで手をはなした直後の小球にはたらく重力を，力の矢印で解答欄の図に作図しなさい。ただし，100 g の物体にはたらく重力を1Nとし，方眼紙の1目盛りは1Nとする。

（2） ［図2］で，点Aでの位置エネルギーは点Cでの位置エネルギーの3倍であった。小球が点Bを通過するときの運動エネルギーは点Cを通過するときの運動エネルギーの何倍か，求めなさい。ただし，小球が点Bにあるときの位置エネルギーの大きさを0とする。

（3） 小球が［図2］の点Dに達した瞬間に糸を切ると，小球はどの向きに運動するか。小球が運動する向きとして最も適当なものを，［図3］のア～エから1つ選び，記号を書きなさい。

［図3］

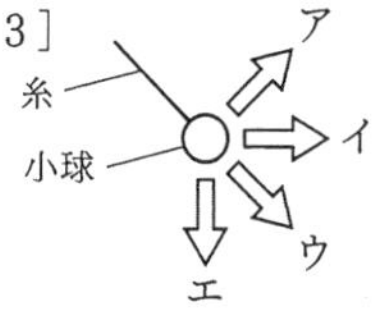

[II] 糸の長さや小球の質量を変えたときのエネルギーについて，次の実験を行った。

[3] ［図4］のように，小球に糸をつけ，糸の一端をスタンドの点Oに結び，振り子を作成した。

[4] 糸の長さが 25 cm で，小球の質量が 100 g，200 g の振り子が1往復する時間をそれぞれ調べた。

[5] ［図5］のように，摩擦力のはたらく床の上に 60 g の木片を置き，[4]の振り子の小球を糸がたるまないようにして床から 10 cm の高さに持ち上げ静止させた。小球から静かに手をはなし，小球が最下点になる位置で木片に衝突させ，木片の動いた距離をそれぞれ調べた。

[6] [4]，[5]の実験を振り子の糸の長さを 50 cm，100 cm と変えて同様にそれぞれ行った。

［表］は，[4]～[6]の結果をまとめたものである。

［図4］

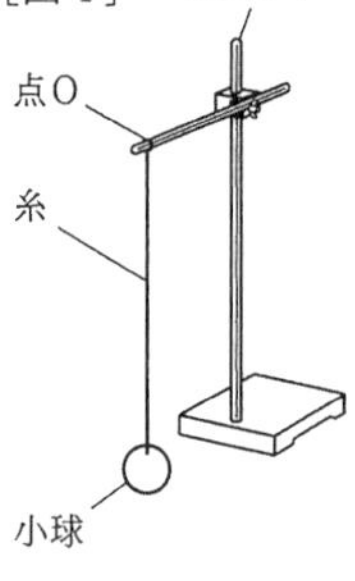

［図5］

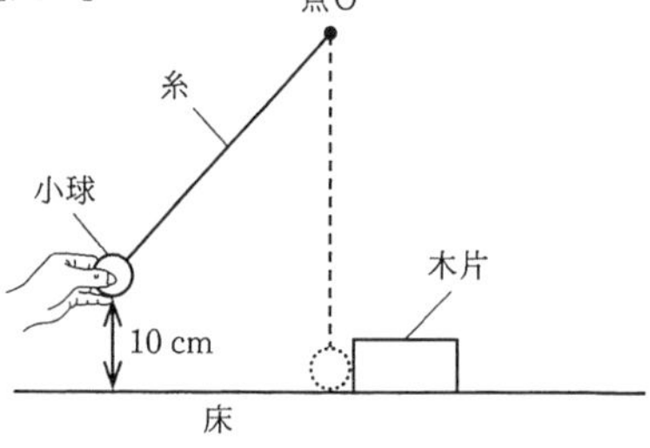

［表］

糸の長さ〔cm〕	25	25	50	50	100	100
小球の質量〔g〕	100	200	100	200	100	200
1往復する時間〔秒〕	1.0	1.0	1.4	1.4	2.0	2.0
木片の動いた距離〔cm〕	5	10	5	10	5	10

（4） [5]の実験で，200 g の小球によって木片が動いた運動について考えた。実験で用いた木片を手で押して，摩擦力に逆らってゆっくりと 10 cm 移動させたとき，手がした仕事の大きさは何Jか，求めなさい。ただし，木片には常に床から2Nの摩擦力がはたらくものとする。

(5) 次の文は，Ⅱの実験についてまとめたものである。(a)～(c)に当てはまる語句の組み合わせとして最も適当なものを，ア～エから1つ選び，記号を書きなさい。

(a)が同じなら，(b)を変えても振り子の1往復する時間は変わらない。よって，振り子の1往復する時間は(a)で決まる。また，同じ高さから手をはなすと，最下点での運動エネルギーは(b)によって(c)。

	ア	イ	ウ	エ
a	糸の長さ	糸の長さ	小球の質量	小球の質量
b	小球の質量	小球の質量	糸の長さ	糸の長さ
c	変わる	変わらない	変わる	変わらない

Ⅲ 振り子にエネルギーを与えたときの運動について調べた。

7 ［図6］のように，小球に糸をつけて天井からつるし，小球を糸がたるまないようにして点Eまで持ち上げ静止させた。

8 ［図7］のように，糸がたるまないようにしながら，小球を指で矢印の方向にはじいたところ，小球は最下点Fを通過し，点Eの高さより高い点Gまで上がった。

［図6］

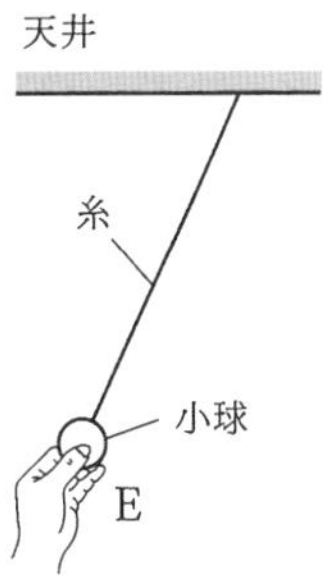

［図7］

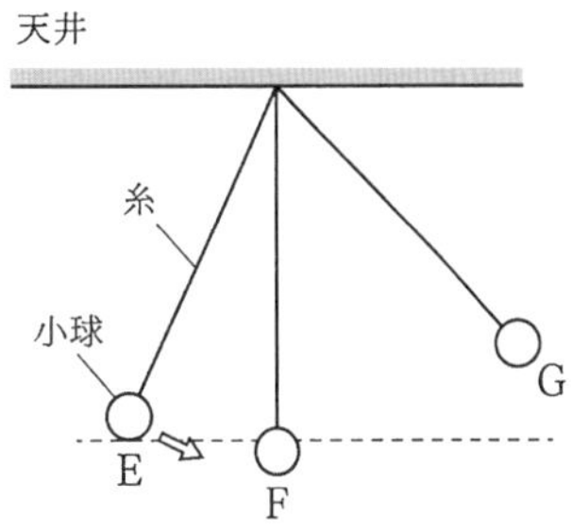

(6) ［図8］の破線（---）は，指ではじいた直後の小球が点Eから点Gまで動くときの小球の位置エネルギーの大きさの変化のようすを表したものである。［図8］に，小球の運動エネルギーの大きさの変化のようすを実線（━━）で書き加えたものとして最も適当なものを，ア～エから1つ選び，記号を書きなさい。ただし，小球が点Eにあるときの位置エネルギーの大きさを1，小球が最下点Fにあるときの位置エネルギーの大きさを0とする。

［図8］

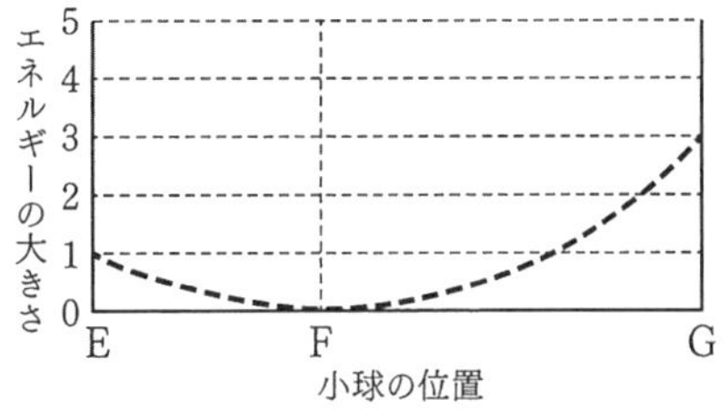

ア

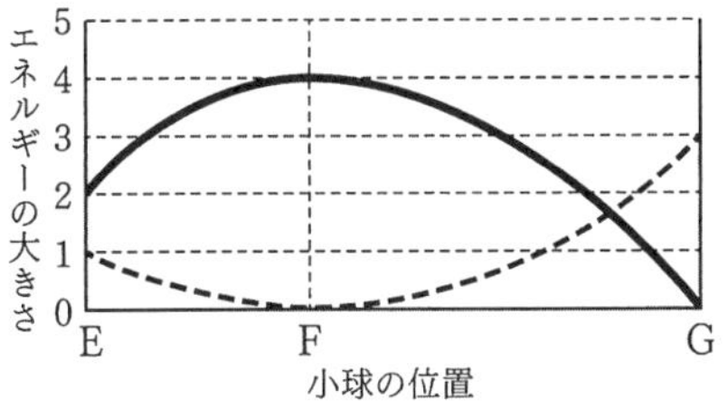

イ

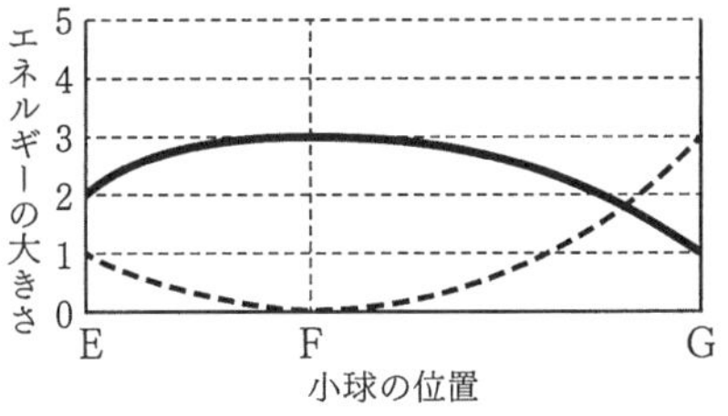

ウ

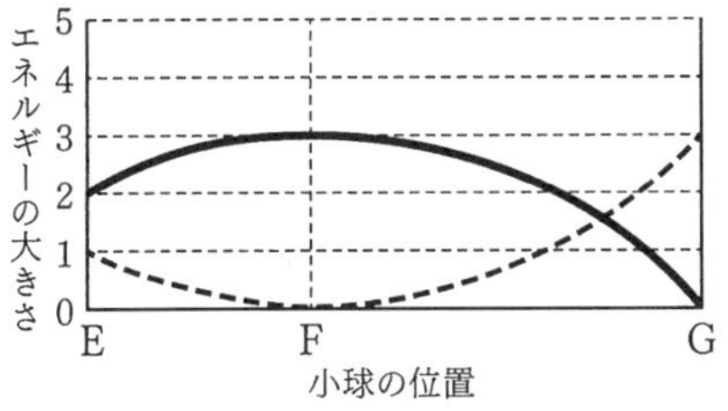

エ

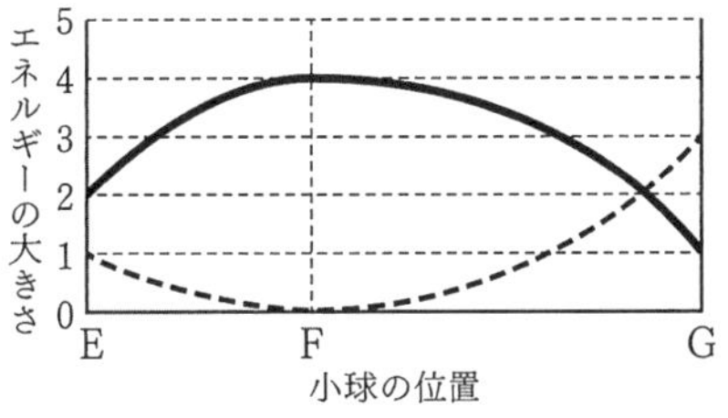

【5】 地震や津波に関する（1），（2）の問いに答えなさい。

（1） 太郎さんと花子さんは地震について調べ，次の会話をした。①～③の問いに答えなさい。

太郎：過去に大分県で起こった地震について調べると，慶長元年（1596年）に大きな地震が起こり，大津波が押しよせたようです。

花子：他にも調べてみると，大分県ではこれまでに大きな地震が何度かあったようです。授業で学んだように，日本付近では４枚のプレートが押し合っており，大きな地震は，このような$_{X}$<u>プレートの境界で起こる地震</u>だそうです。

太郎：大きな地震を教訓に，佐伯藩では津波が来ることを$_{Y}$<u>大きな音</u>で知らせるために大筒（大砲）を打ち，臼杵藩では太鼓を打ち鳴らすなど，江戸時代にはすでに防災の取り組みがあったことがわかりました。

花子：現在では，地震が起こると，テレビなどで津波についての情報が報じられることがありますね。$_{Z}$<u>なぜ日本付近で大きな地震が起こると，津波の心配があるのでしょうか</u>。

① 次の文は，下線部Xについて述べたものである。（ a ）～（ c ）に当てはまる語句の組み合わせとして最も適当なものを，ア～エから１つ選び，記号を書きなさい。

日本付近のプレートの境界で起こる地震は，（ a ）が（ b ）の下に沈みこみ，引きずりこまれた（ b ）のひずみが限界に達し，破壊が起こることが原因である。また，プレートに押されて変形する日本列島内部では，あちこちで地層が切れてずれ，くいちがいが生じて（ c ）ができる。

	ア	イ	ウ	エ
a	陸のプレート	陸のプレート	海のプレート	海のプレート
b	海のプレート	海のプレート	陸のプレート	陸のプレート
c	断層	かぎ層	断層	かぎ層

② 下線部Yに関連して，音の大きさについて述べたものとして最も適当なものを，ア～エから１つ選び，記号を書きなさい。

ア　振幅が大きいほど，音は大きい。
イ　振幅が小さいほど，音は大きい。
ウ　振動数が大きいほど，音は大きい。
エ　振動数が小さいほど，音は大きい。

③ 下線部Zについて，海のプレートと陸のプレートの境界で地震が起こると，地面の揺れによる災害だけでなく，地震による津波も発生して大きな災害をもたらすことがある。［図１］は日本付近のプレートを模式的に示したものである。日本付近で大きな地震が起こると，地震による津波が発生しやすい理由を［図１］をふまえて，簡潔に書きなさい。

［図１］

(2) ［資料1］は，ある日，地下のごく浅い場所で起こった地震について，地震の大きさと，同じ水平面上にある観測点A～Cにおける地震の記録をまとめたものである。①～④の問いに答えなさい。ただし，震源の深さは無視できるものとし，P波，S波はそれぞれ一定の速さで伝わるものとする。

［資料1］

・マグニチュード 6.6　　・最大震度5強

・各観測点の記録

観測点	震度	震源からの距離	P波の到着時刻	S波の到着時刻
A	3	112 km	2時53分02秒	2時53分18秒
B	4	77 km	2時52分57秒	2時53分08秒
C	5弱	35 km	2時52分51秒	2時52分56秒

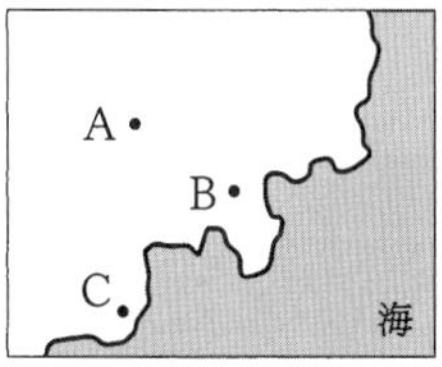

A～Cは観測点を表している

① マグニチュードについて述べた文として最も適当なものを，ア～エから1つ選び，記号を書きなさい。

ア 地震の規模を表しており，この数値が1大きくなると地震のエネルギーは約32倍になる。

イ 地震の規模を表しており，この数値が大きいほど初期微動継続時間は長い。

ウ ある地点での地震による揺れの程度を表しており，この数値が大きいほど震源から遠い。

エ ある地点での地震による揺れの程度を表しており，震源から遠くなるにつれて小さくなる。

② ［資料1］の地震の震央の位置として最も適当なものを，［図2］のア～エから1つ選び，記号を書きなさい。ただし，［図2］のA～Cは，［資料1］の観測点A～Cと同じである。

［図2］

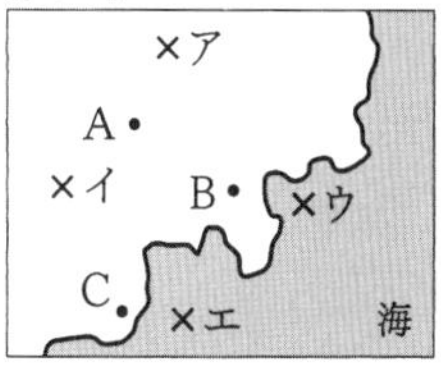

③ ［資料1］の各観測点の記録を用いた計算から予想されるこの地震の発生時刻は，2時何分何秒か，求めなさい。

④ ［図3］のように，地震が発生すると，気象庁は震源に近い地震計で観測されたP波を直ちに解析し，S波の到達時刻などをすばやく予測し，緊急地震速報を発表する。［資料1］の地震で緊急地震速報が2時52分55秒に発表されたと仮定するとき，震源からの距離が84 kmの地点にS波による揺れが到達するのは，緊急地震速報発表の何秒後か，求めなさい。ただし，緊急地震速報は瞬時に各地域に伝わるものとする。

［図3］

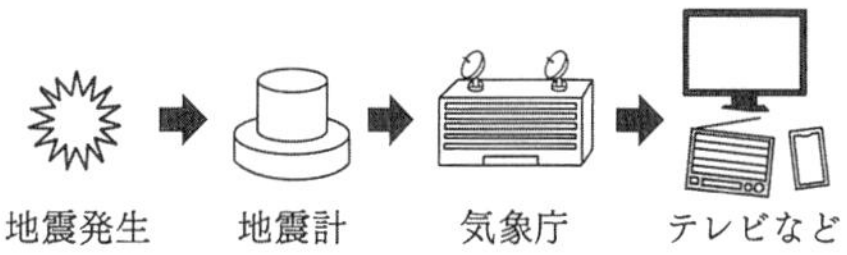

受験番号

大分県公立高等学校

令和４年度（一次入試）

理　　科

（検査時間　9：30〜10：20）

注意事項

1．開始の合図で

◆　この問題用紙にはさんである解答用紙を取り出しなさい。

◆　解答用紙，問題用紙，下書き用紙の所定の欄に受験番号を書き入れなさい。

◆　解答はすべて解答用紙の所定の欄に書き入れなさい。

◆　問題文は10ページあり，その順序は 理１ 〜 理10 で示しています。
ページ漏れや印刷不鮮明などに気づいた場合には，手をあげなさい。

2．終了の合図で

◆　机の上に，下から順に問題用紙，下書き用紙，解答用紙を置きなさい。
解答用紙だけは裏返して置きなさい。

【1】 花子さんと太郎さんは，学校内の植物について調べるために，次の調査・観察を行った。（1）～（7）の問いに答えなさい。

Ⅰ　2人は，「日あたりや土のしめりけによって，生えている植物にちがいがあるのだろうか」という疑問を持ち，学校内に生えている植物の種類と，その場所の環境として日あたりのようすと土のしめりけの程度を調査した。

1　［図1］のように，A～Fの6つの場所を選び，植物を観察した。

2　観察した場所の日あたりのようすと土のしめりけの程度を記録した。また，スギゴケ，カタバミ，セイヨウタンポポについて，生えている場所を記録した。

［表1］は，その結果をまとめたものである。

［図1］

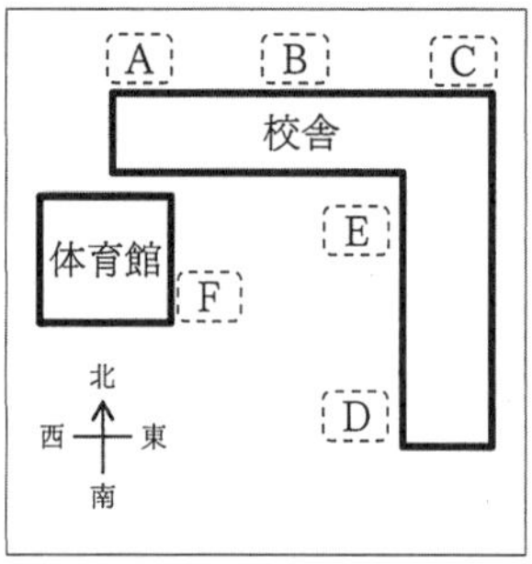

［表1］

	環境		植物		
	日あたりのようす	土のしめりけの程度	スギゴケ	カタバミ	セイヨウタンポポ
A	わるい	多い	あり	あり	なし
B	わるい	中ぐらい	なし	なし	あり
C	わるい	多い	あり	なし	なし
D	よい	少ない	なし	あり	あり
E	よい	中ぐらい	なし	あり	あり
F	よい	中ぐらい	なし	なし	あり

（1） 次の文は，スギゴケについて述べたものである。（　X　）に当てはまる語句を書きなさい。

スギゴケは子孫を残すときに（　X　）をつくる。（　X　）はしめりけのあるところに落ちると発芽する。

（2） ［図2］は，セイヨウタンポポの1つの花をスケッチしたものであり，1つの花は5つの花弁がくっついてできている。このように，花弁がくっついている花を何というか，書きなさい。

［図2］

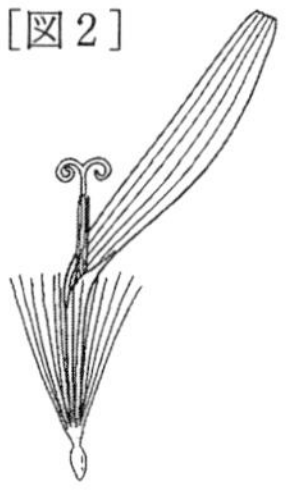

（3） ［表1］の結果からわかることとして適当なものを，ア～エから**すべて**選び，記号を書きなさい。

ア　スギゴケは，日あたりがよいところには生えていない。

イ　カタバミは，日あたりがよいところだけに生えている。

ウ　カタバミは，土のしめりけに関係なく生えている。

エ　セイヨウタンポポは，土のしめりけが多いところだけに生えている。

（4） 次の文は，Ⅰの調査後の2人の会話である。（　a　），（　b　）に当てはまる語句の組み合わせとして最も適当なものを，ア～カから1つ選び，記号を書きなさい。

花子：日あたりのわるい場所では光合成ができないため，植物は生えないと思いましたが，植物は生えていましたね。

太郎：日あたりがわるくても光合成が行われているかどうかは，光合成によって（　a　）などができたかを調べるとわかりますね。土のしめりけは植物にどのような影響があるのでしょうか。

花子：多くの植物は根をもち，維管束があります。しかし，（　b　）は，維管束がないため，土のしめりけの多い場所でしか生育できないのだと思います。

	ア	イ	ウ	エ	オ	カ
a	二酸化炭素	二酸化炭素	二酸化炭素	デンプン	デンプン	デンプン
b	コケ植物	シダ植物	種子植物	コケ植物	シダ植物	種子植物

教英出版

Ⅱ　2人は，植物が花をつけたとき，その植物を観察し，特徴を記録した。

　③　観察した植物の花弁の数やようす，葉脈の形，根のようすを写真で記録した。

　④　顕微鏡を用いて，それぞれの植物の茎の維管束を観察した。

　⑤　観察した植物の名前を図鑑で調べ，観察カードを作成した。［図3］は，その一部である。

［図3］

観察カード①　アブラナ
＜花弁の数やようす＞
花弁は4枚でそれぞれ
離れている。
＜葉脈の形＞
網状脈
＜茎の維管束＞
輪のように並んでいる。
＜根のようす＞
主根と側根

観察カード②　エンドウ
＜花弁の数やようす＞
花弁は5枚でそれぞれ
離れている。
＜葉脈の形＞
網状脈
＜茎の維管束＞
輪のように並んでいる。
＜根のようす＞
主根と側根

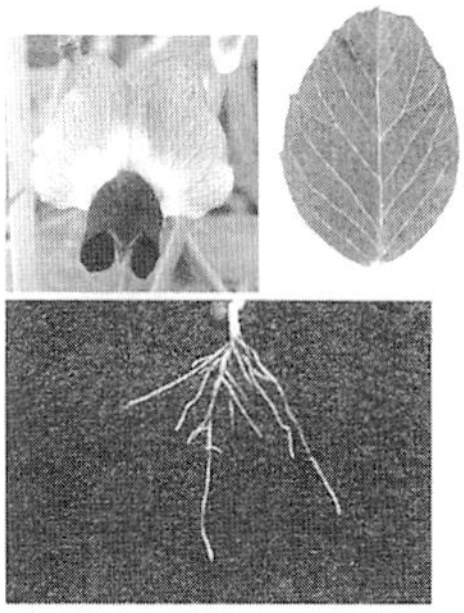

観察カード③　ツユクサ
＜花弁の数やようす＞
花弁は3枚ある。
＜葉脈の形＞
平行脈
＜茎の維管束＞
ばらばらに分布している。
＜根のようす＞
ひげ根

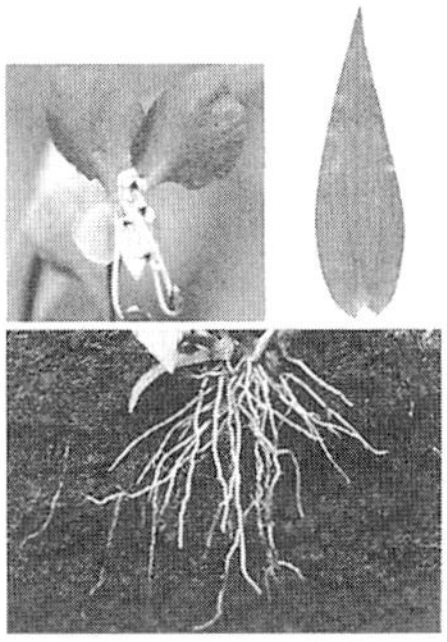

観察カード④　ユリ
＜花弁の数やようす＞
花弁は3枚で花弁と同じ
ようながくが3枚ある。
＜葉脈の形＞
平行脈
＜茎の維管束＞
ばらばらに分布している。
＜根のようす＞
ひげ根

（5）　④の下線部について，［図4］は，観察カード①の植物の茎の断面を模式的に表したものである。水や，水に溶けた無機養分が通る管として最も適当なものを，［図4］のア～エから1つ選び，記号を書きなさい。また，その管を何というか，**名称**を書きなさい。

［図4］

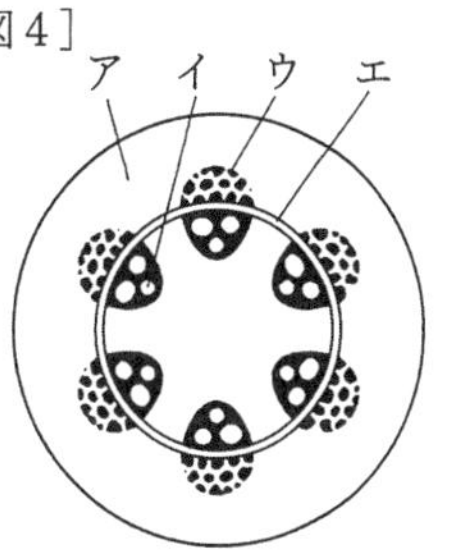

（6）　アブラナ，エンドウ，ツユクサ，ユリのうち，双子葉類として適当なものを，ア～エから**すべて**選び，記号を書きなさい。
　　ア　アブラナ　　　イ　エンドウ　　　ウ　ツユクサ　　　エ　ユリ

（7）　次の文は，Ⅱの観察後の2人の会話である。（　Y　）に当てはまる語句を書きなさい。また，（　c　）～（　e　）に当てはまる語句の組み合わせとして最も適当なものを，ア～カから1つ選び，記号を書きなさい。

花子：今回，花を観察しましたが，学校にある樹木にも花をつけるものがありますね。

太郎：サクラは毎年きれいな花をつけますね。また，マツも目立ちませんが花をつけますね。

花子：マツの花は風によって花粉が運ばれます。風によって花粉が運ばれる植物の花を（　Y　）といいますね。風によって運ばれた花粉は，直接（　c　）につきます。マツのような裸子植物は，被子植物とちがい，（　d　）がなく（　c　）が，むきだしになっています。

太郎：学校で見られたサクラ，イチョウ，ツツジのうち，裸子植物は，マツのほかに（　e　）ですね。

	ア	イ	ウ	エ	オ	カ
c	子房	子房	子房	胚珠	胚珠	胚珠
d	胚珠	胚珠	胚珠	子房	子房	子房
e	サクラ	イチョウ	ツツジ	サクラ	イチョウ	ツツジ

【2】 花子さんと太郎さんは，次の実験を行った。（1）～（7）の問いに答えなさい。

Ⅰ　2人は，「金属の種類によって，イオンへのなりやすさにちがいがあるのだろうか」という疑問を持ち，次の実験を行った。

1　マイクロプレートを用意した。［図1］のように，横の列に硫酸亜鉛水溶液，硫酸銅水溶液，硫酸マグネシウム水溶液をそれぞれ入れ，縦の列に亜鉛板，銅板，マグネシウム板の3種類の金属板をそれぞれ入れた。ただし，硫酸亜鉛水溶液，硫酸銅水溶液，硫酸マグネシウム水溶液の濃度はそれぞれ同じである。また，亜鉛板，銅板，マグネシウム板の質量はそれぞれ同じである。

2　金属板のようすを一定時間後に確認した。
［表1］は，その結果をまとめたものである。

［図1］

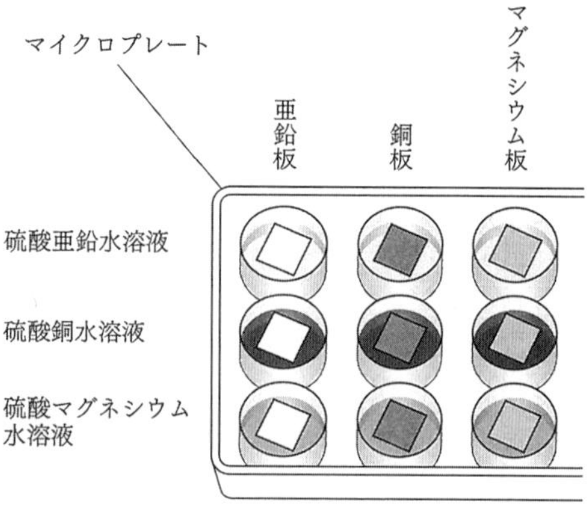

［表1］

	亜鉛板	銅板	マグネシウム板
硫酸亜鉛水溶液	変化なし	変化なし	金属板がうすくなり，黒い物質が付着した
硫酸銅水溶液	金属板がうすくなり，赤い物質が付着した	変化なし	金属板がうすくなり，赤い物質が付着した
硫酸マグネシウム水溶液	変化なし	変化なし	変化なし

（1） 1で用いた硫酸銅水溶液は，質量パーセント濃度15％であった。この硫酸銅水溶液200 gに含まれている**水**の質量は何gか，**整数**で求めなさい。

（2） ［表1］で，硫酸亜鉛水溶液にマグネシウム板を入れたときに，マグネシウム板で起こる下線部の化学変化を，電子をe^-として**化学反応式**で書きなさい。

（3） ［表1］の結果から，亜鉛，銅，マグネシウムのうち，最もイオンになりやすいものと，最もイオンになりにくいものの組み合わせとして最も適当なものを，ア～カから1つ選び，記号を書きなさい。

	最もイオンになりやすいもの	最もイオンになりにくいもの
ア	亜鉛	マグネシウム
イ	亜鉛	銅
ウ	銅	亜鉛
エ	銅	マグネシウム
オ	マグネシウム	銅
カ	マグネシウム	亜鉛

[Ⅱ] 酸性やアルカリ性を示すものの正体がイオンであることを授業で学んだ2人は，「酸性の水溶液とアルカリ性の水溶液を混ぜたらどうなるのだろうか」という疑問を持ち，次の実験を行った。

[3] 同じ濃度の硫酸を 20 mL 入れたビーカーA～Fを用意し，それぞれに緑色のＢＴＢ液を数滴加えた。

[4] ビーカーAには［図2］のように，水酸化バリウム水溶液を加えなかった。ビーカーBには［図3］のように，水酸化バリウム水溶液を 10 mL 加えたところ，水溶液中に白い物質ができた。

［図2］

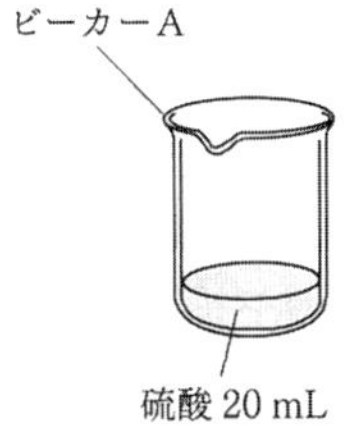

［図3］

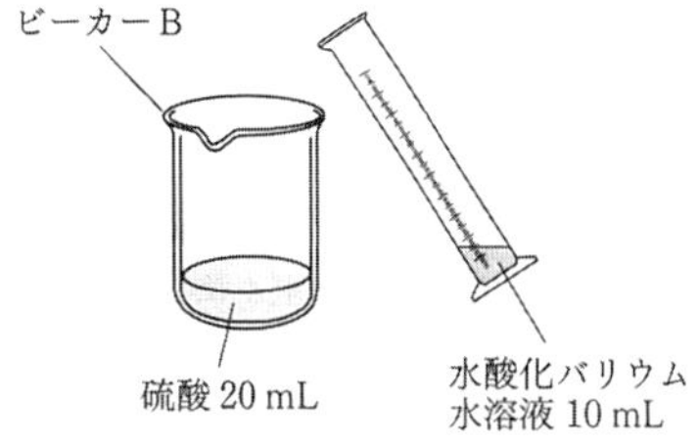

[5] [4]のビーカーBと同様に，ビーカーC～Fに，水酸化バリウム水溶液をそれぞれ 20 mL，30 mL，40 mL，50 mL 加えたところ，それぞれのビーカーの水溶液中に白い物質ができた。ただし，加えた水酸化バリウム水溶液の濃度は[4]と同じである。

[6] ビーカーB～Fの中の混合液をそれぞれろ過し，ろ液と白い物質に分けた。その後，ろ液の色を確認した。白い物質は十分に乾燥させ，質量を測定した。

［表2］は，[4]～[6]の結果をまとめたものである。

［表2］

ビーカー	A	B	C	D	E	F
硫酸の体積〔mL〕	20	20	20	20	20	20
水酸化バリウム水溶液の体積〔mL〕	0	10	20	30	40	50
乾燥させた白い物質の質量〔g〕	0	0.40	0.80	1.20	1.20	1.20
ろ液の色	黄	黄	黄	緑	青	青

（4） [4]，[5]で，硫酸に水酸化バリウム水溶液を加えたときの変化を，**化学反応式**で書きなさい。

（5） [6]の下線部で，中の混合液がアルカリ性を示すビーカーとして適当なものを，Ｂ～Ｆから**すべて**選び，記号を書きなさい。

（6） ［表2］の結果から，加えた水酸化バリウム水溶液の体積と，乾燥させた白い物質の質量の関係を，グラフに表しなさい。ただし，縦軸の（　　）内に**適当な数値**を書くこと。

（7） ［表2］のビーカーD～Fでは，加えた水酸化バリウム水溶液の体積が増えても白い物質の質量が増えないのはなぜか。その理由を簡潔に書きなさい。

【3】 花子さんと太郎さんは，次の実験を行った。（1）～（7）の問いに答えなさい。

[I] 電流をつくり出すしくみについて調べた。

[1] ［図1］のように，棒磁石を乗せた台車を用意し，進行方向にN極を向けて置き，検流計につないだコイルを水平面に垂直に立てた。

[2] 台車に乗せた棒磁石のN極がａ側からコイルに近づくと，検流計の針は＋側に振れた。

[3] [1]と同様に，［図1］の場所に台車を置いた。検流計の針が０の位置にあることを確かめた後，進行方向に台車を勢いよく押し，台車はコイルの中をａ側からｂ側に通過した。台車がコイルのａ側に近づいたとき，検流計の針は＋側に振れた。針の振れを確認し，流れた電流の大きさを記録した。

［図1］

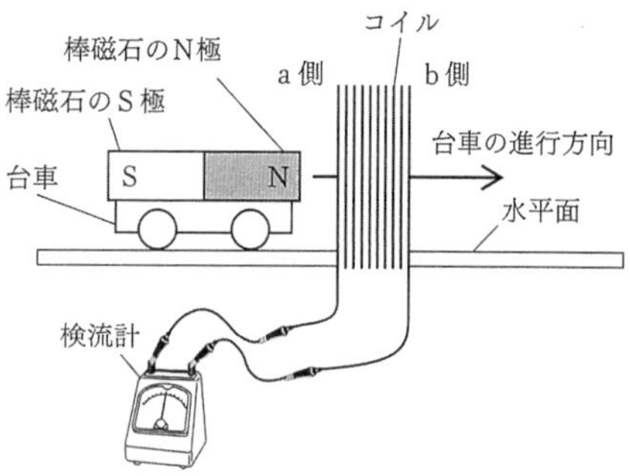

（1） [2]のように，磁石を動かしたとき，コイルに流れる電流を何というか，書きなさい。

（2） ［図2］のように，棒磁石を乗せた台車をコイルの中央に置いた。コイルのａ側からｂ側へ台車を勢いよく押したとき，棒磁石のＳ極の影響による検流計の針の振れ方として最も適当なものを，ア～ウから１つ選び，記号を書きなさい。

ア ＋側に振れた。　　イ －側に振れた。
ウ ０の位置から動かなかった。

［図2］

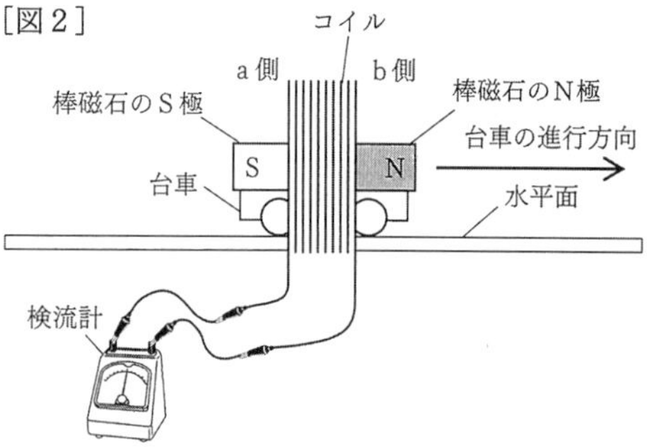

[II] ２人は，[I]で台車を押す勢いを変えて，コイルの中を通過させると，コイルに流れる電流の大きさが変わることに気づき，次の実験を行った。ただし，台車とレールの間の摩擦力や空気の抵抗はないものとする。

[4] 斜面と水平面がなめらかにつながったレールを用意した。[I]で使用したコイルをレールの水平面に垂直に立て，検流計につないだ。

[5] ［図3］のように，進行方向にN極を向けた棒磁石を乗せた台車を用意し，水平面からの高さ５cmのＡ点に置いた。

[6] 台車から静かに手をはなしたところ，台車は斜面を下り，コイルの中をａ側からｂ側に通過した。台車がコイルのａ側に近づいたとき，検流計の針は＋側に振れた。針の振れを確認し，流れた電流の大きさを[3]と同様に記録した。

[7] [5]と斜面の角度は変えずに，棒磁石を乗せた台車を，水平面からの高さ10cmのＢ点に置いた。

[8] 台車から静かに手をはなしたところ，台車は斜面を下り，コイルの中をａ側からｂ側に通過した。台車がコイルのａ側に近づいたとき，検流計の針は＋側に振れた。針の振れを確認し，流れた電流の大きさを記録した。それを[6]の結果と比較したところ，流れた電流は[6]の結果よりも大きかった。

［図3］

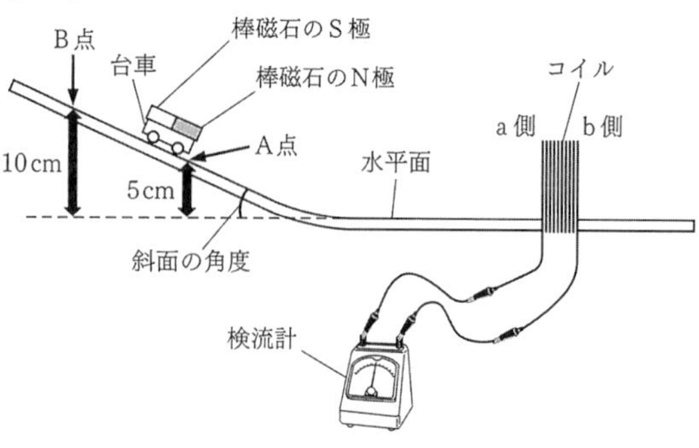

教英出版

受験番号

令和4年度（一次入試）

英　　語

（検査時間　10：50〜11：40）

注意事項

1．開始の合図で

◆　この問題用紙にはさんである解答用紙を取り出しなさい。

◆　解答用紙，問題用紙，下書き用紙の所定の欄に受験番号を書き入れなさい。

◆　解答はすべて解答用紙の所定の欄に書き入れなさい。

◆　問題文は10ページあり，その順序は 英１ 〜 英10 で示しています。
　　ページ漏れや印刷不鮮明などに気づいた場合には，手をあげなさい。

2．終了の合図で

◆　机の上に，下から順に問題用紙，下書き用紙，解答用紙を置きなさい。
　　解答用紙だけは裏返して置きなさい。

※教英出版注
音声は，解答集の書籍ＩＤ番号を
教英出版ウェブサイトで入力して
聴くことができます。

【１】 放送を聞いて答える問題

A　１番，２番の対話を聞いて，それぞれの質問の答えとして最も適当なものを，**ア**～**エ**から１つずつ選び，記号を書きなさい。

１番

ア

イ

ウ

エ

２番

ア

イ

ウ

エ

B　あなたは今，電車で Mejiron Station へ向かっています。車内放送を聞いて，それに続く1番～3番の質問の答えとして最も適当なものを，ア～エから1つずつ選び，記号を書きなさい。

1番　ア　For two minutes.
　　　イ　For three minutes.
　　　ウ　For four minutes.
　　　エ　For five minutes.

2番　ア　One station.
　　　イ　Two stations.
　　　ウ　Three stations.
　　　エ　Four stations.

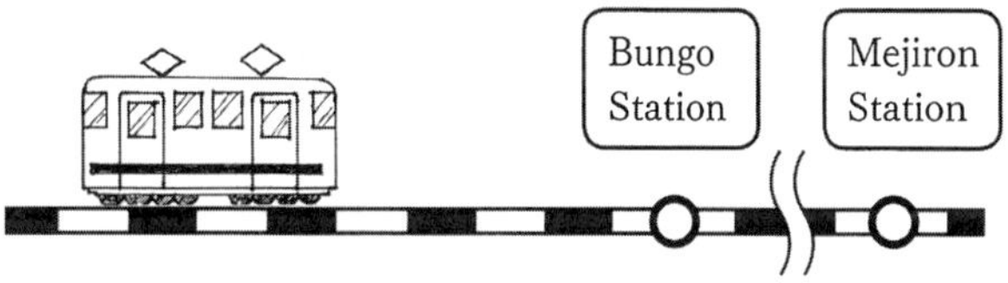

3番　ア　Fifteen minutes.
　　　イ　Twenty five minutes.
　　　ウ　Thirty minutes.
　　　エ　Thirty five minutes.

C　Hanako と Taro の対話を聞いて，それに続く1番～3番の質問の答えとして最も適当なものを，ア～エから1つずつ選び，記号を書きなさい。

1番　ア　He wants to watch the new school website.
　　　イ　He wants to make a movie to show the school festival.
　　　ウ　He wants to practice for the chorus contest.
　　　エ　He wants to join the club activity every day.

2番　ア　She wants to practice the dance with her classmates.
　　　イ　She wants to ask many people to join the school festival.
　　　ウ　She wants to record how the students spend their time at school.
　　　エ　She wants to make new plans for the school festival.

3番　ア　They will meet their classmates in the classroom.
　　　イ　They will study in their classroom before club activities.
　　　ウ　They will go home together after school.
　　　エ　They will explain their ideas to their teachers.

【2】 次のA，Bの各問いに答えなさい。

A　次の英文は，留学生の John とクラスメートの Takuya が，学校で行われた避難訓練の後に話をしている場面のものです。英文を読み，（1）～（4）の問いに答えなさい。

John : Why was this *evacuation drill *held today?

Takuya : In the past, a big earthquake happened in the Kanto area. We have many *typhoons in this season too. So we must have the drills and think of what to do if *disasters happen.

John : I think so too. We must know (①) to go when disasters happen. Look at that sign. That sign means we should come here.

Sign

Takuya : Yes. Many people will come to our school to stay when they can't live in their houses after the disasters.

John : Takuya, do you keep anything in a bag at home for the disasters?

Takuya : Yes. Food and water are necessary. The (②) is also important because we can get information about the disasters.

John : I will soon keep them in a bag at home. Today, I learned important things to do for the disasters. I had the evacuation drill for the first time in Japan. We should [　③　] many times.

Takuya : I agree with you. If we practice many times, we can understand what to do. Is there anything else to do? What is your idea?

John : The signs help us understand what to do. I hope there are many signs around us.

Takuya : That's an interesting point. ④Let's find them together after school.

（注） *evacuation　避難　　*held　行われた　　*typhoon　台風
*disaster　災害

（1） (①) に入る最も適当なものを，ア～エから１つ選び，記号を書きなさい。
ア　what　　イ　when　　ウ　where　　エ　who

（2） (②) に入る最も適当なものを，ア～エから１つ選び，記号を書きなさい。
ア　clothes　　イ　money　　ウ　blanket　　エ　radio

（3） [　③　] に入る最も適当な連続する**英語３語**を，英文中から抜き出して書きなさい。

（4） 下線部④が表す内容として最も適当なものを，ア～エから１つ選び，記号を書きなさい。
ア　Takuya and John will buy food and water.
イ　Takuya and John will look for the signs around them.
ウ　Takuya and John will talk about what to keep at home.
エ　Takuya and John will learn about earthquakes.

B　次の英文は，Smith 先生と中学生の Hana，David が，英語の授業で，「タブレット端末の使い方」について，話をしている場面のものです。英文を読み，［　①　］～［　④　］に入る最も適当なものを，ア～オから１つずつ選び，記号を書きなさい。

Mr. Smith : Now, you have your own *tablet at school. You can use it in many ways when you study. Do you think it is useful?

Hana : Yes. We had only four or five tablets in our class. We had to use them with other students. But now, I can use my own tablet. Tablets are useful when we want to know something. I think ［　①　］. I usually use the tablet when I study.

David : I think ［　②　］. It is important to know the ideas of other students.

Mr. Smith : Thank you, Hana and David. You can also use your tablet when you want to study English. For example, you will record your voice and check it at home. By the way, do you have any problems?

Hana : Last Sunday, I used my tablet for many hours. I felt tired. I couldn't sleep well. I think ［　③　］.

David : There is a lot of information on the Internet. There is some information which is not true. So I think ［　④　］.

Mr. Smith : Thank you. The tablets are useful. However, we must understand the rules and find better ways to use the tablets.

（注）*tablet　タブレット端末

ア　we can show and share our ideas on the tablet
イ　we should decide where we should put the tablets when we don't use them
ウ　we should not believe the wrong information
エ　we should decide how many minutes we spend when we use our tablets
オ　we can get some information easily on the Internet

【3】 次のA，Bの各問いに答えなさい。

A　あなたは留学生のMaryと，英語の授業で「身の回りにある便利なもの」について発表するため，ショッピングセンター（shopping center）に調べに来ています。後の**条件**にしたがって，後の会話中の □ に入る英語を書きなさい。

the automatic door
自動ドア

the elevator
エレベーター

the shopping cart
ショッピングカート

Mary：I think a lot of things are convenient in this shopping center.
You：Yes.　Look at that. □
Mary：I think so too.　Let's find more.

条件

① **解答用紙**に書かれている the automatic door / the elevator / the shopping cart のうち，1つを選び，〇で囲むこと。

② **解答用紙**に書かれている文に続けて，あなたが①で選んだものについて，**便利な点**を説明する文を**主語と動詞を含む10語以上の英語**で書くこと。

③ 英文の数はいくつでもよい。

④ 短縮形（I'mなど）は1語として数えることとし，ピリオド，コンマなどの符号は語数に含めないこと。

査問題B

This train will soon arrive at Bungo Station. We will stop there for five minutes. After we leave Bungo Station, we don't stop at the next three stations until we arrive at Mejiron Station. If you want to go to those stations, please change trains at Bungo Station. We will leave Bungo Station at 2:55 and arrive at Mejiron Station at 3:10. When you get off this train, please take everything with you. Thank you.

それでは，質問を１回ずつ読みます。

１番　How long will this train stop at Bungo Station?
２番　How many stations are there between Bungo Station and Mejiron Station?
３番　How long will it take from Bungo Station to Mejiron Station?

もう１度繰り返します。　（英文と質問の繰り返し）

検査問題C

次は C の問題です。花子と太郎の対話を聞いて，それに続く１番～３番の質問の答えとして最も適当なものを，ア～エから１つずつ選び，記号を書きなさい。なお，対話と質問は通して２回繰り返します。それでは，始めます。

Hanako : Now we have our new school website. It can be seen by only students and their parents. Is there anything to put on our website? What is your idea, Taro?
Taro : Well, how about making a movie to show the school festival, Hanako? We can also show how we practice the dance for the festival. We want many people to enjoy watching our school website.
Hanako : That's a good idea. I would like to show how we spend our time at school every day. I think it is good to record our lessons and club activities. I hope many people will enjoy our movies.
Taro : I agree with you. Shall we go and talk about our ideas to the teachers?
Hanako : Yes. Let's do that now.

それでは，質問を１回ずつ読みます。

１番　What does Taro want to do?
２番　What does Hanako want to do?
３番　What will Taro and Hanako do from now?

もう１度繰り返します。　（対話と質問の繰り返し）

以上で，リスニングテストを終わります。ひき続いてあとの問題に移りなさい。

放送時間　（８分５８秒）

う存在なのか、ヒトが人である理由をしっかりと理解することが、その解決策になるでしょう。

（小林武彦《こばやしたけひこ》「生物はなぜ死ぬのか」から……一部表記を改めている。）

〔※本ページ下段に続く〕

（注）＊脆弱性——もろくて弱い性質

＊凌駕——他をしのいでその上にでること。

問一 ——線①について、ＡＩが死なないことによってどのような状況が生まれるのか。本文中に述べられていることとして最も適当なものを、次の**ア～エ**のうちから一つ選び、その記号を書きなさい。

ア バージョンアップを繰り返すことで人間の能力を超えたＡＩが、次世代の人間の多くの仕事を奪ってしまうという状況。

イ ＡＩが人間より賢くなった結果、多くの若い世代が、コンピュータの危険性を理解できず信頼感を持つようになる状況。

ウ 文化や文明を継承するために教育に時間をかけ次世代を育てた人間の営みを、ＡＩが無意味なものにしてしまう状況。

エ 筆者と同世代の人々が、自分たちよりも賢くなるＡＩを見てきた結果、ＡＩにさらなる期待感を抱くようになる状況。

問二 ——線②について、人間がＡＩをコントロールできないことに対する不安を持ったＫさんは、次の**【資料】**を見つけた。「人間がＡＩをコントロールすること」について**【資料】**に書かれている内容として最も適当なものを、後の**ア～エ**のうちから一つ選び、その記号を書きなさい。ただし、**【資料】**中で使われている「人工知能」という言葉は、本文中の「ＡＩ」と同義として考えることとする。

【資料】

コンピュータや人工知能の重要性はこれまでも、そしてこれからも加速度的に増していくことは確実です。そのような状況の中、「人工知能は怖い」「人工知能が仕事を奪う」という議論をすることは間違っているとは言わないまでもすでに時代錯誤なように感じます。「Society5.0」における政府の見解でも「人間中心の社会」とされているように、まさにこの部分が重要になってくるのです。

結局、コンピュータも人工知能も我々人間の道具であるということです。では、「人工知能は全く怖くない」「人間を超えることはない」という話なのかと言われると、それはまた別の話だと思います。２０１５年の段階ですでに人工知能のパフォーマンスは猫の頭脳を超えたと言われています。近い将来、人間の頭脳を超えるのも想像に難《かた》くありません。

つまり、「すべては我々人間次第だ」ということだと思います。コンピュータや人工知能はあくまでも人類にとっての便利な道具であり、使い方次第で状況は変わるということを前提に活用する必要があるでしょう。

（土屋誠司《つちやせいじ》「はじめてのＡＩ」（やさしく知りたい先端科学シリーズ６）から……一部表記を改めている。）

（注）＊Society5.0——人工知能やロボットなどの高度な技術を生活に活用することで、経済の発展や社会課題の解決を目指す社会。

ア 人工知能の重要性が加速度的に増していくので、人工知能の仕組みが分からなくても、進んで活用する必要がある。

イ 「人工知能は怖い」という議論は今後重要になるが、今は人間を超えた人工知能を道具として扱うことができている。

ウ 猫の頭脳を超えた程度の人工知能は上手に扱うことができるが、人間の頭脳を超えた人工知能の扱いは困難である。

エ 人工知能が人間の頭脳を超えても、それをどう使うかは私たちに委ねられていることを理解して活用する必要がある。

問三 ——線③について、筆者が宗教を具体例として挙げた意図を説明したものとして最も適当なものを、次の**ア～エ**のうちから一つ選び、その記号を書きなさい。

ア 宗教とＡＩの相違点を明らかにすることで、ＡＩの持つ問題を掘り下げるため。
イ 宗教はＡＩと同じ性質を持つと述べることで、ＡＩへの信頼感を正当化するため。
ウ 宗教が引き起こした問題を提示し、ＡＩを活用することの妥当性を強調するため。
エ 宗教は教えが生き続けるが、ＡＩはそれ自身が生き続けるのだと印象づけるため。

問四 〰〰線について、このようになる原因を[2]の内容を踏まえて次の二点にまとめた。[　　]に当てはまる言葉を、[2]の本文中の言葉を使って、**四十五字以上五十字以内**で書きなさい。

・死なないＡＩは、多くの知識を溜め込み、いつも合理的な答えを出すため。
・[　　]ため。

問五 Ａさんの班では、本文を読んで次のような話し合いを行った。これを読んで、後の(1)、(2)に答えなさい。

Ａさん―筆者はこの文章を通して私たちに何を伝えたかったのだと思いますか。
Ｂさん―はい。ＡＩは、私たちが理解できないものになっていくので、価値観や人生の悲哀を共有することができない存在になるということを伝えたかったのだと思います。
Ｃさん―確かに、本文ではそのことについて説明しています。しかし、その説明を通して、筆者が私たちに伝えたかったことは、人は全て[Ⅰ]存在だということではないでしょうか。
Ａさん―そうですね。筆者が人の存在について伝えようとしているという視点で改めて本文全体を読んでみると、筆者は、人が何も考えずにＡＩに頼りすぎることに警鐘を鳴らし、ヒトが人らしくあることが大切だと述べているようにも感じます。
Ｂさん―ヒトが人らしくあるとはどういうことでしょうか。
Ａさん―それは、[Ⅱ]を楽しむということです。私たちも、自分たちの良さを大切にして、進歩するＡＩと向き合っていきましょう。

(1) [Ⅰ]に当てはまる言葉として最も適当なものを、本文中から**三十字以上三十五字以内**で抜き出し、**初めと終わりの五字**を書きなさい。

(2) [Ⅱ]に当てはまる言葉として最も適当なものを、本文中から**十二字**で抜き出して書きなさい。

【四】 次の文章を読んで、後の**問一**〜**問四**に答えなさい。なお、答えに字数制限がある場合は、句読点や「　」などの記号も一字と数えなさい。

ものごとに祝ふ者(何事にも縁起をかつぐ者)ありて、与三郎《よさぶろう》といふ*中間《ちゅうげん》に、*大晦日《おおつごもり》の晩いひをしへけるは、「今宵《こよひ》はつねよりとく(いつもより早く)宿に帰り休み、明日は早々起きて来《きた》り門をたたけ。内よりたそや(誰だ)と問ふ時、*福の神にて候《そうろう》と答へよ。すなはち(そのとき)戸を開けて、呼び入れん。」と、ねんごろに(念を入れて)言ひふくめて後、①亭主は心にかけ、にわとりの鳴くと同じやうに起きて、門に待ちゐけり。案のごとく、戸をたたく。「たそ、たそ。」と問ふ。「いや、与三郎。」と答ふる。無興中中《ぶきょうなかなか》ながら(たいそう不愉快であったが)、門を開けてより、そこもと(あちこち)火をともし*若水をくみ、かんをすゆれども(雑煮の準備をしたが)、亭主、②顔のさま悪しくて、さらに物言はず。中間、不審に思ひ、つくづく思案しゐて、宵にをしへし福の神をうち忘れ、やうやう酒を飲むころに思ひ出し、仰天し、膳をあげ、座敷を立ちざまに、「さらば福の神で御座ある(さてわしは福の神である)。お暇《いとま》申し参らする。」と言うた。

（『醒睡笑《せいすいしょう》』から……一部表記を改めている。）

（注）*中間――奉公人。
*大晦日――おおみそか。
*福の神――正月にやってくる縁起のよい神。
*若水――元旦の朝にくむ最初の水。

〔※本ページ下段に続く〕

問一 〜〜〜線を**現代かなづかい**になおし、**ひらがな**で書きなさい。

問二 ——線①と同じ人物を指す別の言葉を本文中から抜き出して書きなさい。

問三 Aさんの班では、本文の内容について次のように意見を交わした。これを読んで、後の⑴、⑵に答えなさい。

Aさん―これは、新年を迎えるときのお話ですね。
Bさん―本来ならお祝いである新年のはじまりを、亭主が不機嫌な様子で迎えたことが——線②から分かりますね。
Cさん―確かに——線②から、亭主が不機嫌であることは私も読み取りましたが、何が理由で不機嫌になったのでしょうか。
Bさん―それは、亭主が与三郎に、この家に入るときに、［Ⅰ］ように言いきかせていたのに、与三郎は亭主の言いつけどおりにしなかったからです。
Cさん―なるほど。だから、亭主は不機嫌顔で、物も言わなかったのですね。
Aさん―与三郎が来ることを亭主がとても楽しみにしていたことは、本文中の［Ⅱ］という行動からも伝わりますから、さぞがっかりしたでしょうね。

⑴ ［Ⅰ］に当てはまる言葉を、**十五字以上二十五字以内**の**現代語**で書きなさい。

⑵ ［Ⅱ］に当てはまる言葉として最も適当なものを、本文中から**二十字以上二十五字以内**で抜き出し、**初めの五字**を書きなさい。

問四 この話のおもしろさを表したものとして最も適当なものを、次の**ア**〜**エ**のうちから一つ選び、その記号を書きなさい。

ア 約束を守らないことで日頃の仕返しを果たす与三郎のしたたかさ。
イ 与三郎をもてなすことで福の神を呼び込もうとする亭主の必死さ。
ウ ごちそうを食べるため、福の神に化けて亭主をだます与三郎の賢さ。
エ 亭主の言いつけを思い出し、慌てて実行した与三郎の間の悪さ。

【五】 Aさんの学級では、地域の魅力について理解を深めるとともに、自分たちが感じた大分県の魅力を県外の人に発信する学習を行っている。次は、Aさんの班の話し合いの様子と、そのときに使用した資料である。これを読んで、後の**問一～問三**に答えなさい。なお、答えに字数制限がある場合は、句読点や「　」などの記号も一字と数えなさい。

Aさん―先日、みそやしょう油づくりにおける発酵文化、黄飯《おうはん》やきらすまめしなどの食文化をもつ臼杵市が、ユネスコの創造都市ネットワークに加盟しました。食文化や郷土料理は、私たちが学習している地域の魅力と大きく関わりますね。

Bさん―考えてみると、私も旅行に行った場所で、その土地ならではの料理に興味をもち、それを食べることがあります。

Cさん―大分県では、だんご汁やとり天が有名ですが、私は、先ほど話題に出されたきらすまめしは食べたことがありません。そもそも郷土料理とは、どういうものを指すのでしょうか。

Aさん―郷土料理については、**【資料一】**のように説明されています。

Bさん―**【資料二】**を見てください。これは、大分県の郷土料理を説明したものです。臼杵市の黄飯やきらすまめしの他にも、さまざまな郷土料理があります。ですから、「地域の魅力発信」の手段として郷土料理を取り上げることは、やはり効果的だと思いますが、どうですか。

Cさん―確かに、郷土料理には、地域の特徴が表れていると言えます。しかし、私は生まれてからずっとこの地域に住んでいますが、地域の郷土料理を食べたことがありません。**【資料三】**を見ても、実際に郷土料理を食べたり作ったりする人はあまり多くないことが分かります。大分県の魅力を発信するために何を取り上げるかについては、もう少し考えてみることにしましょう。

【資料一】

郷土料理とは＞
その土地ならではの自然環境や社会環境により生み出され、定着・継承されてきた料理。
地域の産物を使ったり独自の調理法で作られたりするものが多い。
地域の歴史・文化・風習的な特徴、または、気候・風土を背景とした特徴がある。
家庭・地域で作られ、継承されている。
郷土料理のよさ＞
地域の自然環境に合わせて作られた農産物等を無駄なく使ったり、保存性やおいしさを高めたりするために編み出され、栄養価も高いものが多い。
年中行事との関わりをもつものもあり、食を通して家族や地域と絆を深めることができる。

（キッコーマン「FOOD CULTURE No.26」及び、「農林水産省ホームページ」を参考に作成）

【資料二】

分県内で継承されている郷土料理
だんご汁
　小麦粉をこねて伸ばしただんごが入ったみそ仕立ての汁物。米作りに適さず、畑を基盤とした麦などの穀物栽培が盛んだった大分県で発展した粉食文化の代表格。
たらおさ
　内陸部の日田地方に伝わるタラのエラと胃を干した干物。保存技術や交通網が整備されていない時代から定着・継承され、お盆に食べる行事食となっている。
お方ずし
　大分市に伝わるすし料理。すし飯にほぐしたアジと甘く煮たうずら豆を混ぜて、俵型にしたもの。
がん汁
　ツガニを殻ごとすりつぶし、しょう油風味に仕立てた汁物。県北の河川では古くからツガニ漁が有名で、そのままでは食べづらいツガニを味わうために考案された。

（「農林水産省ホームページ」を参考に作成）

【資料三】

Ｉ

地方の過疎化や生活様式・好みの変化により、食文化急激に変容しており、その継承・振興は喫緊の課題。

国民食生活実態調査」（平成27年度）
※全国の20～69歳の男女を対象に実施）
最近１カ月の食生活
①郷土料理を食べた　14.8%
②郷土料理を作った　9.0%
③子どもに郷土料理を食べさせた　15.7%
食文化について教えたり伝えたりしていること
ある　16.8%　　ない　83.2%

（「文化庁ホームページ」及び、農林水産省「国民食生活実態調査」を参考に作成）

問一 【資料一】【資料二】の両方から読み取れることとして**適当でないもの**を、次の**ア〜エ**のうちから一つ選び、その記号を書きなさい。

ア 大分県の郷土料理には、例えばだんご汁のように、地域の気候や風土に合わせて作られた農産物を使用しているものがある。
イ その土地ならではの食材を使用していないが、自然環境や社会環境に合わせて生み出された郷土料理が大分県にはある。
ウ 地域の文化や風習を背景として生まれた料理は行事食と名づけられており、大分県では一般的な郷土料理と区別されている。
エ 地域の産物を無駄なく使ったりおいしさを高めたりするために編み出された郷土料理の一つに、大分県のがん汁がある。

問二 【資料三】の［ I ］に当てはまる資料のタイトルとして最も適当なものを、次の**ア〜エ**のうちから一つ選び、その記号を書きなさい。

ア 郷土料理「消失」の危機　**イ** 若者の食生活の悪化
ウ 「地域の食文化」、その歴史と発展　**エ** 郷土料理を受け継ぐ意義

問三 Aさんの班では、「地域の魅力発信」の手段として「郷土料理」を取り上げるかどうかについて、さらに意見を出し合うことにした。あなたがAさんの班の班員なら、郷土料理を通して地域の魅力を発信することについてどう考えるか。賛成か反対かの立場を明確にしたうえで、あなたの考えを、次の［条件］に従って書きなさい。

［条件］
・解答用紙の［　］に「賛成」か「反対」かを書き、立場を明確にすること。（※双括型の文章となるよう、最初と最後の二か所の［　］に立場を書くこと。）
・一行目の一マス目から書き始め、**行は改めない**こと。
・「賛成」または「反対」の意見の根拠として、次の①、②の両方を挙げること。
① **【資料一】、【資料二】、【資料三】**のいずれかの内容
② 具体的な自分自身の経験や見聞
・**常体**（「だ・である」）で、**百字以上百二十字以内**で書くこと。

受験番号

令和４年度（一次入試）

社　　会

（検査時間　14：00〜14：50）

注意事項

１．開始の合図で

◆　この問題用紙にはさんである解答用紙を取り出しなさい。

◆　解答用紙，問題用紙，下書き用紙の所定の欄に受験番号を書き入れなさい。

◆　解答はすべて解答用紙の所定の欄に書き入れなさい。

◆　問題文は10ページあり，その順序は［社１］〜［社10］で示しています。
ページ漏れや印刷不鮮明などに気づいた場合には，手をあげなさい。

２．終了の合図で

◆　机の上に，下から順に問題用紙，下書き用紙，解答用紙を置きなさい。
解答用紙だけは裏返して置きなさい。

【1】 太郎さんと花子さんは，大分県の市町村と提携を結ぶ姉妹都市・友好都市を持つ国が12か国あることを知り，**資料1**を作成した。(1)～(8)の問いに答えなさい。

資料1

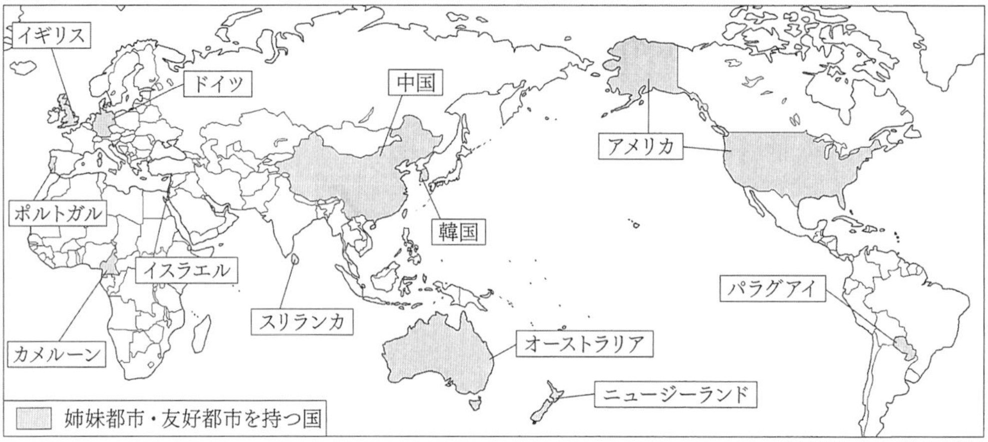

（「大分県ホームページ」より作成）

(1) **資料1**中の12か国について述べた文として最も適当なものを，ア～エから1つ選び，記号を書きなさい。

ア 北半球にある国よりも南半球にある国の方が多い。

イ 世界の6つの州のいずれにも1か国以上が含まれている。

ウ すべての国が日本の標準時より遅れている。

エ 熱帯に属する国は1か国も含まれていない。

(2) **資料2**中のア～エは，ロンドン(イギリス)，リスボン(ポルトガル)，オークランド(ニュージーランド)，大分のいずれかの雨温図である。ロンドンのものとして最も適当なものを，ア～エから1つ選び，記号を書きなさい。

資料2

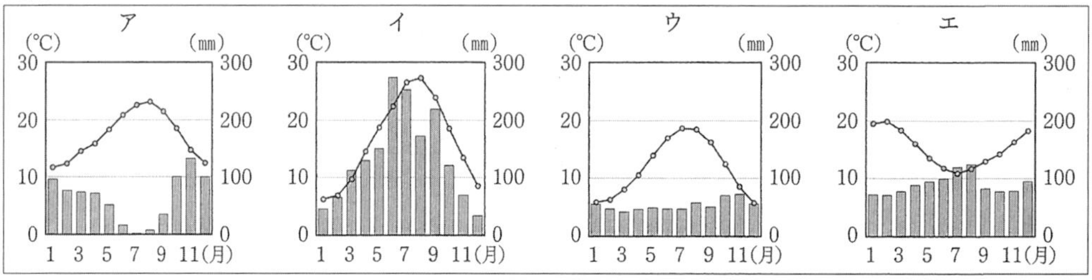

（「データブック オブ・ザ・ワールド2021」他より作成）

(3) **資料3**は中国の主な製鉄所の分布を，**資料4**は日本の主な製鉄所の分布を示したものである。**資料3**，**資料4**を参考にして，中国と日本の製鉄所の分布が異なっている点について書きなさい。ただし，日本は分布の理由を含めて書くこと。

資料3

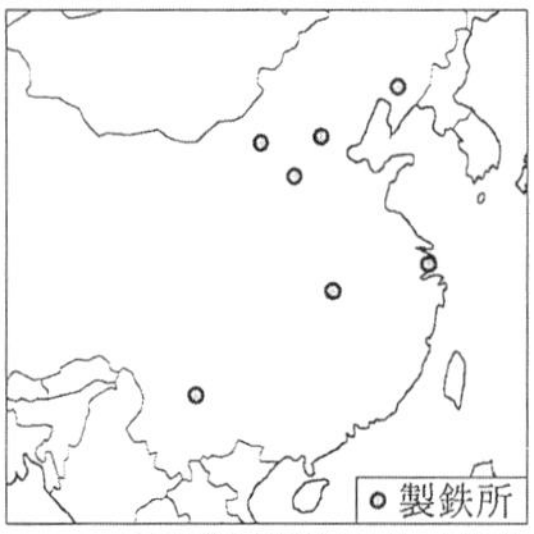

（「中国統計年鑑2018」他より作成）

資料4

（「日本国勢図会2021/22」より作成）

(4) **資料5**はスリランカの茶の主な産地の分布を，**資料6**は日本の茶の生産量上位3県(2019年)と主な産地の説明を示したものである。①，②の問いに答えなさい。

資料5

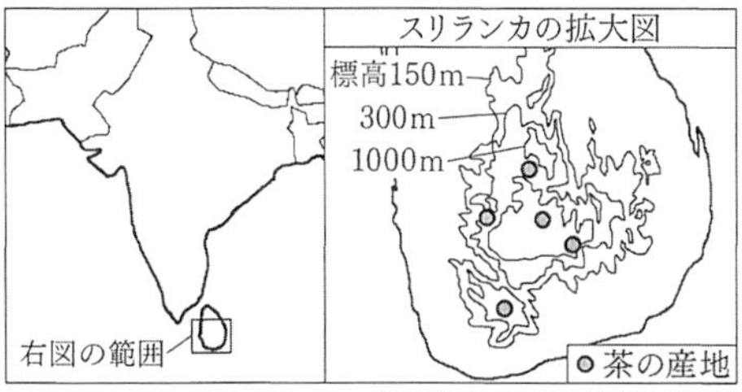

(「JICA ホームページ」他より作成)

資料6

順位	県名	県内の主な産地
1	（　A　）県	牧ノ原や磐田原《いわたはら》などで生産が盛んである。
2	鹿児島県	知覧《ちらん》などシラスが広がる地域で生産が盛んである。
3	三重県	鈴鹿《すずか》など県北部の河川上流域で生産が盛んである。

(「農林水産省ホームページ」他より作成)

① **資料6**中の（　A　）に当てはまる県名を，**漢字**で書きなさい。

② **資料5**，**資料6**を参考にして，茶の生産に適する場所として最も適当なものを，ア～エから1つ選び，記号を書きなさい。

ア　高地や台地で水はけの良い場所　　イ　高地や台地で水はけの悪い場所
ウ　低地や盆地で水はけの良い場所　　エ　低地や盆地で水はけの悪い場所

(5) **資料7**はカメルーンの輸出品目の内訳(2019年)について示したものである。**資料7**のような輸出品目に依存する経済のことを何というか書きなさい。

資料7

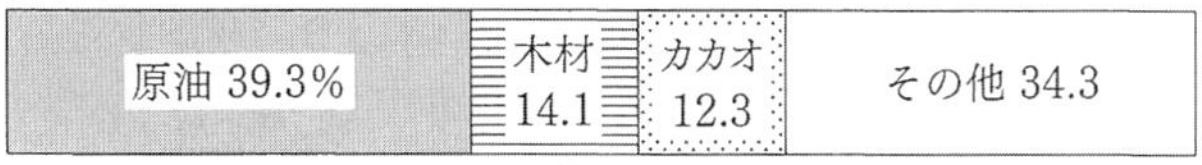

(「データブック オブ・ザ・ワールド2021」より作成)

(6) ドイツについて述べた文B，Cの正誤の組み合わせとして最も適当なものを，ア～エから1つ選び，記号を書きなさい。

B　EU加盟国としてEU域内の移動が自由であるが，共通通貨であるユーロは導入していない。

C　北部では穀物栽培と家畜飼育を組み合わせた混合農業が，南部では地中海式農業が盛んである。

	B	C
ア	正	正
イ	正	誤
ウ	誤	正
エ	誤	誤

(7) 次はパラグアイの宗教について述べたものである。文中の［　D　］に当てはまる内容について，国名を含めて書きなさい。

パラグアイは，キリスト教のカトリックを信仰している人が多い。これは，かつて南アメリカ州の多くの地域が［　D　］だったことから，カトリックが広まったためである。

(8) **資料8**はアメリカとオーストラリアの特色と両国の共通点について分類した図である。**資料8**中の［　E　］に当てはまる内容として最も適当なものを，ア～エから1つ選び，記号を書きなさい。

資料8

【アメリカの特色】
・人口が多い
・原油輸入量が多い
・大豆生産量が多い

【共通点】
・［　E　］
・面積が広い
・公用語が英語
・移民が多い

【オーストラリアの特色】
・人口密度が低い
・鉄鉱石輸出量が多い
・羊の牧畜が盛ん

ア　自動車産業が盛ん
イ　国土の半分以上が乾燥帯
ウ　小麦輸出量が多い
エ　国際連合の常任理事国

【2】 日本や世界の政治の歴史について，(1)〜(10)の問いに答えなさい。

(1) 紀元前に王や皇帝によって統治されていた国家として**適当でないもの**を，ア〜エから1つ選び，記号を書きなさい。

ア　紀元前3000年頃のエジプト　　イ　紀元前5世紀頃のギリシャ
ウ　紀元前3世紀頃の秦　　エ　紀元前1世紀頃のローマ帝国

(2) **資料1**は7世紀後半に活躍した人物をたたえた歌である。**下線部a**の人物名を，**漢字**で書きなさい。

資料1

a 大王《おおきみ》は 神にしませば 水鳥の すだく水沼《みぬま》を 都と成しつ（『万葉集』）

　壬申の乱に勝利して即位した後，政治の中心を飛鳥地方に戻し，天皇を中心とする強い国づくりを進めた人物を神に例えて，「水鳥の集まる沼地を都に変えた」と詠《よ》んだ歌である。

(3) **資料2**は藤原氏と天皇家の系図である。**資料2**中のA〜Cの人物が行った政治の特徴について，「**摂政や関白の力**」の語句を用いて書きなさい。

資料2

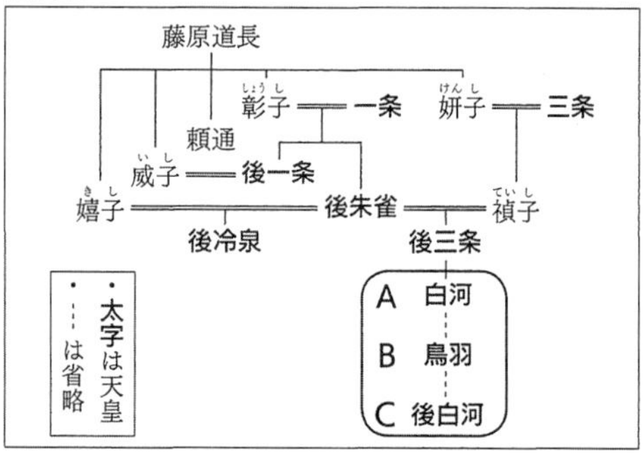

(4) **資料3**は鎌倉時代に新たな支配者となった武士の影響を受けて生まれた文化の代表的な建造物である。**資料3**の建造物名を，**漢字6字**で書きなさい。

資料3

(5) **資料4**は応仁の乱が始まった当初の対立関係を示したものである。**資料4**中の（　D　），（　E　）に当てはまる語句の組み合わせとして最も適当なものを，ア〜エから1つ選び，記号を書きなさい。

資料4

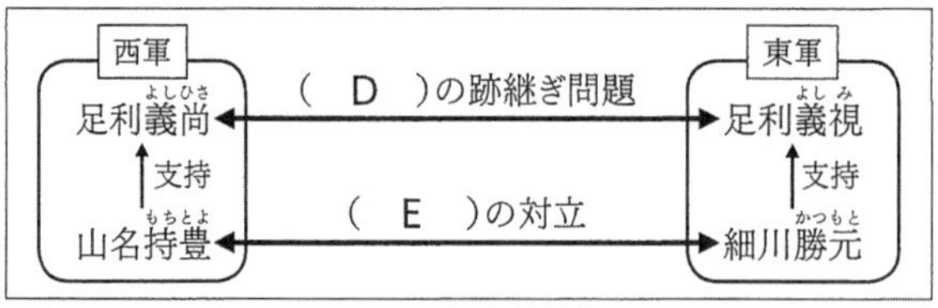

	D	E
ア	天皇	守護大名
イ	天皇	戦国大名
ウ	将軍	守護大名
エ	将軍	戦国大名

(6) 江戸時代に幕府が直接支配した重要な都市や鉱山の位置として適当なものを，**略地図**中のア〜エから**2つ**選び，記号を書きなさい。

略地図

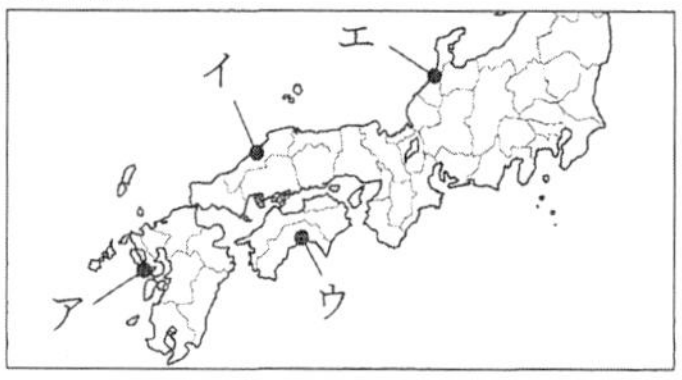

(7) **資料5**は江戸時代に行われた政治改革について示したものである。①，②の問いに答えなさい。

資料5

	徳川吉宗の政治	田沼意次の政治	松平定信の政治
主な政策	○ F ○ b上米《あげまい》の制の実施 ○ 目安箱の設置	○ G ○ c俵物の輸出 ○ 蝦夷地の調査	○ H ○ d質素・倹約の奨励 ○ 旗本や御家人の借金帳消し

① **資料5**中の F ～ H に当てはまる内容の組み合わせとして最も適当なものを，ア～カから1つ選び，記号を書きなさい。

	F	G	H
ア	公事方御定書の制定	株仲間の奨励	朱子学の重視
イ	公事方御定書の制定	朱子学の重視	株仲間の奨励
ウ	株仲間の奨励	公事方御定書の制定	朱子学の重視
エ	株仲間の奨励	朱子学の重視	公事方御定書の制定
オ	朱子学の重視	公事方御定書の制定	株仲間の奨励
カ	朱子学の重視	株仲間の奨励	公事方御定書の制定

② **資料5**中の**下線部**b～dの政策に共通する目的について書きなさい。

(8) 欧米諸国における17世紀から18世紀の政治について述べた文として**適当でないもの**を，ア～エから1つ選び，記号を書きなさい。

ア　イギリスでは，名誉革命により新たな国王を迎え，議会の権限を強めた権利の章典が定められた。
イ　アメリカでは，イギリスとの戦争に勝利した後，民主的な合衆国憲法が制定された。
ウ　フランスでは，革命により王政が廃止され，人民主権の考えなどに基づく人権宣言が発表された。
エ　ロシアでは，皇帝に対する民衆の不満が高まり，革命により社会主義国家がつくられた。

(9) 次のア～ウは明治時代の政治に関する出来事を示したものである。ア～ウを年代の古いものから順に並べて，記号を書きなさい。

ア

衆議院議員が集まって議事を行っている様子

イ

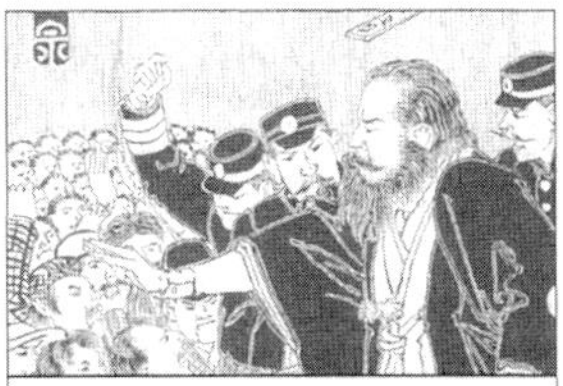

自由民権運動の演説会を警察官がやめさせている様子

ウ

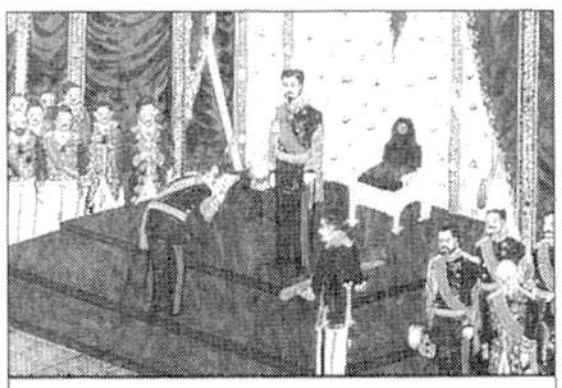

明治天皇が内閣総理大臣に憲法を授けている様子

(10) 大正時代から昭和時代初期の政党内閣について述べた文Ⅰ，Ｊの正誤の組み合わせとして最も適当なものを，ア～エから1つ選び，記号を書きなさい。

Ⅰ　原敬が，閣僚の大半を衆議院の第一党である立憲政友会の党員で占める本格的な政党内閣を組織した。

Ｊ　犬養毅が陸軍の青年将校に射殺された二・二六事件により，政党内閣の時代は終わることとなった。

	Ⅰ	Ｊ
ア	正	正
イ	正	誤
ウ	誤	正
エ	誤	誤

【3】 太郎さんのクラスでは，公民的分野で学んだ内容について，班ごとにテーマを決めて調べることにした。(1)〜(5)の問いに答えなさい。

班	テーマ
a	日本の選挙制度は，どのようになっているのだろうか。
b	司法制度改革は，どのように進められているのだろうか。
c	人権を守る取り組みには，どのようなものがあるのだろうか。
d	市場経済の仕組みは，どのようになっているのだろうか。
e	財政には，どのような役割があるのだろうか。

(1) a班のテーマに関連して，**資料1**は比例代表制における架空の選挙区の政党別得票数を示したものである。定数が5議席であるとき，ドント式で議席を配分した場合のA党の議席数を書きなさい。

資料1

	A党	B党	C党
得票数	10,000	4,000	6,000

(2) b班のテーマに関連して，①，②の問いに答えなさい。

① **資料2**は各都道府県における人口1万人当たりの弁護士数(2019年)の一部を示したものである。**資料2**を参考にして，各都道府県に法テラス(日本司法支援センター)が設置されている利点について，「**相談**」の語句を用いて書きなさい。

資料2

順位	都道府県名	人口1万人当たりの弁護士数
1	東京都	14.55人
2	大阪府	5.36人
46	岩手県	0.83人
47	秋田県	0.79人

(「弁護士白書2020年版」より作成)

② **資料3**は裁判員制度に関する統計(2019年)を示したものである。**資料3**から読み取れることや，裁判員制度について述べた文として適当なものを，ア〜エから**2つ**選び，記号を書きなさい。

資料3

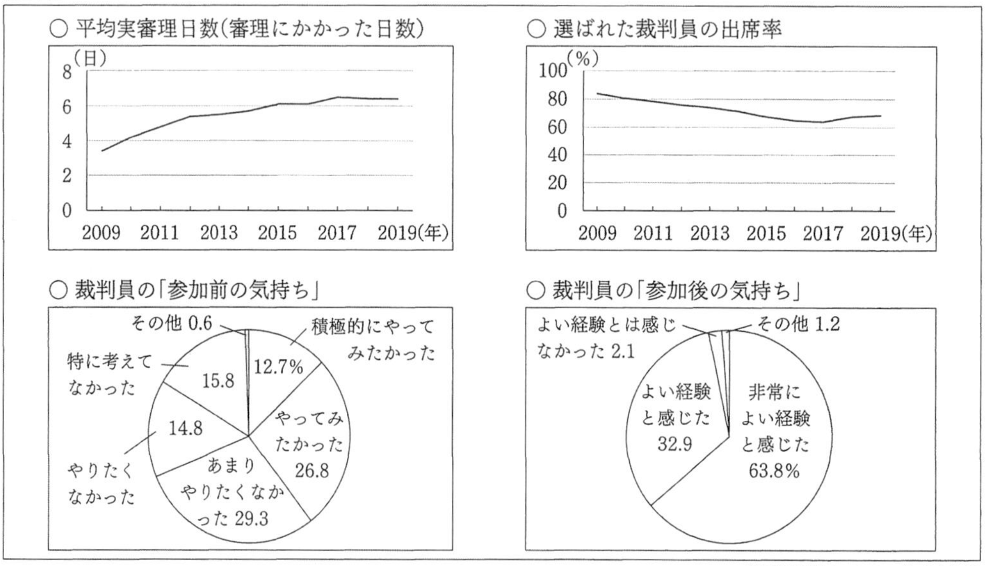

(「最高裁判所ホームページ」より作成)

ア 平均実審理日数が増加するにつれて，選ばれた裁判員の出席率も増加する傾向にある。

イ 裁判員の「参加前の気持ち」に比べ，裁判員の「参加後の気持ち」の方が肯定的な意見の割合が高い。

ウ 裁判員制度の裁判は，重大な刑事事件と民事事件の両方で実施されている。

エ 裁判員制度の裁判では，原則として3人の裁判官と6人の裁判員が1つの事件を担当する。

受験番号

令和４年度（一次入試）

数　　学

（検査時間　15：20〜16：10）

注意事項

1．開始の合図で

- ◆ この問題用紙にはさんである解答用紙を取り出しなさい。
- ◆ 解答用紙，問題用紙，下書き用紙の所定の欄に受験番号を書き入れなさい。
- ◆ 解答はすべて解答用紙の所定の欄に書き入れなさい。
- ◆ 問題文は10ページあり，その順序は［数１］〜［数10］で示しています。
  ページ漏れや印刷不鮮明などに気づいた場合には，手をあげなさい。

2．終了の合図で

- ◆ 机の上に，下から順に問題用紙，下書き用紙，解答用紙を置きなさい。
  解答用紙だけは裏返して置きなさい。

数1

【1】 次の（1）～（6）の問いに答えなさい。

（1） 次の①～⑤の計算をしなさい。

① $-8-5$

② $7+3\times(-2^2)$

③ $\dfrac{x-y}{4}+\dfrac{x+2y}{3}$

④ $4x^2\div 6xy\times(-9y)$

⑤ $\sqrt{24}-\dfrac{2\sqrt{3}}{\sqrt{2}}$

（2） 2次方程式 $x^2+3x-5=0$ を解きなさい。

（3） $x=\sqrt{7}+4$ のとき，$x^2-8x+12$ の値を求めなさい。

（4） 関数 $y=x^2$ について，x の変域が $-2\leqq x\leqq 3$ のときの y の変域を求めなさい。

（5） 右の〔図〕のように，平行四辺形ABCDがあり，AC＝ADである。対角線AC上にEB＝ECとなるように点Eをとる。

∠ADC＝68°のとき，∠ABEの大きさを求めなさい。

〔図〕

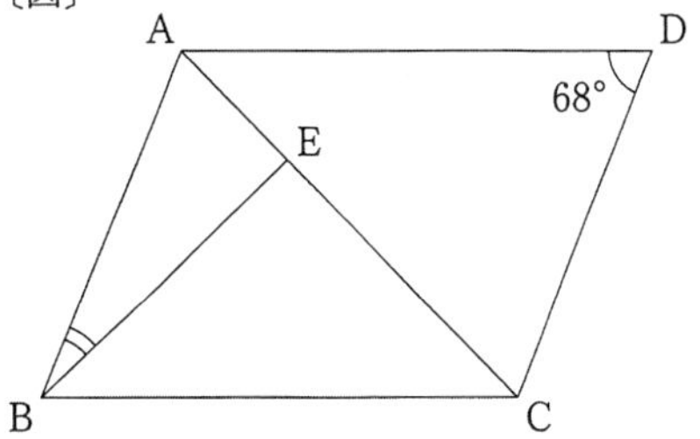

（6） 下の〔図〕のように，△ABCがある。△ABCの辺AB上に点D，辺BC上に点Eをとり，線分DEを折り目として，点Bが辺ACの中点に重なるように△ABCを折る。このとき，折り目の両端となる点D，Eを，作図によって求めなさい。

ただし，作図には定規とコンパスを用い，作図に使った線は消さないこと。

〔図〕

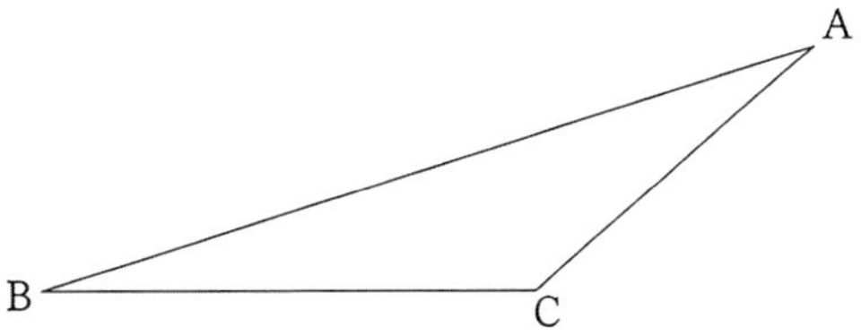

【2】 下の〔図1〕のように，関数$y=\dfrac{a}{x}$，関数$y=x+5$，関数$y=-\dfrac{1}{3}x+b$のグラフがある。

関数$y=\dfrac{a}{x}$と関数$y=x+5$のグラフは2点A，Bで交わり，x座標の大きい方の点をA，小さい方の点をBとする。点Aのx座標は1である。また，関数$y=x+5$のグラフとx軸との交点をCとし，関数$y=-\dfrac{1}{3}x+b$のグラフは点Cを通る。

次の（1）～（3）の問いに答えなさい。

〔図1〕

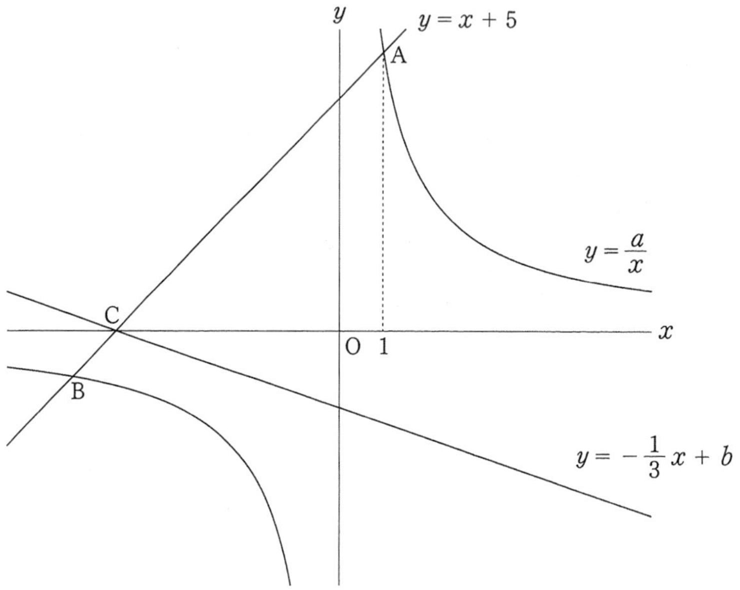

（1） aの値を求めなさい。

（2） bの値を求めなさい。

(3) 下の〔図2〕のように，関数 $y=\frac{a}{x}$ のグラフ上に，x 座標が点Cと同じである点Dをとる。また，関数 $y=-\frac{1}{3}x+b$ のグラフ上に，四角形ACDOの面積と△ACEの面積が等しくなるように点Eをとる。

点Eの x 座標を求めなさい。ただし，点Eの x 座標は点Cの x 座標より大きいものとする。

〔図2〕

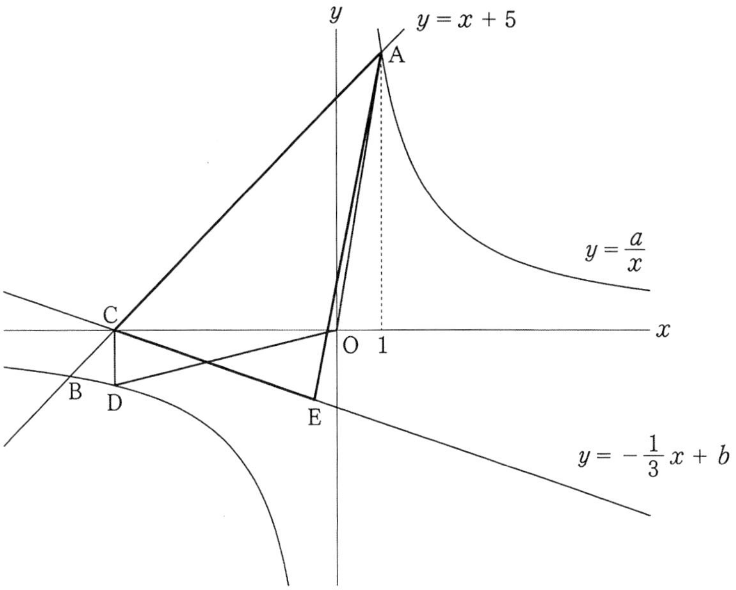

【3】 次の（1），（2）の問いに答えなさい。

（1） 右の〔図〕のように，1から6までの番号が書かれた6つのいすが番号順にすき間なく横一列に並んでいる。

1から6までの数字が1つずつ書かれた6枚のカードをよくきってから，花子さんと太郎さんは，この順に1枚ずつカードをひき，それぞれひいたカードの数字と同じ番号のいすに座るものとする。

ただし，ひいたカードはもとにもどさないものとする。また，どのカードをひくことも同様に確からしいものとする。

次の①，②の問いに答えなさい。

〔図〕

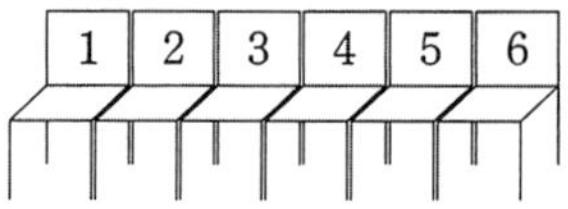

① 花子さんと太郎さんの座り方は，全部で何通りあるか求めなさい。

② 花子さんと太郎さんの間に，空席が**2つ以上**あるときの確率を求めなさい。

4
一　次
大　分

答　用　紙

得点合計〔　　　　点〕

※60点満点

3】

1点
1点
1点
2点
2点
1点
2点

(1)		(2)		(3)	
(4)					
(5)					
(6)		(7)	(kWh)		

（　　　点）

4】

1点
1点
1点
2点
2点
1点
2点

(1)		(2)		(3)	
(4)		(5)	(km)		
(6)		(7)			

（　　　点）

5】

1点
2点
2点
2点
1点
2点
2点
1点
1点
1点
1点
2点
2点

(1)	①		②				
	③						
(2)	①		②		③		
(3)	①		②		③		
	④						
(4)	①		②	(%)	③		

（　　　点）

答　用　紙

得点合計〔　　　　点〕

※60点満点

4
一次
大分

【4】

3点
2点
3点
3点
3点

(1)		(2)		(3)	
(4)	→ →				
(5)					

（　　　点）

【5】

点
点
点
点×4

(1)		(2)		(3)	

(4)	①		②	
	③		④	

（　　　点）

)
】

受験番号

国語解答用紙

【一】

問一

(1)（めて）

(2)

(3)

(4)（った）

(5)

問二

(1)

(2)

(3)

問一．１点×５
問二．⑴２点
⑵２点
⑶１点

（　　　点）

得点合計

〔　　　点〕

※60点満点

4
一次
大分

【二】

問一

問二

問三

(1) 初め ～ 終わり

(2)

(3)

問四

問一．２点
問二．２点
問三．⑴２点
⑵３点
⑶３点
問四．３点

（　　　点）

【三】

問一

問二

一．２点
二．２点
三．３点
四．４点
五．２点×２

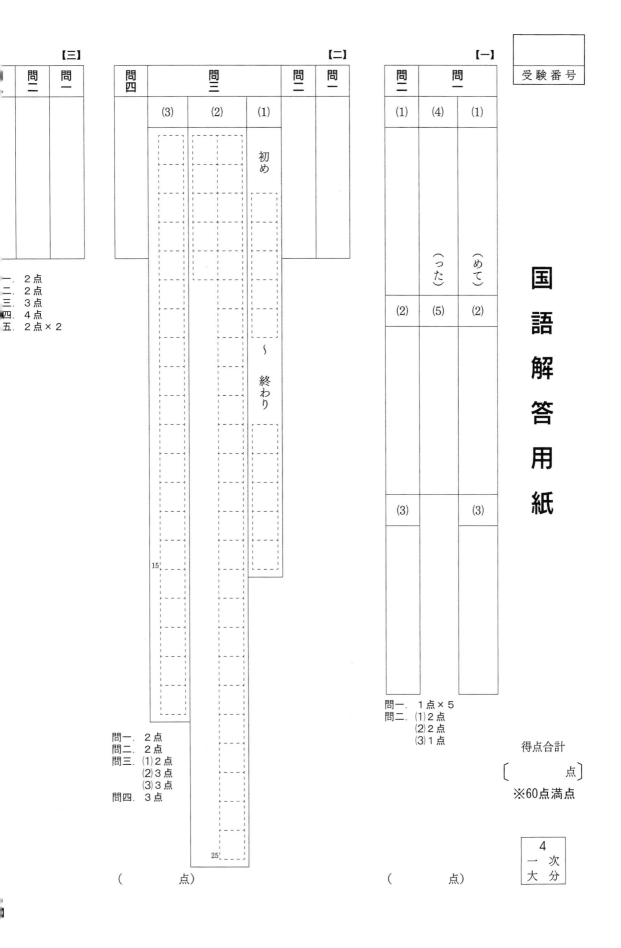

4
一 次
大 分

答 用 紙

得点合計〔 点〕

※60点満点

【3】

点
点×2
点×2
1点
2点
点

(1)	議席			
(2)	①			
	②	・		
(3)	①		②	
(4)	①		②	
(5)				

（ 点）

【4】

点×2
点
点
点
点

(1)	①		②	
(2)		(3)	・	
(4)				
(5)				

（ 点）

【5】

1)1点
2)2点
3)1点
4)2点
5)2点

(1)		(2)		(3)	B C
(4)	→ →				
(5)					

（ 点）

)
】

答　用　紙

得点合計〔　　　　点〕

※60点満点

4
一　次
大　分

【3】

(2)	①	〔図2〕

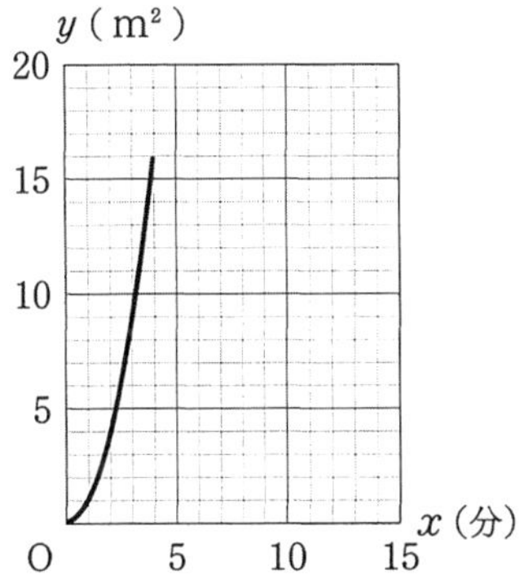

②	分　　秒	

（　　　点）

【4】

2点
1点
1点

(1)		（km）	(2)	①		（g）
(2)	②	ア				
		イ		ウ		

（　　　点）

【5】

点
点
2点
3点

(1)		（cm）	(2)		（cm）
(3)	①	（cm²）	②	$\frac{a}{b}=$	

（　　　点）

【6】

3点
2点
3点

(1)	［証明］			
(2)	①	（cm）	②	（cm）

（　　　点）

2)

受験番号

数　学　解

【1】

(1)２点×５
(2)２点
(3)２点
(4)２点
(5)２点
(6)２点

(1)	①		②		③	
	④		⑤			
(2)	x =		(3)			
(4)			(5)	（度）		
(6)	〔図〕					

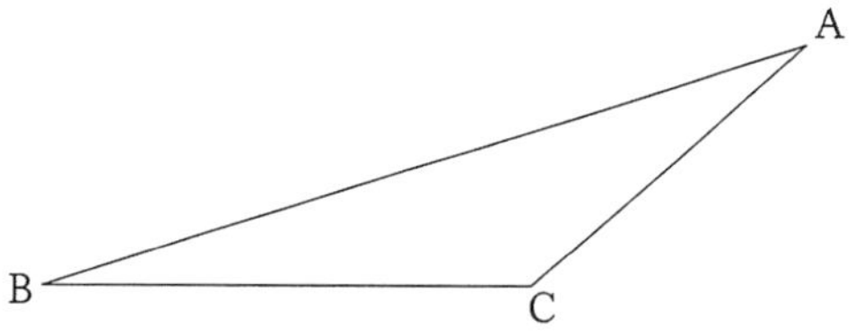

（　　　　点）

【2】

(1)２点
(2)３点
(3)３点

(1)	a =	(2)	b =
(3)	（x 座標）		

（　　　　点）

【3】

(1)２点×２
(2)２点×２

(1)	①	（通り）	②	

（　　　　点）

受験番号

社　会　解

【1】

(1) 2点
(2) 2点
(3) 2点
(4) 1点×2
(5) 2点
(6) 1点
(7) 2点
(8) 2点

(1)		(2)	
(3)			
(4)	① 県	②	
(5)		(6)	
(7)			
(8)			

(　　　点

【2】

(1) 1点
(2) 2点
(3) 2点
(4) 1点
(5) 1点
(6) 1点
(7) ① 1点
② 2点
(8) 1点
(9) 2点
(10) 2点

(1)		(2)			
(3)					
(4)		(5)			
(6)	・				
(7)	①				
	②				
(8)		(9)	→ →	(10)	

(　　　点

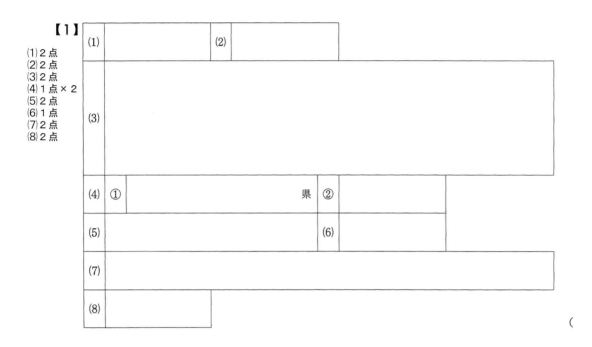

問四

問五
(1) 初め ～ 終わり
(2)

（　　　　点）

【四】

問一

問二

問三
(1)
(2) 初め

問四

問一．１点
問二．２点
問三．(1)３点
　　　(2)２点
問四．２点

（　　　　点）

【五】

問一

問二

問三

私は、郷土料理を通して地域の魅力を発信することに［　　］だ。

以上のことから、郷土料理を通して地域の魅力を発信することに［　　］だ。

問一．２点
問二．２点
問三．６点

（　　　　点）

受験番号

英　語　解

【1】

A 1点×2
B 1点×3
C 2点×3

A	1番		2番			
B	1番		2番		3番	
C	1番		2番		3番	

（　　　点

【2】

A (1) 1点
(2) 1点
(3) 2点
(4) 2点
B 1点×4

A	(1)		(2)					
	(3)						(4)	
B	①		②		③		④	

（　　　点

【3】

5点×2

A	I think (the automatic door / the elevator / the shopping cart) is convenient.
B	

（　　　点

受験番号

理　科　解

【1】

(1)1点
(2)1点
(3)1点
(4)1点
(5)2点
(6)2点
(7)1点×2

(1)	X	(2)		
(3)				
(4)		(5)	記号	名称
(6)				
(7)	Y	記号		

(　　　点)

【2】

(1)2点
(2)1点
(3)1点
(4)1点
(5)1点
(6)2点
(7)2点

(1)	(g)
(2)	
(3)	
(4)	
(5)	
(6)	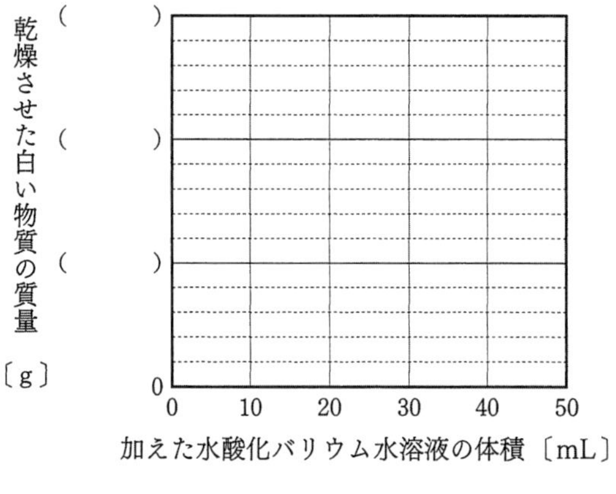
(7)	

(　　　点)

(2) 右の〔図1〕のように，台形ABCDがあり，$AB=8\,\mathrm{m}$，$BC=5\,\mathrm{m}$，$CD=5\,\mathrm{m}$，$DA=4\,\mathrm{m}$，$\angle DAB=\angle CDA=90^\circ$である。

点Pは，点Aを出発して，毎分1mの速さで，辺AD，DC，CB上を点Bに着くまで移動する。

また，点Qは，点Pと同時に点Aを出発して，毎分2mの速さで，辺AB上を点Bに着くまで移動し，その後，点Pが点Bに着くまでの間，停止する。

2点P，Qが点Aを同時に出発してからx分後の△AQPの面積をy m²とする。ただし，点Pと点Qが一致している場合は$y=0$とする。

次の①，②の問いに答えなさい。

〔図1〕

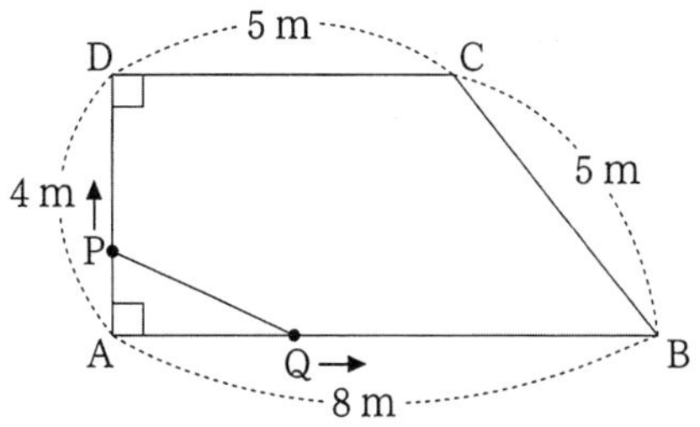

① 右の〔図2〕は，2点P，Qが点Aを同時に出発してから4分後までのxとyの関係を表すグラフである。

2点P，Qが点Aを同時に出発して4分後から点Pが点Bに着くまでのxとyの関係を表すグラフを解答欄の〔図2〕にかき入れなさい。

〔図2〕

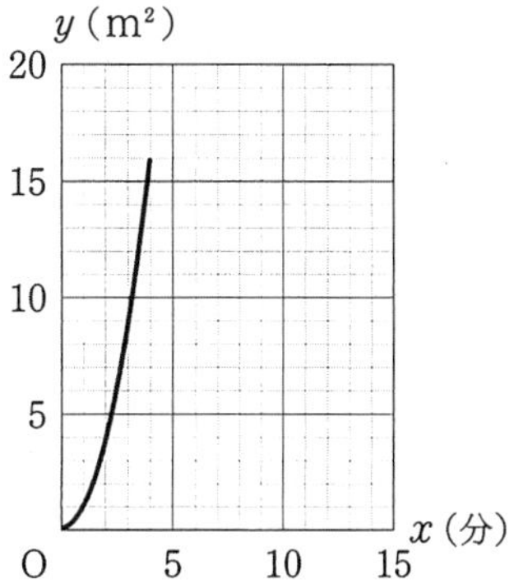

② △AQPの面積が，最初に4m²となってから最後に4m²となるまでにかかる時間は何分何秒か，求めなさい。

【4】 太郎さんは，人が移動するときに利用する交通手段によって，二酸化炭素（CO_2）の排出量が違うことを知った。そこで，路線バスと自家用車の CO_2 の排出量を調べたところ，路線バスと自家用車のそれぞれについて，1人が1km移動するときの CO_2 の排出量を見つけ，下の〔表1〕のようにまとめた。

〔表1〕

交通手段	路線バス	自家用車
1人が1km移動するときの CO_2 の排出量（g）	57	130

（「国土交通省ホームページ」をもとに作成）

上の〔表1〕の値を使うと，例えば，9人のうち4人が路線バスで，5人が自家用車を利用して，それぞれ10km移動したときの CO_2 の排出量は，$57 \times 4 \times 10 + 130 \times 5 \times 10 = 2280 + 6500 = 8780$ により，8780gとなる。

太郎さんは，働いている人の通勤方法を考えることが環境を守ることにつながると考え，自家用車で通勤している人が路線バスでの通勤に変更することで，CO_2 の排出量をどれだけ削減できるか，〔表1〕の値を使って計算してみることにした。

そのために，太郎さんは，A町の役場で働いている人の中で，隣町のB町から自家用車で通勤している20人を対象に，片道の通勤距離について調査を行った。

下の〔表2〕は，調査した20人の片道の通勤距離を度数分布表にまとめたものである。

〔表2〕

階級（km）	度数（人）
3.4	1
3.5	0
3.6	1
3.7	0
3.8	0
3.9	5
4.0	6
4.1	5
4.2	0
4.3	0
4.4	0
4.5	2
計	20

次の（1），（2）の問いに答えなさい。

（1）〔表2〕から，20人の片道の通勤距離の平均値を求めなさい。

（2） 太郎さんは，調査した 20 人のうち，ある人数を路線バスでの通勤に変更したときに，片道あたりの CO_2 の排出量をどれだけ削減できるか，計算してみることにした。

まず，20 人全員が自家用車で通勤したときの，片道あたりの CO_2 の排出量を計算した。次に，ある人数を路線バスでの通勤に変更したときの 20 人全員の片道あたりの CO_2 の排出量を計算した。ただし，**通勤距離は，20 人全員とも〔表 2〕の 20 人の片道の通勤距離の平均値であるものとして計算した。**

計算の結果，ある人数を路線バスでの通勤に変更したときの方が，20 人全員が自家用車で通勤したときよりも，片道あたりの CO_2 の排出量を 36.5％削減できた。

次の①，②の問いに答えなさい。

① 太郎さんの計算によると，ある人数を路線バスでの通勤に変更したときの 20 人全員の片道あたりの CO_2 の排出量は，20 人全員が自家用車で通勤したときよりも，何 g 削減できたか，求めなさい。

② 次の［説明］は，太郎さんが路線バスでの通勤に変更した人数を，連立方程式を使って求めたものである。

［説明］

20 人のうち，路線バスでの通勤に変更した人数を x 人，自家用車での通勤を継続した人数を y 人とすると，連立方程式は，

$$\begin{cases} x + y = 20 \\ \boxed{\qquad\qquad\text{ア}\qquad\qquad} \end{cases}$$

となる。この連立方程式を解くと，

$x = \boxed{\ \text{イ}\ }$，$y = \boxed{\ \text{ウ}\ }$

となる。

したがって，太郎さんが路線バスでの通勤に変更した人数は，$\boxed{\ \text{イ}\ }$ 人である。

$\boxed{\ \text{ア}\ }$ には適する方程式を，$\boxed{\ \text{イ}\ }$，$\boxed{\ \text{ウ}\ }$ には適する数を書き，［説明］を完成させなさい。

【5】 右の〔図1〕のように，三角柱ABC－DEFがあり，AB＝4 cm，BC＝6 cm，BE＝5 cm，∠BAC＝90°である。

辺BE上に，線分APと線分PFの長さの和AP＋PFがもっとも短くなるように点Pをとる。

次の（1）～（3）の問いに答えなさい。

〔図1〕

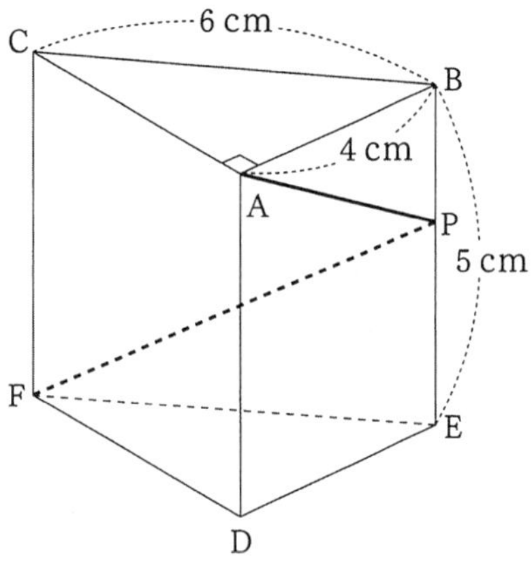

（1） 辺ACの長さを求めなさい。

（2） 線分APの長さを求めなさい。

（3） 右の〔図2〕のように，三角錐《さんかくすい》ADPCと三角錐ADPFについて考える。

次の①，②の問いに答えなさい。

〔図2〕

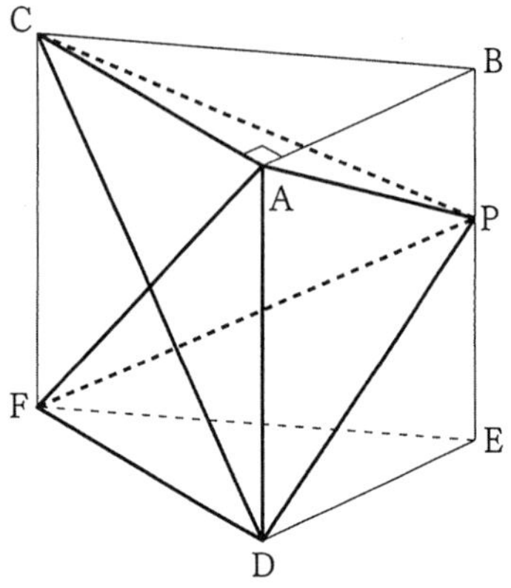

① △AFPの面積を求めなさい。

② 三角錐ADPCにおいて，△APCを底面としたときの高さを a cmとする。また，三角錐ADPFにおいて，△AFPを底面としたときの高さを b cmとする。

$\dfrac{a}{b}$ の値を求めなさい。

【6】 右の〔図〕のように，円Oの周上の4点A，B，C，Dを頂点とする四角形ABCDがあり，線分ACは円Oの直径である。また，線分ACと線分BDの交点をEとする。

さらに，点Bを通る円Oの接線をひき，線分ACを延長した直線との交点をFとする。

次の（1），（2）の問いに答えなさい。

〔図〕

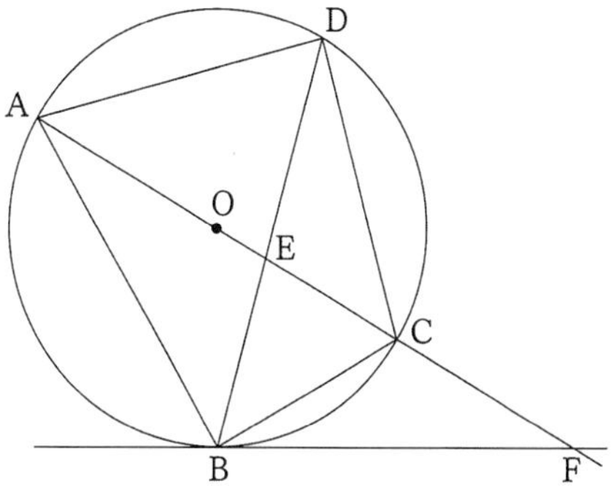

（1） △EAD∽△EBCであることを証明しなさい。

（2） DA＝DC，BC＝2 cm，∠AFB＝30°とする。
次の①，②の問いに答えなさい。

① 線分OCの長さを求めなさい。

② 線分EDの長さを求めなさい。

(3)　c班のテーマに関連して，①，②の問いに答えなさい。

①　社会権について述べた文として**適当でないもの**を，ア～エから１つ選び，記号を書きなさい。

ア　生活に困窮している人を支援するために，生活費など必要な費用を支給する制度がある。
イ　政府に対して自分たちの考えを主張するために，集会を開くことが認められている。
ウ　教育を受ける機会を確保するために，義務教育は無償と定められている。
エ　労働者が使用者と労働条件を交渉するために，労働組合を設置することができる。

②　次は北海道で2020年に開業した国立博物館について述べたものである。文中の（　D　）に当てはまる語句を書きなさい。

この博物館は，ウポポイ（民族共生象徴空間）の中核施設として，先住民族である（　D　）の尊厳を尊重し，民族の歴史と文化に関する正しい認識と理解を促進するとともに，新たな（　D　）文化の創造及び発展に寄与するという理念を掲げている。

(4)　d班のテーマに関連して，①，②の問いに答えなさい。

①　**資料４**は家計における支出の内訳の推移を示したものである。E～Gに当てはまる語句の組み合わせとして最も適当なものを，ア～カから１つ選び，記号を書きなさい。

資料４

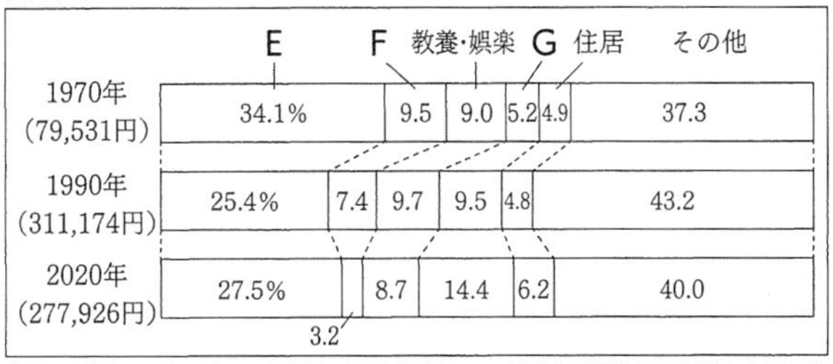

（注）金額は２人以上の全世帯の平均月額。　（「日本国勢図会2021/22」より作成）

	E	F	G
ア	被服・履物	交通・通信	食料
イ	被服・履物	食料	交通・通信
ウ	交通・通信	被服・履物	食料
エ	交通・通信	食料	被服・履物
オ	食料	被服・履物	交通・通信
カ	食料	交通・通信	被服・履物

②　**資料５**は同じ種類の商品を扱っている企業の社長２人の会話文である。**資料５**中の（　H　）に当てはまる法律名を，**漢字**で書きなさい。

資料５

社長１：最近は原料価格も上がってきて苦しいですね。うちは価格を上げなければとてもやっていけませんよ。あなたの会社はどうですか。
社長２：うちも似たような状況ですよ。価格を上げなければどうにもなりませんね。
社長１：では，私の会社と時期を合わせて，同じ金額に値上げしませんか。
社長２：しかし，それは（　H　）に違反する可能性がありますので，やめておきましょう。

（「経済産業省ホームページ」より作成）

(5)　e班のテーマに関連して，財政の役割について述べた文Ⅰ，Ｊの正誤の組み合わせとして最も適当なものを，ア～エから１つ選び，記号を書きなさい。

Ⅰ　不景気の時には国債を買うことで市場に出回るお金の量を増やし，家計や企業がお金を借りやすくするなど，物価の変動を抑えて経済の安定化を図ること。

Ｊ　経済的に豊かな人々から税金をより多く徴収し，収入の少ない人や高齢者を支えるなど，税金や社会保障の仕組みを整備して，所得の極端な格差を調整すること。

	Ⅰ	Ｊ
ア	正	正
イ	正	誤
ウ	誤	正
エ	誤	誤

【4】 太郎さんと花子さんは，「経済のグローバル化」というテーマで探究学習を行った。次は２人の会話文である。(1)～(5)の問いに答えなさい。

太郎：近代以降，日本経済は a 産業の発達と貿易の振興によって成長してきました。
花子：そうですね。経済の成長とともに，b 貿易品目も大きく変化していきましたね。
太郎：現在の日本は，貿易によって高い経済力を維持している貿易中心の国であると言えますね。
花子：しかし，c この資料から考えると，必ずしも貿易中心の国とは言えないのではないでしょうか。
太郎：なるほど，確かにそうですね。でも，貿易が日本にとって大切なのは間違いないと思います。
花子：それは私も同感です。日本がどのように他国と d 公正な貿易を行っていくかは，e 国際分業が進むグローバル社会において，しっかりと考えていく必要がありますね。

(1) **下線部 a** に関連して，①，②の問いに答えなさい。

① 戦前に金融，貿易など様々な業種に進出して，日本の経済を支配した三井，三菱などの資本家を何というか，**漢字**で書きなさい。

② **資料１**は日本の 1910 年から 1940 年までの輸出額と輸入額を示したものである。**資料１**について述べた文として**適当でないもの**を，ア～エから１つ選び，記号を書きなさい。

資料１

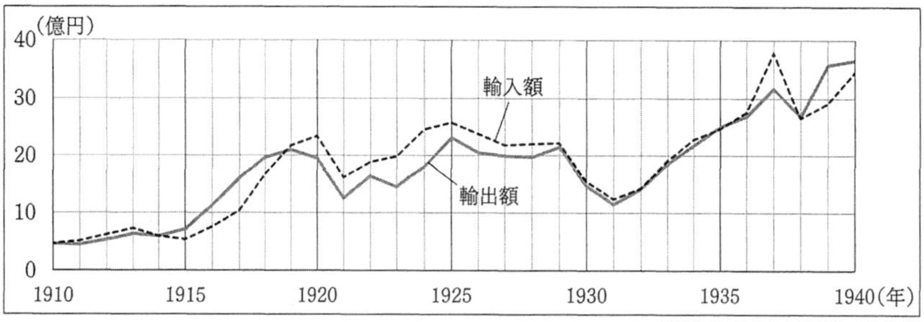

（「数字でみる日本の100年」より作成）

ア　日中戦争が起きた年は，前年に比べて輸出額，輸入額がともに増加した。
イ　第一次世界大戦が始まった年から４年間で，輸出額は２倍以上に増加した。
ウ　世界恐慌が起きた年から３年間で，輸入額は約２倍に増加した。
エ　国際連盟が発足した年は，輸入額が輸出額を上回っていた。

(2) **下線部 b** に関連して，**資料２**中のア～エは，日本における 1960 年の輸出品目と輸入品目，2020 年の輸出品目と輸入品目のいずれかを示したものである。2020 年の輸入品目として最も適当なものを，ア～エから１つ選び，記号を書きなさい。

資料２

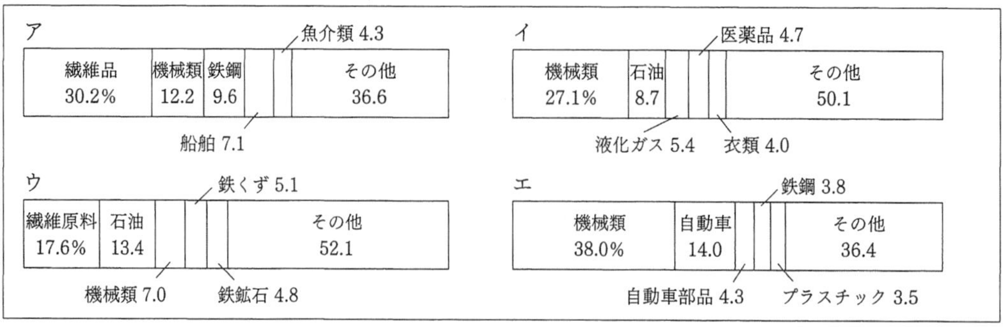

（「日本国勢図会2021/22」より作成）

(3) **下線部c**に関連して，花子さんは**資料3**中のア～オのうち2つのデータを組み合わせて太郎さんに反論した。花子さんが用いたデータとして適当なものを，ア～オから**2つ**選び，記号を書きなさい。

資料3

	ア	イ	ウ	エ	オ
	人口密度（人/km²）	輸入額（百万ドル）	1人当たり国内総生産（ドル）	1人当たり輸出額（ドル）	経済成長率（%）
日本	330.1	720,803	40,063	5,562	0.3
韓国	510.5	502,758	32,143	10,592	2.0
タイ	135.7	238,924	7,785	3,524	2.3
オランダ	411.6	635,678	53,053	41,445	1.7
ドイツ	233.7	1,233,978	46,232	17,834	0.6
メキシコ	64.9	482,613	9,849	3,611	-0.1

（注）統計年次は2019年。

（「世界国勢図会2021/22」他より作成）

(4) **下線部d**に関連して，先進国が発展途上国の原料や製品を適正な価格で購入することにより，発展途上国の人々の生活を支える取り組みのことを何というか，**カタカナ**で書きなさい。

(5) **下線部e**に関連して，太郎さんと花子さんは国際分業の利点について考えるために，**資料4**を作成した。**資料4**を参考にして，国際分業の利点とその理由を書きなさい。

資料4

○ 架空の2か国に次の条件を設定し，国際分業を行わない場合と行う場合の生産量を比較した。
- 両国ともに労働者は100人であり，国家間の労働者の移動は生じないものとする。
- A国はコンピューター1台の生産に10人，とうもろこし1トンの生産に40人の労働者が必要。
- B国はコンピューター1台の生産に30人，とうもろこし1トンの生産に20人の労働者が必要。

◆ 国際分業を行わない（自国で生産して自国で消費する）場合の生産量

	コンピューターを生産する労働者の数	とうもろこしを生産する労働者の数	生産量
A国	20人	80人	コンピューター2台 とうもろこし2トン
B国	60人	40人	コンピューター2台 とうもろこし2トン

◆ 国際分業を行う（各国で生産したものを貿易する）場合の生産量

	コンピューターを生産する労働者の数	とうもろこしを生産する労働者の数	生産量
A国	100人	0人	コンピューター10台
B国	0人	100人	とうもろこし5トン

【５】 花子さんは「持続可能な社会の実現に向けて」というレポートを作成するために，ＳＤＧｓについて調べ，**資料１**を作成した。(1)～(5)の問いに答えなさい。

資料１

【ＳＤＧｓとは？】

ＳＤＧｓ(持続可能な開発目標)とは，2015年に国際連合で採択された2030年までの世界共通の目標であり，a 持続可能な社会を実現するための17の目標と169のターゲットから構成されている。

【私の注目した目標とターゲット】

目標	ターゲット
質の高い教育をみんなに	〔4.1〕 すべての子どもが男女の区別なく，無償かつ公正で質の高いｂ初等教育及び中等教育を修了できるようにする。
働きがいも経済成長も	〔8.5〕 若者や障がい者を含むすべての男性及び女性のｃ雇用及び働きがいのある仕事，並びに同一労働同一賃金を達成する。
ｄ平和と公正をすべての人に	〔16.7〕 あらゆるレベルにおいて，対応的，参加型，および代表的なｅ意思決定を確保する。

※イラスト省略

(「国際連合広報センターホームページ」より作成)

(1) **下線部ａ**に関連して，持続可能な社会を実現するために日本の諸地域で行われている取り組みとして最も適当なものを，ア～エから１つ選び，記号を書きなさい。

ア 関東地方では，ヒートアイランド現象の対策として，山間部での植林が盛んとなっている。
イ 東北地方では，西陣織などの伝統的工芸品の継承につとめ，技術者の育成が行われている。
ウ 九州地方では，廃棄物ゼロの社会を目指して，北九州市でニュータウンの建設が行われている。
エ 北海道地方では，経済的な利益と環境保全の両立を目指して，エコツーリズムが盛んとなっている。

(2) **下線部ｂ**に関連して，近代の日本における小学校の男女別就学率の推移と年代を示したグラフとして最も適当なものを，ア～エから１つ選び，記号を書きなさい。

ア

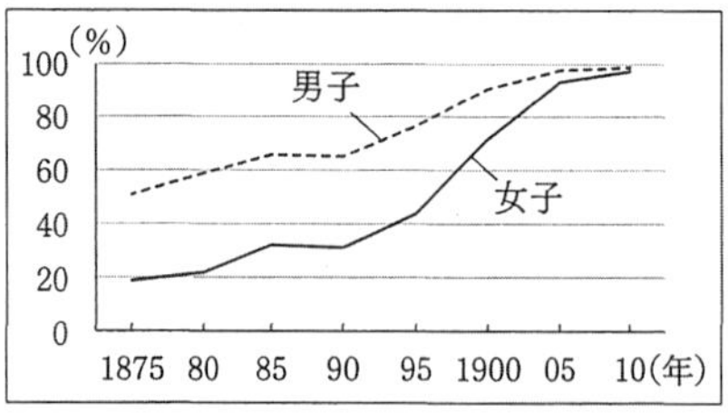

イ

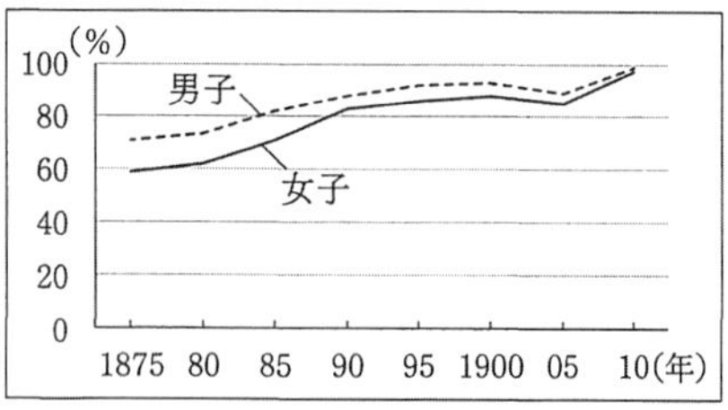

ウ

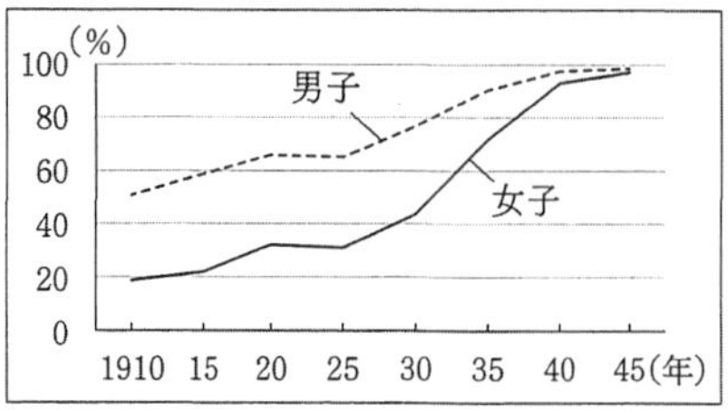

エ

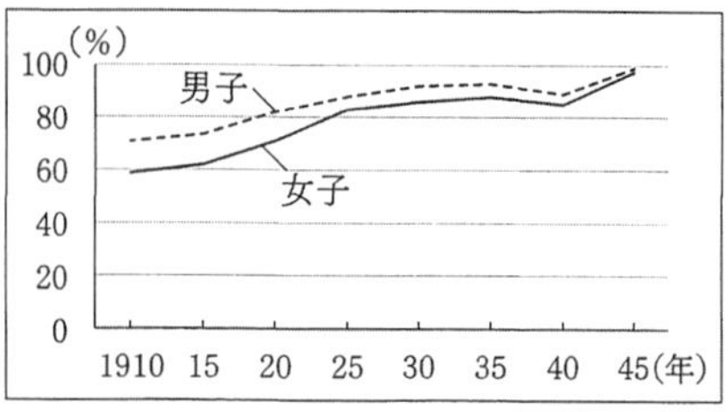

(3) **下線部c**に関連して，**資料2**は非正規雇用に関する労働者側と使用者側の立場による考えの違いを整理したものである。**資料2**中の**A**～**D**には，次のア～エのいずれかが当てはまる。**B**と**C**に当てはまる内容として最も適当なものを，ア～エから1つずつ選び，記号を書きなさい。

資料2

	プラス面	マイナス面
労働者側	A	B
使用者側	C	D

ア　人件費を抑えることができる。
イ　時間の融通がきくので家事と仕事を両立しやすい。
ウ　新しい技術の開発や継承が難しい。
エ　雇用調整の対象になりやすく収入が不安定である。

(4) **下線部d**に関連して，日本は領土をめぐる問題について，平和的な手段による解決に向けた取り組みを続けている。次のア～ウは樺太・千島交換条約，ポーツマス条約，サンフランシスコ平和条約のいずれかで定められた日本の領土を ▒▒ で示したものである。ア～ウを年代の古いものから順に並べて，記号を書きなさい。

ア

イ

ウ

(5) **下線部e**に関連して，民主政治の意思決定の方法として多数決が用いられることが多いが，多数決にも問題点がある。**資料3**は花子さんの学級で行った多数決の状況について示したものである。**資料3**中の**【結論】**の問題点について，**【多数決の結果】**に着目して**20字以内**で書きなさい。

資料3

【経緯】
　学級レクリエーションの内容について意見を集めたところ，サッカー，バスケットボール，バレーボールの3種目が候補となり，学級の全員(35名)で多数決をとった。

【多数決の結果】

種目	投票数
サッカー	15票
バスケットボール	11票
バレーボール	9票

【結論】
最も投票数の多かったサッカーに決定した。

【三】次の文章を読んで、後の問一～問五に答えなさい。なお、答えに字数制限がある場合は、句読点や「」などの記号も一字と数えなさい。（設問の都合上、文章のまとまりごとに1、2と番号をつけている。）

1 いつも正しい答えが得られるという状況は、ヒトの考える能力を低下させます。ヒトは試行錯誤、つまり間違えることから学ぶことを成長と捉え、それを「楽しんで」きたのです。喜劇のコントの基本は間違えて笑いを誘い、最後はその間違いに気づくことが面白いのです。逆に「悲劇」は、取り返しがつかない運命に永遠に縛られることに、恐怖と悲しみを覚えるのではないでしょうか。

AIは、人を楽しませる面白い「ゲーム」を提供するかもしれません。しかし、リアルな世界では、AIはヒトを悲劇の方向に導く可能性があります。そして①何よりも私が問題だと考えるのは、AIは死なないということです。

私たちは、たくさん勉強しても、死んでゼロになります。文化や文明を継承するために教育に時間をかけ、次世代を育てます。一世代ごとにリセットされるわけです。死なないAIにはそれもなく、無限にバージョンアップを繰り返します。

（中略）

私はコンピュータの急成長も可能性も*脆弱《ぜいじゃく》性も知っている「生みの親」世代です。そしてコンピュータが「生みの親」より賢くなっていくのを体感しています。だからこそAIの危険性、つまりこのままいったら絶対にやばいと直感的にわかるのかもしれません。

そんな私でも自分の子供の世代には警鐘を鳴らせますが、孫の世代はどうでしょうか。孫たちにとってはヒト（親）の能力をはるかに*凌駕《りょうが》したコンピュータが生まれながらにして存在するのです。タブレットで読み・書き・計算を教わり、私情が入らないようにと先生代わりのAIが成績をつけるという時代にならないとも限りません。そんな孫の世代にとっては、AIの危険性より信頼感のほうが大きくなるのは当然です。

死なないAIは、私たち人間と違って世代を超えて、進歩していきます。一方、私たちの寿命と能力では、もはや複雑すぎるAIの仕組みを理解することも難しくなるかもしれませんね。②人類は1つの能力が変化するのに何万年もかかります。その人類が自分たちでコントロールすることができないものを、作り出してしまったのでしょうか。

「※本ページ下段に続く」

2 進歩したAIは、もはや機械ではありません。ヒトが人格を与えた「エイリアン」のようなものです。しかも死にません。どんどん私たちが理解できない存在になっていく可能性があります。

死なない人格と共存することは難しいです。例えば、身近に死なないヒトがいたら、と想像してみてください。その人とは、価値観も人生の悲哀も共有できないと思います。非常に進歩したAIとはそのような存在になるのかもしれません。

多くの知識を溜《た》め込み、いつも合理的な答えを出してくれるAIに対して、人間が従属的な関係になってしまう可能性があります。私たちがちょうど自分たちより寿命の短い昆虫などの生き物に抱くような、ある種の「優越感」と逆の感情を持つのかもしれません。「AIは偉大だな」というような。

ヒトには寿命があり、いずれ死にます。そして、世代を経てゆっくりと変化していく――それをいつも主体的に繰り返してきましたし、これからもそうあることで、存在し続けていけるのです。AIが、逆に人という存在を見つめ直すいい機会を与えてくれるかもしれません。生き物は全て有限な命を持っているからこそ、「生きる価値」を共有することができるのです。

③同様にヒトに影響力があり、且《か》つ存在し続けるものに、宗教があります。もともとその宗教を始めた開祖は死んでしまっていても、その教えは生き続ける場合があります。そういう意味では死にません。

ヒトは病気もしますし、歳を重ねると老化もします。ときには気弱になることもあります。そのようなときに死なない、しかも多くの人が信じている絶対的なものに頼ろうとするのは、ある意味理解できることです。AIも将来、宗教と同じようにヒトに大きな影響を与える存在になるのかもしれません。

宗教は、付き合い方を間違うと、戦争やテロにつながるのは歴史からご存じの通りです。ただ、宗教のいいところは、個人が自らの価値観で評価できることです。それを信じるかどうかの判断は、自分で決められます。それに対してAIは、ある意味ヒトよりも合理的な答えを出すようにプログラムされています。ただ、その結論に至った過程を理解することができないので、人がAIの答えを評価することが難しいのです。「AIが言っているのでそうしましょう」となってしまいかねません。何も考えずに、ただ服従してしまうかもしれないのです。

それではヒトがAIに頼りすぎずに、人らしく試行錯誤を繰り返して楽しく生きていくにはどうすればいいのでしょうか？

「※次ページ上段に続く」

問三 Aさんの班では、**〈場面Y〉**における「雪乃」と「茂三」の心情について意見を交わした。これを読んで、後の(1)～(3)に答えなさい。

Aさん―「雪乃」は、「茂三」を見つけた瞬間「張りあげかけた声を飲みこむ。」とあるように、声をかけるのをためらっています。このとき、「雪乃」はどんな気持ちだったのでしょうか。

Bさん―「雪乃」は、寝坊した自分のことを、「茂三」が怒っていたりあきれていたりするのではないかと不安になっています。だから「茂三」に対して、［Ⅰ］思いつかない状態だったと思います。

Aさん―せっかく「茂三」を見つけたのに、「雪乃」が声をかけられなかったのはそういうことなんですね。しかし、そのあと、「雪乃」は「茂三」に謝ることができていますね。

Bさん―それは、［Ⅱ］ことによって、「雪乃」の不安が解消されたからだと思います。

Cさん―私は、「茂三」の心情に着目して本文を読みました。「茂三」が家を出るときの「起きてこなけりゃ置いてくまでだ」という言葉が印象的だったので、「茂三」は、「雪乃」に対して厳しい言葉をかけるのではないかと思っていました。しかし、「雪乃」が畑に到着してからの「茂三」とのやりとりをよく読んでみると、「茂三」は「雪乃」の行動を認め、自信を持たせようとしているのだと思いました。

Bさん―そうですね。「茂三」の真意が伝わったから、「雪乃」も「茂三」を改めて大好きだと思ったんでしょうね。

(1) ［Ⅰ］に当てはまる言葉として最も適当なものを、**〈場面Y〉**中から**二十五字以上三十字以内**で抜き出し、**初めと終わりの五字**を書きなさい。

(2) ［Ⅱ］に当てはまる言葉を、**〈場面Y〉**中の言葉を使って、**二十五字以上三十字以内**で書きなさい。

(3) 会話中の～～～線について、Cさんは、「茂三」が「雪乃」のどのような行動を認めていると考えているか。次の［　］に当てはまる言葉を、**〈場面Y〉**中の言葉を使って、**十五字以上二十字以内**で書きなさい。

［　］という「雪乃」の行動。

問四 本文の表現の効果を説明したものとして最も適当なものを、次の**ア～エ**のうちから一つ選び、その記号を書きなさい。

ア 「茂三」と「ヨシ江」に対する「雪乃」の言葉遣いから、「雪乃」が二人に心を許しており、気兼ねなく接していることを印象づけている。

イ 「茂三」に関する「ヨシ江」と「雪乃」の会話により、「茂三」が畑仕事に対して厳しい考え方をする人物であることを印象づけている。

ウ 朝焼けや納屋の明かりなどの町の情景を描くことで、畑へ向かう「雪乃」の気持ちが大きく変化していることを印象づけている。

エ 畑にいる「茂三」を手伝うまでの「雪乃」の行動描写によって、「雪乃」が「茂三」からの感謝の言葉を期待していることを印象づけている。

「シ……。」

張りあげかけた声を飲みこむ。

ヨシ江はあんなふうに言ってくれたけれど、ほんとうに茂三は怒っていないだろうか。少なくとも、すごくあきれているんじゃないだろうか。謝ろうにも、この距離ではどんなふうに切り出せばいいかわからない。

布巾でくるまれたおにぎりをそっと抱え、立ち尽くしたままためらっていると、茂三が立ちあがり、痛む腰を伸ばした拍子にこちらに気づいた。

「おーう、雪乃。やーっと来ただかい、寝ぼすけめ。」

笑顔とともに掛けられた、からかうようなそのひと言で、胸のつかえがすうっと楽になってゆく。手招きされ、雪乃はそばへ行った。

「ごめんなさい、シゲ爺。」

「なんで謝るだ。」

ロゴの入った帽子のひさしの下で、皺《しわ》ばんだ目が面白そうに光る。

「だってあたし、あんなえらそうなこと言っといて……。」

「そんでも、こやって手伝いに来てくれただに。」

「それは、そうだけど……。」

「婆やんに起こされただか？」

「ううん。知らない間に目覚ましを止めちゃったみたいで寝坊したけど、なん

〔※本ページ下段に続く〕

とか自分で起きたよ。」

起きたとたんに〈げぇっ〉て叫んじゃった、と話すと、茂三はおかしそうに笑った。

「いやいや、それでも＊てぇしたもんだわい。いっつも、婆やんがぶつくさ言ってるだに。『雪ちゃんは、起こしても起こしても起きちゃこねえで＊おえねえわい。』つって。それが、いっぺん目覚まし時計止めて、そんでもなお自分で起きたっちゅうなら、そりゃあなおさらてぇしたことだでほー。」

「……シゲ爺、怒ってないの？」

「だれぇ、なーんで怒るぅ。起きようと自分で決めて、いつもよりかは早く起きただもの、堂々と胸張ってりゃいいだわい。」

雪乃は、頷《うなず》いた。目標を半分しか達成できなかったのに、半分は達成できた、と言ってくれる曾祖父のことを、改めて大好きだと思った。

（村山由佳《むらやまゆか》「雪のなまえ」徳間書店から……一部表記を改めている。）

（注）＊地団駄を踏む――激しく地を踏んで悔やしがったり怒ったりすること。
＊畝――畑で作物をつくるために、間隔をおいて細長くいくつも土を盛り上げた所。
＊ヤッケ――雨風を防ぐための上着。
＊てぇした――「たいした」の方言。
＊おえねえ――「手に負えない」の方言。

問一 ――線①について、このときの「雪乃」の心情を説明したものとして最も適当なものを、次の**ア〜エ**のうちから一つ選び、その記号を書きなさい。

ア 曾祖父母から子ども扱いされていたことが恥ずかしくなり、二人に対する態度を改めようと決意している。
イ 曾祖父母を信じていたのに、畑に連れて行ってもらえなかったことが納得できず、怒りを感じている。
ウ 曾祖父母に起こしてもらえなかったことに不満を感じていた自分の考えの甘さに気づき、反省している。
エ 約束の時間に起こしてもらえなかったことを悲しんでいたが、「茂三」の厳しい言葉にあきらめがついている。

問二 〈**場面X**〉における「ヨシ江」と「雪乃」のやり取りから分かる「ヨシ江」の人物像を説明したものとして最も適当なものを、次の**ア〜エ**のうちから一つ選び、その記号を書きなさい。

ア 「雪乃」から起こさなかったことを責められても、全く気にしないおおざっぱな人物。
イ 寝坊した「雪乃」が取り乱しても、落ち着いて対応することができる冷静な人物。
ウ 自分の考えを曲げてでも、「雪乃」におにぎりを準備してあげる献身的な人物。

【二】　小学校五年生の「雪乃《ゆきの》」は東京から曾祖父《そうそふ》の「茂三《しげぞう》」と曾祖母《そうそぼ》の「ヨシ江《え》」の住んでいる長野に引っ越してきた。引っ越してからしばらくして、「雪乃」はこれまでより一時間早く起きて、朝から「茂三」と一緒に畑に行く約束をした。**〈場面X〉**は、「雪乃」が朝起きて家を出るまでの場面、**〈場面Y〉**は、「雪乃」が家を出てから畑にいる「茂三」とやりとりをする場面である。次の文章を読んで、後の**問一～問四**に答えなさい。なお、答えに字数制限がある場合は、句読点や「　」などの記号も一字と数えなさい。

〈場面X〉

ふっと目を開けた雪乃は、寝ぼけ眼で枕元の時計を見るなり飛び起きた。

「やばっ！」

目覚ましをセットした時刻を三十分も過ぎている。知らないうちに止めて、またうとうとしてしまったらしい。慌ててパジャマのまま台所へ飛んでいくと、ヨシ江が洗い物をしているところだった。

「シゲ爺《じい》は？」

「ああ、おはよう。」

「おはよ。ねえ、シゲ爺は？」

「さっき出かけてっただわ。」

「うそ、なんで？」

ほんのちょっと声をかけてくれたらすぐ起きたのに、どうして置いていくのか。部屋を覗《のぞ》いた曾祖父母が、〈よーく眠ってるだわい〉〈可哀想だからこのまま寝かせとくだ〉などと苦笑し合う様子が想像されて、*地団駄《じだんだ》を踏みたくなる。

「どうして起こしてくんなかったの？昨日あたし、一緒に行くって言ったのに。」

するとヨシ江は、スポンジで茶碗をこすりながら雪乃をちらりと見た。

「起こそうとしただよう、私は。けどあのひとが、ほっとけって言うだから。」

「……え？」

「『雪乃が自分で、まっと早起きして手伝うから連れてけって言っただわ。こっちが起こしてやる必要はねえ、起きてこなけりゃ置いてくまでだ。』って。」

①心臓が硬くなる思いがした。茂三の言うとおりだ。

無言で洗面所へ走ると、超特急で顔を洗い、歯を磨き、部屋へ戻ってシャツとジーンズに着替えた。ぼさぼさの髪をとかしている暇はない。ゴムでひとつにくくる。

〔※本ページ下段に続く〕

土間で長靴を履き、

「行ってきます！」

駆け出そうとする背中へ、ヨシ江の声がかかった。

「ちょっと待ちない、いってぇどこへ行くつもりだいや。」

雪乃は、あ、と立ち止まった。そうだ、今日はどの畑で作業しているかを聞いていない。

「そんなにまっくろけぇして行かんでも大丈夫、爺やんは怒っちゃいねえだから。」

ヨシ江は笑って言った。〈まっくろけぇして〉とは、慌てて、という意味だ。目の前に、白い布巾《ふきん》できゅっとくるまれた包みが差し出される。

「ほれ、タラコと梅干しのおにぎり。行ったらまず、座ってお食べ。朝ごはん抜きじゃあ一人前に働けねえだから。」

「……わかった。ありがと。」

「急いで走ったりしたら、てっくりけぇるだから、気をつけてゆっくり行くだよ。雪ちゃんが後からちゃーんと行くって、爺やんにはわかってただわい。いつもは出がけになーんも言わねえのに、今日はわざわざ『ブドウ園の隣の畑にいるだから』って言ってっただもの。」

再びヨシ江に礼を言って、雪乃は外へ出た。

〈場面Y〉

あたりはもう充分に明るい。朝焼けの薔薇《ばら》色もすでに薄れ、青みのほうが強くなっている。すっかり春とはいえ、この時間の気温は低くて、息を吸い込むとお腹の中までひんやり冷たくなる。

よその家の納屋《なや》に明かりが灯《とも》っている。どこかでトラクターのエンジン音が聞こえる。農家の朝はとっくに始まっているのだ。大きく深呼吸をしてから、雪乃は、やっぱり走りだした。

長靴がぽがぽと鳴る。まっくろけぇしててっくりけぇることのないように気をつけながら、舗装された坂道を駆け上がる。ふだん軽トラックですいすい登る坂が、思ったよりずっと急であることに驚く。

息を切らしながらブドウ園の手前を左へ曲がり、砂利道《じゃりみち》に入ってなおも走ると、畑が見えてきた。整然とのびる*畝《うね》の間に、紺色の*ヤッケを着て腰をかがめる茂三の姿がある。急に立ち止まったせいで足がもつれ、危うく本当にてっくりけぇりそうになった。

〔※次ページ上段に続く〕

国1

【一】 次の**問一**、**問二**に答えなさい。

問一 次の(1)～(5)の——線について、カタカナの部分を**漢字**に書きなおし、漢字の部分の読みを**ひらがな**で書きなさい。

(1) その問題を解決するのはキワめて難しい。

(2) 集団生活ではキリツを守ることが求められる。

(3) 参考書のカンマツにある資料を確認した。

(4) 注意を怠ったことがケガをした原因だ。

(5) 仲間の心を掌握できるリーダーになりたい。

問二 M中学校では、委員会活動を前期・後期の二期に分けて行っている。次は、後期文化委員会の第一回の様子である。これを読んで、後の(1)～(3)に答えなさい。

田川さん―第一回文化委員会を始めます。初めに、委員長の大山さんから後期委員会の活動について提案があります。みなさん、よく聞いてください。

大山さん―私からみなさんに提案したいことが二つあります。
一つ目は、来月行われる文化祭についてです。毎年、M中学校の文化祭では、学年の予選を勝ち抜いたクラスによる合唱コンクールが行われています。しかし、予選で敗退したクラスは当日、歌うことができません。せっかくの文化祭で活躍の場がないのはさびしいと思いませんか。そこで、今年は全校合唱を行い、全員が主役になる場を作りたいと考えています。全校モザイク画の準備と両方を行うのは大変だと感じる人がいるかもしれませんので、モザイク画は、一人分の用紙の大きさを見直し、作業する量を減らしたいと思います。これについて、みなさんの意見を聞かせてください。
二つ目は、後期文化委員会のスローガンについてです。前期に実施したアンケートを見ると、前期のスローガンは、文化委員以外の生徒にはあまり意識されていなかったことが分かりました。これは、英語で長いスローガンを設定したためと考えます。そこで、後期は、四字熟語のような短くて覚えやすいものにしたいと思います。次回の委員会までに、後期のスローガンとそれに込める思いを各自で考えてきてください。よろしくお願いします。

(1) 大山さんは、どのようなことを意識して提案を行っているか。最も適当なものを、次の**ア～エ**のうちから一つ選び、その記号を書きなさい。

ア 難しい言葉に説明を加えることで、全員が内容を理解できるようにしている。

イ 前期の活動を各自で振り返ってもらうことで、後期の活動を具体化している。

ウ 反対意見に対する疑問を投げかけることで、自分の意見を印象づけている。

エ 自分の考えの根拠を示したうえで提案を行うことで、説得力をもたせている。

(2) 次は、第二回の委員会で出されたスローガンの案である。四字熟語の本来の意味とスローガンに込めた思いが**合致していないもの**を、次の**ア～エ**のうちから一つ選び、その記号を書きなさい。

	スローガン	スローガンに込めた思い
ア	一致団結	委員会の仲間やそれ以外の生徒とも目標を達成するために全員が協力する。
イ	一挙両得	一つのことを成し遂げるため、お互いの得意分野を生かしながら物事に取り組む。
ウ	切磋琢磨	活動の成功に向け、他の委員会の生徒とも励まし合ったり競い合ったりしながら努力する。
エ	勇猛果敢	目標を達成するために、失敗を恐れずさまざまな活動に思い切って取り組む。

(3) 全校合唱を行うことが決まったため、大山さんはステージに掲示する曲名を次のように行書で書いた。曲名にある文字のうち、行書の特徴である**筆順の変化が見られる漢字**を、次の**ア～オ**のうちから一つ選び、その記号を書きなさい。

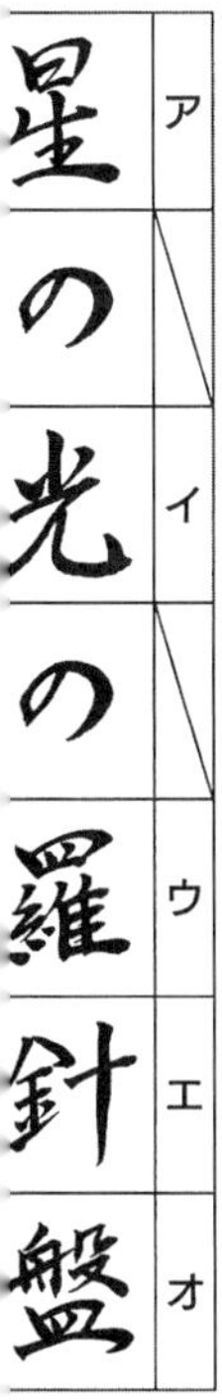

受験番号

令和四年度（一次入試）

国語

（検査時間　十二時四十分～十三時三十分）

注意事項

一、開始の合図で

◆この問題用紙にはさんである解答用紙を取り出しなさい。

◆解答用紙、問題用紙、下書き用紙の所定の欄に受験番号を書き入れなさい。

◆解答はすべて解答用紙の所定の欄に書き入れなさい。

◆問題文は十ページあり、その順序は［国1］～［国10］で示しています。
ページ漏れや印刷不鮮明などに気づいた場合には、手をあげなさい。

二、終了の合図で

◆机の上に、下から順に問題用紙、下書き用紙、解答用紙を置きなさい。
解答用紙だけは裏返して置きなさい。

※教英出版注
音声は，解答集の書籍ＩＤ番号を
教英出版ウェブサイトで入力して
聴くことができます。

報道・掲示・中学校用

令和４年度　英語リスニングテスト放送台本

（チャイム）

これからリスニングテストを行います。問題用紙にはさんである解答用紙を取り出しなさい。受験番号を記入しなさい。問題用紙の問題【１】を見なさい。問題はＡ，Ｂ，Ｃの３つあります。放送中にメモをとってもかまいません。

検査問題A

それでは，Ａの問題から始めます。

１番，２番の対話を聞いて，それぞれの質問の答えとして最も適当なものを，ア～エから１つずつ選び，記号を書きなさい。なお，対話と質問は通して２回繰り返します。それでは，始めます。

１番
Mother : Lunch is ready, Tom.
Tom : OK.　I'm coming.　I've just cleaned my room, Mom.
Mother : After lunch, you should do your homework.
Tom : Of course, I will.

Question : What will Tom do after lunch?
もう１度繰り返します。　（対話と質問の繰り返し）

２番
John : I'm going to bring my guitar to your birthday party, Mika.
Mika : Sounds fun!　Let's enjoy singing together, John.
John : Shall I bring anything to eat?
Mika : No, thank you.　My mother will make a cake and sandwiches for us.　Will you bring any drinks?
John : Yes, I will.

Question : What will John bring to Mika's birthday party?
もう１度繰り返します。　（対話と質問の繰り返し）

次はＢの問題です。あなたは今，電車で Mejiron Station へ向かっています。車内放送を聞いて，それに続く１番～３番の質問の答えとして最も適当なものを，ア～エから１つずつ選び，記号を書きなさい。なお，英文と質問は通して２回

B　あなたの通っている中学校の英語部の発行している新聞に次のような投稿がありました。中学3年生のあなたはその投稿を読み，回答することにします。後の**条件**にしたがって，あなたの考えを英語で書きなさい。

Hello.　I'm in the second year of this school.　In April, I will start the last year of junior high school.　To spend my days at school better, what should I do?　Please tell me your idea.

条件

① **中学校での学校生活に関する内容**を含んだあなたの考えを**主語と動詞を含む15語以上の英語**で書くこと。

② 英文の数はいくつでもよい。

③ 短縮形（I'm など）は1語として数えることとし，ピリオド，コンマなどの符号は語数に含めないこと。

【4】 次の英文は，中学3年生のTakashi，Aya，Emi，Yutaの班が英語の授業で，自分たちが調べたことを発表している場面のものです。グラフ（Graph），スライド（Slide）および英文をもとにして，（1）～（5）の問いに答えなさい。

Takashi : What will our city look like in the future? We hope our city will be a better place for everyone. Today our group will tell you about “ ① .”

Aya : Do you know the city, *Copenhagen? It is the *capital city of *Denmark. Please look at ②this graph. It shows how people in this city go to school or go to work. About half of the people in the city use bicycles. Using cars comes next, and 18% of them take buses or trains. The other people walk to school or work.

Graph

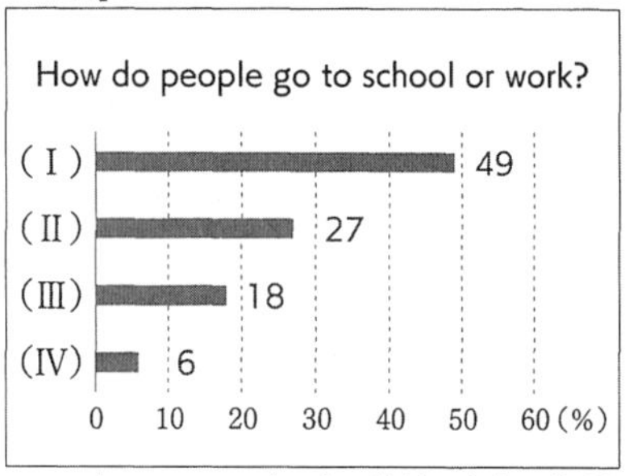

（コペンハーゲン市の資料を参考に作成）

Emi : Why are bicycles popular in this city? Please look at this slide. ③I am surprised to find these things. For example, there are some roads and traffic lights only for bicycles. Also, people can bring their bicycles with them on the train. This city is convenient for people who use bicycles. So a lot of people can enjoy riding bicycles.

Slide

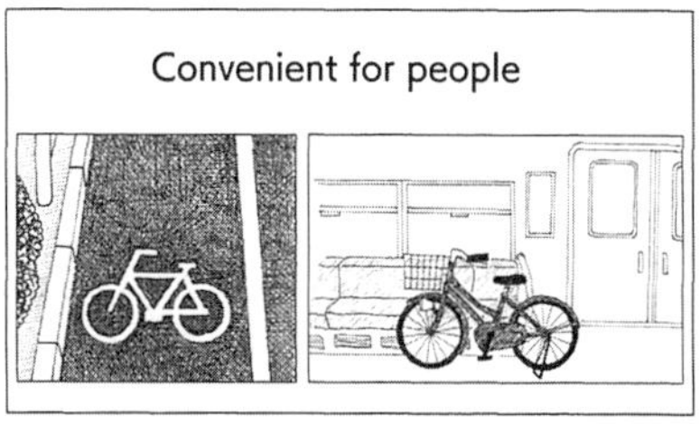

Yuta : Using bicycles has some good points for our lives. I'll show you ④three slides. The first slide shows that riding bicycles is good for the environment. The *amount of CO_2 is smaller when we use bicycles. So if we go to school or work by bicycle, it will keep the environment clean. The second slide shows that riding bicycles gives us a chance to *exercise. I'm afraid people don't have enough time to exercise. However, if we often ride bicycles, we will make our health better. The last slide shows that our city is trying to create a new style of *sightseeing. Our city has beautiful *nature and some famous places. More people can come to our city and visit those famous places by bicycle. They will enjoy visiting those places.

Takashi : Using bicycles will give us a good chance to make our city better for the environment and the people. To enjoy our lives with bicycles, we should be careful of *accidents when we ride bicycles. Wearing a *helmet is one of the ways. ⑤There are other ways to be *safe when we ride bicycles. What should you do? Let's think about it. Thank you for listening!

（注） *Copenhagen コペンハーゲン　*capital city 首都
*Denmark デンマーク　*amount of CO_2 二酸化炭素の量
*exercise 運動する　*sightseeing 観光
*nature 自然　*accidents 事故
*helmet ヘルメット　*safe 安全な

(1) 英文中の[　①　]に入る発表のタイトルとして最も適当なものを，ア〜エから1つ選び，記号を書きなさい。

ア　A long history of bicycles
イ　The most popular road for bicycles
ウ　A better life with bicycles
エ　A new way to invent bicycles

(2) 下線部②が示すグラフ内の（ I ）〜（ IV ）に入る語句の組み合わせとして最も適当なものを，ア〜エから1つ選び，記号を書きなさい。

	I	II	III	IV
ア	bicycles	buses or trains	cars	walk
イ	bicycles	cars	buses or trains	walk
ウ	bicycles	cars	walk	buses or trains
エ	buses or trains	bicycles	walk	cars

(3) 下線部③について，Emi が発言した理由になるように，次の英文の[　　　]に入る最も適当なものを，ア〜エから1つ選び，記号を書きなさい。

Emi is surprised to learn that [　　　].

ア　there are a lot of people who use cars to go to work in Japan
イ　there are some festivals many people from abroad can join in Copenhagen
ウ　there are some roads for people riding bicycles in Japan
エ　there are some ways to help people who use bicycles in Copenhagen

(4) 下線部④について，Yuta が示したスライドをア〜エから**3つ**選び，発表の順番に並べかえ，記号を書きなさい。

ア

Good for our health
・Having a chance to exercise

イ

The rules when we ride bicycles
・Wearing a helmet

ウ

Safe for the environment
・Keeping the environment clean

エ

A new way of sightseeing
・Visiting famous places by bicycle

(5) 下線部⑤について，次の**条件**にしたがって，あなたの考えを英語で書きなさい。

条件

① **自転車を安全に運転するために注意すべきこと**について，**主語と動詞を含む5語以上の英語**で書くこと。ただし，**英文中で述べられていない内容**を書くこと。
② 英文の数はいくつでもよい。
③ 短縮形（I'm など）は1語として数えることとし，ピリオド，コンマなどの符号は語数に含めないこと。

【5】 次の英文は，卒業を控えた中学3年生のTaroが英語の授業でスピーチを行っている場面のものです。英文を読み，(1)～(4) の問いに答えなさい。なお，本文中の [1] ～ [6] は，段落の番号を表している。

[1] We are going to *graduate from this school next month. I have spent a wonderful year with you. ①I wish I could stay longer with all of you in this class.

[2] When I first met you, I couldn't talk to you because I was very nervous. It was difficult for me to *make friends with other students at that time. However, some of you had the same hobby. I enjoyed talking about books. I sometimes didn't understand what you said or how you felt, but now, I feel happy to know you well. I *gradually understood you through a lot of experiences.

[3] Do you remember the chorus contest in November? I really wanted to win the contest. However, it was very difficult for our group to sing the song well. One of the members in my group said, "Other groups are doing well. What should we do?" Another member said, "We need more time. How about practicing the song early in the morning?" Some members said, "We have already practiced the song enough. We have to find the new way to sing the song well." Each member had a different idea. I felt that it was difficult for everyone to understand different ideas.

[4] What should we do to improve the situation? I think that words are important because they show our own feelings. We use words to show what we really think or how we feel. So we should tell our ideas with our own words. Then we should also try to listen to the ideas of other people. By doing so, we can understand what other people really want to say. I think listening to different ideas is the first *step to communicate with other people better. ②This will improve the situation.

[5] We talked with each other many times for the contest and shared our feelings. Then, all of us thought that we really wanted to win the contest. We started to practice hard again. Finally, we could sing our song better, and we won the first prize in the chorus contest. I'll never forget this experience.

[6] In fact, I'm very nervous again because my new school life will start soon. However, I hope to make friends with other people in new situations now. I believe that my experiences with my classmates will support me. Thank you, everyone. I'll never forget you.

(注) *graduate from ～　～を卒業する　　*make friends with ～　～と友達になる
*gradually　次第に　　*step　一歩

（1） 下線部①と同じ内容を表す英文として最も適当なものを，ア～エから１つ選び，記号を書きなさい。

ア I'm glad that I will study in this school next year.
イ I'm happy to graduate from this school.
ウ I would like to meet new students in high school.
エ I would like to spend more time in this class.

（2） 下線部②が表す内容として最も適当なものを，ア～エから１つ選び，記号を書きなさい。

ア If we try to listen to different ideas, we can make communication more successful.
イ If we have different ideas, we should not tell them to other people.
ウ If we want to show your feelings, we must speak to other people with a smile.
エ If other people tell us different ideas, we must ask questions about the ideas.

（3） 英文の内容と一致するものを，ア～エから１つ選び，記号を書きなさい。

ア Taro wanted to win the contest because he liked the song very much.
イ Taro and his classmates had a lot of meetings and understood how they really felt.
ウ Taro said that he didn't want to practice the song early in the morning.
エ Taro and his classmates won the chorus contest because they asked their teacher for help.

（4） 次は，Taro がスピーチをするために，自分の考えを整理したメモです。メモ中の Introduction（導入），Body（展開），Ending（まとめ）内の（ ① ）～（ ④ ）に入る最も適当な**英語１語**を，**それぞれの段落の範囲の中から**抜き出して書きなさい。なお，メモ内の 1 ～ 6 は，段落の番号を表している。

メモ

Introduction 1 2	・I have spent a wonderful year with my classmates. ・Because of many（ ① ）with my classmates, I understood how they felt.
Body 3 4 5	**【Practice for the chorus contest】** ・Our group didn't sing the song well. ・We had many quarrels. **【Ideas to change the situation】** ・Using（ ② ）is important to show our feelings or ideas. ・To tell our ideas is important. ・To（ ③ ）to the different ideas is also important. **【Good result】** ・We won the first prize in the chorus contest.
Ending 6	・My new school life makes me（ ④ ）again. ・I'll never forget my classmates.

2022(R4) 大分県公立高
K 教英出版

（３） 6で，台車が水平面を進む速さは一定であった。このように，速さが一定で一直線上を進む運動のことを何というか，書きなさい。

（４） 8でコイルに流れた電流が，6でコイルに流れた電流より大きくなった理由を，台車の運動に注目し，「**磁界**」という語句を用いて簡潔に書きなさい。

Ⅲ　太郎さんは，「さらに大きな電流を流すためにはどうすればよいのだろうか」という新たな疑問を持ち，次の実験を行った。

9　［図４］のように，Ⅱより斜面の角度を大きくし，棒磁石を乗せた台車を水平面からの高さ５cmのＣ点に置いた。ただし，棒磁石を乗せた台車，コイル，検流計はⅡと同じものである。

10　台車から静かに手をはなしたところ，台車は斜面を下り，コイルの中をａ側からｂ側に通過した。台車がコイルのａ側に近づいたとき，検流計の針は＋側に振れた。針の振れを確認し，流れた電流の大きさを記録した。それを6の結果と比較したところ，流れた電流の大きさは6の結果と同じであった。

［図４］

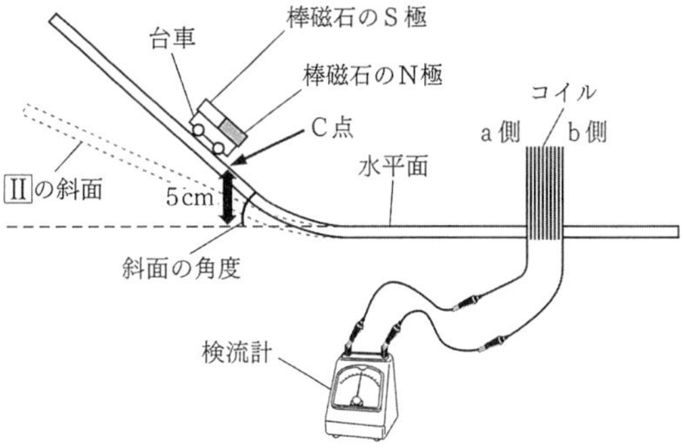

（５） 10でコイルに流れた電流と，6でコイルに流れた電流の大きさが同じであった理由を，「**力学的エネルギー**」と「**磁界**」という語句を用いて簡潔に書きなさい。

（６） Ⅲの実験結果より大きな電流を流すためには，Ⅲの実験の条件をどのように変えればよいか，**誤っているもの**を，ア～エから１つ選び，記号を書きなさい。

ア　コイルの巻数を増やす。

イ　台車に乗せる棒磁石を質量が同じで磁力の強い磁石に変える。

ウ　Ｃ点よりも高い位置に台車を置き，静かに手をはなす。

エ　台車に乗せる棒磁石のＮ極とＳ極の向きを変える。

（７） 多くの発電所では，磁石とコイルを利用して電気エネルギーをつくっており，家庭ではその電気エネルギーを消費している。家庭で使われているような照明器具は電気エネルギーを光エネルギーに変換している。ある家庭において，消費電力が60Ｗの白熱電球と，消費電力が7.4ＷのＬＥＤ電球はほぼ同じ明るさであった。白熱電球１個をＬＥＤ電球１個に取りかえて30日間使用するとき，削減できる電力量は何kWhか，四捨五入して**小数第一位まで**求めなさい。ただし，白熱電球とＬＥＤ電球を使うのは１日４時間とする。

【4】 月と惑星の観察を行った。（1）～（7）の問いに答えなさい。

Ⅰ 月の観察を行った。

1 18 時の月の見かけの形と位置を，2日おきに約2週間観察し，デジタルカメラで撮影した。

［図1］は，その結果を記録用紙に書き写したものである。

2 天体望遠鏡を用いて月を観察すると円形でくぼんだ地形が観察された。

Ⅱ 惑星の観察を行った。

3 ある日の日没後，西の空に見えた金星と木星を観察した。

［図2］はそのときの惑星の位置を写真で記録したものである。

［図1］

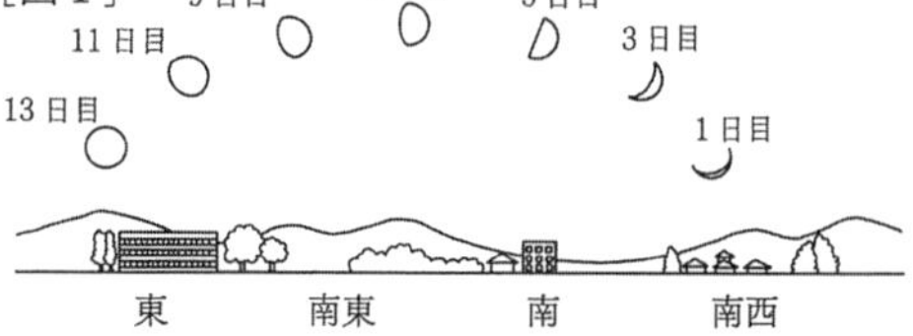

［図2］

西の空

（1） 月のように惑星のまわりを公転する天体を何というか，書きなさい。

（2） 1における月の満ち欠けについて，その原因として最も適当なものを，ア～エから1つ選び，記号を書きなさい。

ア 月の自転　　イ 地球の自転　　ウ 月の公転　　エ 地球の公転

（3） ［図3］のような天体望遠鏡で天体を観察するときに注意すべきこととして**誤っているもの**を，ア～エから1つ選び，記号を書きなさい。

ア ファインダーとよばれる広い範囲が見える装置で視野の中央に目標の天体を入れる。

イ 太陽を観察するときは，望遠鏡で直接のぞかずにファインダーをのぞいて観察をおこなう。

ウ 明るい月を見るときは，ムーングラスを使用する。

エ 天体の動きに合わせて見るときは，北極星の方向に向ける軸を中心に鏡筒を回転させる。

［図3］

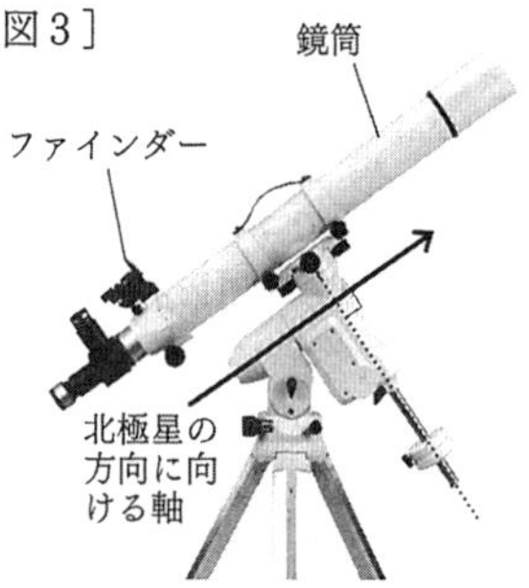

（4） ［図4］は，地球の北極側から見た月の公転のようすを模式的に表したものである。月から地球を見たとき，地球が［図5］のように見えるのは，月が［図4］のどの位置にあるときか，最も適当なものを，A～Hから1つ選び，記号を書きなさい。

［図4］

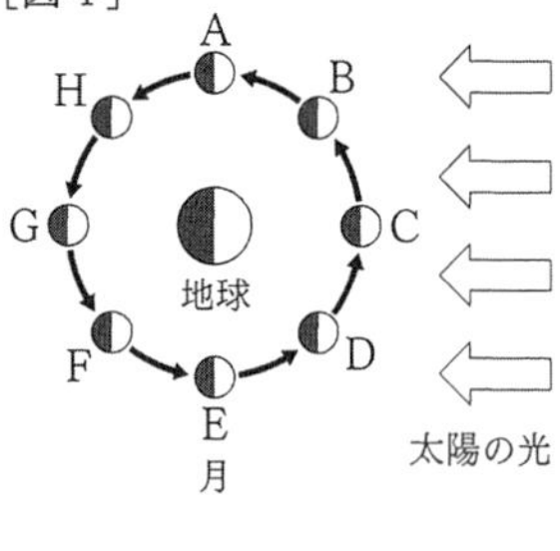

［図5］

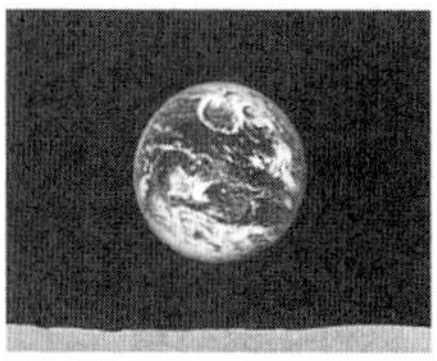

（5） 皆既日食のとき，地球から月を見ると，見かけ上，月は太陽とほぼ同じ大きさに見える。［図6］は，そのときの地球と月と太陽の位置関係を模式的に表したものである。次の**【条件】**にしたがって，地球と月の距離は何 km か，求めなさい。

【条件】

・太陽の直径は月の直径の 400 倍とする。
・地球と太陽の距離は1億 5000 万 km とする。

［図6］

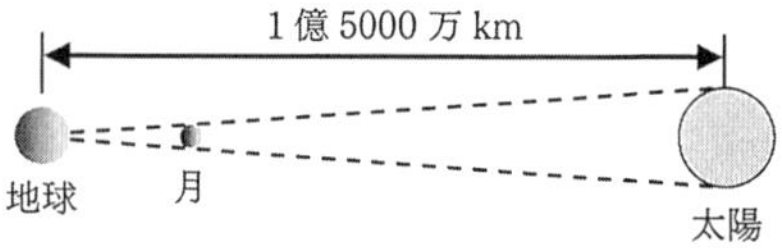

（6） 太陽系にある惑星のうち，大型で主に気体からなる密度が小さい惑星として適当なものを，ア〜エから**すべて**選び，記号を書きなさい。

ア 水星　　イ 火星　　ウ 土星　　エ 天王星

（7） ［図7］は，地球の北極側から見た，太陽●，金星○，地球◎，木星◑の公転の軌道を模式的に表したものである。惑星の公転の向きと自転の向きは矢印で示している。［図2］のように見えるとき，金星と木星の公転軌道上の位置関係として最も適当なものを，ア〜エから1つ選び，記号を書きなさい。

［図7］

金星
太陽
地球
公転の向き
木星
自転の向き

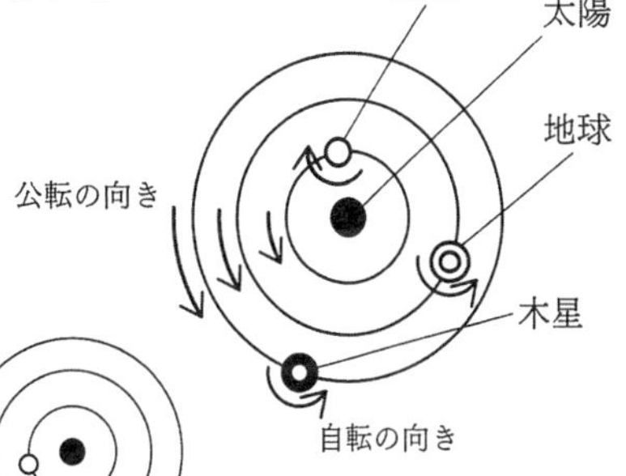

ア　　　　　　　　イ　　　　　　　　ウ　　　　　　　　エ

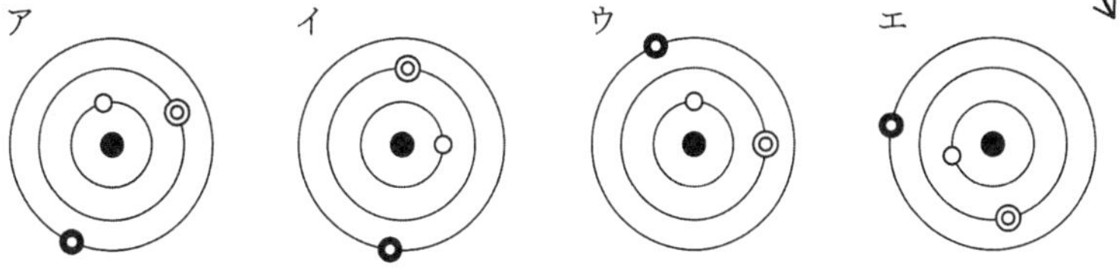

【5】 次の（1）〜（4）の問いに答えなさい。

（1） 凸レンズによる像のでき方を調べるため，実験を行った。①〜③の問いに答えなさい。

---

①　［図1］のように，光学台，光源，カタカナの「オ」を切り抜いた厚紙，焦点距離が10 cmの凸レンズ，スクリーンを用いて，装置を組み立てた。光源と凸レンズは固定し，凸レンズから30 cmの位置に厚紙を置いた。ただし，厚紙は光源側から見たときに「オ」の文字が読めるように置いた。

②　光源から光をあて，スクリーンにはっきりとした像ができるように，スクリーンを動かした。はっきりとした像ができたときの凸レンズとスクリーンの距離を記録した。

③　凸レンズと厚紙の距離を，20 cm，15 cm，10 cm，5 cmに変え，②と同様にそれぞれ記録した。

　［表1］は，その結果をまとめたものである。ただし，凸レンズと厚紙の距離が10 cm，5 cmのときはスクリーンに像ができなかったため，斜線をひいている。

［図1］

厚紙
凸レンズ
光源
30 cm
スクリーン
光学台

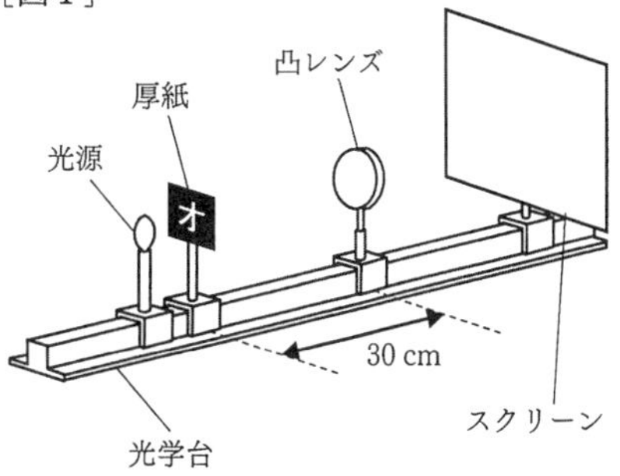

［表1］

凸レンズと厚紙の距離〔cm〕	30	20	15	10	5
凸レンズとスクリーンの距離〔cm〕	15	20	28		

---

①　②で，スクリーンにうつった像を**凸レンズ側から**観察したとき，像の見え方として最も適当なものを，ア〜エから1つ選び，記号を書きなさい。

ア　　　　　イ　　　　　ウ　　　　　エ

②　［表1］で，凸レンズと厚紙の距離が5 cmのとき，**スクリーン側から凸レンズをのぞいて観察する**と，実際よりも大きな像が見えた。このような像を何というか，書きなさい。

③　［表1］で，凸レンズと厚紙の距離が5 cmのとき，スクリーンに像ができない理由を，光の進み方に注目して，「**焦点**」という語句を用いて簡潔に書きなさい。

（2） 生物の進化について，図書館で調べた。①～③の問いに答えなさい。

1 化石について調べた。［メモ］はその結果をまとめたものである。

［メモ］

- 化石の中には，ある限られた時代の地層にしか見られないものがあり，その年代を示す目印となる。その中でも，とくに広い地域で栄えた生物の化石は，離れた地域の堆積岩の地層が同時代にできたかどうかを調べるための重要な手がかりになる。
- 時代のちがう地層ではちがった種類の化石が見られる。それぞれの時代の化石を調べることで，生物の種類がどのように変化してきたかがわかる。1億5千万年前の地層から発見された動物の化石は，最も原始的な鳥類としてシソチョウと名づけられた。

2 ［メモ］にあるシソチョウについて調べた。

［図2］はシソチョウの復元図である。

［図2］

シソチョウの復元図

① 1の［メモ］の下線部のような化石を何というか，書きなさい。

② 次の文は，シソチョウについて述べたものである。（　a　）に当てはまる語句として最も適当なものを，ア～エから1つ選び，記号を書きなさい。

シソチョウは体全体が羽毛で覆われており，前あしが翼になっているといった鳥類の特徴を持つ。また，歯や長い尾をもち，爪があるといった（　a　）の特徴を合わせ持つ。

ア　哺乳類《ほにゅう》　　イ　は虫類　　ウ　両生類　　エ　魚類

③ 次の文は，進化について述べたものである。（　b　）～（　d　）に当てはまる語句の組み合わせとして最も適当なものを，ア～カから1つ選び，記号を書きなさい。

生物は，（　b　）が変化したことで，（　c　）が少しずつ変わり，体のつくりや生活が変化して，（　d　）に適するようになったと考えられる。

	ア	イ	ウ	エ	オ	カ
b	遺伝子	遺伝子	環境	環境	形質	形質
c	環境	形質	遺伝子	形質	遺伝子	環境
d	形質	環境	形質	遺伝子	環境	遺伝子

（3） 気体の性質を調べるため，次の実験を行った。①～④の問いに答えなさい。

1 ［図3］のように，試験管に塩化アンモニウムと水酸化バリウムを入れ，こまごめピペットで水を加えたところ，気体が発生し，試験管が冷たくなった。

2 1で発生した気体をフラスコに集めた。

3 2のフラスコを，細いガラス管と水を入れたスポイトをさしたゴム栓でふたをした。

4 水で満たした水槽《すいそう》を用意し，［図4］のように，細いガラス管の下部を水槽に入れた。

5 水を入れたスポイトからフラスコ内へ水を入れると，細いガラス管からフラスコ内へ，噴水のように水槽の水が吸い上げられた。

［図3］

［図4］

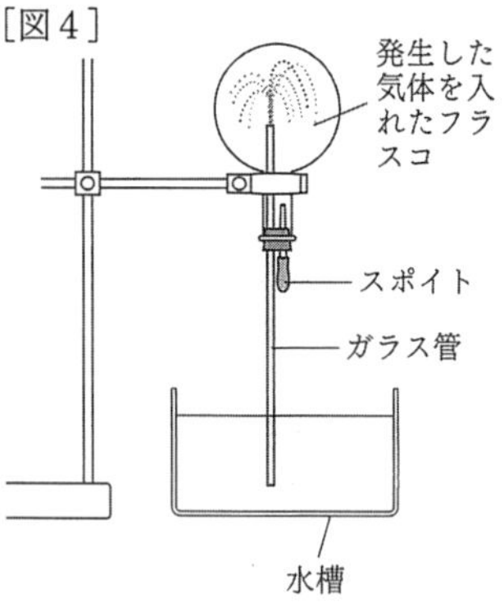

① [1]の反応によって発生した気体は何か，**化学式**で書きなさい。

② [1]の反応のような，熱を吸収する化学変化を何というか，書きなさい。

③ [1]で発生した気体の用途として最も適当なものを，ア～エから1つ選び，記号を書きなさい。

ア　食品に封入し，変質を防ぐために使われる。　　イ　ドライアイスの原料として使われる。

ウ　水道水の殺菌に使われる。　　エ　肥料の原料として使われる。

④ [5]のように，細いガラス管からフラスコ内へ，噴水のように水槽の水が吸い上げられる現象が見られるのは，[1]で発生した気体がもつ特徴のためである。その特徴として最も適当なものを，ア～エから1つ選び，記号を書きなさい。

ア　空気より軽い　　イ　空気より重い　　ウ　水に溶けやすい　　エ　水に溶けにくい

（4） 授業で学んだ気象観測の実習を行った。①～③の問いに答えなさい。

[1] ［図5］に示す乾湿計を用いて乾球と湿球の示す温度を調べ，記録した。この日の15時の乾球温度計は30℃を，湿球温度計は25℃を示していた。

[2] [1]の結果から，乾湿計用湿度表を用いて湿度を求めた。
［表2］は，乾湿計用湿度表の一部を示したものである。

[3] [2]の結果から，空気に含まれる水蒸気量を調べた。
［表3］は，気温に対する飽和水蒸気量を示したものである。

［図5］

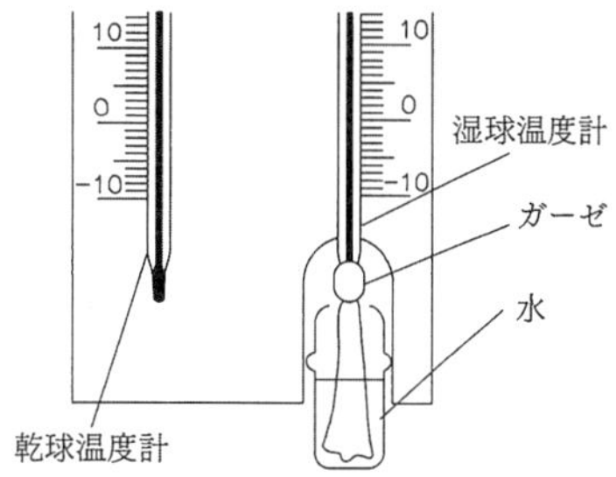

［表2］

乾球の読み〔℃〕	乾球と湿球との目もりの読みの差〔℃〕												
	0	0.5	1.0	1.5	2.0	2.5	3.0	3.5	4.0	4.5	5.0	5.5	6.0
34	100	96	93	90	86	83	80	77	74	71	68	65	62
33	100	96	93	89	86	83	80	76	73	70	67	64	61
32	100	96	93	89	86	82	79	76	73	70	66	63	61
31	100	96	93	89	86	82	79	75	72	69	66	63	60
30	100	96	92	89	85	82	78	75	72	68	65	62	59

［表3］

気温〔℃〕	21	22	23	24	25	26	27	28	29	30	31
飽和水蒸気量〔g/m^3〕	18.3	19.4	20.6	21.8	23.1	24.4	25.8	27.2	28.8	30.4	32.1

① 次の文は，乾湿計のしくみと湿度の関係について説明したものである。（　a　），（　b　）に当てはまる語句の組み合わせとして最も適当なものを，ア～エから1つ選び，記号を書きなさい。

［表2］から，気温が同じであれば，乾球と湿球の示す温度の差が（　a　）ほど湿度が低いことがわかる。また，［図5］に示すガーゼに含まれる水は，湿度が高いほど（　b　）ため，乾球と湿球の示す温度の差が小さくなる。

	ア	イ	ウ	エ
a	大きい	大きい	小さい	小さい
b	蒸発しやすい	蒸発しにくい	蒸発しやすい	蒸発しにくい

② [2]で，この日の15時の湿度は何％か，求めなさい。

③ この日の15時の空気の露点はどの範囲にあると考えられるか，最も適当なものを，ア～エから1つ選び，記号を書きなさい。

ア　22℃～23℃　　イ　24℃～25℃　　ウ　26℃～27℃　　エ　28℃～29℃

2022(R4) 大分県公立高
教英出版